JN436931

친사회복지국가 한국

—공자가 살아야 나라가 산다—

이 성 로

청목출판사

시작하는 말

-공자가 살아야 나라가 산다-

한국의 복지정책은 지난 30년간 급속히 발전해 왔다. 1990년부터 2019년까지 한국의 공공복지지출은 4.1배 성장하였다. 반면, 같은 기간 OECD 국가들의 공공복지지출 증가율의 평균은 1.21%에 불과하였다. 대한민국의 의료제도는 세계가 부러워하고 있으며 영유아보육제도 또한 세계 최고 수준으로 평가받고 있다.

한국의 사회보험은 1988년 민주화 이후 공무원, 군인, 교사와 같은 특수 직능 분야 종사자들의 보장을 넘어서서 일반 국민을 위한 제도까지 확대되었다. 현재, 산재보험, 건강보험, 국민연금 그리고 고용보험의 주요 4대 보험에 이어 장기요양보험 제도까지 모든 사회보험이 제도화되었다. 공공부조도 우리 나라는 2000년 국민기초생활보장제도를 도입하여 제도를 현대화했다. 가족 지원을 위해서 한국은 2002년 보육지원금 도입을 시작으로 2009년 양육수당을 도입하였고, 2015 기초연금, 2018년 아동수당을 도입하는 등 급속히 제도를 확대하였다. 대한민국은 급속히 사회복지국가로 변모하고 있다. 이것이 우연일까?

사회복지는 인간의 존엄성, 박애, 연대, 자유, 평등, 통합이라는 기본가치를 추구하는 영역이다. 한 사회가 이러한 가치를 추구한다는 것은 정도의 문제로서 상대적 개념이며 어느 사회가 이러한 가치를 추구하는 만큼 사회복지 사회이며, 따라서 어느 사회도 완전히 반사회복지이거나 완전히 친사회복지이라고는 말할 수는 없다.

한 사회나 국가가 얼마나 살기 좋은 사회인가를 평가한다면 어떤 기준에서 해야 할까? 나라마다 처한 환경이 다르니, 그것을 일률적 기준으로 할 수는 없다. 하지만 친사회복지국가라고 불리기 위해서는 적어도 몇 가지의 기준이나 조건이 필요하다. 그것은 국가가 사회에 소속된 모든 사람에게 최소한의 인간다운 생활을 보장하기 위하여, (1) 그 사회의 최고통치자의 정치철학은 무엇이며, 어떤 원칙하에 운영되고 있는가, (2) 그 사회는 사회 전체적으로 필요한 물질을 생산하고 분배를 하는데 어떤 사회적 관계를 형성하고 있는가, -즉, 물질을 생산할 때 개인은 물론 계층과 집단이 골고루 생산에 기여하는가(생산관계), 그리고 분배는 공평하게 이루어지는가 하는 문제이다(소비관계). 만일 물질 생산을 사회적 약자집단이 일방적으로 전담하고, 물질 소비에는 철저히 배제당한다면, 반면에 사회적 강자집단은 생산된 물질을 오직 소비만 하면서 놀고먹는다면 그 사회는 복지사회와는 거리가 멀다고 할 수 있을 것이다(그 사회는 지배집단 또는 사회적 강자 집단이 다른 집단을 착취하고 수탈한다고 말할 수 있을 것이다). (3) 그 사회는 얼마나 사회평등과 통합에 관심과 노력을 기울이는가(사회관계), -즉, 장애인과 빈민 고아 독거노인 이재민 등 그 사회에 가장 열악한 위치에 놓여있는 사람들이 국가로부터 어느 정도의 지원을 받았는가의 문제이다. 다시 말해, 한 사회가 여러 사회계급과 집단 사이의 불평등이 심하지 않도록 사회적 평등과 통합에 힘쓰고 사회균형과 안정에 얼마나 노력했는가 등이다.

이러한 관점에서 조선, 고구려 백제 신라, 고려, 그리고 다시 조선과 대한민국 등 한반도에 세워졌던 국가들은(우리는 이 나라들을 한국이라 부른다) 본디 친사회복지 국가였다. 이들 나라들은 건국이념, 지배적 정치사상, 국정운영의 기본철학, 국가행정과 정책, 사회적 생산관계와 소비관계, 사회통합의 정도 등 여러 가지 측면에서 국가가 모든 백성이 평안하고 골고루 잘사는 공동체를 건설하려는 의지를 갖고 이를 실천하려고 노력했다는 뜻이다. 이는 동시대 사회복지의 원조로 알려져 있는 서구 유럽과 비교할 때도 훨씬 더 그렇다. 고조선의 홍익인간의 이념이나 불교에 기반하고 있던 고려의 자비사상, 왕도정치와 민본주의를 중시하는 조선의 유교사상 등은- 비록 당시의 봉건제적 신분질서나 사회경제제도 등에서 천민과 상인에게는 매우 불공평한 사회였지만- 모두 사회복지 이념이며, 이는 당시 국가가 현대적 의미의 복지국가는 아닐지 몰라도 친사회복지 국가라고 불러도 큰 문제가 없다는 것을 말하고 있다. 특히, 조선왕조는 현재의 기준으로 보면 어떨지 몰라도, 조선 초기 200여 년 간 전쟁이 없던 태평성대를 누렸고, 어느 시대에나 있는 사회 혼란과 위기를 슬기롭게 극복하여 세계 역사에서 보기 드문 안정되고 긴 수명을 가진 국가로 기록되고 있다.

사회복지를 공부하는 학자로서 하나 꼭 지적해야 할 것은 우리나라 사회복지연구의 정체성이다. 유감스럽게도, 대학에서 사용하는 거의 모든 사회복지 교재는 사회복지가 서양의 일부 산업국가에 뿌리를 두고 있다고 가르치고 있으며 의례히 영국의 빈민법을 사회복지의 효시인 것처럼 소개하고 있다. 그리고 삼국시대 이후 우리 역사 문헌에 기록되어 있는 사회복지의 역사와 사회정책들－노인은 물론 장애인, 노비, 천민, 아동, 병약자 등 사회적 약자들을 사회에서 배제하지 않고 포용함으로써 사회평등과 사회통합을 이루어 사회를 안정시키고 평화를 이루려 했던 광범위하고 체계적으로 실행되었던 정책들을 애써 외면하고 있는 것이 현실이다. 심지어 어떤 연구들은 전 인구의 20%가 사회보험의 혜택을 받지 못하는 미국을 선진사회복지 모델로 제시하고 있는데 이는 매우 불합리한 일이다. 그리고 끝으로 이 시대의 사회 혼란과 위기를 극복할 방편으로 유학 교육의 회복을 주장할 것이다.

이 연구는 필자가 국립안동대학교 행정학과에 재직하면서 사회복지 교과목강의 연구자료를 기초로 하고 있다. 고조선 이후부터 현 정부까지 한반도에 있었던 모든 국가와 대한민국 정부의 사회복지 현황을 살펴봄으로써, 사회복지를 전공하는 대학생은 물론 일반 지식인들 모두에게 그 동안 학계에는 잘 알려지지 않았던, 그러나 반드시 알아야 하는 쓸 만한 정보를 제공할 것이다.

차 례

제 1 장

한국은 친사회복지 국가였다

1. 들어가면서

조선, 고구려 · 백제 · 신라, 고려 그리고 다시 조선 등 한반도에 세워졌던 국가들은(우리는 이 나라들을 한국이라 부른다), 본디 친사회복지 국가였다. 이들 나라들은 건국이념, 지배적 정치사상, 국정운영의 기본철학, 국가행정과 정책, 사회적 생산 관계, 사회통합의 정도 등 여러 가지 측면에서 국가가 모든 백성이 평안하고 골고루 잘사는 공동체를 건설하려는 의지를 갖고 이를 실천하려고 노력했다는 뜻이다(이것은 이 책 마지막 장에 살펴보겠으나 동시대 사회복지의 원조로 알려져 있는 서구 유럽과 비교할 때도 훨씬 더 그렇다). 고조선의 홍익인간의 이념이나 불교에 기반하고 있던 고려의 자비사상, 왕도정치와 민본주의를 중시하는 조선의 유교사상 등은—비록 당시의 봉건제적 신분질서나 사회경제제도 등에서 천민과 상인에게는 매우 불공평한 사회였지만—모두 사회복지 이념이며, 이는 당시 국가가 현대적 의미의 복지국가는 아닐지 몰라도 친사회복지 국가라고 불러도 큰 문제가 없다는 것을 말하고 있다. 이들 나라들의 거의 모든 왕들은, 비록 몇몇의 예외가 있고 각 시대마다 그 모습은 조금씩 달랐지만, 그들은 오직 한 가지 목표, 즉 모든 백성이 배불리 먹고 평안하고 잘 살기 위해서 다스린다는 한 가지 목표를 갖고 있었다.

이는 한국의 군왕들이 적어도 이념상으로 민본사상 위민사상을 중심으로 하는 정치사상 내지는 정치이념을 실현하여 노력했으며, 그 결과 한국의 군왕들이 인간존엄성을 높이고 사회를 통합하는데 큰 관심과 노력을 기울였다는 의미이다. 한반도에 존재했던 국가에서 왕조의 수립과 교체나 정권의 변동 등 모든 정치적 변화와 변동의 뒤에는 백성을 위한다는 대의명분이 있었다. 노비와 천민 등 이 땅에 사는 대부분의 사람들은 아무리 천하더라도 최소한 인간으로서 대우받기를 원했으며 어느 정도 실현되었다고 볼 수 있다는 것이다. 그리고 그것만이 한반도에 등장했던 모든 국가의 정당성이요 정통성이었다. 일찍이 중국 주나라의 사상과 제도를 수입한 고조선부터 국가정책과 행정의 목표는 환과고독 등 궁핍한 처지에 있는 백성을 구제하는 데 있었으며, 삼국시대, 고려, 조선을 거치는 동안 이러한 목표는 변한 적이 없다.

다시 말해, 역대 한반도에 들어섰던 국가들이 모두 친사회복지적 국가였다는 것은 국가의 건국이념이나 국정운영의 기본철학에만 반영되어 있는 것은 아니다. 실제로 역대 왕조가 실행했던 다양한 사회정책과 복지정책－구휼정책, 노인복지, 아동복지, 장애인복지－그리고 중앙과 지방의 행정과 제도는 온 국민이 골고루 잘사는 사회를 건설하는데 맞추어져 있었다. 우리 역사는－〈고려사〉, 〈조선왕조실록〉, 〈증보문헌비고〉, 〈승정원일기〉, 〈연려실기술〉－그들이 백성들을 위해서 얼마나 방대하고 철저하게 사회복지정책을 실행했는가를 기록하고 있는데 이 사실들을 집대성한 분들이 최익한(2013)과 하상락(1998)이며 그분들의 연구 결과물인 〈조선사회정책사〉와 〈한국사회복지사론〉은 한국 사회복지사의 기념비적 업적으로 남을 것이다.

한 사회나 국가가 친사회복지국가라고 불리기 위해서는 적어도 몇 가지의 기준이나 조건이 필요하다. 그것은 국가가 사회에 소속된 모든 사람에게 최소한의 인간다운 생활을 보장하기 위하여, (1) 그 사회의 최고통치자의 정치철학은 무엇이며, 어떤 원칙하에 운영되고 있는가, (2) 그 사회는 사회 전체적으로 필요한 물질을 생산하고 분배를 하는데 어떤 사회적 관계를 형성하고 있는가,－즉, 물질을 생산할 때 개인은 물론 계층과 집단이 골고루 생산에 기여하는가(생산관계), 그리고 분배는 공평하게 이루어지는가 하는 문제이다(소비관계). 만일 물질 생산을 사회적 약자집단이 일방적으로 전담하고, 물질 소비에는 철저히 배제당한다면, 반면에 사회적 강자집단은 생산된 물질을 오직 소비만 하면서 놀고

먹는다면 그 사회는 복지사회와는 거리가 멀다고 할 수 있을 것이다. 그 사회는 지배집단 또는 사회적 강자 집단이 다른 집단을 착취하고 수탈한다고 말할 수 있을 것이다. (3) 그 사회는 얼마나 사회평등과 통합에 관심과 노력을 기울이는가(사회관계),-즉, 장애인과 빈민 고아 독거노인 이재민 등 그 사회에 가장 열악한 위치에 놓여있는 사람들이 국가로부터 어느 정도의 지원을 받았는가의 문제이다. 다시 말해, 한 사회가 여러 사회계급과 집단 사이의 불평등이 심하지 않도록 사회적 평등과 통합에 힘쓰고 사회균형과 안정에 얼마나 노력했는가 등이다.

이러한 기준에서 볼 때, 저자의 직관적 판단은 한반도에 출몰했던 모든 국가들은 친사회복지 국가였다. 고조선 이래 한국에서는 가부장적인 유교문화가 발달함에 따라, 이재민이나 빈민 구제 측면에서 가족이나 공동체가 사회복지 역할을 담당했다. 하지만, 그렇다고 국가가 백성들을 돌보는데 손놓고 구경만 하고 있었던 것은 아니다. 한국에서는 일찍부터 발달했던 중앙집권적 관료체제를 활용한 국가가 시행하는 사회복지제도도 크게 발달했었다. 동아시아에서는 멀리 고대 중국에서부터 시작하여 고조선, 삼국시대, 고려, 조선을 거치는 동안 수많은 사회복지정책과 제도가 국가에 의해서 만들어졌고 시행되었다. 20세기 들어와 사회복지 발달이 미미했던 것은 일제강점기 기간 동안 식민통치와 군부독재 정권의 정치권력의 속성에 기인한 것이 가장 큰 원인이며 그것이 유교나 문화적 요인은 아닌 것이다.

이 책에서 저자는 한반도에 있었던 여러 나라들의 사회복지와 관련된 정치철학과 사상, 사회복지정책과 제도를 중심으로 살펴봄으로써 사회복지에 대한 기존의 서구 중심적 인식을 바꾸어야 한다고 주장한다. 우리나라 대학에서 사용하는 거의 모든 사회복지교재는 서구 중심적 사고를 반영하여 사회복지가 서양의 산업국가에 뿌리를 두고 있다고 가르치고 있으며 의례적으로 영국의 빈민법을 사회복지의 효시인양 소개하고 있다. 반면에 그 창대했던 우리나라 사회복지 역사에 대해서는 거의 관심을 기울이지 않음으로써 애써 외면하고 있다. 이것은 사회복지를 현대적 복지법과 제도로 보는 협의적 시각에서 보기 때문이며 이는 역사 문헌에 분명히 기록되어 있는 한국의 여러 나라에서 광범위하고 체계적으로 실행되었던 사회복지 제도와 정책에 대해서 애써 외면하고 있는 것이다.

2. 한반도 고대국가의 사회복지

어느 시대에나 어느 사회나 사회안정과 통합 기능이 없다면 공동체가 존속할 수 없었을 것이다. 이는 곧 어느 사회나 물질생산을 촉진하고 생산된 물질을 재분배하는, 그리하여 사회적 약자계층에 대한 배려와 지원을 통해 사회를 안정시키고 통합하는 나름대로의 사회복지정책을 수립하고 실행했다는 의미이다. 고조선, 삼국, 고려, 조선 등 한반도에 존재했던 모든 국가에서는 매우 실질적이고 효과적인 사회복지 기능을 수행하는 사회 하부체계가 있었다.

2.1 고조선의 사회복지

사실 고조선에서 어떤 사회복지정책과 행정을 했는지 상세한 기록은 없다. 〈환단고기〉에 의하면 전조선시대에 홍수가 발생해 단군이 팽우에게 백성을 구제하게 하였다. 최익한(2013)은 당시 구제가 원시적이나마 상당히 광범위했을 것으로 추정하고 있다. 기자조선이라 불리는 후조선에 들어와서는 보다 구체적인 기록이 보인다. 〈대동사강〉에 의하면 문혜왕 원년에(기원전 843년)에 윤환법 또는 진대법을 시행하여 빈민을 구제했고, 정경왕 13년(기원전 710년)에는 큰 기근이 들었는데 조정에서 제나라와 노나라 말에 능통한 상인을 골라 어염동철을 배에 싣고 제와 노나라로 가서 쌀을 가져와 기민을 구제했으며 관리의 봉급을 반으로 줄였다는 기록이 있다. 그 외에도 역대 왕들이 백성이 기근을 당했을 때 기우제를 지내고 사면령을 발하는 등 그들을 구제하기 위하여 부단히 노력했다. 효종왕 원년(기원전 675년)에는 이미 제양원이라는 구제기관을 설립하여 환과고독, 즉 '홀아비, 과부, 고아, 자식없는 늙은이'로 곤궁한 처지에 있는 사람들을 수양하였다는 기록도 있다(최익한, 2013: 45). 이를 보면 고조선이란 나라가 매우 친사회복지적이었다는 것을 어렵지 않게 추정할 수 있다.

고조선의 건국에 대한 역사서 〈삼국유사〉를 보면 옛날 환인(하느님이란 뜻)의 아들인 환웅이 자주 천하에 뜻을 두고 인간세상을 탐내어 찾았다. '홍익인간'

이라는 말은 단군신화에 나오는데 "옛날 환인의 서자(庶子) 환웅이 세상에 관심을 갖고 자주 인간세상을 찾았다. 환웅은 홍익인간(弘益人間)의 뜻을 펴보이겠다고 결심하고 아버지인 환인의 허락을 받고 건국한 나라가 (고)조선이다. 즉 고조선의 건국이념이 홍익인간(弘益人間)임을 말하고 있는 것이다(위키백과 '홍익인간').

단군신화에는 홍익인간을 환인이 인간 세상에 대해 갖고 있던 생각으로 되어 있지만, 실제적으로는 고조선 건국에 참여한 구성원들의 소망을 진술한 것이라 보는 것이 타당하다. 특히 고대인들이 국가와 권력 및 통치자들에게 바라던 바를 환인의 이름을 빌어 신화적으로 표명한 것으로 보아야 하는 것이다(한국민족문화대백과사전, '홍익인간').

홍익인간이 추구하는 가치에 대해서는 인본주의나 인간존중·복지·사랑·봉사·정의·민주주의·공동체정신·평화 등과 같은 여러 가지로 설명되고 있다. 그 핵심적인 세 가지는;

> (1) 국가와 권력, 돈, 시장, 학술, 종교, 교육과 과학기술 등 모든 문명장치는 인간을 위해(인간의 행복을 위해) 봉사해야 한다고 보는 인본주의적 사상과 (2) 인간을 위해 봉사하는 삶을 위대한 것으로 보는 이타주의적 윤리관, 그리고, (3) 내세의 행복이 아닌 현세의 복지를 우선시하는 현세주의적 사고 등이라 할 수 있다(한국민족문화대백과사전, '홍익인간').

이처럼 단군신화에 나오는 환웅은 사회복지 실천가이다. 환웅이 세상에 온 이유를 구체적으로 말한다면 "곡·명·병·형·선악 등 무릇 인간의 삼백육십여 가지의 일을 주관하며 세상을 다스리고 교화"하기 위해서다. 홍익인간은 사람이 먹고사는 경제적 안정인 주곡(主穀), 타고난 수명을 마칠 수 있도록 하는 사회안전망인 주명(主命), 질병을 치료하는 주병(主病)이 일차적인 복지라면, 사회질서를 회복시키는 주형(主刑), 권선징악을 통한 도덕적 사회 건설을 위한 주선악(主善惡)은 이차적인 복지로 경제적·생리적·정서적 안정까지 망라한 사회복지 이념을 추구한다(김영미, 2023).

홍익인간, '널리 인간을 이롭게'라는 말보다 더 알아듣기 쉽고 실천하기 쉬운 사회복지 개념이 있을 수 있을까? 홍익인간은 한마디로 대한민국의 민족정신이며 오늘날 우리나라의 모든 정치·경제·사회·교육·문화 등 거의 모든 영역에서 최고의 가치로 지배적 규범으로 자리잡고 있다. 홍익인간은 인간행복을 위협하는 모든 상황에 대해 반대하며, 특히 국가와 권력(통치자)는 홍익인간을 위해 존재한다고 본다. 그리고 개개인들에게는 공동체와 이웃을 위해 대가 없이 봉사하는 적극적 윤리를 제시한다.

홍익인간의 정신은 자유주의와 신자유주의 등 시대적 격동과 일제강점기 등 국내외적 시련에도 불구하고 암묵적으로 계승되어 내려왔다. 홍익인간은 1948년 8월 15일, 정부수립 선언을 통하여 대한민국의 건국이념으로 승화되었다. 그 후, 1949년 교육법 제1조에[1] 홍익인간을 교육의 근본이념을 천명함으로써 대한민국의 교육이념을 대표하였다. 1958년 〈문교개관〉에서 교육부는 홍익인간을 교육이념으로 채택했는데 그 이유를, "홍익인간은 우리나라 건국이념이기는 하나 결코 편협하고 고루한 민족주의 이념의 표현이 아니라 인류공영이란 뜻으로 민주주의의 기본정신과 부합되는 이념"으로서, '우리 민족정신의 정수'이면서, 기독교의 박애정신과 유교의 인(仁), 그리고 불교의 자비심과도 상통되는 모든 인류의 이상이라는 데서 찾고 있다. 바로 사회복지이념과 대체해도 무방한 이념이다(정영훈 외, 1999).

2.2 삼국시대의 사회복지

고구려·백제·신라 등 삼국은 모두 재난을 당해 곤궁한 처지에 있는 백성을 돌보는 구황(救荒)행정, 즉 황정을 매우 중시하였다. 국경을 사이에 두고 패권을 다투었던 관계로 보국강병이 주된 관심사였던 삼국은 병농일체의 사회적 원리를 갖고 있었다. 즉 기근에 대비하고 대응하는 것은 단순한 사회복지정책이 아니었고 주요한 국방정책이었다. 국방을 위한 강한 병사와 말을 양성하기 위해서는 충분한 군량이 있어야 했고, 그러기 위해서는 농업생산을 활발하게 해야 했는데, 이는 역시 건강하고 많은 수의 농민이 필요했다. 따라서 삼국의 조정은

1) "교육은 홍익인간의 이념 아래 모든 국민으로 하여금 인격을 완성하고, 자주적 생활능력과 공민으로서의 자질을 구유하게 하여, 민주국가 발전에 봉사하며 인류공영의 이상 실현에 기여하게 함을 목적으로 한다."

경쟁적으로 백성들의 곤궁한 삶을 돌보았다(최익한, 2013: 59).

삼국은 공통적으로 각종의 재해로 인한 이재민 구휼에 큰 관심을 가졌으며 환과고독(鰥寡孤獨)의 사궁을 비롯한 노유병약자와 무의무탁한 곤궁한 처지에 있던 사람들을 돌보았다. 여기서 고대국가 사회복지의 핵심개념인 환과고독이 등장한다. 이는 "나이 들어 아내가 없는 이를 홀아비(鰥)라고 하고 나이 들어 지아비가 없는 이를 과부(寡)라고 하며 나이 들어 부양해 줄 자식이 없는 이를 무의탁자(獨)라 하고 어린데 보살펴 줄 부모가 없는 이를 고아(孤)라고 한다. 이 네 부류의 사람은 천하에서 막다른 곳에 다다른 백성들로서 어디에도 호소할 데가 없는 사람이다. 2)

또 각종 재해로 인한 빈곤한 백성들에게 관곡을 배급하여 구제하였으며(관곡진급), 재해로 인해 심한 피해를 입은 지역의 주민들에게 조세를 감면해 주었고(조조감면), 백성에게 대여한 관곡을 거두어들일 때, 상환이 곤란하면 그 원금 및 이자를 감면해 주었고(대곡자모구면), 재난이 있을 때, 왕이 자신을 죄인이라 생각하고 책임을 지며, 일상생활을 하던 곳에서 나와 뜰 아래서 기거하고 밥을 적게 먹는 등 생활 자세를 바꾸는(책기감선) 관습이 있었다. 이 당시 사회복지 제도는 통치자의 주도로 극빈층을 위주로 구제제도를 실시하였을 것이다. 또 법에 의해 제도화되었다기보다는 일시적이고 사후처리적 · 응급적 구제가 중심을 이루었을 것이다.

그러나 을파소가 만든 것으로 전해지는 고구려의 진대법처럼(일명 내외대열법; 춘궁기에 관곡을 빈곤한 백성들에게 대여하였다가 추수기에 납입케 하는 제도) 비교적 현대적 의미의 사회복지 제도도 있었다.

고구려의 복지행정 사례를 보면, 대무신왕 2년(19년), 민중왕 2년, 모본왕 2년, 태조왕 56년, 고국천왕 16년, 서천왕 4년 등 수십 차례에 걸쳐 기근이 들어 고통받고 있는 백성에 대해서 조정은 창고를 열어 진급하고 구제하였다.

---

2) 주나라 문왕이 정치를 하고 사랑의 마음을 베풀 때 반드시 이 네 부류의 사람을 가장 먼저 배려했다(노이무처왈환 · 老而無妻曰鰥, 노이무부왈과 · 老而無夫曰寡, 노이무자왈독 · 老而無子曰獨, 유이무부왈고 · 幼而無父曰孤, 차사자 · 此四者, 천하지궁민이무고자 · 天下之窮民而無告者, 문왕발정시인 · 文王發政施仁, 필선사사자 · 必先斯四者)."

신라의 복지행정 사례를 보면 주로 가뭄, 홍수, 황충 등 재해가 발생했을 경우 조정은 창고의 곡식을 내어 구제했으며 환과고독에 대해 구휼했던 기록이 남아 있다. 〈삼국사기〉와 〈증보문헌비고〉에 의하면, 신라 남해왕 15년(18년), 유리왕 5년, 탈해와 19년, 파사왕 27년, 지마왕 3년, 일성왕 12년, 내해왕 3년, 점해왕 7년, 점해왕 7년, 미추왕 3년 등 수십 차례에 걸쳐 기근에 궁핍한 백성을 구제한 기록이 있다.

백제의 복지행정 사례를 보면, 조정은 가뭄과 홍수를 당한 백성을 구제하였는데 시조 온조 33년(15년), 다무왕 11년, 가루왕 40년, 초고왕 43년, 구수왕 9년, 고이왕 15년, 비류왕 9년, 근구수왕 8년 등 수십 차례에 걸쳐 백성을 구제하였다.

2.3 고려 시대

고려왕조는 불교에 기반해 서 있던 나라였다. 불교사상 중 가장 중요한 것은 대자대비의 사상이다. 대자대비란 지혜를 바탕으로 발생하는 인간애를 말하는 것으로 불교에서는 자비(慈悲)라고 한다. 자(慈)는 어원적으로 '우인(友人)'이라는 말에서 파생한 말로, 진실한 우정·순수한 친애의 마음을 의미한다. 이에 대해서 비(悲)는 애련·동정 등의 뜻으로써 보통 쓰이고 있는 말이다. 따라서 자비는 '남에게 이익과 안락을 주고(慈, 與樂) 불이익과 고통을 덜어 주려는(悲, 拔苦)' 인간애를 의미한다('부처님의 근본교설' 중). 자는 백성에게 낙을 주는 것을 말하고, 비는 백성의 고생을 더는 것을 말한다(용천사 누리집 '불교에서의 자비').

고려는 봉건적 토지국유제를 시행했다. 국가가 최고 지주였고 동양적 신분제를 기본으로 과전제를 시행하여 지배관료들의 물질적 생활을 보장했다. 그러나 일반 농민은 그 혜택에서 완전히 제외되어 토지에 예속되었다. 이것은 서구의 농노제와 비슷한 것으로 이해할 수 있다. 당시 농민은 최고 지주인 국가로부터 공전이라는 명목으로 분배받은 땅을 통해 살아 갔고, 대신 그 국가에 대해 여러 가지 형태의 조세, 부역의 의무를 졌다(서기택, 1998: 117).

고려는 봉건적 토지제도와 문무 양반의 관료체제를 기반으로 세워진 나라로 역대 왕들은 국가의 안정을 위하여 불교와 유교를 받아들이고 궁민구제를 치국의 요체로 삼았다. 고려의 태조는 즉위와 동시에 훈요 10조를 제정하고 백성의 조세 부역을 경감하고 창(倉) 제도를 설치하여 궁민구휼에 힘쓰며, 재면법을 시행하였다. 그 후대의 왕들도 선왕의 훈요를 경국제민의 강령으로 삼아 궁민구제사업을 장려하였다(서기택, 1998; 113). 태조 왕건은 훈요 10조에서 사람마다 불교에 귀의하여 사찰을 보호할 것과 불교의 가르침을 한 국가의 국정 이념으로서 군신이 다같이 지킬 것을 명령하였다(이병도, 1955: 하상락).

정인지가 쓴 〈고려사〉에 따르면, 고려의 진휼사업은 다섯 가지로 분류된다.

먼저, 개국, 즉위, 제제 등 적절한 시기에 왕이 백성에게 베풀어 각종 은전을 내리는 은면지제; 천재지변(전쟁, 질병)으로 인한 이재민의 조세, 부역 및 형벌 등을 감면해 주는 재면지제; 빈곤하여 자활할 수 없는 홀아비, 과부, 고아 및 노인들을 우선적으로 보호하는 환과고독; 수해, 한재, 전염병이 발생했을 때 이재민에게 각종 물품(쌀, 소금, 간장, 의류, 전, 죽 무명, 베)과 의료, 주택 등을 급여하는 수한질여진대지제; 흉년·재해 시의 빈민구제제도, 일정한 재원을 제공한 사람에게 벼슬을 내려주고 그 돈으로 빈민을 구제하는 납속보관지제 등이 있다.

이들 제도는 고려왕조 내내 지속적이고 광범위하게 실행되었다. 이 중에서 환과고독에 대한 지원과 수한질여진대지제에 대해서만 간단히 살펴보면,

환과고독

성종 10년 7월, 왕의 명령으로 홀아비, 과부, 부모 친척이 없는 아이들, 자손이 없는 노인, 병이 있는 자, 불구자들에게 관에서 고식을 주어 구휼하였다.

현종 2년 12월, 환과고독에게 옷과 양식을 주다.

충열왕 34년, 충선왕 5년, 충숙왕 12년, 공민왕 원년 등 수십 차례에 걸쳐 와이 명을 내려 그들을 구휼하였다.

수한질여진대지제

현종 3년 5월. 왕이 이르기를 '서경에 지난해 수해와 한재가 들어서 곡식값이 뛰어올라 백성들이 곤핍하니 짐은 밤낮 불쌍히 생각한다. 소관 관사는 창고를 열어 진휼하라.' 7년 9월. 삼사의 주청에 따라 관내 창고의 곡식을 활용하여 강남의 기근을 구제했다(최익한, 2013: 66-71).

최익한(2013)의 분석에 따르면, 고려의 황금시대인 문종 시대에는 20회에 달하는 크고 작은 진휼 구제가 있었다. 문종 3년 6월, 기아에 허덕이는 궁민을 동서대비원에서 구휼하였다. 6년 3월, 경성에서 기아에 굶주리는 3만여 명이 쌀 조 소금 메주를 지급받는다. 25년 12월 현덕궁에서 쌀 500석을 내어 서보통원에서 궁민을 먹였다. 또 숙종 6년에는 제위보, 예종 원년 동서제위도감, 구제도감, 인종 5년 3월에는 제위포, 대비원, 명종 18년에는 동서대비원 등등 비록 충분하지는 않았겠지만 정부는 기아에 허덕이는 궁민과 빈민을 먹이고 보살폈다.

그리고 고려 왕조는 다양한 상설 구빈기관을 설치 운영하였다. 이에는 태조 때 흉년이 들 경우 국가가 비축한 곡식으로 무상으로 국민을 구제하는 흑창; 광종 때 일정한 기금을 마련해서 거치하고 이자로써 빈민을 구제하는 제위보; 성종 때 각 주에 평상시 곡물을 비축하였다가 혁명, 전쟁 등 비상 시에 국민에게 주는 의창; 성종 때 개경 등 12주의 행정중심 도시에 설치 국가가 곡식을 매매하여 물가를 조절하고 구빈사업을 하는 상평창; 문종 때 빈곤한 질병환자를 구호 치료하기 위한 동서대비원; 빈민을 치료하던 국립의료기관인 혜민국; 빈민구제와 물가조절 기능을 하는, 의창과 상평창의 복합적 기능을 하는 유비창 등이 있다.

흥미로운 것은 고려 말에 이르러 국가의 구제활동은 원나라와의 외교관계를 활용하기도 했다는 것이다. 충렬왕 6년 4월에는 군량 2만석으로 전라도 기민을 구휼했는데 그것이 부족한 것으로 드러나자 김윤부 장군을 원나라에 보내 2만석을 더 빌려왔다. 충렬왕 17년에는 다수의 해도만호에게 강남미 10만석을 싣고 와서 구휼하게 하였다. 또 그 다음 해 6월에도 강남 조운만호 서흥상에게 다시 10만석을 배로 실어나르다가 풍랑에 날려보내기도 하였다.

고려는 왕조 말기에 이르러 국운이 쇠락해 갔는 데도 불구하고 굶주리는 백성을 위한 구제활동은 계속되었다. 그 중 한 가지만 보면, 충목왕 때에는 서해 양광 2도가 굶주리자 왕이 직접 반찬을 줄여 구제비용에 보탰고 진제도감을 설치하고 유비창 쌀 500석과 전라도 창고의 쌀 12,000석을 내어 주었다(최익한, 2013: 72-76).

이처럼 불교국가 고려는 기본적으로 친사회복지 국가였다. 고려의 사회복지는 다음과 같이 요약할 수 있다.

> 고려사회는 불교의 전통과 영향이 오래고 깊어서 군덕(君德)은 자비를 위주로 하고 인정은 굶주린 사람에게 베풀고 가난한 사람을 구제하는 것을 표방했으니, 역대 군주가 황정에 주력한 것은 물론이거니와, 승려 계급과 양반 부호에게도 구제 사업은 사회도덕상 자랑거리가 되지 않을 수 없었다(최익한, 2013: 82).

당시 궁민에 대한 구제를 위하여 고려정부는 다양한 사회복지서비스를 제공하였는데 그 중 대표적인 것이 개성의 개국사와 임진현의 보통원 같은 곳에 상설된 시식소였다. 이는 매년 오월 중순부터 7월 중순 혹은 입추까지 유랑걸식하는 자들을 구제하였다.

마치 훗날 조선이 그랬던 것처럼, 그러나, 고려 말에 이르러 고려의 정치체도는 쇠락하여 백성의 삶은 극도로 피폐해졌다. 고려 말 토지제도가 극도로 문란해지고 백성의 생활이 곤궁하여 더 이상 개선의 희망이 없어지자 고려는 망하고 조선이 세워진다. 즉 고려의 멸망은 국가의 가장 기본적 기능-백성을 잘 먹이고 보살피는 것-을 제대로 수행하지 못했을 때 발생하는 자연스런 현상이었다.

3. 조선의 사회복지

3.1 유교와 조선

조선은 성리학에 기반을 둔 유교국가이다. 그리고 유교의 주요한 정치철학 개념들-민본주의 왕도정치 인정 대동사회 등은 사실상 서로 대체해도 무방한 개념들로서 조선사회가 얼마나 친사회복지적이었나를 잘 말해주고 있다. 조선은 건국 초부터 불교를 배척하고 유교의 정치이념인 왕도정치를 국정운영의 새로운 축으로 채택하였지만 고려나 조선이나 국정의 목표는 비슷하다. 바로 인(仁)의 실현이다.

유교의 핵심적 사상인 인(仁)은 모든 덕의 총체적 표현이요, 전인성(全人性)을 뜻한다. 인을 추구하는 군자는 인의 극치인 성인의 경지에 도달하고자 한다. 유교는 인간의 삶을 충실하게 하는 데 힘쓰기를 강조하며, 내세에 대해 유보적 태도를 취한다. 공자는 초인간적 존재나 내세의 삶에 대해 직접적으로 언급하지 않았다. 공자는 자신이 처한 곳에서 도리를 다하려고 했을 뿐, 내세의 구원을 추구하지 않았다. 오히려 죽음의 문제는 삶 속에서 논의되어야 한다고 보았다. 인간의 삶이 얼마나 실존적 깊이를 가지며, 어떠한 의미를 가지느냐가 보다 중요한 관심사였다. 공자는 인간이 마땅히 가야 할 길을 도(道)라고 생각했기 때문에 "아침에 도를 깨달으면 저녁에 죽어도 좋다."고 할 정도로 인간의 인간다움, 즉 도와의 일치를 추구하였다(한민족문화대백과사전, '유교').

공자에 따르면 모든 사회생활과 정치생활은 실제로 어진 마음을 행동으로 표현하는 과정이다. 공자는 "제 몸을 닦아 백성을 편안히 한다(修已而安百姓)"고 하였다. 이와 같이 유교는 자기도야(修身)를 바탕으로 모든 사람을 평안하게 한다(平天下)는 수기치인(修已治人)의 도를 이상으로 삼고 있다. 유교의 도는 수도적(修道的) 측면과 행도적(行道的) 측면을 병행하기 때문에, 개인의 수양은 사회까지 확대되어야 마땅하며 오직 그러한 사람만이 군자라 할 수 있다. 유교의 도는 이 세상을 버리고 은둔하는 은자(隱者)의 출세간과 세상에 영합해 사리(私利)를 도모하는 속물주의를 거부한다. 유교는 이 세상 속에서 인간성을 수양하는 목표를 결코 포기하지 않는다. 유교는 인간이 보편적으로 가지고 있는 '밝은 덕을 세상에 밝히는 것(明明德於天下)'을 최고의 이상으로 삼고 있다. 이러한 공자의 사상은 맹자에 의해 인정(仁政)으로 이어져 왕도정치 사상의 핵심적 정신으로 계승되고 있다.

유교의 인(仁) 사상은 궁극적으로 인본주의(人本主義)로 연결되었다. 인본주의 혹은 인문주의는 사람이 우주의 중심이 된다는 유교 교리이자 철학 사상이다. 중국 철학자들은 유가 철학의 핵심이 인본사상이라 말해 왔다. 인본주의는 '인간의 존재를 중요시하고 인간의 능력과 성품 그리고 인간의 현재적 소망과 행복을 귀중하게 생각하는 정신이다. 인간 중심적 사고에 따른 인류 사회의 존엄, 가치를 중시'하기 때문에 인간이 죽고 나서 올 사후의 세계나 먼 미래보다는 현재가 가장 중요하다고 믿는 것이다.

우리 나라에서도 유교사상이 들어오면서부터 인본주의는 이론적인 면에서나 실제적인 면에서 모든 사회사상의 중심사상으로 자리잡았다. 그 중에서도 유교라는 토대 위에 세워진 조선은 군주의 통치철학이나 국정의 목표를 분명히 하고 있었다. 즉, 군주는 백성이 나라의 근본임을 명심하고, 그는 백성의 삶을 보살피고 도울 의무가 있다는 것을 확실하게 교육받고 그것을 구체적 법과 정책을 통하여 실천해야만 했다. 서울대 하상락 교수(1998: 55)는 유교야말로 헌법에 의해 국민의 생존권을 보장하고 있는 현대 사회복지국가보다 어떤 의미에서는 더 강력한 복지국가 지향적 이념이라고 평가하고 있다.

유교의 현실 지향적 성격은 현실에 안주하기보다는 현실을 개혁하려는 데 특징이 있다. 인간에 내재된 참된 가치를 현실 속에서 보존 함양함으로써 현실에서 현실을 개혁하는 적극적 방법을 택하고 있다. 이러한 정신에 대해 〈중용〉에서는 "높고 밝은 진리를 극진히 하면서 일상일용을 말미암는다(極高明而道中庸)."고 했고, 풍우란(馮友蘭)은 "세상에 있으면서 세상을 벗어남(卽世間而出世間)"이라고 하였다(한민족문화대백과사전, '유교').

3.2 민본주의와 유교사상

이론적으로 조선이 유교국가인 것은 천하가 다 아는 사실이지만 '실제로는 어떠했는가?' 이 질문에 답하려면 태조 이성계와 함께 나라를 세운 정도전의 사상과 그가 추진하려고 했던 정책을 먼저 보아야 한다. 정도전은 고려왕조로는 더 이상 백성을 잘살게 하지 못할 것이라고 판단하고 역성혁명을 추진한 인물이었다. 즉, 새로운 왕조를 세우려는 것은 백성이 잘살기 위한 나라를 세우려는 동기에서 비롯되었다는 것을 분명히 한다. 정도전은 민본주의를 역성혁명의 대의로 삼았다. 그는 〈경제문감별집〉을 통해 다음과 같이 말한다.

> 백성은 나라의 근본이다. 옛날에 사해를 다스리면서 천자가 관작을 설치하고 녹봉을 지급한 것은 신하를 위해서가 아니라 모두 백성을 위한 것이었다. 따라서 성인(군주)의 동작과 시설, 명령, 법제는 그 하나하나가 반드시 백성에게 근본을 둔 것이었다. 따라서 현명한 관리를 선택하여 백성을 기르게 하고, 관리의 직임을 중하게 여겨 백성을 책임지게 하고, 관리에게 직권을 빌려주어 백성을 편안하게 하고, 관리의 녹을 풍족하게 하여 백성을 총애하고 이롭게 한 것이다. 임금이 관리에게 책임을 지우는 것도 하나같이 백성을 근본으로 하는 것이며, 관리가 임금

에게 보답하는 것도 하나같이 백성을 근본으로 한 것이다. 이렇듯 백성은 존중되었다(경제문감, 하, 현령조, 한영우 2000: 104에서 재인용).

이처럼, 정도전의 민본주의는 백성을 위하고, 백성을 존중하고, 백성을 보호하며, 백성을 기르고, 백성을 편안하게 해야 한다는 의미로 요약될 수 있다. 이런 시각에서 군주 국가 백성의 관계가 정립된다. 군주보다는 국가가, 국가보다는 백성이 우선하며 백성은 국가의 근본인 동시에 군주보다 높다. 따라서 군주는 자기보다 높은 백성을 지극히 존중해야 할 의무가 있다고 보았다(유병용 외, 2002: 59).

정도전은 통치자가 민심을 잃었을 때에는 물리적인 힘에 의해서 교체될 수 있다는 역성혁명(易姓革命)을 긍정하였으며, 실제로 혁명이론에 입각하여 왕조 교체를 수행하였다. 그는 성리학적 왕도 정치와 패도 정치의 사례를 제시한 후, 패도 정치를 하는 군주는 역성혁명이나 기타 수단에 의해 폐위될 수 있음을 경고하였다. 또한 군자와 소인의 존재를 역설하여 군왕은 군자들을 등용하여 올바른 정치를 수행해나가야 된다고 봤다.

정도전이 이상으로 생각하는 정치제도는 재상을 최고실권자로 하여 권력과 직분이 분화된 합리적인 관료지배체제이며, 그 통치권이 백성을 위하여 기능할 수 있어야 한다는 민본사상을 강조하였다. 정도전의 신권정치(臣權政治, 재상중심의 정치)는 그로부터 수 백년이 지난 후에 나타난 독일식 수상제, 영국식 수상제, 스위스식 집정부제와 상당히 비슷한 제도로 이들을 통하여 경제개혁, 토지개혁을 단행한 서구 민주주의가 큰 발전을 이루어졌다. 또 정도전의 정전제는 해방 후 단행되었던 조봉암의 농지개혁과도 비슷한 것이었다(신동준, 2007).

조선의 정치체제는 민본주의에 기반하고 있다. 민본주의는 세 가지 측면에서 민주주의와 부합한다고 할 수 있다. 첫째, 정치적 주체로서의 민본이다. 이는 〈서경〉의 주서(周書)에서 "하늘이 보고 듣는 것은 백성이 보고 듣는 그 자체이다."라는 말과 "백성이 하고자 하는 바는 하늘이 반드시 따른다."는 말에 의거한다. 이는 천(天)과 민(民)의 일치를 의미하는데, 오히려 백성의 판단과 의사가 하늘의 판단과 의사에 앞서는 것으로 나타난다. 또한 맹자(孟子)는 천자의 자리가 "하늘이 준 것이요, 백성이 준 것이다."라고 함으로써 백성이 모든 정치행위의 주체임을 나타내었다.

둘째, 정치적 객체로서의 민본이다. 이는 백성을 정치적 대상으로 삼는 것으로서, 하늘이 백성을 낳고 왕을 세워 그로 하여금 통치를 대행하도록 하는 것이다. 인정(仁政)·덕치(德治)·왕도(王道) 등의 용어에서 파악되는 위민사상(爲民思想)은 모두 백성을 정치적 대상으로 객체화한 내용들이다. 셋째, 국가 구성요소로서의 민본이다. 맹자는 국가의 요소를 토지·인민·정사(政事)라 했고, 또한 백성과 국가와 군주 가운데 백성을 가장 존귀한 존재로 인식하고 군주를 가장 가볍게 평가하였다. 백성 없이 국가가 없고 정치적 목적 또한 실현되지 않는다. 이는 백성이 국가 구성의 기반이요 목적이며 본질이기 때문이다. 이러한 맹자의 민귀군경설(民貴君輕說)－군주는 가볍고 백성은 귀하다－은 민본사상을 단적으로 표현한 것이다(한민족대백과사전, '민본주의').

선거가 없던 왕조시대에 민본주의는 민심을 모든 정치활동의 준거기준으로 삼아 민주적 정치가 이루어질 수 있는 토대가 되었다. 예로부터 우리에게는 '민심이 천심'이라는 의식이 잠재해 왔다. 그러므로 민심과 천심이 일치할 때 민본이 되는 것이다. 이는 유교의 정치사상에서 핵심이며 본질이 된다. 민본사상은 어디까지나 백성과 더불어 하며(天人相與), 이념적으로는 모든 사람이 선(善)에 이르도록 지향한다. 이 때 하늘과 그 상대자인 백성의 화합, 즉 '하늘이 보고 듣는 것을 백성이 보고 듣는 것'으로 삼아, 결국 상하가 통달되는 천민합일의 새로운 매개자가 요구된다. 여기서 군주라는 새로운 개념이 도입된다. "군주는 하늘이 주는 자리요, 동시에 백성이 주는 자리이다."고 맹자가 언명한 바와 같이, 하늘과 백성이 화합해 양자의 중간자로서 설정된 것이다. 이 군주에게 하늘을 대신해 천하를 다스리도록 천명이 내려지고, 그로 하여금 백성의 부모가 되게 하여 만민을 통치하도록 한 것이다(한민족대백과사전, '민본주의').

이런 맥락에서 하늘·군주·백성은 통일된 한 집 「家」의 체계를 형성하게 된다. 이른바 '천하국가'이다. 이 양상은 원래 가정에서 국가로, 국가에서 천하국가로 발전되는데, 이 때는 온 누리가 크게 통합되어 하나의 체계를 이룬다. 이러한 세계의 이상적 모습이 평천하(平天下)의 세계이다. 그러나 만약 중간자인 군주가 민심과 천심을 거역하고 학정을 한다면, 하늘과 백성은 다시 화합, 그 자리(王位)를 빼앗고 다른 유덕자(有德者)에게 왕위를 넘겨주게 된다. 이는 곧 민본사상에 입각한 혁명사상이다.

조선을 지배하고 있던 유교사상은 민본정치 말고도 왕도정치 덕치 등이 핵심 개념으로 이루어져 있다. 그런데 이 개념들은 정치적 측면에서 사회복지의 사상과 대체해도 좋을 만큼 많은 공통점을 갖고 있다.

공자는 군왕의 통치철학으로서 왕도정치 혹은 덕치를 큰 원칙으로 내세웠는데, 덕치란 강압적 힘을 사용하기보다는 덕을 바탕으로 백성의 마음을 움직여 자발적으로 국가에 충성을 바치고 복종하게 하는 것으로 선정을 펼치는 것을 의미한다. 그 선정이란 실질적으로 '백성을 배불리 먹이는 것'이며 백성들 중 한 사람이라도 굶주리거나 그에 적합한 일자리를 얻지 못함은 곧 왕의 책임이라는 것이다. 이보다 더 사회복지적인 정치이념이 있을까?

덕치를 펼치는 군왕의 마음은 백성을 긍휼히 여기는 데서 출발한다. 즉 '인정(仁政)'을 뜻한다. 공자는 통치자가 백성에게 부과하는 세금을 낮추고, 예산을 절감하며, 공역은 농번기를 피해서 시행하고, 백성의 생활수준을 높일 것을 주문한다. 그는 군왕이 널리 백성을 사랑하고 가깝게 대하라고 가르친다. 맹자는 정치의 목표는 백성을 고난에서 벗어나게 해주고 인자하게 대접하는 데 있다고 말한다. 이는 자신의 어른을 잘 봉양하고 자신의 아이를 자애롭게 대하는 것부터 시작하여 남의 어른과 아이에게도 확대해 나아가는 것이다(논어, '학이'; 맹자, '양혜왕장구' 상). 〈그림 1-1〉에서 보듯이 조선의 군왕들은 인정을 실천한다는 의지의 표현으로 그 집무실을 인정전이라 명하였다.

공자는 덕치를 행하는 사람이 바로 성인이며 군자라고 보았다. 이를 바꾸어 말하면 '민생을 유족하게 하고, 세금을 가볍게 하고, 부역을 제한하고, 재물의 사용을 절약하는 것'을 실현하는 것과 다르지 않았다(〈논어〉 13; 〈자로〉 9).

왕도정치는 '인(仁)과 덕(德)을 바탕으로 하면서도 백성을 이롭게 하는 통치'이다. 간혹 왕도를 단순히 인과 덕에만 치중하는 것으로 오해하는 경우가 있는데 맹자는 "산 사람을 봉양하고 죽은 이를 장사지내는 데 유감이 없게 하는 게 왕도의 시작"이라고 하였다. 즉 제아무리 정의로운 정치를 펼친다 하더라도 민생을 피폐하게 하면 왕도로 보지 않는다.

자료: 문화재청 국가문화유산포털

〈그림 1-1〉 창덕궁 인정전(昌德宮 仁政殿)

앞서 말한 정도전의 민본주의는 맹자의 민귀군경설을 바탕으로 하고 있다. 맹자는 그의 저서 〈맹자〉〈진심장구(盡心章句)〉 하편에서 "백성이 귀한 것이며, 사직은 그 다음이고, 임금은 가볍다(民爲貴, 社稷次之, 君爲輕)."라고 하였다. 군주가 지위를 얻는 것은 밭일 하는 백성에서 비롯되며, 제후와 사직은 모두 갈아치울 수 있는 존재인 것이다. 한 나라에서 영존하여, 움직일 수 없는 것은 오직 백성뿐이다. 맹자는 인민을 정치의 주체로 보았을 뿐만 아니라, 정치가 지향해야 하는 목적으로 보았다. 주자(朱子)는 이 구절에 대한 주석에서 "대개 나라는 백성으로 근본을 삼는 것이니 사직도 또한 백성을 위하여 세운 것이며, 임금이 존귀한 것도 백성과 사직의 존망에 달려 있는 것이므로 그 경중이 이와 같다"라고 하면서 다음과 같이 맹자를 인용한다.

> 백성이 가장 귀하고, 사직은 그 다음이며, 임금은 대단치 않다. 그러므로 밭일 하는 백성들의 마음에 들게 되면 천자가 되고, 천자의 마음에 들게 되면 제후가 되고, 제후의 마음에 들게 되면 대부가 된다. 제후가 사직을 위태롭게 하면 갈아

치운다. 희생의 제물을 살찌게 마련하고, 제물로 괴어 놓은 곡식을 깨끗하게 마련하여, 제사를 지내는데 그래도 한발과 수해가 나면 사직을 갈아치운다(맹자, 〈진심〉 하14).

맹자는 공자의 인(仁)에서 비롯되는 예치주의(禮治主義)를 한걸음 발전시켜 덕치를 왕도정치의 바탕으로 삼았다. 덕치사상은 맹자의 왕도론에서 구체화되었는데, 맹자는 인간본성(성선설)에 바탕을 둔 인의도덕(仁義道德)을 실천하는 치자의 덕치를 주장하였다. 사욕에 의한 강권지배를 배격하며, 통치자의 지위는 민심의 향배에 따르는 것이라는 민본주의적 혁명시인론(革命是認論)을 전제로 하였다. 또 그 구체적인 방안으로 안정된 백성의 생활을 보장하는 정전법(井田法)을 제창하였다.

자료: 중국인물사전, 서울대학교 철학사상연구소

〈그림 1-2〉 맹자

정전제는 중국 고전 여러 곳에서 언급하고 있는데 대표적으로 〈맹자〉에서 상술하고 있다. 이는 제후가 관리하는 농지를 한자 井자처럼 900묘의 정방형으로 나누고, 각 구역은 다시 각 100묘로 구획된 9개의 정방형으로 분할했다. 8객의 농민 가호는 그 9개의 구역에서 하나씩 소유해 직접 경작했다. 중앙에 위치한 아홉 번째 구역은 공전이란 불렀는데, 주위의 여덟 가호에서 공동으로 경작하며 거기서 나온 생산물은 그 지역의 제후에게 보냈다. 농민은 자신의 소유한 토지에 대해서는 전세를 내지 않았고 제후의 토지를 경작해 곡식을 바칠 의무가 있었다(팔레, 2008: 403; Crowell, 1979).

맹자는 덕망있는 지도자는 백성들의 경제적 안전과 복지를 제공할 의무가 있다고 강조했으며, 정전제는 최저 수준보다 높은 생활을 충분히 영위할 수 있는 일정한 면적의 토지를 농가에 주었다고 찬양했다. 맹자는 '평등하다'는 뜻의 균(均)과 '백성을 평등하게 만든다'는 뜻의 균민(均民)이라는 표현을 자주 사용했다. 정전제는 주나라 국왕에게 봉사하는 경(卿), 대부(大部)나 제후에 책봉된 국왕의 주요한 신하에게 영지를 할당하는 데 제한적으로 적용됐지만 경제적 평등이 국가가 추구해야 할 중요한 가치라는 것을 분명히 했다(팔레, 2008: 403; 유형원, 〈반계수록 5〉 18).

정전제에 이어, 백성들의 안정된 생활을 보호하기 위해서 국가에서 시행한 토지제도에는 한전제와 균전제가 있었다. 한전제는 토지 소유를 제한하는 제도로 한나라 때 제안됐지만 곧 폐지되었고, 균전제는 토지를 국유화하고 농민들에게 재분배하는 제도로 북위에서 시작되어 당나라까지 시행됐다. 한나라 한전제는 '당시의 풍습과 마찰을 일으킨다'는 이유로 폐지되고 말았는데, 이는 당시의 노비를 소유하고 있는 대지주들의 이익과 충돌했기 때문이었다. 유형원에 따르면, 균전제가 486년(북위 효문제 10) 북위에서 채택된 이후 중국에서는 북제·수·당까지, 그리고 한국에서는 고려 전기까지 시행된 것으로 보았다. 균전제는 사유재산을 없애고 토지를 국유화했으며, 농민들에게 조세와 요역을 부과하는 대신 국유화한 토지를 공평하게 분배하고 관원들에게 봉급을 주기 위해 실시했다고 알려졌다(유형원, 〈반계수록〉 5b:).

3.3 대동사회

유교를 국정의 기본철학으로 채택한 조선의 모든 왕들은 물론 몇몇 왕들을 제외하고, 국가정책을 통하여 적어도 명분상으로는 유교적 이상사회인 대동사회 건설에 매진했다. 대동이란 말은 여러 곳에서(장자, 여씨춘추) 언급되었지만 논어의 〈예기〉 '예운편'에 잘 정리되었다. 대동이란 '대도를 행해 천하에 공의를 구현한 사회'를 말한다. 천하가 왕이나 일부 특권층을 위한 공간이 아니라 모든 사람이 함께 살아가는 공동의 공간이란 말이다. 대동사회는 만민이 평등하고 재물의 재분배를 통해 인륜구현을 최고의 가치로 받아들여 모두가 더불어 살아가는 사회복지국가를 지향하고 있었다. 이를 위하여 노동능력이 있는 사람은 직업에 종사해서 살 수 있게 하고, 노동능력이 없는 사람은 사회복지를 통하여 생존을 가능하게 하였다. 즉 자신의 부모 자식이나 이웃의 부모 자식이 차이가 없다는 대동정신이 바로 그것이다. 대동사회는 현인에 의해 신의와 화목의 원리를 실현하고 상부상조 정신과 상호애호 정신으로 모든 사회구성원이 함께 살아가는 일종의 사회복지국가를 꿈꾸고 있었다(유병용 외, 2002). 공자는 다음과 같이 말한다;

"대도(大道)가 행해졌을 때는 천하가 공공의 것이었고 어질고 능력 있는 자를 뽑아서 신의를 가르치고 화목을 닦게 하니 사람들은 그 부모만을 홀로 부모라 여기지 않았고, 그 자식만을 자식으로 여기지 않았다. 늙은이는 편안하게 일생을 마치게 했으며, 젊은이는 다 할 일이 있었으며, 어린이는 잘 자라날 수 있었으며, 과부 홀아비 병든 자를 불쌍히 여겨서 다 봉양했다. 남자는 직업이 있고 여자는 시집갈 자리가 있었으며, 재물을 땅에 버리는 것을 싫어했지만 반드시 자기를 위해 쌓아두지는 않았다. 몸소 일하지 않는 것을 좋아하지 않았지만 반드시 자기만을 위해 일하지는 않았다. 이런 까닭에 간사한 꾀가 막혀서 일어나지 못했고, 도둑이 훔치거나 도적들이 난을 일으키지 못했다. 그래서 바깥 문을 여닫지 않았으니 이를 일러 대동(大同)이라고 한다."(한민족대백과사전, 대동사회).

大道之行也 天下爲公 選賢與能 講信脩睦 故人不獨親其親 不獨子其子 使老有所終 壯有所用 幼有所長 矜寡孤獨廢疾者 皆有所養 男有分 女有歸 貨惡其弃於地也 不必藏於己 力惡其不出於身也 不必爲己 是故謀閉而不興 盜竊亂賊而不作 故外戶而不閉 是謂大同(위키백과, '대동사회').

공자는 환과고독을 구휼하는 것이 국가의 의무라고 주장한다. 환과고독은 국가는 반드시 보살펴야 하는 대상을 네 가지 종류의 사람이다. 즉 늙고 부인이 없는 사람(鰥), 늙고 남편이 없는 사람(寡), 어리고 부모가 없는 아이(孤), 늙고 자식이 없는 사람(獨)을 '천하에 곤궁해 어디에도 호소할 곳이 없는 불쌍한 사람'을 말한다(공자, 〈예기〉).

대동사회를 꿈꾸던 공자는 장애인 복지에도 관심이 컸다. 공자는 장애인도 사회의 동등한 구성원으로 살아갈 수 있는 토대를 마련해 주어야 한다고 했다(〈논어〉 '자한' 편). 당시 시각장애인은 주로 악사란 직업을 갖고 살았는데, 장님 악사들은 종묘제례악을 주관했고 그 지위도 매우 높았다. 또한 공자는 환과고독은 물론 장애인도 모두 직업을 갖고 자립 생활을 해야 한다고 주장했다. 하・은・주 삼대에는 세상에 쓰이지 않는 사람이 없었는데, 심지어 환과고독 및 폐질자(장애인)에게도 모두 살길을 마련해 주어야 한다는 것이다. 이것이 바로 대동(大同)의 세상, 즉 모두 함께 사는 세상이라고 했다(공자, 〈예기〉 제9편 '예운' 편). 이러한 대동사회 실현을 위해서는 가난한 자와 사회적 약자, 소외된 자들에 대한 지원과 돌봄이 필요했다.

맹자도 어진 정치를 하기 위해선 환과고독을 우선적으로 돌보아야 한다고 했다. 누구든지 어려움에 처한 사람을 보면 측은지심을 베풀어야 한다는 것이다. 이런 측은지심이야말로 인(仁)의 시작이라는 것이다. 물론 이것은 장애인 등 사회적 약자층에게도 마찬가지로 적용되었다(〈맹자〉 '양혜왕' 하; '공손추' 상).

초기 유학자들이 이상사회로 여기고 본받으려 했던 주나라는 여러 가지 다양한 사회복지제도를 운영하고 있었다. '구황요목' 12개조로 알려진 제도들은—양식 대여, 조세경감, 형벌 감면, 부역면제, 사냥 허용, 관세면제, 길례생략, 흉례생략, 악곡 금지 등등—후에 우리나라에 들어와 시행되었다(권오구, 2000: 241, 유병용 외 2002: 54에서 재인용). 〈주례〉의 '예기' 편에는 다음과 같은 글이 있다.

> ....이런 까닭은 강한 자가 약자를 위협하고 많은 것이 적은 것에게 횡포를 부리고, 지혜가 있는 자가 어리석은 자를 속이고, 용맹한 자가 나약한 자를 괴롭히고, 질병에도 몸을 기르지 못하고 늙은이와 어린이, 고독한 자가 그 살 곳을 얻지 못하게 된다. 이것이 크게 나라가 어지러워지는 길이다(〈예기〉 제19편 '약기' 유병용 외 2002에서 재인용).

유교사상가들은 경제성장 뿐만 아니라 개인 간 소득의 재분배에 관심이 컸다. 공자는 평균주의를 주창하였다. 그는 "나는 국가를 다스리는 사람이 물자가 적은 것을 걱정하지 않고 고루 분배되지 못하는 것을 걱정하며, 가난한 것을 걱정하지 않고 편안치 않은 것을 걱정한다." "고르면 가난함이 없고, 화합하면 적음이 없으며, 편안하면 기울어짐이 없다(不患寡而患不均 不患貧而患不安)."고 말하고 있는데 이 말보다 유교의 친사회복지 사상을 더 강력하게 대변하는 말은 없다(〈논어〉, '계씨'; 유병용 외, 34). 오늘날, 국가를 통치하는 정치가들이 경제 성장에 혈안이 되는 경우가 많은데 이로 인해 발생하는 각종 사회적 혼란과 도덕적 타락은 그 당연한 결과라고 보아야 한다.

3.4 조선이 상업을 천시한 이유

잘 알려진 대로, 조선은 대부분의 상업 활동을 제한하고 규제했으며, 더 나아가 천시했다. 상업을 천시한 이유는 다양한 역사적, 사회적, 정치적 요소가 복합적으로 작용한 결과이지만, 그 중 중요한 하나는 조선 사회가 세속적인 이익을 추구하는 상업 활동보다는 공공의 이익과 예의를 중시했기 때문이다. 즉, 사회 공동체의 안정과 유지를 위해 개인적이고 분파적인 이익추구를 극도로 억제했다고 볼 수 있다.

이런 시각에서 조선시대에는 장사를 한다는 것은 높이 평가받지 못했다. 그 이유는 우선 조선이 고려의 혼란을 극복하고 세운 나라였으며, 나라의 근본을 농업에 두었던 데서 찾을 수 있다. 조선 사회는 국가 재정의 근간을 농업에 두었고, 농업이 발달하는 만큼 국가 재정도 튼튼해진다고 보았다. 그런데 상업을 억제하지 않으면 그러한 기본 전제가 무너질 수 있었다. 농민들이 너도나도 장삿길에 나서면 농업 사회는 근본부터 무너질 위험성이 있었다고 본 것이다. 조선 조정과 지배계급에 속한 유학자들은 상인을 천대하고 차별함으로써 이를 미연에 막으려 하였다.

조선이 상업을 천시한 두 번째 이유는 이윤을 추구하는 상업의 속성 때문이었다. 우리 속담에 '순(舜) 임금 독 장사'라는 말이 있다. 순 임금처럼 어진 사람이라도 장사를 하게 되면 어쩔 수 없이 이윤을 남겨야하고 그러다 보면 남을 속이기 쉽다는 뜻이다. 상업에 종사하는 사람들은 세상 물정과 소식에 빨라야 하고 그만큼 타산적(打算的)이어야 한다. 당연히 여기저기 떠돌아다니는 상인은 생리상 세상 물정에 밝아야 하고 계산이 빨랐다(우리역사넷, '조선 상업', http://contents.history.go.kr/).

조선시대의 상인들은 이익만 좇는 의롭지 못한 사람으로 치부되었는데 이것은 서양에서도 어느 정도 마찬가지였다. 근대적인 인간형에게 필요한 합리적이고 타산적인 측면을 이미 갖추고 있었던 중세시대 상인들은 동서양을 막론하고 천대받는 주변인으로 살아야 했던 것이다.

고려시대에는 근대적 상업관과 상업 정책에 기반하여 국내외 상업이 발전하였다. 특히 무신 집권기 이후 사회 전반에 걸친 변동, 즉 대토지 소유의 확대, 고리대 만연 등의 추세와 함께 상업, 수공업의 발전은 더욱 촉진되었다. 공물대납(代納)의 확산, 소(所)의 해체와 민간 수공업의 발전으로 나타난 수취 체계와 수공업계의 변화도 이 시기 상업 발전과 관련해 나타난 현상이었다(우리역사넷).

그러나 고려 말에 이르면 상업의 발전으로 심각한 사회 문제들이 등장했다. 이 시기 상업과 관련하여 제기된 최대의 논란은 대외 무역, 특히 사무역(私貿易)・밀무역(密貿易)의 성행과 그 때문에 생기는 제반 사회 문제였다. 상인들의 밀무역이 중심이 된 대외 무역의 발전은 곧바로 빈부 격차의 증대와 함께 사치풍조의 만연으로 이어졌다. 화려한 비단과 각종 보석류에 이르기까지 외국산 사치품이 상용(常用)되었고 이는 신분 질서를 무너뜨렸다. 나아가 각종 혼례 때에 사치품을 사용하는 풍조 때문에 가난해서 혼인을 못하는 이들까지 나타날 지경이었다. 거기에 상업 발전을 이용한 권세가나 부호들의 불법적인 상업 행위, 이른바 반동(反同) 행위마저 성행하였다. 이는 이름만 거래일 뿐 실제로는 강탈이나 다름없는 행위였다(우리역사넷).

이러한 상황은 토지 겸병의 성행과 함께 농민들의 몰락을 가중시켰다. 더 이상 농촌에서 연명할 방도를 찾지 못한 농민들은 농촌을 떠나 유랑하였고, 이 때문에 국가 조세원(租稅源)이 급감하였다. 상업의 발전이 국가의 존재를 위협하는 상황을 초래한 것이다.

조선은 고려시대의 이러한 폐단 극복을 건국 명분으로 내세웠다. 따라서 상업에 대한 인식과 정책이 고려와 크게 다를 수밖에 없었다. 조선은 농업이 본업(本業)이고 상업은 말업(末業)이라는 인식에 기초하였다. 농업만이 백성의 생명과 관련된 중요한 산업이라고 보았다. 따라서 당시의 산업관은 "생산하는 이는 많고 먹기만 하는 이는 적어야 하며, 만드는 이는 빨리 만들고 쓰는 이는 천천히 하여야 재화가 항상 풍족하다."는 데 있었다. 그렇다고 해서 조선 정부가 상인을 아예 없앨 수는 없었으며, 다만 상인의 수를 최대한 억제하는 데 주력하였다. 조선 정부는 상업은 전문 집단을 지정·육성하여 이들에게 맡기고, 이들의 활동을 국가에서 파악한다는 방침을 세웠다. 그리하여 한양과 중요한 행정 도시에는 시전(市廛)을 설치하여 상업을 전담시켰다(우리역사넷).

3.5 다산 정약용의 사상

양식있는 조선의 선비들은 단지 중국의 유교사상을 빌려오는데 그치지 않았다. 그것을 더욱 발전시켜 확대하였고 실행에 옮기려 노력하였다. 민본주의의 정의는 다산 정약용의 사상에 잘 나타나 있다. 다산은 민주주의란 개념은 사용하지 않았지만 현대적 의미의 민주주의와 매우 유사한 관념을 가졌던 것으로 보인다. 그는 본래 통치자의 지위는 하늘로부터 부여받은 독립적인 권력이 아니라 근본적으로 백성으로부터 권력을 이양받은 것이라고 보았다. 따라서 천자나 고을의 이장이나 형식적으로는 똑같은 방법으로 세워진 것이므로 그 지위는 백성의 바람에 따라 언제든 바뀔 수 있다. 그렇기에 언제든 그 역할을 제대로 하지 못한다면 바뀔 수 있는 자리가 바로 천자의 자리이다. 물론 이장이나 현장, 제후의 지휘도 마찬가지이다. 그는 다음과 같이 말한다.

> 끌어내린 것도 대중이고 올려놓고 존대한 것도 대중이다. 대저 올려놓고 존대하다가 다른 사람을 올려 교체시켰다고 교체시킨 사람을 탓한다면, 이것이 어찌 도리에 맞는 일이겠는가(정약용, 〈탕론湯論〉 186).

정약용에 따르면 지배 권력의 정당성은 바로 백성들의 의향에 있다. 그렇기에 지방행정관(목민관) 역시 백성의 안위를 위해 존재하는 것이라고 주장한다.

> 목민자가 백성을 위해서 있는 것인가. 백성이 목민자를 위해서 있는 것인가? 백성이 속미와 마사를 생산하여 목민자를 섬기고, 또 여마와 추종을 내어 목민자를 전송도 하고 환영도 하며, 또는 고혈과 진수를 짜내어 목민자를 살찌우고 있으니, 백성이 과연 목민자를 위하여 있는 것일까? 아니다. 그건 아니다. 목민자가 백성을 위하여 있는 것이다(정약용, 〈원목(原牧)〉 170 ; 금장태, 2010에서 재인용).

정약용은 지주들이 농민의 토지마저 빼앗고, 소작과 고용노동이 성행하여 민생이 도탄에 빠진 것을 개탄했다. 그는 토지를 재분배하고, 공동체의 결속을 통해 노동과 생산을 연결해야 한다고 보았으며, 30개의 가호로 최적의 공동체인 여전제(閭田制)를 주장했다(주나라에 있었다는 공동체). 여전제는 토지의 국유화를 전제로 하고 있는데, 이는 토지의 사유와 매매를 폐지함과 동시에, 토지를 공동으로 소유하고 부를 공평하게 분배하여 전세를 10분의 1이나 9분의 1로 제한하는 것을 내용으로 하고 있다. 그리하여 안정되고 고정적으로 토지를 분배하고 과세하기 위하여 토지를 정방형으로 나누고, 개인 가호에 분배된 국유지에서 閭가 생산한 수확은 30호의 가호 책임자인 여장에게 인계되며, 납세하고 남은 분량을 가호의 가족 수에 따라 나누어 주었다(홍이섭, 1959: 93-94; 팔레, 2008: 529-540).

정약용은 아동복지에도 큰 관심을 보였는데, 그는 〈목민심서〉 애휼육조 자유(慈幼)편은 걸식아동 및 기아에 대한 구휼에 관해 상세히 논의했다. 자유라는 말은 '고아를 기른다'는 의미로 오늘날 아동복지라는 말과 비슷하다. 정약용은 자휼전칙의 주요 절목들을 수록하였고, 특히 제6절목에 나타난 입양에 대해 구체적인 절차까지 설명하고 있다(최원규, 1998: 296).

3.6 조선의 복지행정과 제도

조선왕조 500년 동안 백성들의 복지는 부침을 거듭했다고 보는 것이 타당하다. 많은 사학자들이 조선의 민중이 포악한 국왕과 탐관오리들의 학정에 억압과 빈곤 속에서 비참하게 살았다고 주장하고 있지만 이는 부분적으로만 사실로 보인다. 사실 조선이 500년 역사 동안 정체의 늪에 빠져 발전과 진보가 불가능했다고 규정하는 사람들이 단지 일본 식민사학자들만이 아닌 것 같다. 식민사관에 푹 젖어 있는 사람들은 조선이 중기까지 누린 평화와 안정, 그리고 임진왜란·병자호란이라는 거대한 재난을 극복한 이후 사회구조와 경제, 그리고 다른 중요한 제도들에서 주목할 만한 변화가 나타난 것을 애써 부정하려고 한다. 이와 비슷하게 사람들은 조선왕조가 백성의 복리를 위해 애썼다는 것을 애써 외면하려고 한다.

조선시대는 재난을 당한 백성을 구제하는 황정은, 요즘 말로 사회복지행정은 가장 중요한 국가의 사무였다. 우선 조선의 헌법 〈경국대전〉은 삼국이나 고려시대처럼 흉년이 들면 장애인을 포함한 모든 백성들을 구휼할 뿐만 아니라, 아픈데 의약이 없는 사람에게는 관에서 의원과 약을 제공해 주도록 규정했다.

당시 국가사무가 현재처럼 세밀하게 분업화되어 있지 않은 상황에서, 홍수나 가뭄 등 재해에 대비하고, 재해가 나고 난 뒤 그 뒷수습은 전 국가 행정력이 동원되어 피해를 당한 백성을 구제하기 위하여 수행되는 총력행정체제였다. 문관뿐만 아니라 무관까지 동원되었으며, 군량미와 같은 국방을 위한 자원도 아낌없이 사용되었다. 중앙정부에서는 진제사 진휼사 혹은 구황순찰사라고 불리는 관리를 재해 지역에 파견하여 구제를 지휘 감독하는 임무를 수행하게 하였다. 또 진휼어사 혹은 감찰어사 등 국왕이 직접 임명한 관리를 파견하였는데 이는 특별한 일은 아니었고 중앙정부가 늘 통상적으로 수행하던 일이었다(최익한, 2013: 95; 하상락, 1998: 56). 각 진에서는 번을 들고 있는 수군을 시켜 소금을 굽고 미역을 따게 해가지고 그 수를 자세히 적어 관찰사에 보고하게 하며 관찰사는 매 계절의 마지막 달에 임금에게 보고한다(〈경국대전〉, 혜휼조, 178-179).

구제사업에 대한 일차적 권한과 책임은 전적으로 지방관에 위임되어 있었다. 그러나 중앙 조정에서는 수시로 구제에 대한 지시를 지방관에 내려보냈으며 필요한 관계법을 제정 공포하였고 지방관 중 구제사업에 큰 공이 있는 자는 표창하였다. 그리고 지방관으로서 구호사업을 소홀히 하여 기민을 사망하게 한 자나 보고하지 아니한 자는 중죄에 처하였다(하상락, 1998: 56).

적어도 조선 초기 조정의 가장 중요한 역점사업에 하나는 빈민구제에 있었다. 그 원칙을 보면 재난이 있을 때 빈민구제에 책임이 국가에 있음을 분명히 하였고, 중앙조정은 지방의 구제활동에 대해 지도 감독을 할 권한과 책임이 있으며, 일차적 구제활동의 책임은 지방에 있으며, 구제를 할 때는 신속하게 한다는 원칙을 정하였다. 이러한 원칙하에 조선의 구빈정책은 매우 큰 효과를 보았으며 적어도 조선 중기까지는 백성들의 생활은 크게 안정되었다고 평가하고 있다(하상락, 1998: 56).

조선 초기 조선의 왕들은 빈민구제와 병약자 치료에 매우 관심이 많았다. 태조 7년(1398) 경상도 관찰사가 이재민에 대한 구제를 요청하였는데 당시 좌상인 조준은 군사적 이유를 들어 불허할 것을 건의하였다. 조준은 '굶주리는 백성이 국내 각처에 있거늘 만일 그들 전원을 국가양곡으로 구제하게 되면 국가의 전 비축미가 없어질 것이다'라고 하여 반대하였다. 이에 태조는 '현재 경상도에 양곡이 있거늘 어찌 빈민을 구제치 아니 하겠느냐' 하고 이재민에게 관곡을 방출할 것을 명하였다(최익한, 2013).

조선을 세운 후 태조 이성계는 고려의 정책을 계승해서 동·서 대비원을 두어 병자와 빈민을 구휼하게 했다. 이후 태종(조선)이 1414년에 불교적 요소를 없애기 위해 활인원으로 고쳤고, 세조는 활인서로 다시 개칭했다. 세종실록지리지에 의하면 동 서 대비원처럼 동서 활인서를 두어 동활인서는 동소문(당시 홍화문, 후에 중종 때 혜화문) 밖에, 서활인서는 서소문(당시 소덕문, 영조 때 소의문) 밖에 두어 병자와 오갈 데 없는 자들을 거두어 치료하고 옷과 음식을 지급했다는 기록이 있다. 주 된 임무는 세종실록의 기록대로 환자와 오갈 데 없는 사람들을 거두어 치료하고 먹이는 의료기관 겸 복지기관의 역할을 수행했다.

세종은 즉위 원년에 이재민 구제에 관한 교서를 내리고 가뭄이나 태풍으로 농사를 망치고 빈곤으로 내몰린 백성에게 관곡 또는 국비로 구휼하게 하였으며 만일 지방관리가 이 책무를 등한시 할 경우에는 엄중하게 문책하였다(최익한, 2013). 세종 19년(1437) 왕은 한성판사 이숙민, 부윤 최사의, 경참군 조원복, 참복 윤휘 등을 의금부에 하옥시키고 낭청 3인을 곤장 30에 처하였다. 그들이 벌을 받은 이유는 굶주리고 방랑하는 걸인들은 구체하지 않고 죽게 내버려두었기 때문이었다(하상락, 1998: 62). 조선의 국법인 경국대전 '비황'에 수령이 진휼에 뜻을 두지 않고 기민을 사망하게 하거나 그 사실을 숨기면 중죄에 처한다고 하였다(〈경국대전〉, 호전, 비황).

경로사상은 매우 기본적인 사회복지 사상이었다. 조선 초기 조정은 고령의 부모나 조부모를 모시는 아들이나 손자에겐 조정에서 병역이나 부역까지 면제해 주면서 봉양에 힘쓰도록 장려했다. 세종대왕은 천민이나 노비의 복지에도 관심이 컸는데, 천민은 90살 이상의 남녀에겐 개인당 쌀 2섬, 100살 이상은 모두 양민의 지위를 주어 노인을 공경하는 관습을 장려했다(〈세종실록〉).

조선은 왕실의 재정 상태나 임금에 따라 다소 차이는 있었으나 대체로 셋 이상의 쌍둥이를 낳으면 아들 딸 구분 없이 쌀과 콩 10석을 임금이 하사했다. 세종 때 종 9품 관리가 녹봉으로 1년에 받는 쌀과 콩이 10석이었다고 하니 거의 1년치 양식을 내려준 것이다. 〈인조실록〉에는 세 쌍둥이 가족에게 필요한 물건을 줬다는 기록도 있다.

기본적으로 조선조의 모든 임금은, 비록 때때로 난폭한 모습을 보이기도 한 것이 사실이지만, 백성들에 대한 애정은 실로 지극했다. 숙종 24년 비망기에는 '임금은 만백성의 부모이니, 한 사람이 굶주려도 자식이 굶주리는 것 같고 한 사람이 추위에 떨어도 자신이 추위에 떠는 것 같다.' 또 숙종 30년 계속되는 홍수와 기근으로 백성들이 고난을 당하는 것을 보고 비망기에는 다음과 같이 쓰고 있다:

> 아, 불쌍한 우리 백성들이 장차 사망하게 될 상황이 눈앞에 닥쳤기에, 내 몸이 아픈 것과 같은 슬픔이 구중궁궐 속에서도 더 없이 절실하다. 그런데 축적된 곡식이 하나도 없으니 어찌 된 노릇인가. 한밤중에도 애를 태우며 걱정하나 뾰족한 계책이 생각나지 않는다. 그러나 정성이 있으면 이루지 못할 일이 없는 것이다. 오늘날 임금과 신하 모든 상하가 참으로 정성스러운 마음으로 착실하게 구제하는 일에 뜻을 둔다면, 또한 어찌 살릴 방법이 없겠는가. 안으로 진휼을 주관하는 신하와 밖으로 어사, 감사에 이르기까지 측은하게 여기는 나의 뜻을 본받아 흉년의 정사를 강구하여 부지런히 힘쓰도록 하라. 결국에는 백성들이 기근에 시달린 정도에 따라서 상벌을 분명하게 시행할 것이다(최익한, 2013: 93).

인조 때는 진휼청이 설치되어 빈민에 대한 구제는 전에 없이 일반화되었다. 재해를 당한 백성은 조정의 구휼을 공공연히 요구하게 되었으며, 조정은 이에 응하는 것이 당연한 의무로 여기게 되었다. 특히, 정조는 임금스승인 '군사(君師)'를 자임하였는데 그는 천하를 개인의 것이 아닌 공동의 것으로 만들기 위하여 자신을 특정 계층이나 특정 지역의 이익을 대변하는 상대적 사적 존재가 아니라 모든 백성의 이익을 골고루 대변하는 절대적 공적 존재로 생각하였다(김인걸, 2013). 국왕이 도덕적 학문적 인격적 완성을 통하여 이상사회를 실현함으로써 왕권의 정통성을 실현한다는 것이 이른바 '군사론'이었다. 정조 18년(1794)에는 역대 구호행정에 관한 기록을 조진관에게 명하여 편찬하게 하여 '혜정연표(惠政年表)'를 만들었다(하상락, 1998: 56).

조선은 빈민구제를 위한 제도를 정비하여 점차 조직화 전문화된 제도를 발전시켜 운영하고 있었다. 조선의 구빈사업은 비황, 구황, 구료의 세 가지로 나누어진다(하상락, 1998, 54-77).

먼저, 비황제도는 춘궁기나 재해가 닥치었을 때 관곡을 내어 빈민이나 이재민을 구제하는 제도인데 여기에는 삼창-상평창, 의창, 사창-등이 있었다. 여기서 창이란 창고를 말하는 것으로 곡식을 쌓아놓는 곡창을 말한다. 조선 초에는 상평청을 신설하여 경기 5참의 공급과 수요를 관리하게 하였는데 낭청 1인을 배치해 관할하게 하였다.

삼창제도를 효과적으로 운영하기 위해서 조정은 수시로 어사를 파견하여 공정한 납입을 관리 감독하였으며 그 결과도 상당히 높이 평가할 만하다. 영조임금 시대는 이 환곡제도가 매우 효율적으로 운영되었는데 전국 비창에 쌓여있는 미곡이 835만 석에 달하였다(영조 45년, 1769; 하상락, 60). 영조는 조선의 왕들 가운데 환과고독에 대한 구휼을 가장 많이 실시한 왕이었다. 세종이 재위기간 중 33회를 실시했다면, 영조는 무려 52회를 실시할 정도였다. 물론 그러한 환과고독 속에는 독질, 폐질, 잔질 등 장애인도 포함되어 있었다(정창권, 2024).

구황제도는 어려운 처지에 있는 백성을 구제하는 제도로서 여기에는 진궁 양로 경로 권조 애상 관질 등이 있었다. 진궁이란 빈곤하고 자활할 수 없는 환과고독을 구휼하는 것을 말한다. 즉, 홀아비, 과부, 고아, 노인을 이르며, 이들에 대한 보호는 관의 의무로 되어 부양할 친족이나 동거할 자가 없는 이들을 일시적 또는 계속적으로 수용하여 의식을 공급한다. 특히 자휼전칙은 정조 7년에 공포된 무의무탁한 아동보호에 관한 진휼청의 구호사업의 준칙으로 오늘날의 아동복지사업에 비하여 '그다지 손색이 없을 만큼' 잘 정비된 법이었다. 사궁보호의 범위에 속하지 않는 노인은 관비부양은 하지 않고 기회 있을 때마다 이들에게 왕이 은사를 베풀어 줌으로써 백성들이 노인보호에 힘쓰게끔 권장하였다. 조정에서는 시식사업도 하였는데 흉년·재난시에 취사장과 식탁을 설치하여 기민 또는 행걸인들에게 식사를 제공하였다. 이와 관련하여 하장지구기법–밤새워 죽을 쑤어 큰 독에 담아 식혀 두었다가 이튿날 기민들에게 급식한다는 법이 제정되었다(하상락, 1998).

3.7 조선의 부흥, 농업생산증대와 불평등

조선 건국은 단순한 왕조 교체가 아니라 사회발전과 사회복지확대를 동반하는 역사 발전의 과정으로 이해할 수 있다. 조선 초기의 기본적인 토지법인 과전법은 일반 농민의 생활 수준을 상당한 정도로 높여놓은 것으로 보인다. 고려 말 전시과제도는 이미 그 기능을 상실한 상태였다. 소수의 권문세가들이 부정한 방법으로 농장을 확대하여 광대한 면적의 토지를 소유한 반면에, 일반 관리나 수많은 농민들은 토지를 상실하여 처지가 매우 어렵게 되어 있었다. 과전법 실시로 고려 왕실과 왕실을 지지하는 보수파세력의 경제적 기반은 단번에 무너지고 말았다. 고려왕조는 과전법을 실시한 이듬해 막을 내렸다(한국민족문화대백과사전, '조선의 토지제도').

과전법은 고려 말에 국가로부터 받은 토지를 개인들 사이에 사적으로 주고받는 행위를 엄격하게 금지하여 토지에 대한 국가 관리를 강화했다. 과전법은 왕실과 국가의 여러 부서, 그리고 군인·서리·향리·공장(工匠) 등 각종 직역의 부담자에 대하여 일정한 기준에 따라 토지를 지급하여 그 수확의 일부를 취득하게 하였다. 과전법의 시행에서 이성계와 그의 조정이 가장 깊은 관심을 둔 부분은 과전을 넉넉히 책정하여 관료를 우대하고 군량을 풍부하게 확보하는 일이었다. 외방의 이속이나 군장은 물론이요 공사의 천인에 이르기까지 적어도 국가의 공역(公役)을 집행하는 자에게는 일정한 토지를 지급했다. 그러나, 시간이 흐름에 따라서 천인에 대한 급전은 금지되고, 나머지 외역전(外役田)·잡색위전 따위도 다만 고려시대의 전례에 따라 지급한다는 식으로 후퇴하고 말았다.

하지만, 과전법 시행으로 일반 농민의 사회적 지위는 상당히 높아졌다고 할 수 있다. 과전법에서 과전이 농민들의 경작지(민전) 위에 설정될 수 있었던 배후에는 농민들의 토지소유관계에 그만한 커다란 성장이 있었다. 과전법의 규정 안에는 전주와 전객의 관계를 규제한 항목이 별도로 설정되어 있는데, 전주가 전객의 토지를 침탈하거나 전객이 토지의 경작을 고의로 포기하는 등 기타의 방법으로 전주에게 손해를 입히는 행위는 금지되어 있다.[3]

조선 중기로 접어들수록 봉건적이라고 말하는 조선 전기의 견고한 사회구조는 붕괴되어 신분이동의 가능성이 커지게 됐다. 지역마다 개인마다 다르겠지만, 대다수의 조선 백성의 생활은 좀더 여유롭고 상당한 정도 풍요롭게 됐다. 사회적 변화는 시장이 발달하고 사회적 경제적 자유가 확대된 데 있었다. 사카다 히로시는 경상도 대구 및 마을의 호적을 조사했는데 숙종 16년(1690)과 철종 9년(1825) 양반 가호라고 정의한 비율이 8.3%에서 65.5%로 꾸준히 늘어났다는 것을 발견하였다. 이는 17세기 이후 사회의 상향 이동이 빨라졌다는 것을 말해주고 있다(팔레, 2008: 156에서 재인용).

농업생산증대는 농업기술의 발전으로부터 시작되었다. 또한 생산증대를 추구하는 경영형 부농이 출현하고 잉여농산물의 시장교환이 확대됐으며, 수공업이 발달하였다. 조정의 금지령에도 불구하고 이앙법은 임진왜란 이후 전국에 급속하게 퍼졌고, 18세기가 시작됐을 무렵에는 북부지방을 포함한 모든 지역에 전파됐는데 70-80 퍼센트의 논이 이앙법으로 경작되었다. 이앙법은 일손이 집중적으로 필요할 때 김매기와 파종에서 일손을 절반으로 줄여주었고, 영양을 공급을 원활하게 해 벼를 튼튼하게 했으며, 잡초제거가 용이했으며, 수확이 훨씬 많았다. 대지주와 소작농 모두 소출을 늘이기 위해 적극적으로 이앙법을 도입하였다(김용섭, 1971; 팔레, 2008: 158). 김용섭은 '경영형 부농'이라고 부르는 집단이 이앙법을 주도했다고 주장한다. 대지주와는 달리, 직접 농사를 지었기 때문이었다. 남부지방에 국한된 일이지만, 이앙법이 보급된 뒤에는 쌀과 보리를 논

3) 과전법에서는 경작 농민을 전객(佃客)으로 규정하고 농민의 토지에 대한 권리를 보장하는 한편 전세 수취 규정도 마련하였다. 전객은 토지를 묵히지 않는 한 토지에 대한 권리를 보장받았으며, 수조권을 가진 전주라도 함부로 이를 빼앗을 수 없었다. 규정의 내용은 다음과 같다. 전주가 전객의 소경전을 침탈하면 1부(負)에서 5부에 이르기까지는 태(笞) 20으로 정하고, 매 5부에 한 등급을 가하여 죄가 장(杖) 80에 이르면 직첩(職牒)은 거두지 아니하되, 1결 이상이면 그 정(丁)은 다른 사람에게 체수하는 것을 허가한다. 전객은 그 소경전을 가지고 함부로 팔거나 별호인(別戶人)에게 주지 못하며, 전객이 경작지를 과다하게 점거하여 고의로 황폐하게 하였을 경우에는 전주가 그 땅을 임의로 처분하는 것을 청허한다. 여기서 말하는 전주는 과전을 지급받아 수조권을 행사할 수 있는 분급수조지의 전주 즉, 관인층을 의미하며, 전객은 과전으로 지정된 토지 즉 민전의 주인을 의미한다(한민족대백과사전, '과전법').

에서 이모작하는 농법이 도입됐다. 그 결과 이모작으로 생산량과 소득은 크게 증가했다. 하지만 벼를 수확하기 전 빈농들은 보릿고개를 겪었는데, 그 기간 동안 조정은 구휼미를 제공했다(김용섭, 1970).

선조 말기부터는 41년(1608) 그때까지 부분적으로 이루어진 화폐주조와 개인적 상업활동, 상업자본의 축적 등이 본격적으로 일어났으며 이는 조선이 산업화를 향해 나아가고 있었다는 징표로 볼 수 있었다. 팔레(2008)에 의하면, 이러한 변화들은 지주와 소작인, 그리고 노비와 주인 사이에 형성되었던 봉건적 관계의 전환을 이끌었다. 노비는 물론 양인 소작인들도 토지를 빌리는 대가를 지불할 뿐만 아니라 노동력도 제공해야 하는 단기 소작계약과 고용노동체계에 묶여 있었다.

그 결과, 정조 이후 노비는 전체 인구의 3분의 1에서 10분 1 이하로 급격히 줄었다. 양인과 노비 사이에 경계선이 사라지면서 중인과 양인 사이의 경계도 사라졌고, 새롭게 출현한 부농들은 부를 축적하면서 상위 사회계층으로 올라갔다.

조선왕조는 자영농을 최대한 많이 양성하려했다. 태조는 두 차례에 걸쳐 소작을 금지하는 조치를 내렸는데 3-4결 이하의 토지를 소유한 경우와 과부와 고아의 경우를 제외하고는 소작을 엄금했다. 더 나아가 태조는 토지매매를 모두 금지했다. 백성들이 토지매매를 통해서 토지를 모두 잃는 것을 막아 보려는 노력으로 이해할 수 있다. 그 후 소작은 현실적 이유 때문에 태종 15년에 허용되었으며 토지매매는 세종 때 와서야 허용됐다(이경식, 1998: 135-137; 팔레, 2008: 74에서 재인용).

재미있는 것은 조선의 왕들은 면포와 곡물보다 진보된 교환수단인 화폐를 유통시키려고 노력했으며 많은 대신들이 그것을 지지했다는 점이다. 그들은 홍수와 가뭄이 일어나면 화폐를 발행하는 손쉬운 방법으로 세금 징수와 구휼을 촉진시킬 수 있으리라는 사실을 알고 있었다. 실제로 태종과 세종은 화폐유통을 위하여 면포 사용을 금지하는 등 무진 애를 썼으나 모두 실패하고 말았다. 이러한 현상을 두고 팔레(2008: 87)는 조선 국왕들이 산업과 상업은 부도덕할 뿐만 아니라 경제적이지도 않으며, 소모품과 사치품 대신 식량과 생필품 생산을 극대화시켜야 한다는 유학자들의 태도에 굴복했다고 보았다.

한편, 조선은 후기가 되자 다시 사회적 위기가 닥친다. 토지소유권과 부, 조세의 불균등한 분배에서 나타난 모순으로 사회적 위기는 최고조에 도달했다. 관개수로와 이앙법이 확산되고 비료가 사용된 이후, 시장과 상업적 농업이 발전하면서 생산성이 지속적으로 증가했지만, 정작 대부분의 백성들의 생활은 악화되었다. 경제적 불평등이 심해진 것이다. 왕조가 열린 이후 소농의 평균 토지 소유 면적은 계속 줄어들었으며, 조세 뇌물 기근의 영향으로 소농들은 대지주에게 토지를 저당잡히거나 그것을 지주에게 팔아서 소작인이나 고공이 되었다. 김용섭의 연구에 따르면, 가장 부유한 지주(김용섭은 기주라 부른다)가 평균 1결(토지의 비옥도에 따라 최상등급은 8,903평방미터에서 최하등급은 72,844평방미터 사이), 대부분의 농민은 0.5결 이하를 소유했다.

조금 자세히 살펴본다면, 조선 초기, 15세기 전반 농민들은 가호 당 평균 5결을 소유했지만, 나중에는 크게 하락했다. 있던 땅이 갑자기 사라진 것이 아닌 한, 대지주들이 나타났다고 봐야 타당하다(팔레, 2008: 507). "당시 조선 농민들을 괴롭힌 주된 문제는 단순히 경작자들이 소유한 평균 토지면적의 감소가 아니라 대지주에게 토지가 집중되고 대지주 및 노비 소유주와 소작인 노비 그리고 토지를 갖지 못한 노동자들 사이의 부의 불평등이었다"(팔레, 2008: 155). 조선 중기에 들어서자(1537년, 중종 32) 양인들이 소유한 토지 면적은 줄어들기 시작했고, 오직 부유한 상인들과 사족, 즉 양반의 가족들만이 토지를 갖고 있다는 연구도 있다(이경식, 1976: 142).[4]

그런데, 팔레가 지적하듯, 조선에서 소작농의 증가는 오직 이윤을 추구하는 자본가의 탄생으로 이어질 수 없었고, 자본주의적 경영방식 관리방법과 상업발달로 이어지는 일도 일어나지 않았다. 즉 조선에서는 노동력을 팔 수 있는 무산계급이 탄생했으나, 유럽 국가들처럼 생산수단과 노동력을 구입해 잉여가치를

4) 그러나, 팔레 교수가 지적하듯이, 조선 후기에 일어났던 이런 변화들이 본원적 자본축적 과정으로 볼 수는 없다. 마르크스에 의하면, 전자본주의적 생산관계는 절대적으로 농업적이고, 농민이 주요한 생산수단인 토지를 점유하고 있기 때문에, 자본주의는 농민들로부터 토지를 박탈함으로써만 창출될 수 있다. 따라서 자본주의의 기원은 토지에 대한 생산관계의 변화에서 발견된다. 농민을 토지로부터 추방시키는 것은 농업자본과 산업자본 양자를 위한 임금노동자의 원천이 된다. 영국에서는 요먼이 인클로저에 의해서 해체되어 다수가 토지라는 생산수단을 잃어 임금노동자가 되어, 자본주의적 생산의 기초가 쌓아 올려졌다. 그리고 이 과정은 산업혁명에 의해서 완료했다(팔레, 2008: 506).

착취하는 자본가가 출현하지 않았다. 그 이유는 더 연구해 보아야 하겠지만, 유교적 이념에서 추구하는 유교적 이상사회가 가르치고 있는 사회 윤리도덕과 관련이 있다고 보아야 한다. 그것은 곧 사회정치경제 제도와 사회구조를 인간을 인간답게 하는 데 적합한 사회를 건설하려는 유교사상과 맞닿아 있다. 유학자들은 산업과 상업이 지나치게 발달하면 인간탐욕을 무한정 부추기고 이윤추구를 억제할 수 없게 만들어 인간에 대한 착취와 인권유린으로, 그리고 사회혼란으로 이어지게 될 것을 알고 있었으며 그것을 크게 우려했다.

3.8 조선의 노비제도

조선의 노비제도를 보면 한국사회가 얼마나 사회계층간 불평등이 심화되는 것을 우려하고 통합된 사회를 만들려고 힘썼다는 것을 잘 알 수 있다. 과거 한반도에 있던 나라들과 세계 여러 나라 노예·노비제도는 비슷하고도 달랐다. 비슷한 점으로 말하면, 노비는 매매할 수 있었으며 선물로 주거나 상속될 수 있었다. 동서양 같이 재산으로 취급됐다. 하지만 같은 점은 여기서 끝난다.

노예에게 검투를 시켜 서로 죽이는 장면을 보면서 환호했던 로마제국에서는 노예를 인간으로 간주하지 않았다. 기독교는 노예제도에 대해 반대하지 않았다. 기독교 교리의 절대적 목적은 사후 구원에 있었으며 기독교인들은 사회적 쟁점들을 현세의 영역으로 격하시키면서 노예제도를 불완전한 속세에서 피할 수 없는 저주의 하나로 받아들였다. 성 아우구스투스 등이 원죄를 강조하면서 노예제도는 인간이 낙원에서 추방된 이후 필연적을 나타난 결과, 즉 원죄에 대한 처벌로 해석됐다. 콘스탄티누스 황제가 기독교를 공인한 뒤 노예는 재산의 일부로 인정됨으로서 노예소유는 확립됐다. 토마스 아퀴나스는 노예제도를 인간의 자연적인 위계질서의 일부로 인정했다. 미국 링컨 대통령이 노예해방을 선언한 1863년까지, 서양에서 노예가 인간으로 취급받을 때까지는 거의 1800년이 걸렸다(팔레, 2008: 301).

동양에서 불교와 유교도 노비제도를 인정했다.[5] 불교와 유교 경전은 노비에

5) 중국의 노비는 재산을 소유하고 채무관계를 형성하며 소송을 제기하고 양인 또는 천민과 합법적으로 혼인할 수 있었다. 중국의 노비는 관직에 등용되고 자신의 행동에 법적 책임을 져야 했다. 그들은 불합리한 처벌에 대해서 법률의 보호를 받았으며 성을 가진 경우도

대해 말이 없었고, 불교의 사찰과 유교의 학교 모두 노비를 소유했다. 그러나 동양 특히 한국에서는 노비의 인간성을 더 인정한 것으로 보인다. 한국에서는 노비를 사회의 일원으로 대우했다. 예컨대 고려시대에 노비 사이의 결혼은 인정됐으며, 노비들은 주인의 호적과 그들이 거주하는 지방의 호적에 등록됐다. 주인은 그들을 매도할 권한을 가졌지만, 그런 권한은 대개 솔거노비에 한했고, 주인과 일정하게 떨어져서 개인적 주거가 허용된 이른바 외거노비에게는 훨씬 덜했다. 노비와 양인의 교혼(良賤交婚)은 법률로 금지됐지만 그것은 지속적으로 위반됐고, 국가는 그런 교혼에서 나온 자손의 신분을 결정하는 법을 제정함으로써 그 위반을 현실적으로 인정했다. 조선 후기의 외거노비는 점차 경제적 독립성이 높아져 소경영의 주체로 성장했을 뿐 아니라 재산 소유의 주체로, 종국에는 국역부담자로까지 성장하여 적어도 국역부담의 면에서는 일반 양인과 크게 차이가 없을 정도로 성장하였다(전형택, 2010).

사실 서양의 노예와 동양의 노비는 처음부터 사회적 신분이 다르다고 보인다. 서양에는 노예들이 토지를 소유하고 매매했다는 기록이 존재하지 않는다. 노예는 처음부터 사회적 경제적 참여가 불가능했다는 의미로 해석될 수 있다. 또 많은 경우 노예와 주인은 인종부터가 다르다. 주로 백인 주인과 유색인종 노예의 관계가 같은 피부색깔과 같은 언어를 구사하는 주인과 노비의 관계와 같을 수는 없다.

무엇보다 중요한 사실은 한국은 물론 동양사회에는 대규모의 노예무역이 없었다는 것이다. 노예상인들이 아프리카 등지에서 잡아온 노예들을 물건처럼 파는 일은 없었다는 것이다. 노예무역을 통해서 막대한 부를 창출하고, 그것을 용인하는 국가와 그렇지 않은 사회를 어떻게 같다고 할 수 있을까. 또한 동양사회에서는 노예를 검투사로 만들어 서로 죽이는 격투장면을 보면서 군중들이 환호성을 올리는 일은 없었던 것으로 보인다. 팔레 교수는 이점에 대해서 침묵하고 있는데 이것은 그의 연구에 중대한 실수라고 보인다.

한국에서 노비의 인격은 법에 의해 다양하게 보장됐다. 조선의 노비는 자신의

있었다. 이런 점을 근거로 일부 학자들은 그들이 반은 재산이고 반은 인간이었다고 보았다(니이다 노부루, 팔레, 1996; 미주에서 재인용, 828).

행동에 개인적으로 책임을 졌다. 그들은 제3자는 물론 주인이 자의적으로 살해하려 할 경우 법적 보호를 받았다. 노비가 토지나 화폐, 그리고 다른 노비까지 소유한 기록이 많이 남아 있다. 전형택(2010)에 의하면, 조선에서는 공사노비 모두 대부분 외거노비였으며, 토지를 사고 소유했으며 그것을 자신의 자녀들에게 상속할 수 있었다.

조선의 노비는 양인신분의 농민들과 조금도 다르지 않은 존재였다. 노비 가운데는 주인의 집과 멀리 떨어진 다른 군현이나 도에 거주하면서 연간 정액의 공물을 상납하는 외거노비 또는 납공노비(納貢奴婢)의 범주가 있었다. 외거노비는 고려 말기에 팽창한 사원노비가 조선왕조에 의해 공노비로 몰수되어 양반관료에 분배되었던 데서 기원한다. 왕족과 양반관료가 소유한 수천 수백에 달한 대규모 노비는 거의 대부분 외거노비들이었다. 그들은 농촌에서 자신의 토지와 가족노동으로 독자적인 경리를 보유한 농민이었다(이영훈, 2007).

조선시대 노비연구가 김종성(2013: 46)도 비슷한 견해를 보였다. 노비가 주인과 사회로부터 어떤 대우를 받느냐는, 개별 노비가 노예에 가까운지 농노에 가까운지에 따라 크게 달랐다. 솔거노비는 주인이 함부로 대하기 쉬웠지만, 외거노비로서 농노에 가까웠을 경우에는 주인이 함부로 대하기가 힘들었다고 볼 수 있다. 부자가 된 노비들 중 일부는 축적한 재산으로 토지나 가옥 등을 매입했다. 이렇게 축적한 재산을 자식에게 물려주었다. 소수의 노비에 국한된 것이기는 하지만, 노비가 노비를 소유한 경우도 있었다. 장흥고 노비가 당대 최고의 기생을 유혹할 수 있는 재산을 모은 것은, 이처럼 노비의 재산 보유를 전혀 이상하게 생각하지 않는 사회 분위기가 존재했기 때문이다(김종성, 2013:198).[6]

이영훈(2007)은 조선의 노비가 서양의 노예와 매우 다르다는 것을 밝혀냈다. 그 둘 사이에는 결정적 차이가 있었는데 그것은 양인과의 결혼 여부와 사회적 식별의 여부였다. 조선의 노비는 법적으로 양인과 결혼이 가능했지만, 서양의

6) 김종성(2013)에 의하면 머슴은 노비가 아니었다. 남의 집 머슴인 고유가 '제가 장기에 지면 좌수 어른의 머슴이 되겠습니다'라고 제의한 데서 드러나듯이, 머슴은 자신의 주인을 임의로 바꿀 수 있었다. 그러나 노비는 절대로 그렇게 할 수 없었다. 주인과 머슴은 고용계약을 매개로 묶였다. 그런 까닭에 계약만 해소된다면 머슴은 자유로울 수 있었다. 또 머슴살이를 하던 고유가 과거에 응시한 데서 알 수 있듯이, 머슴의 법적 지위는 일반 양인과 조금도 다르지 않았다(김종성, 2013: 33).

노비는 그렇지 못했다. 또, 조선의 노비는 신분을 차별하는 여러 법령에서 노비와 상민은 동격이었다. 이영훈의 말을 빌리면,

"15~17세기 전성기의 노비들은 신백정 또는 백성이란 양인신분과 결혼하였다. 그렇게 노비와 하층 자유인 사이에는 양자를 명확히 구분하는 경계선이 없었다. 반면에 발달된 노예제사회에서 자유인과 노예 사이에 성적 교섭은 가능하였지만 결혼은 법적으로 불가능하였다. 자유인과 노예 사이에는 결코 넘을 수 없는 깊은 심연의 경계가 가로놓여 있었다. 바로 이 점이 조선의 노비와 미국 남부의 흑인 노예의 결정적 차이이다. 조선의 노비들은 주변의 가난한 양인들과 자유롭게 결혼하였지만, 미국의 흑인노예들은 주변의 가난한 백인과 결혼할 수 없었다. 또한 발달된 노예제사회에서는 이름이나 의복·두발 등의 복식에서 노예만의 고유한 상징이 강요되었다. 그 노예상징을 통해 노예들은 자유인과 쉽게 구별되고 또 차별되었다. 그렇지만 조선의 노비들에게는 그러한 노예상징이 강요되지 않았다. 노비의 복식은 일반 상민의 그것과 거의 다르지 않았다. 조선왕조는 신분에 따라 복식을 차별하면서 양반만이 비단옷을 입거나 가죽신을 신을 수 있다고 규정하였지, 노비들은 반드시 무슨 옷과 무슨 신발을 신어야 한다고 규정하지는 않았다. 신분을 차별하는 여러 법령에서 노비와 상민은 동격이었다"(이영훈, 2007: 158).

조선의 국왕들은 노비가 천민이라고 함부로 대하지 않고 그들을 배려하는 정책을 적극 펼쳤다. 여러 측면에서 세종은 성군이었다. 세종(1426년)은 관노 [경외공처(京外公處)의 비자(婢子)]가 아이를 낳으면 100일 동안 휴가를 주고, 이를 지키도록 왕명을 내렸다. 즉 전국 관청에 소속된 여종이 아이를 낳으면 100일 동안 출산휴가를 주라는 명령이었다. 또 1430년 기록을 보면, 임금이 "옛적에 관가의 노비에 대하여 아이를 낳을 때는 반드시 출산하고 나서 7일 이후에 다시 일을 하도록 했는데, 아이 낳을 날이 다가와 일을 하다 지쳐 집에 가던 길에 아이를 낳을 수 있으니 출산 한 달 전부터 일을 쉬도록 법을 만들라"고 하였다. 아이를 낳기 한 달 전부터 쉬라는 명령이었다. 세종은 4년 뒤 더 놀랄 만한 출산 정책을 발표한다. "여종은 출산일 앞으로 한 달, 뒤로 100일을 쉬도록 하였으나 남편에게는 전연 휴가를 주지 않아 산모를 도울 수가 없었다. 이제부터 남자 종의 아내가 아이를 낳으면 그 남편도 만 30일 뒤에 일하도록 하라." 즉 출산을 한 관비(관가에 속한 여종)의 남편에게도 30일의 휴가를 줘서

산모를 돕도록 했다(조선왕조실록, 세종편, https://sillok.history.go.kr/).

조선은 법으로 노비에 대해 벼슬길을 금지했지만 그 법이 화석에 새겨진 것은 아니었다. 중종 때 문신으로 공조판서와 형조판서를 지낸 반석평 역시 태생은 노비였다. 태종실록에 기록된 노비 불정은 화폐 대신 통용되던 베를 1,500필이나 모을 정도로 부자였다. 면포 세 필이 논 한 마지기에 거래되었으니 그가 장사를 통해 얼마나 큰 돈을 벌었는지 짐작해 볼 수 있다(김종성, 2013).

3.9 조선의 아동복지 정책

조선은 나라의 개국부터 일관된 체계적 아동복지 정책이 있었는데 조정을 이를 위하여 법들을 제정하고 시행하였다. 그들을 시대별로 보면 대강이라 할 수 있는 〈경국대전〉 예전 '혜휼조'가 있고, 이에 대한 후속법령으로서 진휼청임시사목 및 〈속대전〉 예전 '혜휼조', 그리고 정조 〈자휼전칙〉 등이다(최원규, 1998: 8장).

〈경국대전〉 혜휼조는 유기아동의 구제를 규정하고 있는데 이는 조선 최초, 아니 세계 최초의 아동복지법으로 볼 수 있다. 〈경국대전〉에는 아동구휼과 관련하여 다음과 같이 쓰고 있다. 그 중 일부를 살펴보면 다음과 같다.

> 추위에 떨며 구걸하는 자로서 친족이 없는 자와 노인으로서 부양할 만한 사람이 없는 자에게는 헤아려 입을 것과 먹을 것을 준다. 버려진 아이는 한성부나 각 읍에 보호하였다가 원래 기르던 사람에게 주되 그 기간 동안 관가에서 입을 것과 먹을 것을 준다(최원규, 1998: 258).

조선에는 아동구휼을 위하여 법만 덩그렇게 있는 것은 아니었다. 실제로 그 법들은 매우 효과적으로 실행되었다. 〈경국대전〉 반포 이후 역대 국왕들은 그들의 치적을 〈국조보감〉에 기록해 놓고 있다. 역시 그 중 일부를 보면,

> 중종 6년에 경향각지에 명령하여 내버려진 아이들을 거두어 기르도록 함.
>
> 명종 3년에 명령하기를 굶주린 백성이 내버린 아이를 다른 사람이 거두어 길렀을 경우에는 영구히 그 기른 사람에게 주도록 함(최원규, 1998: 259).

숙종 21년(1695)에는 진휼청임시사목이 반포되었는데 이는 〈경국대전〉의 후속 법령으로서, 이전에 비해 아동구휼에 관한 내용이 보다 체계적이다. 이는 별칭이 수양임시사목인데 7조목으로 구성되어 있으며 거의 입양 내지는 수양에 관한 것들이다. 그리고 그로부터 50년이 지난 영조 20년에는 〈속대전〉을 편찬하였는데 예전 혜휼조에 임시사목을 다시 제정하였다. 정조 7년(1783) 11월, 정조대왕은 〈자휼전칙〉을 제정한다. 자휼전칙은 정조대왕의 전교와 9개 절목으로 구성되어 있다. 정조의 전교는 구구절절 백성의 비참한 상태 특히 무의무탁한 유기아의 비참한 처지에 대해 왕으로서의 긍휼함을 보여주고 있다. 9개 절목은 나이 및 구제기간, 행걸아 구제방법, 유기아 발견과 보고절차, 행걸아 유기아를 먹이는 절차와 진휼청 낭관에 의한 사후 감독, 의복과 의료시해 등에 대해서 세세히 기록되어 있다. 그 중 아동구휼과 관련하여 다양한 경우와 범주를 만들어 식량의 급여를 규정하고 있는 항목을 보면 다음과 같다.

행걸아(7－10세): 일인당 매일 쌀 7홉, 장 2홉, 미역 2잎.
행걸아(4－6세): 일인당 매일 쌀 5홉, 장 1홉, 미역 2잎.
유기아(0-3세): 유기아 1인과 젖어미 1인에게 매일 쌀 1되 4홉, 장 3홉, 미역 3잎/ 유기아 1인 + 젖어미 1인(최원규, 1998: 256).

여기서 젖어미는 '걸식여인 중에 젖이 있는 여인'을 의미한다. 유기아동과 걸식여인을 결합하여 그들 모두에게 식량을 지급하여 구제하도록 했다.

이런 유양을 함에 있어서 조정은 필요한 주거시설을 제공했다. 지금으로서는 매우 열악한 상황으로 보이나, 움집을 진휼청 문 밖에 마련하여 기거하게 하였다. 조정은 유기아와 행걸아들에게 의복과 의료급여를 제공하였다. 그들이 의복이 없는 경우 '좋을 대로 헤아려 지어주고' 젖어미에게도 제공하였다. 의료는 혜민서의 도움을 받았다.

이러한 사업을 원활하게 수행하기 위해서 조선 조정은 매우 효과적이고 효율적인 행정체제를 준비해 두었다. 구제가 필요한 아동을 발견 보고하는 일은 일반 행정관리나 백성들의 신고를 받았지만, 급여를 제공하거나 수양과 관련된 업무는 진휼청에 맡아서 했다. 요즘으로 말하면 사회복지전담 공무원이 있었던 것이다. 진휼청 소속 낭관(6품관)은 수양 유양에 있어서 제반업무를 실질적으로 지휘, 감독 조사하는 전담공무원이었다. 한 예로 전칙 7절목에 의하면 진휼청 낭관은 매달 말에 아동의 발육 성장상태를 점검하도록 하였고 비리가 있을 경우 진휼청 고직이와 젖어미를 문책하게 하였다(최원규, 1998: 256).

그러면 조선시대 아동구휼의 실상은 어떠했을까? 최원규(1998: 245-277)는 승정원일기를 통해 정조임금 재위 기간 중 아동구휼의 실태를 월별 사례수, 발견장소, 발견자의 소속, 각 부별 보고 사례수, 성별, 연령별 수양 류양 사례수 분포, 소요된 경비 등등을 통계로 처리하여 자세히 소개하고 있다. 아래 표는 아동구휼행정에서 관청에 소속된 관리들 특히 순찰군사들이 큰 역할을 하고 고 있음을 보여주고 있다. 70퍼센트가 넘는 비율로 행걸아 및 유기아는 관리 및 관청 근무자가 발견하였다는 것을 알 수 있다. 그리고 발견자들의 소속이 전담부서인 진휼청에 국한되고 있지 않고 훈련도감이나 수어청 같은 군사기관이나 성균관 규장각 같은 학문기관을 포함한 모든 관청에 널려 있다는 것을 알 수 있다. 이는 사회복지행정이 조선이라는 나라의 모든 역량과 자원을 쏟아붓는 총력행정체제임을 말해 주고 있다고 볼 수 있다.

〈표 1-1〉 행걸아 및 유기아 발견자의 소속

구 분	사례수(%)	비 고
관리 및 관청 근무자	99(71.7)	훈련도감, 수어청, 총융청, 어영청, 호위청, 용호영, 금위영, 진휼청, 규장각, 성균관, 승정원, 장흥고, 만리창, 사복시, 상의원, 병조, 공조 등
일반백성	31(22.5)	임장, 존위, 출신, 한량, 양인, 독녀, 노비 등
미 상	8(5.8)	
계	138(100.0)	

출처: 〈승정원일기〉 정조 7년 11월 12일부터 정조 8년 9월 말까지 통계.
최원규(1998: 266)에서 재인용.

흥미로운 것은 조선조정은 유상 무상으로 빈민구제에 나섰는데 무상보다는 유상제공이 훨씬 많은 것을 알 수 있다. 〈정조실록〉에는 아래와 같이 빈민구제와 자휼전칙의 시행에 대해 자세히 언급하고 있다.

한성부의 5개 부에서 굶주린 백성들에게 무상으로 제공한 것과 유상으로 판매한 숫자를 보고한 바를 보면 다음과 같다. 정월부터 윤삼월까지 무상제공은 대상자 총 677호에 쌀 323석이었으며, 유상 판매는 대상자 총 22,589호에 쌀 14,784석이었다. 한편 한성 외의 지방에서 유기아 유양 건수는 총 436명이었으며, 한성에서는 총 71명으로 여기에 소요된 비용은 돈 142냥과 면포 71필이었다(정조실록, 8년 3월 갑인조(윤 3월 29일).

최원규(1998: 273-277)는 자휼전칙이 전국적으로 시행되었으며 자율전칙의 주요 내용이 그 이후의 문헌과 법령집 속에 소개되어있는 것으로 보아, 비록 후에 그 법의 구속력은 다소 떨어졌다고 해도, 흉년이 닥치면 아동구휼법령으로서 그 취지는 조선조 말까지 계승되었다고 봤다. 그가 〈조선왕조실록〉 기록을 근거로 〈승정원일기〉의 수치를 참조하여 전국적인 유기아, 행걸아의 수를 추산해 보니 대략 3,900여명이었다.[7]

3.10 조선의 장애인 정책

서양은 장애인에 대한 멸시와 차별의 역사를 가지고 있었고 근대 이전까지는 장애를 악으로 규정하고 있었다. 서양에서 장애인에 대한 지원과 배려는 현대에 이르러서야 사회복지의 개념으로 자리잡았다. 아리스토텔레스는 “장애아를 양육하지 못하도록 법을 제정하라”라고 주장하였고, 플라톤은 “장애아는 사회에서 격리시켜라”라고 말했다. 장애인은 고대 그리스와 로마에서도 부정적인 시선과 대우를 받았으며, 신에게 벌을 받은 사람으로 여기기도 했다. 무엇보다 강한 남자가 있어야 강한 군대를 가질 수 있다고 믿었고 칼을 잡을 수 없는 장애인은 살해나 유기의 대상이었다(역사채널, 2013년 1월 25일).

이러한 서양에 비해, 조선은 장애인에 대해 훨씬 따뜻한 시선을 보였고 그들을 사회의 일원으로 적극 통합하려는 노력을 기울인 것으로 보인다. 고려 조선시대 장애인 복지에 대해서 연구한 정창권(2024)에 의하면 조선은 장애인복지정책을 체계적으로 시행한 세계 최초의 선진복지국가였다. 조선시대엔 장애를 단지

7) 이 수치를 로만 폴란스키가 감독한 영화 ‘올리버 트위스트’(2005)에 나오는 고아들의 숫자와 비교해보는 것은 흥미있는 일이다. 한 장소에 2-3백 명이 모여 있는 것으로 보아 당시 영국 고아들의 수는 전국적으로는 수만 수십만명이 될 것으로 추산할 수 있다.

'병'으로 보았고, 그 정도에 따라 잔질, 폐질, 독질로 구분했다. 조선은 장애 개념과 복지를 국법인 〈경국대전〉에 명시할 정도로 장애인의 인권을 보호하고 그들이 인간답게 살 수 있는 사회경제적 환경을 마련하는 데 노력했다. 그 실천적 방법은 장애인이 스스로의 힘으로 살아갈 수 있도록 일자리와 소득을 보장해주는 것이었다 조선시대엔 장애의 개념과 범주가 법으로 규정되었다. 〈경국대전〉 4권, 병전 '면역(免役)'조를 보면, 조선시대에도 장애를 '병'으로 규정했다.

조선의 장애인은 '폐질자' '잔질자' '독질자'로 불렸는데 이는 장애인도 정상적인 사람이며 다만 병에 걸렸을 뿐이라는 인식이다. 장애의 종류는 맹인, 애꾸눈, 외다리, 절름발이, 앉은뱅이, 꼽추, 난쟁이, 언청이, 귀머거리, 벙어리 등으로 다양했다. 또 광질(狂疾 · 정신분열증), 간질 같은 정신질환도 장애로 받아들여졌다. 독질은 매우 위독한 병을, 폐질은 시각, 청각, 언어 및 일지 이상이 불구인 자를 나타냈다(윤국일, 〈신편 경국대전〉, 1998: 400).

조선은 장애인들을 위해 법으로 장애인과 그 부양자의 각종 부역과 잡역을 면제하였고, 장애인을 보살핀 자를 표창했다. 장애인을 학대하는 자에게는 정상인을 학대한 자보다 가중 처벌을 했으며, 장애인이 무고하게 살해당하는 일이 발생하면 해당 지역의 읍호를 강등하는 등의 조치를 취했다. 조선시대에는 장애인을 위한 전문적인 일자리 창출에도 노력을 아끼지 않았다. 점복사, 독경사, 악공 등의 일에 장애인이 종사할 수 있도록 하였고, 이들은 능력만으로 해당 직무에 채용되었다(정창권, 2024).

이처럼 조선시대 장애 개념과 범주를 이렇게 법으로까지 명확히 규정한 이유는 장애 복지의 대상을 명확히 설정하기 위해서였다. 〈경국대전〉에서는 위와 같이 독질, 폐질에 대해 규정한 다음, 다음과 같이 그들에게 군역과 신역을 면제해주고 시정이라는 일종의 활동지원사를 제공한다고 명시하고 있다.

> 군사로서 나이 60살이 된 사람, 독질과 폐질에 걸린 사람은 모두 군역을 면제한다(대체로 다른 신역의 경우도 마찬가지이다).
>
> 독질과 폐질에 걸린 부모를 모시고 있는 아들 1명은 군역을 면제한다(윤국일, 〈신편 경국대전〉, 1998: 400).

지금으로 말하면 조선 조정이 장애인에게 부역과 세금을 면제해 주고 홀로 사는 장애인에게는 국가가 일종의 도우미를 보내주었다. 일종의 사회서비스 사업을 한 것이다.

조선의 장애인 정책은 가족 부양이 원칙이었다. 만약 가족이 장애인을 부양할 수 없을 때에는 친척과 이웃 등 마을공동체에서 지원해 주었다. 조선 조정에서는 '명통시(明通寺)'라는 단체를 설립, 시각 장애인에게는 스스로 살아갈 수 있는 사회경제적 여건을 조성해 주었다. 그리고 그들로 하여금 나라의 안녕을 비는 일과 가뭄에 기우제를 지내는 등의 역할을 맡겼다(정창권, 2024). 이는 오늘날 의료법에 의해 안마사를 시각장애인만이 할 수 있도록 법률로서 정해 놓아, 그들에게 독점적 권리를 부여한 것처럼 조선 조정이 장애인 정책을 활발히 했다는 것을 말해 주고 있다.

이를 구체적으로 보면, 조선 태조 때에는 장애인들에게 조세와 부역, 잡역을 면제해 주었다. 장애인이 범죄를 범했을 경우에도 형벌을 가하지 않고 베로 대신 받게 했으며 연좌제에서도 제외시켜 주었다. 특히 시각 장애인들에게 점복(점치는 일), 독경(불경을 외우는 일), 악사와 같은 직업을 알선해 사회활동에 참여토록 했다.

태종은 가뭄이 심하자, 문무 신료들에게 명하여 무녀(巫女)와 맹인, 승려들을 불러 비를 빌도록 하였다(〈태종실록〉 2년 7월 2일). 1413년(태종 13)에는 왕이 쌀 30석과 베를 내려주었고(〈태종실록〉 13년 7월 5일), 토목과 건축에 관한 일을 관장한 선공감(繕工監)에 명하여 명통시를 다시 짓게 하였으며 노비까지 주었다(〈태종실록〉 17년 6월 16일). 이 때 맹인들은 매달 초하루와 보름에 한 번씩 모여 경문을 외우며 나라의 안위를 빌었으며 가뭄이 들 때 기우제를 지내기도 했다. 시각 장애인 중의 일부는 나라의 음악관장 기관인 장악원에 들어가 악기를 연주하는 것을 맡았다. 점복에 종사한 맹인들 가운데에는 관상감 소속의 '명과학(命課學)'이라는 관직에 진출하기도 했다. 세종은 부모 나이가 70세 이상이거나 독질(장애)이 있는 사람은 군역에서 면제되고, 고려사에도 장애인을 위한 구제책을 마련했다. 이러한 조치는 조선시대에 장애인을 보살핌과 보호하는데 큰 역할을 하였다. 이 밖에 단종은 집현전 교리(校理)로 수양대군의 집권을 반대했던 이현로의 집을 명통사에 내려주기도 하였다(〈단종실록〉 1년 12월 2일).

1457년(세조 3년)에는 왕이 조목별로 열거하며 재난을 당한 사람이나 빈민을 구제하는 명을 내렸는데, "불구자나 중병을 앓고 있는 자로서 더욱 의탁할 곳이 없는 자와 맹인을 위해서는 이미 명통시를 설립하였으니, 농아와 절름발이 등의 무리는 한성부에서 책임지고 동서활인원에서 후하게 구휼하라"고 명령했다(〈세조실록〉 3년 9월 16일).

이처럼 조선의 장애인들은 장애가 있다는 이유로 크게 차별받거나 소외되지 않았고 활발히 사회경제적 활동에 참여 했다. 양반의 경우에는 과거를 통해 높은 관직에 오를 수 있었다. 조선 전기의 정치가 허조는 구루병을 앓아 등이 굽었지만, 이조·예조판서를 거쳐 좌의정에 오른 명재상이었다. 17세기를 살았던 조성기도 20살 때 말에서 떨어져 척추장애인이 되었지만 대학자가 되어 시문집 〈졸수재집〉과 소설 〈창선감의록〉을 남겼다. 장애인 시인, 화가, 음악가들도 적지 않다. 정조때의 시인 장혼은 절름발이였으나 조정의 인쇄소인 '감인소'의 관리가 되어 임금이 내린 책들을 교정했다. 그는 문집으로 〈비단집〉 20권을 남겼다. 또 조선 후기 시각장애인 부부였던 김성침과 홍씨는 내외가 시인으로 알려져 있다. 장애인 화가로는 한쪽 시력을 잃은 최북이 대표적이며 음악가로는 이반·김복산·정범·김운란·백옥 등이 꼽힌다.

조선은 장애인들에게도 스스로 살 길을 마련해 줌으로써 모두가 사회구성원으로서 함께 살아가는 통합사회를 만들어 갔다. 비록 신분에 따라 차이가 있긴 했지만, 조선시대 장애인이 사회 속에서 다양하게 활동하며 생활을 영위해 나갔다. 조선은 분명 복지사회의 한 단면을 보는 것 같다.

3.11 조선의 환곡

세계 역사에서 드물게 조선 왕조가 500년 넘게 지속될 수 있었던 것은 여러 가지 이유 중에서도, 환곡제도가 있었기 때문이다(윤홍식 외, 2021; 최익한, 2013). 환곡제도는 조선사회의 생산력을 보존하고 재생산을 촉진하는 대표적 분배제도요, 사회복지제도이다.

백성을 수탈하는 제도로 알려진 환곡은 본디 농업생산력을 유지하기 위해서 만들어졌다. 〈속대전〉에 따르면, 환곡은 '봄에 빌려 주고 절반은 창고에 두었으며 가을에 거둘 때 이자를 1할을 물리는 제도였다'(최익한, 2013). 당시 조선 조정은 민간 부문의 높은 이자(20-50%)가 양민을 수탈하는 고리대금으로 보았으며, 이를 억제하고 백성의 삶을 보호하기 위해 환곡을 확대해 나아갔으며 영조시대에 이르러 그 정점에 다다랐다(하상락, 1998: 60).

18세기 중 후기, 즉 영조시대에 이르러, 환곡은 최고로 확대되었다. 1776년(영조 52년)에 환곡은 728만석으로, 도정 전 벼로 따지면 무려 1천만 석에 달했다. 이는 GDP 국내총생산의 17.0%에 달했고, 그 중 순수히 빈민을 구제하기 위해 비축된 환곡도 국내총생산의 14.0%에 달했다(윤홍식, 2016). 이는 당시 세계 어디에도 없는 사회복지 제도였다. 참고로 우리 나라는 2001년도에 와서야 비로소 국내총생산 대비 사회지출 비율이 5%를 넘게 되었다(윤홍식 외 2021).

이처럼 18세기 이르러 조선은 대규모로 환곡제도를 확대했다.[8] 소수 부호를 제외한 대부분의 농민은 환곡없이 살아가는 게 힘들었기 때문이다. 환곡은 사회적 약자나 취약계층을 위한 구휼제도이면서, 대부분의 자영농의 생산활동을 지원함으로써 조선을 떠받치는 기능을 하고 있는 분배제도였다. 좋은 분배제도는 당연히 좋은 복지제도이다.

조선은 세도정치가 극심해지고 삼정이 문란해지는 말기로 가면 환곡의 이자수입이 전체 조세수입의 36%에 이르렀는데 이는 전체 국가수입에서 토지세에 이어 두 번째로 큰 비중을 차지하고 있었다(송찬섭, 2002: 윤홍식 외, 2021: 92). 결국 1811년 토탄에 빠진 백성들은 더 이상 참지 못하고 봉기하여 1862

8) 첫째, 조선은 후기에 이르러 본격적인 소농사회로 전환하였다. 소농은 생산물을 축적할 수 없었기 때문에 자연재해에 취약했고, 이러한 소농의 생산력을 유지하기 위해서는 국가적 분배체계의 구축이 필수적이었다(박이택, 2010). 둘째, 영조는 집권 초기에 큰 기근을 당한 경험이 있었다. 셋째, 당시 이양법이 확산되기 시작했는데 이양법은 직파법에 비해 수확량은 많지만 가뭄에 취약해 이를 대비해야 했다(윤홍식 외 2021). 조선 후기, 환곡제도는 백성을 수탈하는 반복지제도로 변질된다(문용식, 2000; 원재영, 2014; 윤홍식 외, 2021: 91). 정조 때에는 환곡이 중앙과 지방정부의 재정을 보충하는 기능을 수행하였다. 환곡을 나누지 않고 가을에 이자만 받거나, 원하지도 않는 사람들에게 강제로 곡식을 빌려주고 이자를 받는 등 백성의 원성이 높아갔다.

년 평안도에서 홍경래의 난, 임술농민항쟁(진주민란), 1894년 갑오농민항쟁이 발발하고 말았다.

환곡은 기본적으로 공공부조의 성격과 기능을 수행하고 있었다. 공공부조의 수급자격과 관련된 열등처우의 원칙, 노동능력 기준, 부양의무자 기준 등도 명시되어 있다. 성인남녀가 환곡의 구휼미를 받기 위해서는 노동할 수 없다는 것을 증명해야 했고, 주인이 있는 노비나 부양자가 있는 경우에도 구휼미를 받을 수 없었다(원재영, 2014; 윤홍식 외, 2021: 91).

환곡을 영국의 빈민법과 비교한다면, 환곡은 훨씬 빈민에 대해서 관대하고 후한 대우를 했다. 빈민법과 다르게 국가에서 구휼미를 받는다고 시설에 가두거나, 구걸을 한다고 신체에 낙인을 찍고 채찍질을 당하거나 하는 일도 없었다(원재영, 2014; 윤홍식, 2021: 91).

지방에서는 주민 자치조직으로서 향약이 발달하였다. 향약은 상부상조의 정신에 따라 주민의 생활문제를 전반적으로 해결하여 주민의 생활에 큰 도움을 준 사회복지제도였다. 향약에는 4대 원칙(덕목)—덕업상권, 과실상규, 예속상교, 그리고 환난상휼—이 있다. 이 중에서 사회복지와 가장 관계와 깊은 것은 환난상휼인데 환난에는 수화, 도난, 사상, 질병, 고약, 무왕, 빈핍의 7가지가 있다. 1) 수화의 경우, 사람을 보내어 돕게 하고 그 정도가 크면 직접 구휼, 조문한다. 2) 도난의 경우, 피해자와 합심하여 도둑을 잡고, 경우에 따라 관에 보고하여 수사협조를 요청한다. 3) 질병이 났을 경우, 가벼우면 사람을 보내 문병하고 심하면 의원과 약을 구해준다. 병자가 가난하면 요양하는 비용을 돕고 온 집안 식구가 병들어 농사를 지을 수 없으면 약원들이 협력하여 경작해 준다 4) 사상의 경우, 노동력을 제공한다. 빈자가 상을 당했을 경우 물질부조를 실시한다. 5) 고약의 경우 동약인이 죽고 그의 자녀가 남아 의지할 곳이 없을 때는 그를 맡아 교육시키거나 삶의 터전을 마련해 준다. 6) 무왕의 경우 억울한 누명을 썼을 겨우 합심하여 그의 누명을 벗겨준다. 만일 죄가 있다면 물질로 구제해 준다. 7) 빈핍의 경우에는 재물을 주거나 대여하여 오랜 세월에 걸쳐 점차 상환토록 한다.

향약을 주장하던 주체는 중종 시대 훈구파에 맞서는 조광조 등 신진 사림파들이었다. 그들은 향약을 조선 초부터 있었던 유향소제도를 뒤잇는 지방자치제도의 일환으로 구상하였다(유홍열, 1982; 이태진, 1976; 나병균에서 재인용, 1998: 197). 조정에서는 향약의 실시가 향촌 지배세력의 강화와, 중앙집권의 약화로 이어질 것을 두려워하여 전국적 실시를 반대하는 여론이 지배적이었다.

그러나, 나병균(1998: 198)에 의하면, 15세기 후기에 들면서 중앙권력이 약화함에 따라, 향약은 더 큰 사회복지 기능을 떠맡게 되었다. 이 시기 국가재정의 피폐 및 관료들의 부패 등으로 인해 국가가 운영하던 각종 비황 구황제도가 제 기능을 발휘하지 못하게 되었다. 당시 민생의 문제는 국가 존립을 위태롭게 만들었고, 사회질서의 혼란현상을 가중시켰다. 따라서 중종·명종·선조 대에 이르러, 퇴계·이황·율곡·이이 등의 학자들이 연고지에서 자발적으로 실시한다. 임란을 전후하여 나타난 향약은, 특히 율곡의 경우 환난상휼의 강조, 사창제와의 병행 등 민생문제의 해결에 주력했다.

3.12 형사소송법상 인명존중 사상

한반도의 여러 나라에서 생명존중 사상은 그 뿌리가 깊다.

오늘날 대부분의 민주주의 국가에서는 인간 존중 사상을 헌법의 최고 가치로 규정하고 있다. 그런데 인간 존중 사상은 서구에서 시작되었고 시기적으로는 14~15세기에 일어난 르네상스로 알려져 있지만 사실은 동양에서 훨씬 먼저 시작되었다. 오랫동안 불교와 유교의 영향 아래 있던 한국은 일찍부터 생명존중을 가장 중요한 가치로 여기고 있다. 불교는 그 계율의 첫 번째가 '불살생'이다. 인간은 물론 모든 생명을 귀중히 여기고 있다. 유교의 재생의례(再生儀禮)는 효의 생명론이며 생명의 연장을 바라는 주술이 담겨 있다. 예(禮)라는 것도 효(孝)가 근본이며, 孝는 조상의 생명을 연속하는 것부터 시작한다. '신체발부(身體髮膚)를 불감훼상(不敢毁傷)하는 것이 효의 시작'이라고 했으니, 효는 자기 생명을 부모의 생명과 같이 존중하는 것과 동시에 타인의 생명도 존중한다고 믿었다. 이의 연장선에서 죄인을 처벌하는 데 있어서도 인간의 생명을 소중히 여기는 제도가 일찍부터 발달해 왔다.

고려·조선시대에는 삼복제(三覆制)라고 하여 사형에 관해서는 초심 재심 삼심으로 반복해 심리한 뒤에 결정해야 한다는 형사절차법을 둠으로써 인간생명에 대한 존중과 배려를 명문화하였다. 삼복제는 중국 수나라 당나라의 율령제도 가운데 휼형제도(恤刑制度)에 영향을 받아 도입된 것으로, 현대 형사법의 삼심제(三審制)의 생명존중이라는 근본취지가 같다고 볼 수 있다(한국민족문화대백과사전, 삼심제).

삼복제에 관한 기록은 고려시대부터 보이고 있다. 1047년(문종 1년) 8월 상서형부에서 인명이 중요하므로 사형수는 삼복한 뒤에 처결해야 한다는 기록이 있으며, 〈고려사〉 형법지에도 이와 관련된 기사가 많다. 1389년(창왕 1년) 4월에도 도평의사사에서 입춘부터 입추까지는 사형을 정지하고 개경의 사형사건은 오복계, 지방은 삼복계하라는 소(疏)를 올리고 있다.

조선시대에도 인명존중 사상은 더욱 구체화되었다. 1392년(태조 즉위년) 윤12월 형조에서 삼복제 오복제가 제대로 시행되지 않으므로, 반드시 시행할 것을 상언(上言)하니 왕이 이를 재가했다(태조실록). 이는 1397년(태조 6년) 최초의 법전인 〈경제육전(經濟六典)〉 형전에 용형상의 제도로 입법화되었다. 또한, 〈경국대전〉에서도 〈경제육전〉의 정신을 이어받아 삼복제를 명문화함으로써 조선의 형법이 얼마나 자비심을 기본으로 하고 있는지 잘 보여주고 있다.

또한, 세월이 흐르고 사회가 안정됨에 따라 조선의 형법도 더욱 더 세분화되었다. 〈경제육전〉에서는 처음 수령이 심리하고 도관찰사가 다시 심리한 뒤 그 결과를 도평의사사에 보내어 이곳에서 서류상으로 삼복하고 왕에게 알리던 것을, 〈경국대전〉에서는 삼심까지 관찰사가 담당하고 서류만 형조를 거쳐 시행된 점에서 차이가 있었다. 조선 후기 〈속대전(續大典)〉 편찬시에도 삼복제는 여전히 남아 있어, 법상으로는 조선 전기부터 말기까지 존속되었음을 알 수 있다(한국민족문화대백과사전, 삼심제).[9]

9) 다만 어느 시대 어느 법도 마찬가지로 성문법이 반드시 준수된 것은 아니었다. 기록상으로는 삼복제가 조선 후기까지 존속한 것으로 되어 있으나, 사문화되었을 가능성은 남아 있다(한국민족문화대백과사전, 삼심제).

4. 나가면서

고조선, 고구려·백제·신라, 고려 그리고 조선 등 한반도에 세워졌던 국가들은 모두 친사회복지 국가였다. 이들 나라들은 국가의 건국이념, 지배적 정치사상, 국정운영의 기본철학, 노비 등 사회적 약자 계급에 대한 배려, 빈민·노인·아동·장애인·사회적 약자 집단에 대한 다양한 복지정책 등 여러 가지 측면에서 인간의 후생복리를 최우선으로 삼았던 복지지향적 사회였던 것이다. 이 장에서는 특히 유교로 대표되는 조선의 사회복지와 관련된 정치사회철학, 정책과 행정에 주목했다. 유교의 민본주의, 왕도정치사상, 재분배적 토지제도, 상평창 의창 흑창 같은 사회 대부는 근대 유럽에도 없던 제도였다. 또 고조선 이후 경로사상에 기반을 둔 다양한 노인복지 프로그램들, 국가가 운영하는 다양한 무상 의료기관들, 조선이 경국대전에 명문화하고 실천한 구휼정책 아동복지정책 장애인정책은 현대의 사회복지국가에 비교해도 손색이 없는 선진복지정책이라 보여진다. 특히 조선은 유교철학에 바탕을 두고 왕도정치 민본주의 대동사상을 실천하려 애쓴 흔적이 역역한 사회복지국가였다.

이는 지금까지 유교사상이 사회복지발달에 부정적 영향을 끼쳤다고 본 여러 사회복지학자들의(김태성, 2017; 이원석·조남정, 2013; 홍경준, 2002) 주장과 정면으로 배치하는 것이다. 그들의 주장은 유교가 가족을 중시하기 때문에 가족복지가 사회복지를 대체했다는 것인데 이는 사실과 맞지 않는다. 유교가 가족을 중시한다고 해서 가족만 중요하고 국가는 중요하지 않다고 하는 것이 아니다. 오히려 유교에 관점에서는 국가는 가장 큰 최고의 사회공동체로서 집안의 가장이 모든 가족 구성원을 자애롭게 보살피듯 국가는 모든 사회구성원을 잘 돌보아야 한다는 보수주의적 사회복지국가의 이념적 당위성을 강화하고 있다고 봐야 한다. 지난 20세기 100년 동안 한반도에서 사회복지가 발전할 수 없었던 이유는 외세의 점령과 군부독재에 의한 발전국가의 영향이다. 외세가 지배하는 나라가 무슨 국민의 복지에 신경을 쓰겠는가. 또 그들의 권력 유지에도 급급한 군부독재 정권이 무슨 국민통합과 사회평등에 관심이 있겠는가.

유교에 바탕을 두고 있는 한반도 국가들은 '백성을 배불리 먹이는 것'을 기본적 국정목표로 하고 있었기 때문에 백성들 중 한 사람이라도 굶주리거나 그에 적합한 일자리를 얻지 못함은 곧 왕의 책임이라는 지극히 친사회복지적인 가치를 추구했다. 그리고 이는 지금도 유유히 흐르는 역사적 전통이다. 하상락(1998) 교수는 조선의 왕도정치와 민본주의 사상을 현대 사회복지국보다 더 강력한 복지국가 지향적 이념이라고 평가하고 있다. 일부 평론가들이 조선의 정치를 당쟁으로 대표되는 분열과 탐관오리의 수탈로 저평가 내지는 폄하하고 있지만, 조선의 정치체제 내에서는 국왕이 혁신유린 등 개혁적 사회세력과 손잡고 국가라는 공동체의 안정과 평화를 위해 나름대로 최선을 다했다는 의미이다.

물론 여기서 우리나라가 친사회복지국가라고 주장할 때, 사회복지국가의 개념이 현대 유럽 복지국가와는 거리가 있는 것이 사실이다. 말할 필요도 없지만, 한반도에 세워졌던 국가들이 현대 사회복지국가의 개념이 자본주의 발달로 파생되는 사회적 경제적 정치적 문제점들을 보완 해결하는 과정에서 탄생한 복지국가, 혹은 이 연구에서 시사하듯이 사회계급간의 갈등과 충돌의 결과로서 만들어진 복지국가, 혹은 모든 개인의 인간존엄성을 보장하고, 사회적 안전과 평등을 지향하며 국민이 행복을 추구할 권리를 보장하기 위하여 공공부조, 사회보험, 사회복지서비스 등 다양한 사회보장제도를 운영하는 민주국가는 아니었다.

20세기 이후 한국에서 현대적 의미의 사회복지제도가 발달하지 못했던 이유는 자본주의 발달이 늦었고 외세의 지배를 받았고 군사정권이 등장했기 때문이다. 외세와 군사정권의 혹독한 탄압 속에서 사회복지의 토대라 할 수 있는 노동계급의 출현이 늦었기 때문이다. 뒤늦게, 산업화와 경제성장, 그리고 민주화가 이루어지자, 더 이상 노동자들의 요구를 억압할 수 없게 된 자본은 타협할 수밖에 없었으며, 그 결과 사회복지가 확대된 것이다. 물론 아직도 복지지출 절대수량에서는 서구 사회복지국가에 못미치지만, 이제 대한민국은 세계가 부러워하는 지속가능한 사회복지국가로 진입하고 있다. 이는 우리나라의 지난 수천 년간 사회복지 역사를 되돌아볼 때, 그리고 그 사회적 역동성이나 경제적 발전성이라는 측면을 고려해볼 때 당연한 일이라 생각한다.

참고문헌

권정호(2014). '조선조 위민정치와 복지사상의 탐색', 〈한국동양정치사상사연구〉, 13집, 2호, 81-120.

김기현(2007). '성리학의 인간관과 생활예절', 〈유교사상연구〉, 제29집, 65-97.

김순양(2015). '동아시아의 발전국가와 사회정책' 〈행정논총〉, 제53권, 2호. 27-68.

김영미(2023) '사회복지 관점에서 본 홍익인간 이념', 〈동양문화연구〉, 39권, 101-122.

김용섭(1970). 〈조선 후기 농업사 연구-농촌경제, 사회변동〉, 일조각.

_____(1971). "조선 후기의 수도작 기술-이앙법 보급에 관하여", 〈조선 후기 농업사 연구 II-농업변동, 농학사조〉, 일조각.

김인걸(2013). 〈정조와 정조시대〉, 서울대 출판문화원.

김종성(2013). 〈조선의 노비들〉, 역사의 아침.

김태성(2017). 〈한국 복지체제의 특성〉, 청목출판사.

나병균(1998). "향약과 사회보장", 〈한국사회복지사론〉, 하상락 편. 박영사.

박광준(2013). 〈사회복지의 사상과 역사〉, 양서원.

박종목(2013). 유가(儒家)의 정치사상(政治思想)과 사회복지(社會福祉) -(원시(原始))유가(儒家)의 복지사상과 정다산(丁茶山)의 실질적 복지관-, 〈법철학연구〉, 제16권, 제2호.

문용식(2000). 〈조선후기 진정과 환곡운영〉, 경인문화사.

박이택(2010). '17, 18세기 환곡에 대한 제도론적 접근: 재량적 규제체계의 역할을 중심으로', 이헌창 편, 〈조선후기재정과 시장: 경제체제론의 접근〉, 서울대학교출판문화원, 175-207.

림링거, 가스통(2011). 〈사회복지의 사상과 역사〉, 한국사회복지학연구회 역, *Welfare Policy and Industrialization in Europe, America and Russia,* Gaston V. Rimlinger. John Wiley and Sons, 1971.

서기택(1998). "고려시대의 구휼제도" 〈한국사회복지사론〉, 하상락 편, 박영사.

송찬섭(2002). 〈조선후기 환곡제 개혁연구〉, 서울대학교 출판부.

우리역사넷.(http://contents.history.go.kr/).

유병용 · 신광영 · 김현철(2002). 〈유교와 복지〉, 백산서당.

원재영(2014). '조선후기 황정연구', 연세대학교 사학과 박사학위논문

위평량(2013). 〈젊은 지성을 위한 유토피아〉. 토머스 모어 원저, 두리미디어.

윤국일 역(1998). 〈신편 경국대전〉, 신서원.

윤홍식(2016). '전자본주의 분배체계의 해체: 환곡을 중심으로 1910년 강제병탄까지', 〈한국사회복지학〉, 68(2): 79-105.

윤홍식 · 남찬섭 · 김교성 · 주은선(2021). 〈사회복지정책론〉, 사회평론아카데미.

이경식(1998). 〈조선전기 토지제도 연구〉, 일조각.

_____(1976). '16세기 지주층의 동향', 〈역사교육〉, 19.
이인수(2008). '역사속 장애인들은 어떤 모습이었을까?', 〈주간 세종신문〉. 2008.12.11.
이영훈(2007) '한국사 연구에서 노비제가 던지는 몇 가지 문제', 〈한국사 시민강좌〉 제40집. 2007.02 144-159 .
신동준(2007). '조선의 왕과 신하 부국강병을 논하다', 〈이성계와의 만남〉, 살림.
전형택(1989). 〈조선 후기 노비신분 연구〉, 일조각.
정영훈 외(1999). 〈홍익인간 이념연구〉, 한국정신문화연구원.
정창권(2024) '조선시대 장애 복지법과 자립 정책', 〈민족문학사연구〉, 84권, 37-73.
최봉영(1999). '성리학적 인간관과 인본주의', 〈사회사상과 문화〉, 2권, 31-77.
최원규(1998). '조선후기의 아동복지', 〈한국사회복지사론〉, 하상락 편, 박영사.
최익한(2013[1947]). 〈조선사회정책사〉, 송찬섭 엮음. 서해문집.
하상락(1998). '한국 사회복지사의 흐름', 〈한국사회복지사론〉, 하상락 편, 박영사.
한영우(2000). 〈다시 찾는 우리역사〉, 경세원.
팔레, 제임스(1996). 〈유교적 경세론과 조선의 제도들: 유형원과 조선 후기, 1.2〉, 산처럼.
홍경준(2002). '복지국가 유형에 관한 질적 비교분석: 개입주의, 자유주의, 그리고 유교주의', 김연명 편, 〈한국 복지국가 성격 논쟁 1〉, 인간과 복지.
홍이섭(1959). 〈정약용의 정치경제사상연구〉, 한국연구원.
한국민족문화대백과사전, https://encykorea.aks.ac.kr/

Cole, C.W.(1939). *Colbert and a Century of French Mercantilism*, Columbia University Press.
Crowell, William Gordon(1979). *Government Land Policies and Systems in Early Imperial China*, Ph. D dissertation. University of Washington.
Day, P.(2000). *A new History of Social Welfare*. Allyn & Bacon.
Gimpel, Jean(1993). *The Cathedral Builders*, Pimlico, London.
Grace, Damien(1980). 'Augustine and Hobbes', *City of God*, II 21.
Ross Fitzgerald. eds., *Comparing Political Thinkers*. Pergamon Press, Ltd.
Locke, John(1697). *A Report of the Board of Trade to the Lords Justices Respecting the Relief and Employment of the Poor.*
Mandeville, Bernard(1924). "An Essay on Charity and Charity-Schools," in *F.B. Kaye eds The Fable of the Bees,* Oxford: Clarendon Press.
Spengler Joseph J.(1942). *French Predecessor of Malthus*. Duke University Press.
Sabine George H. and Thomas L. Thorson(1973). *A History of Political Theory,* III. Dryden Press.

제 2 장

민주주의란 무엇인가

오직 민주적 국가만이 크게 발전할 수 있다.

1. 들어가면서

한국은행에 의하면, 2021년 우리나라 1인당 국민소득은 3만5,168달러, 우리 돈 약 4천만원을 기록했다(한국은행, 2023). 1년 전보다 10% 넘게 올랐다. 2018년 이미 우리 나라는 GNI가 3만1,349달러를 기록하며 3050클럽에 진입했다. 미국, 프랑스, 독일, 영국, 일본, 이탈리아에 이어 일곱 번째다. 3050클럽은 인구 5천만 명 이상에 1인당 국민소득(GNI)이 3만 달러 이상인 국가를 일컫는다.[1] 적어도 통계지표로만 보면 대한민국은 명실상부한 경제선진국이다. 거기에다 최근 케이팝을 비롯한 한류와 촛불혁명으로 박근혜 정부를 탄핵으로 몰아내고 순전히 시민의 힘으로 무혈시민혁명을 이루어낸 민주주의 선진국이 되었다. 대한민국은 경제뿐만 아니라 정치와 문화에서도 세계가 부러워하는 선진국이 된 것이다. 문자 그대로 '한강의 기적'이다. 그러면 무엇이 이런 한강의 기적을 만들어내었나?

혹자는 박정희 대통령을 비롯한 권위주의적 대통령의 리더십이 오늘날 우리를 부자로 만드는 초석이 되었다고 주장하는데 이것은 사실이다. 만일 1980년

1) OECD는 2021년말 정책보고서 "The Long Game"에서 한국의 2022년 1인당 실질국민소득(PPP) 예상치(4만4,778달러)가 영국(4만4,539), 프랑스(4만3,536), 일본(4만2,989), 이태리(3만9,259)를 다 추월할 것으로 추산했다(The Long Game: Fisical Outlook to 2060 Underline Need for Structural Reform (OECD Policy Report, 2021. 11. 8.).

도 중반까지의 자본축적 과정이 없었다면, 노동에 대한 자본의 철저한 억압과 탄압이 없었다면 오늘날 우리나라 경제는 없었을 것이다.

그러나 박정희가 1979. 10. 26 김재규의 총에 맞지 않고 그가 통치하는 유신시대가 계속되었다면 지금처럼 우리나라가 세계 10위권의 경제강국이 되었을까? 그 대답은 상당히 부정적이다. 한마디로 유신체제는 경쟁력이 없기 때문이다. 유신체제는 노동자나 농민 등 근로계층의 희생 위에 급속한 고도경제성장을 추진하였고 그 과정에서 다수 국민이 충분한 능력을 발휘할 수 있는 기회를 박탈했기 때문이다. 보통 인간은 열심히 일하면 잘 살수 있다는 희망이 있을 때 최고의 능력을 발휘하기 때문이다. 권위주의적 정치체제 혹은 반민주적 정치체제는 오직 소수의 특권층에게만 혜택을 주기 때문에 대다수 사람들은 열심히 일할 동기가 부여되지 않기 때문이다. 따라서 경제성장 초기에는 효과적일지 몰라도 궁극적으로 발전할 수 없다는 것은 당연한 일이다[2](Gerschenkron, 1962).

지난 50년간 대한민국에서 한강의 기적이 일어난 것은 민주주의가 발전해 왔기 때문이다. 학생과 민주시민들이 이승만 박정희 전두환을 비롯한 권위주의 독재정부를 시민의 힘으로 몰아내고 민주사회를 지켜 왔기 때문이었다. 이는 역사적으로 영국 미국 프랑스 독일 등 시민혁명을 거친 나라들만이 선진국이 되었다는 것과 비슷한 맥락이다. 단기적으로 권위주의정부가 효율적이고 생산성이 높을지도 모르지만 장기적으로 국민이 자발적으로 복종하고 열심히 일하는 사회만이 더 높은 수준의 생산성과 효율성을 이룰 수 있고 발전할 수 있는 것이다.

오직 민주주의체제만이 대다수 국민들의 자유와 평등, 그리고 인권이라는 가치를 추구하기 때문이며 또한, 문화적 융성과 경제적 번영도 오직 이런 가치를 추구하는 민주주의체제 아래서 가능하기 때문이다. 뒤집어 말하면 민주주의를 제외한 어떠한 정치체제도 특수한 계급, 특수한 집단의 사람들만을 위한 정치체제이다. 그 속에서 소수의 기득권계층이 권력과 부를 독점하고 누리며, 반면에 대다수의 국민은 경제적 번영과 문화적 융성을 위한 경쟁의 기회를 박탈당하고 겨우

2) 독일, 오스트리아, 헝가리, 이태리와 러시아 등 유럽의 후발산업화국가들에서 권위주의체제를 연구한 거셍크론(A. Gerschenkron)의 〈역사적 시각에서 본 경제적 후진성〉은 산업화 초기에는 권위주의체제가 경제발전에 유리할 수 있다고 시사한다.

생존에 급급하며 수탈과 억압에 신음하고 있다면 그 나라가 발전할 가능성은 희박한 것이다. 세종대왕이 아무리 성군이었다 한들 만일 그가 왕이나 사대부로 태어나지 못했다면 훈민정음이나 종묘제례악 등 우아한 음악을 만드는 것을 꿈도 꾸지 못했을 것이고 물론 사람으로 대우받고 살지는 못하였을 것이다. 비슷하게 아무리 박정희 시대를 그리워하는 사람들이 있다 해도 그들이 그때 청계천 평화시장에서 재단사로, 구로공단에서 '공돌이'·'공순이'라고 불리는 하급 노동자로 죽도록 일하지 않으면 살아갈 수 없었다면 그들이 유신체제를 찬양하기는 힘들 것이다. 중요한 것은 오직 민주체제에서만 소수의 기득권계층 지배층이 아니라 대다수 국민이 골고루 잘 살 수 있는 것이다.

그러면 현재가 민주주의 시대라고 해서 모두가 인간다운 삶을 사는가? 물론 그렇지 않다. 봉건제도 붕괴로 신분제질서가 허물어진 민주사회로 전환되었다고 해서 모든 문제가 해결되는 것은 아니다. 시민혁명으로 군주제를 폐지하고 군사독재자를 권좌에서 끌어내렸으나 시민의 삶은 정작 별로 달라진 것이 없다. 그것은 새로운 권력이 그 자리를 차지하고 시민을 억압하고 있기 때문이다.

촘스키(2013, 2004)는 현대사회는 "보이지 않는 거대한 세력이 경제를 지배하며, 그 중심에는 거대 기업들이 자리하고 있으며 그들이 권력을 장악하고 있다"고 설파한다. 그는 현재의 민주주의는 매우 불완전하며 경제는 부자를 위해 굴러간다고 주장한다. 부유한 소수가 빈곤한 다수의 기본권마저도 빼앗으려 하고 있으며 이미 세계화는 그들만의 잔치라고 규정한다.

권위주의가 붕괴한 현대사회에서 민주주의에 가장 큰 위협은 자본이다. 〈21세기 자본〉에서 프랑스의 경제학자 토마 피케티(2014)는 21세기 자본은 자산수익률이 경제성장률보다 커지면서 소득불평등 역시 점점 심화된다는 것을 밝혀냈다. 피케티는 '세습' 자본주의의 특징이 부(富)와 소득의 '끔찍한' 불평등이라고 보았다. 그는 자유시장 자본주의가 부를 평범한 사람들에게까지 확산시키고 개인의 자유를 보장한다고 보는 널리 퍼진 견해를 허물어 버린다. 피케티는 국가가 하는 주요한 재분배 기능이 모두 사라진 자유시장 자본주의에서는 비민주적인 소수 지배가 탄생한다고 주장했다.

이제 문제가 되는 것은 정치권력이 아니라 경제권력인 것이다. 바로 경제적 자원을 독식하고 있는 기업과 부자들이 힘없는 사람들을 과거 권력을 가지고 있던 양반이나 관리가 민초들을 대하듯이 함부로 험하게 다루고 있는 것이다. 그리고 이 경제권력은 정치권력과 결탁하여 대다수 국민들의 행복과 이익을 억압 왜곡하여 다수 국민들의 요구가 정치과정에 반영되지 못하도록 방해하고 있다. 그 결과 대다수 국민들의 자유와 사회적 안전이 심각하게 침해되고 있다. 경제권력의 팽창과 비례해서 근로대중의 생활은 척박해지고 있는 것이다.

2023년 대한민국은 세계 10위권의 경제강국이 되었지만 많은 사람들이 고통 속에서 살고 있다. 1987 6월 항쟁을 분수령으로 권위주의 정부에서 민주주의 정부로 정치체제가 변하였는데, 그와 더불어 과거 관주도 반사회주의 경제가 기업중심의 자유시장경제가 등장하였고, 기이하게도 사회적 경제적 불평등은 오히려 악화되었다(윤홍식 외, 2019). 국세청 통계에 의하면, 최상위 계층의 소득 집중도 측면에서 우리나라가 경제협력개발기구(OECD) 회원국 가운데 소득 불평등이 가장 빠른 속도로 악화하고 있는 나라 가운데 하나로 나타났다. 통합소득' 100분위 자료를 살펴봤더니 최상위 1%가 전체 소득(과세 전 기준)에서 차지하는 비중이 2008년부터 2021년까지 10.5%에서 12.1%로 1.6%p 증가한 것으로 나타났다. 최상위 10% 비중은 같은 기간 37.3%에서 37.8%로 0.5%p 늘었다. 통합소득은 납세자의 '근로소득'과 사업 및 이자, 배당 소득 등 '종합소득'을 더한 소득이다. 가장 최근 과세자료인 2021년 통합소득 기준 납세자(중복 제외)는 2,536만명으로 최상위 1%와 10%의 평균 소득은 각각 4억7천만원, 1억4천644만원이다(류이근, 2023).

세계 금융위기(2007~2011년)를 거치면서 대부분의 선진국에서는 최상위 10%의 소득비중이 감소했다(23개국). 최상위 1% 소득비중을 기준으로 했을 때도 줄어든 나라는 20개다. 즉 비교 대상 3분의 2가 넘는 나라에서 불평등은 악화하지 않았다. 세계불평등연구소는 〈세계불평등보고서 2022〉에서 1980년대 이후 다양한 탈규제와 (신)자유화 조처들로 세계 곳곳에서 소득과 부의 불평등이 급증했다면서도 "불평등은 정치적 선택이지 결코 불가피한 것이 아니다"라고 밝혔다(류이근, 2023).

2023년 현재 한국의 생활 세계도 불평등이 만연해 있다. 대기업과 중소기업,

정규직과 비정규직, 수도권과 지방 사이의 불평등과 차별은 이미 위험 수위를 넘었다. 학별, 성별에 따른 불평등도 심각한 수준이다. 개인은 능력이 어느 정도 차이가 나는 것은 현실이고, 이런 개인의 능력 차이는 사회적 보상체제를 거치는 동안 더 벌어진다. 바로 국가를 운영하는 정치제도에 의해서 개인 능력의 차이는 확대되어 개인이 아무리 열심히 살아도 그 삶의 조건을 변화시킬 수 없는 사회적 굴레, 구조로 변하게 된다. 과거에는 신분제가 있었고 현재에는 자본주의가 바로 그것이다.

대한민국은 집단간 갈등도 위험한 수준이다. 2021년 국제 여론조사업체 입소스와 영국 킹스칼리지런던 정책연구소가 공동으로 전 세계 28개국 성인 2만3천여명을 대상으로 벌인 설문 결과에 따르면, 한국이 세계에서 가장 극심한 문화전쟁을 겪고 있는 나라로 조사됐다. 문화전쟁이란 한 국가 내에서 정치적 입장이나 사회적 계층, 소득이나 자산, 연령, 성, 종교, 인종, 지역 등이 서로 다른 집단 사이의 충돌을 가리키는 말이다. 전체 12개 갈등 항목 중 진보-보수 갈등을 포함해 전체의 절반이 넘는 7개 항목에서 한국인들이 느끼는 문화전쟁 강도가 세계 최고 수준을 기록했다. 한국은 부유층과 빈곤층 간 갈등(91%), 남성과 여성 간 갈등(80%), 젊은 세대와 기성세대 간 갈등(80%), 대졸자와 비대졸자 간 갈등(70%), 종교 간 갈등(78%)에서도 가장 높은 비율을 보였다. 1위가 아닌 나머지 5개 항목 가운데 사회 계층 간 갈등(87%, 2위), 도시와 농촌 간 갈등(58%, 3위), 대도시 엘리트와 노동자 간 갈등(78%, 3위) 3개 항목도 전체의 2~3위로 역시 최상위권이었다(류이근, 2023).

그러면 왜 불평등이 심해졌는가? 본디 자연상태는 약육강식의 원리가 지배하는 지극히 불평등한 상태이다. 평화와 질서를 담보하는 리바이어던이 없는 상태에서 균형과 평등은 무너지고 약자의 기본적 생존권도 위협받는 것이 당연하다. 자유시장경제라는 것은 일종의 자연상태로서 시장에서 국가가 손을 떼고 시장의 자율성을 중시하는 세계인데, 그러다 보면 국가가 시장 안에서 벌어지는 불평등에 대해서도 관여하지 않게 된다. 당연히 불평등은 심해진다. 우리나라에서 불평등 심화는 대기업 중심 경제, 노동시장 유연화, 인구 고령화와 가족 구조의 변화 등 복합적인 요인의 산물이다(구인회 · 손병돈 · 안상훈, 2014).

반민주적 사회는 경쟁력이 없다. 열심히 일할 필요가 없는 사람들-즉, 경제적 사회적 특권을 누리면서 놀고 먹는 사람들, 예를 들어 조상 대대로 막대한 토지와 건물을 물려받거나, 부동산투기로 불로소득을 올리는 사람들이 많은 사회는 발전할 수 없다. 바로 공정한 경쟁이 사라진 사회에서는 아무도 공정한 경쟁, 치열한 노력을 하려하지 않기 때문이다. 만일 모두가 부동산투기에만 관심을 갖고 막대한 소득을 손쉽게 올린다면, 누가 열심히 직장에서 일하고 싶어 하겠는가, 또, 누가 연구개발에 매진하여 좋은 제품을 만들고, 해외시장을 개척하고 수출할 것인가? 강의를 하다보면 의외로 이 문제를 이해를 못하는 학생들이 많은 것을 알게 된다. 열심히 일 안해도 호위호식할 수 있는 사회, 열심히 일할 필요가 없는 사회는 발전할 수 없고, 번영할 수 없다.

과거 신분제 봉건제 사회, 전근대적 권위주의 사회에서는 온갖 특권을 누리면서 살아가는 지배계급 또는 특권층이란 것이 존재하여 그들은 열심히 일하지 않아도 잘먹고 잘 살았다. 이런 사회는 인권유린 노동착취 경제적 불평등 등 허다한 문제를 안고 있으나, 그 중에서도 가장 치명적인 것은 발전이 없다는 것이다. 즉, 노예나 천민계급에 속하는 사람들은 아무리 열심히 일하고 공부해도 신분이 상승하고 잘 살수 없기 때문에 열심히 할 동기부여가 되지를 않는다는 것이다. 비록 노예나 천민 중에 천재적 과학자가 될 재능을 가진 자가 태어난다고 해도 아무 소용이 없을 것이다. 근대에 들어 신분제 봉건제 사회가 붕괴되고 민주사회로 전환되면서 인류문화와 문명은 급격히 발전하기 시작한 것은 결코 우연이 아니었다.

이 장에서는 왜 민주주의 시대가 왔는데도 대다수 사람들은 힘들게 살아가고 있는가 하는 문제를 다루어 보려고 한다. 물론 개인 간에는 능력의 차이가 어느 정도 존재한다. 그러나 그 능력의 차이가 경제적 사회적 보상으로 나타날 때는 수십 배, 수백 배 차이로 나타나는 일이 비일비재한 것이 현실이다. 사실은 대부분의 사람은 비슷한 능력을 타고나며, 비슷한 노력을 하지만, 그 결과는 매우 다르게 나타난다. 민주주의 사회라면 비슷한 능력을 가진 사람들은 비슷한 사회 경제적 보상을 받는 사회이며, 그 속에서 사람들은 차별받지 않고 공정한 대우를 받으며 인간의 존엄성을 지키고 인간다운 생활을 할 수 있어야 한다. 이런 사회야말로 합리적 사회이며 복지사회라는 것이 모든 민주주의자들의 믿음이며, 이 책도 그 믿음 위에서 서있다.

2. 민주주의의 의미

아마도 현대 정치토론 중에서 혼란스러운 그리고 가장 빈번하게 사용되고 있지만 합의점에 도달하기 힘든 그래서 가장 혼란스러운 개념이 '민주주의'일 것이다. 많은 사람들이 민주주의에 대해서 단순하고도 피상적인 이해를 하고 있는 것이 사실이다. 사실 우리 대화 중에서 민주주의라는 개념만큼 빈번하게 오용되는 개념도 없다. 사실상 지구의 모든 국가의 헌법은 그 스스로를 민주국가로 규정하고 있다. 한 예로 지구상에서 아마 가장 권위적이고, 억압적이고, 폐쇄적인 북한만 하더라도 그 국호를 '조선 인민민주주의 공화국(Democratic People's Republic of Korea)'으로 칭하고 있다.

헤겔(2008)은 역사를 정신의 발전, 자연과 대립하는 인간의 자유의 확장이라고 보았다. 과학문명의 발달에 따라, 인간이 점차로 자연의 속박에서 벗어날 수는 있었듯이, 민주주의의 발달에 따라 인간은 한 개인으로서 전제군주와 봉건영주의 속박으로부터 점점 벗어났다. 우리는 그것을 자유확장의 역사, 혹은 역사의 발전 또는 민주주의의 발전이라 부른다. 헤겔의 말을 빌릴 필요도 없이, 인류의 역사는 개인 자유의 확장의 역사였다. 즉 고대 전제군주국으로부터 시작해서 중세 봉건적 권위주의시대를 거쳐 근대민주주의로의 역사발전은 개인에게 더 많은 자유를 가져다 주었다. 인류의 역사는 개인 자유를 확대시킨 민주주의 발전의 역사였다.

민주주의는 과연 무슨 뜻일까? 민주주의는 그 다양한 의미 중에서 약 세 가지로 정의될 수 있다. 다수에 의한 통치, 다원주의, 대의정부가 그것이다. 먼저 민주주의에 대한 역사적으로 가장 고전적인 정의는 Aristotle이 2500년 전에 내린 것으로 '다수에 의한 통치'로 보는 것이다. 그에 의하면 민주주의란 '어떠한 자격요건을 충족할 것 없이 다수에게 주권이 있는 헌법형태'를 말한다(Aristotle, Book IV). 이 정의에 따르면, 만일 모든 시민이 혹은 대다수의 시민이 공직자 선출이나 정책결정에 직접적이든 간접적이든 참여하기만 하면 그 정치체제는 민주적이다. 아리스토텔레스가 살아있었던 시절 이러한 민주정치는 가능했다. 고대 그리스 도시국가는 상당히 작았고 시민권은 재산을 보유한 남성들에게만 주어졌다(노예, 여성, 외국인 등을 제외되었다).

근래에는 미국 뉴잉글랜드주 마을회의가 이 민주주의 정의를 실현하려고 시도하였다. 거기서 마을 사람들은 1년에 한두 번 한 곳에 모여 시가 쓸 예산이나 주요 정책에 대해서 투표를 하였다. 그러나 마을이 점차 커지고 정책이슈가 더욱 복잡해져 전문적 지식이 필요하게 됨에 따라, 많은 마을회의는 포기되고 대표자가 모여 회의를 하는 대의제가 생겨났다.

아직도 어떤 사람들은 바로 이 다수에 의한 직접적이고 참여적 민주주의가 민주주의의 참뜻이며 국민의 의사가 정치에 반영될 수 있는 유일한 방법이라고 주장한다. 따라서 현대에서도 다시 복원되어야 된다고 주장한다. 이 주장은 주민들이 자치를 위하여 지역사회단위에서 스스로 조직하여 지역사회에 대한 통제력을 확보하거나 정부정책의 결정단계에서 참여함으로써 실현될 수 있다고 본다.

민주주의에 대한 두 번째 정의는 Joseph Schumpeter가 내린 것으로 그는 민주주의를 '정치지도자들이 국민투표를 얻기 위하여 경쟁적인 권력투쟁을 통하여 정치적 결정을 하는 정치제도'라고 보고 있다. 즉 정치권력이 공정한 규칙에 따라 권력투쟁을 하고 정권을 담당하는 한 그것은 민주주의라고 보는 것이다. 이 정의에서는 국민주권의 원리는 사실상 무의미하게 된다.

민주주의에 대한 세 번째 정의는 다원주의자들의 것으로 Robert Dahl(1956)은 민주주의를 다양한 이해관계를 가진 집단이 서로 경쟁과 협상을 통해 어떤 정치적 결정에 이르는 정치체제로 규정하고 있다. 정치권력은 골고루 여러 집단에 나누어져 있어 어느 한 집단도 독단적으로 정책을 결정할 수 없다. 다원주의자들은 사상의 자유, 토의와 합의의 원칙, 갈등의 평화적 해결 그리고 헌법과 민주정의에 대한 충성심만 있다면 다원주의적 정치질서는 안정의 구조적 원천이며 민주주의의 핵심적 요소가 된다.

중요한 것은 민주주의에 대한 위 세 가지 정의 중 그 어느 것도 온전히 실현하기 어려운 게 현실이다. 바로 부와 권력을 독점하고 있는 소수의 특권계층 지배자들이 그들의 자원과 권력을 이용하여 민주주의가 정상적으로 작동하는 것을 막고 그들의 권력을 놓지 않으려 하기 때문이다. 즉, 민주주의는 정상적으로 작동한다면 참 좋은 정치체제이나 현실에서는 매우 실현하기 어려운 정치체제다. 현대에서 민주주의는 여러 가지 문제점으로 인하여 그 실현에 어려움을 겪고 있다. 많은 학자들은 대의민주주의의 문제점을 지적하고 있듯이, 자유민주주의 국가들은 중대하고 심각한 정치사회문제에 직면해 있다. 대중의 직접적 정치참여는 많은 나라에서 대중주의 또는 인기영합주의라는 문제를 낳았고 그로 인하여 사회혼란과 경제파탄이 야기되었다. 어떤 정치이론가들은(고병권, 68) 우리가 민주주의라 믿는 국민주권의 의미는 국민이라는 이름의 절대 권력이 한없이 나약한 개별 인민을 통제하는 체제에 불과하다고 말한다. 모두(everybody)가 주권자라는 의미에서 결국은 아무도 개별적으로는 주권자가 아닌(nobody) 체제이며 이는 사실 '유령의 정치'라는 것이다. 민주주의 체제하에서 인민은 마치 왕이 두 신체(주권적 신체와 자연적 신체)를 가진 것처럼 두 신체를 가졌다. 주권자로서 인민은 참으로 신성하고 전능하지만 개별적으로 참으로 무기력하고 무능하다. 전능함과 무력함이 함께 모인 곳, 그곳이 스스로를 민주주의라 자부하는 국민주권 체제라는 유령과 같은 괴물이라는 것이다.

2.1 정치의 목표로서 민주주의

오늘날 민주국가에서 민주주의는 정치의 목표이자 궁극적 가치이다. 우리가 아는 그 복잡하고 골치 아픈 정치의 목표가 민주주의라니, 이것이 무슨 말인가? 이것을 이해하기 위해서는 먼저 정치가 무엇인가에 대해서 알아보자. 최근 정치에 대해 가장 널리 쓰이고 있는 학문적인 정의는 데이비드 이스턴(David Easton, 1981)이 내린 '가치의 권위적 배분(authoritative allocation of values)'이다. 그리고 '국가의 운영 또는 이 운영에 영향을 미치는 활동'이라는 막스 베버의 일반적 정의처럼－정치는 '배분', '국가 혹은 정부의 활동', '권력 관계'라는 세 가지 측면에서 정의되고 있다. 하지만 사회복지의 시각에서 보면 정치의 핵심은 '배분'이다. 이와 관련하여, 해롤드 라스웰(Harold Lasswell,

1936)은 정치를 '누가 무엇을, 언제, 어떻게 갖느냐(Who gets what, when and how)'와 관계되는 것으로 보았다. 라스웰 또한 정치를 '배분'의 측면에서 정의하고 있음을 알 수 있다. 아마 여기다 'how much, 즉 얼마만큼?'을 추가한다면 더 정확한 정치의 정의라고 할 수 있을 것이다.

라스웰의 말처럼 정치는 '누가 무엇을 갖는가?'와 같은 매우 중요한 문제와 관련이 있는 것이다. 현실적으로 우리가 살아가면서 무엇을 얼마만큼 가질 것인가 하는 것보다 중요한 문제는 별로 없다. 정치는 바로 이 문제와 직접적 관련이 있는 것이다. 정치의 가장 중요한 기능은 사회적 자원–즉 돈이나 명예–을 누가 얼마만큼 가질 것인가를 배분하는 것이다. 정치가 잘 되면 배분이 잘 되는 것이다. 정치가 잘 되면, 배분이 잘 되는 것이니, 이는 동시에 민주주의가 잘 작동되고 발전되는 것이다. 민주주의가 발전된다는 것은 보다 많은 사람들이 인권을 보장받고 평등이라는 가치를 통하여 모든 사람이 인간의 존엄성을 지키고 최소한의 인간다운 생활을 보장받는다는 말이다. 즉 보다 많은 사람들이 인간본성을 실현하고 인간정신을 고양하는 것이 정치의 목적이요, 민주주의의 목적이요, 사회복지의 목적이다. 요약하면, 사회복지는 정치와, 민주주의와 직접적으로 연결되어 있다.

그런데 자유와 평등이 서로 상충하는 관계에 있는 것처럼, 시장경제와 정치는 서로 상충하는 모순관계가 있다. 여기서 시장경제는 자본주의로 치환될 수 있을 것이다. 즉 시장경제–즉, 대기업과 대지주등 자산가들을 중심으로 하는 경제적 강자들과 권력자들-의 지배가 강할수록 정치는 약해지고, 정치가 약해지면 사회복지가 축소된다. 역으로 정치의 힘이 강할수록 시장은 약해지고 사회복지는 팽창한다. 즉 정치, 민주주의, 시장 그리고 사회복지가 서로 연결되어 있는 것이다. 아래 〈표 2-1〉은 이들 개념들 간의 상관관계를 나타낸 것이다.

〈표 2–1〉 정치와 경제의 상관관계

정치–민주주의–사회복지 vs 시장경제(자본주의)

그러면 정치가 강하다 혹은 정치가 잘 발달되어있다는 말은 무엇인가? 그것은 민주주의가 높은 수준으로 발달했다는 의미이다. 정치는 기본적으로 인간관계에 기초를 둔 영역으로 '나누는 힘'을 뜻한다고 볼 수 있다. 이스턴의 정의에서도 정치를 사회적 가치의 '권위적 배분'으로 정의한 적이 있다. 바로 이 점에서 정치는 '사회복지가 소득재분배를 통한 사회통합을 목적으로 한다'는 명제와 일맥상통한다.

그러면 한 사회의 정치가 강한지 약한지 어떻게 알 수 있는가? 정치의 순기능적 측면에서 보면, 가령 정치가 활성화되어 모든 국민이 정치에 높은 관심을 가지고, 많은 정보를 접하고 있으며, 활발하게 정치과정에 참여한다면 그때의 정치는 다수의 국민을 위해 작동될 개연성이 높다. 즉, 다수의 힘없고 돈없는 사람들의 편에 서서 봉사하는 정치는 사회적 강자를 제압하고 사회복지정책을 확대해 나아가는 경향이 높은 것이다. 다른 말로, 높은 수준의 민주주의와 사회복지는 밀접한 상관관계가 있는 것이다.

그러나, 정치가 강하다고 해서 무조건 사회복지가 발달하는 것은 아니다. 그 방향이 문제다. 만일 정치가 소수의 강자나 기득권의 이익을 위한 방향으로 흐른다면, 그리고 그 정치권력이 매우 억압적이고 포악한 사람들 손에 있다면, 다수의 가난하고 힘없는 대중이 잘 살기는 힘들 것이다.

2.2 민주주의의 측정

그러면 민주주의의 수준은 어떻게 측정하는가? 한 사회가 어느 정도 수준의 민주주의를 보유하고 있는가는 다양한 방법으로 측정될 수 있지만, 민주주의가 잘 발달되어 있다는 말은 국민의 의사와 이익이 정치체제에 잘 반영된다는 말이다.

그리고 우리나라처럼 대통령에게 권력이 집중되어 있는 대통령중심제에서도, 그 선출방식에 따라 국민의 권리를 보호하는 정도와 선호를 전달하는 정도가 차이가 있다. 즉 대통령을 비롯한 리더십의 선출이 민주적으로 이루어져 그가 국가정책을 결정할 때 모든 사회집단의 이익을 골고루 반영한다면 우리는 그 사회가 높은 수준의 민주주의를 보유하고 있다고 말할 수 있다. 만일, 유신시대와 같이, 대통령을 선출할 때 간접선거 방식으로 먼저 대의원을 선출하여 그 대의원이 대통령을 선출하는 방식은 분명히 대표성에서 차이가 있다. 즉 국민이 대통령을 직접 선출하여 국민의 요구가 직접 대통령에게 전달되는 경우가 있고, 그렇지 않고 대의원을 통해 한 단계를 거쳐 전달되는 경우는 분명 국민의 권리와 선호가 전달되는 정도가 다른 것이다. 즉, 만일 대통령이 국민의 투표에 의하여 선출되지 않고, 그렇더라도(예를 들어 북한처럼) 대통령 후보간에 실질적인 경합이 없이 형식적인 절차를 거쳐 선출된다면 진정한 민주주의라고 할 수 없으며 매우 낮은 단계의 민주주의라고 할 수 있다.

또 국민의 대표로서 의회를 구성할 때, 그 선거방식에 따라서 국민이 대표되는 정도는 달라질 수 있다. 의회를 구성할 때 쓰는 선거방식에는 여러 가지가 있는데, 크게 보아 소선거구제와 중대선거구제, 그리고 비례대표제로 나누어 볼 수 있다. 알려진 바와 같이 소선거구제는 필연적으로 양당체제로 귀착되는데 이는 소수파에게 절대 불리하다.

소선거구제는 기본적으로 소수당에 불리한 선거제도로 사표(死票)가 많이 발생하고, 다수당의 경우 지지율에 비해 현저히 많은 의석을 차지할 수 있으며, 단순 다수대표제를 취하는 경우 과반에 훨씬 못 미치는 적은 득표율로도 당선될 수 있다는 단점이 있다. 즉, 한 명을 제외하고 모두 낙선되므로 49.9%를 기록한 후보라도 50.1%를 기록한 후보에게는 떨어질 수밖에 없다. 혹은 소수에게만 지지를 얻고 나머지 다수는 매우 싫어하는 후보라도 후보가 난립하면 다른 후보를 떨어트리고 혼자 당선될 가능성이 생긴다. 때문에 사표가 많아지고 자칫 잘못하면 다수의 유권자들이 정치적 무관심으로 쉽게 빠질 수 있다. 그 예로, 19대 총선의 지역구 선거에서 부산·울산·경남의 새누리당 독점현상도 소선거구제의 맹점의 예이다. 민주통합당, 통합진보당, 진보신당의 득표수 자체는 새누리당의 득표수보다 단 10% 정도 적었지만, 최소 1%, 많으면 10% 차이로 낙선되는 민주통합당, 통합진보당, 진보신당 후보가 많이 나왔기 때문에, 겨우 3석을 건졌다. 양당제는 거의 모든 경우에 있어서 지역적으로 이념적으로 국가를 양분하고 있는데, 이 경우 다수 국민의 목소리가 정치체제에 반영이 안 되고 대의민주주의가 제대로 작동하기 힘들다는 것을 우리는 경험을 통해 알고 있다.

중대선거구제는 소선거구제보다는 훨씬 소수의 의견을 반영하고 사표를 방지할 수 있으나 그 역시 한계가 있다.

반면에 유럽의 대부분의 국가에서 채택하고 있는 비례대표제는 소수의 목소리도 정치체계 내로 반영할 수 있다. 독일의 정당명부식 비례대표제가 그 좋은 예인데 소수정당도 다수정당과 연합하여 연정에 참여할 수 있기 때문이다.

따라서 역대 정부별로 민주주의를 측정하면 당연히 박정희 전두환 정부는 군부반란으로 정권을 획득한 정부로서 낮은 수준의 민주주의정부라고 보며, 그 후 6월 항쟁을 거치며 성립된 노태우 김영삼 정부는 중간단계의 민주정부, 그리고 역사적 평화적 정권교체를 통하여 성립된 김대중 이후의 정부는 높은 단계의 민주정부라고 규정한다. 산업화가 진행될수록, 민주주의가 점차로 발전되어 왔다고 말 할 수 있다. 그러나 김대중 정부 이후 들어선 정부라도 모두 높은 수준의 민주주의를 유지했던 것은 아니다. 보수정권이 들어오면서 언론과 정부기관을 장악한 집권세력은 국민의 자유로운 의사 표현을 억압하고 여론형성을 방해했다. 그들은 국정원, 경찰, 검찰, 국세청 등 모든 권력기관을 장악하고 정부가 대주주로 있는 방송사 지배구조를 이용하여 언론사를 통제하려고 했다. 민주정부가 들어서고 국정원장, 경찰청장 등 권력기관의 장들이 사법처리된 것이 그 근거이다.

3. 민주주의는 어디서 왔는가?

오늘날, 대부분의 선진자본주의 국가가 채택하고 있는 정치체제의 형태는 부르주아 민주주의이며 우리나라 또한 크게 다르지 않다. 부르주아 민주주의는 원래 천부인권사상 인간존엄 사상을 기초로 기본권 확립과 근대 민주주의 정착에 큰 공헌을 하였지만 자유방임주의 시대에 벌어진 자본가의 탐욕으로 커다란 위기를 맞았다. 그러면 무엇이 부르주아 민주주의인가? 먼저 부르주아의 의미부터 살펴보자.

3.1 부르주아의 출현

'부르주아' 혹은 '부루주아' 또는 '부루주아지'는 프랑스어로 '성(城)'을 뜻하는

bourg에서 유래한다. 부르주아, 즉 원거리 상인으로 불리던 이들은 폐쇄적인 장원제 안에서 도로세, 통과세 등으로 인해 착취를 당해 왔고 결국 그런 상인들이 뭉쳐 도시라는 지역을 만들었는데 그곳에서부터 부르주아가 시작되었다. 주로 상업 무역 소상공업을 하던 그들에게 아메리카 대륙의 발견과 아프리카 회항로(回航路)의 발견은 부르주아라는 사회계급이 본격적으로 형성되는 계기가 되었다. 그들은 곧 사업확장에 필요한 무역회사, 은행, 보험회사, 대학을 설립하기 시작했는데 그에 종사하는 사람들이 바로 부르주아들이다. 동인도와 중국 시장, 아메리카의 식민지화, 식민지와의 교역, 교환 수단과 상품량의 증가는 상업, 항해, 공업에 전례 없는 발전을 이루어 놓았고 이에 따라 농업에 기반을 두고 영주와 농노 사이에 종속적 신분관계에 기초한 봉건사회는 급격히 붕괴되었다. 중세의 농노로부터 초기 도시의 자유민이 생겨났고, 이 시민층으로부터 부르주아들이 나타나기 시작했다. 그 이후 부르주아는 장원제 하에서 왕권과 영주의 권력이 팽팽히 맞서는 중세시대에 왕권과 결탁하게 된다. 이로써 왕은 부르주아에게 재정적 지원을 받게 되었고 이로써 상비군과 관료가 출현하고 그에 따른 절대왕정이 시작된 것이다. 절대왕정시대에 왕은 부르주아에게 재정적 지원의 보답으로 그들에게 폭넓은 상권을 허락했다. 그 이후 부르주아는 활발한 상업활동으로 부를 축적해 거대한 자본가가 되었다(위키피디아, '부르주아').

부르주아는 근대 자본주의가 발전하면서 등장했고 프랑스 혁명 역사에서는 영세한 상인이나 일용직 노동자인 민중과 기득권층(로마 가톨릭 교회 성직자, 왕족, 귀족) 사이의 제3계층을 뜻하였다. 민중과 달리 재산과 학식이 있었지만 지배세력이 되지 못했다. 그러나 점차 세력을 확장한 부르주아는 연이은 시민혁명 성공으로 국왕과 귀족 등 기득권층을 몰락시켰고, 그 이후에는 자본가라는 이름으로 산업혁명 시대를 지배하는 계급이 되었고 현대에 들어와 그들은 세계화 시대를 열고 글로벌 기업을 운영하고 있다.

그런데, 부르주아 계급의 탄생은 한편에서는 인간자유를 확대하고 숭고한 박애 정신을 높이는 혁명적이고 진보적 역할을 했지만, 다른 한편에서는 특히 전통적 관습과 미덕을 중시하는 보수주의적 시각에서는 매우 파괴적인 역할을 해냈다. 부르주아는 자신들이 지배권을 획득한 곳에서는 어디서나 모든 봉건적,

가부장적, 목가적(牧歌的) 관계를 파괴했다. 부르주아지는 사람이 태어날 때부터 얽매여 있던 온갖 봉건적 속박을 가차없이 해체하기 시작했다. 그리하여 사람들 사이의 관계는 종교적 광신, 기사적(騎士的) 열광, 속물적 감상 등이 사라지고 노골적인 이해관계와 냉혹한 계산적 계약관계로 변화시켰다. 한마디로 부르주아는 경제적 목적에 기반한 상거래의 자유를 위하여 종교·정치적 환상에 의해 가려져 있던 전통적 인간관계를 공공연하고 파렴치하며 직접적이고도 기계적 법률적 바꾸어 놓았다. 부르주아지는 지금까지 영예로운 것으로 생각되어 왔고 사람들이 경건한 마음으로 보아 오던 모든 직업에서 그것들이 갖고 있던 후광을 빼앗았다. 그들은 의사, 법률가, 성직자, 시인, 학자들을 자신이 고용하는 임금 노동자로 만들어 버렸다. 부르주아지는 가족 관계에서 사람의 심금을 울리는 감상의 껍데기를 벗겨 순전히 금전 관계로 바꿔 버렸다(Deutsch, 1961).

부르주아의 출현은 궁극적으로 자유시민의 탄생을 의미한다. 전통적 신분관계에 구속된 개인이 신분적 속박을 벗어나 자유로운 계약적 질서로 이전하는 것을 말한다. 이러한 이전의 지표는 두 가지이다(송호근, 2011). 하나는 과거의 신분적 질서를 깨고 계약적 질서가 나타났는가 하는 문제이고, 다른 하나는 계약적 질서로 진입한 인민이 혈연, 지연, 학연이라는 전통적 연대의 경계를 넘어 공적 이익을 추구하는 어떤 결사체를 결성하고 있는가 하는 문제다. 서양 고전 사회학자들은 이 봉건제적 신분질서로부터 계약관계로의 이행에 초점을 두고 이를 기계적 연대에서 유기적 연대로, 게마인샤프트에서 게젤샤프트로의 전환을 강조하고 있다.

원자화된 개인이 상호 간 맺고 있는 계약적 관계는 공적이익 혹은 집단적 이익을 추구하는 자발적 결사체를 결성하게 된다. 자발적 결사체의 존재 유무는 근대성의 징표이자 자유민주주의의 출발이었다. 토크빌(2013)은 결사체의 출현을 시민성의 준거로 삼고 있으며, 헤겔 역시 직능 단체를 대표하는 조합들이 의회 등 대표기구에 진출해서 시민의 이익을 옹호하는 것이 정치적 자유를 지켰다고 지적한다. 헤겔은 시민의 자발적 조직은 절대 왕정에서 근대적 정치체제인 대의민주주의로 이행하는 과정에서 필수적 역할을 한다고 보았다. 그는 봉건사회에서는 길드가 공동 이익을 추구했다면, 근대로 오면서 직업집단의 출현은 시민사회가 이타적 도덕적 성향을 유지 존속할 수 있는 중요한 요소였다고 보았다(이상형, 2021).

숙명적으로, 부르주아의 출현은 그 내부에 영구혁명을 배태하고 있었다. 칼 도이치(Deutsch, 1961)에 따르면 구시대의 사회적 경제적 및 심리적 구속력이 손상되어 새로운 사회경제적 정치적 양식에 적응하게 될 때 사회적 유동성이 증가한다. 이는 두 단계에 걸쳐 일어나는데 첫 단계는 사람들을 토지로부터 몰아내고, 구관습과 멀어지게 하고, 새로운 가치관과 생활양식을 받아들이게 된다. 두 번째 단계는 정치참여의 확대이다. 사무엘 헌팅턴(Huntington, 1968)은 사회적 유동성을 경험한 사람들은 점차 집단으로서의 자신들을 인식하고 사회적 관계에 있어서 보다 높은 각성과 일관성을 가지려고 노력하고 그것을 유지하고 확대하기 위해서 조직을 만든다. 그리고 이것은 사람들의 희망과 기대를 부풀리고 그것의 실현을 위하여 사람들을 정치로 몰아넣는다. 헌팅턴은 또 사회적 유동성의 확대는 재래식 분배에 대한 관심을 불러일으키고, 전통적 경제적 불평등에 대해서 불만을 갖게 한다. 부르주아의 탄생과 그들이 중심이 되는 정치체제의 출현은-즉 부르주아 민주주의의 출현은 과거 봉건체제에서 특권을 누리는 귀족들에 대항하여 새로운 도전 세력이 등장했음을 의미하였다. 이같이 등장한 부르주아들은 급기야 봉건주의를 무너뜨리고 자본주의를 출범시키기에 이르렀다.

부르주아 계급의 출현은 절대왕정과 귀족계급에 대항해서 등장한 시민계급의 자유와 권리재산을 확보하는데 기여하였으며 그에 따르는 새로운 사회정치 경제 사상을 창조하였다. 그것이 자유주의, 자본주의 혹은 시장경제의 원리라는 것이다.

그런데 이 자본주의 원리 혹은 시장경제 원리에 기반한 부르주아 민주주의 체제는 여러 가지 문제점 혹은 모순을 가지고 있었다. 자본주의는 그것이 본격적으로 발달하기 이전부터 크고 작은 문제점을 안고 있었다. 인클로저(Enclosure) 운동은 15세기 말부터 영국에서 발생한 목축업의 자본주의화를 위한 경작지 몰수운동으로, 당시 대토지를 소유하고 있던 봉건영주나 귀족, 거상, 부유한 부르주아 등이 판매용 곡물 혹은 양을 키우기 위해 농지에 울타리를 세우고, 그 안에서 농사를 지었던 농민들을 추방하였다. 추방된 사람들은 유랑을 하며 이곳저곳 몰려다니다가 공장들이 많이 세워진 도시로 내몰리게 되고 그곳에서 하층 노동자가 되거나 빈민이 되었다. 원래 들이나 숲에 있는 땅들은 모두가 이용할 수 있는 일종의 공유지였는데 가난한 사람들은 이 공유지에서 사냥을 하거나 농사를 지으며 살아왔다. 이러한 광경을 보고 토마스 모어는 그의 저서 〈유토피아〉에서 "예전에는 사람이 양을 잡아먹었지만, 이제는 양이 사람을 잡아먹는다"라고 말했다. 자본주의의 싹이 트고 있던 것이다.

〈그림 2-1〉 토마스 모어 초상화

그러나 인클로저가 진행되면서 사유지와 공유지에서 살던 농민들은 경작권이 침해되고, 더 이상 예전처럼 임목이나 야생식물을 채취하며 생계를 이어 갈 수 없었다. 이에 공유지에 의존하던 농민들은 대규모 반대운동을 펼치는데, 대표적으로 땅의 울타리 등을 부수며 일어났던 1549년 케트의 난(Kett's Rebellion), 1607년 중북부에서 일어난 농민반란, 1607년 뉴턴의 난(Newton Rebellion) 등이 있었다. 이처럼, 자본주의의 출발은 처음부터 강력한 도전에 직면했다.

4. 산업혁명과 자본주의의 출현

산업혁명은 18세기 중반에서부터 19세기 초반까지, 약 1760년에서 1820년 사이에 영국에서 시작된 기술의 혁신과 새로운 제조 공정으로의 전환, 이로 인해 일어난 사회, 경제 등의 큰 변화를 일컫는다. 산업혁명은 후에 전 세계로 확산되어 세계를 크게 바꾸어 놓게 된다. 산업혁명이란 용어는 영국의 역사가 아널드 토인비(1852~83)가 1760~1840년의 영국경제발전을 개념 정의하였다(Britanica Encyclopidia, 'Industrial Revolution').

18세기에 들어서 영국 내외에서는 면직물의 수요가 급증하자 제임스 와트가 증기 기관을 개량해 대량 생산이 시작되었는데, 이를 산업 혁명의 출발점으로 본다. 그 후 면직물 공업이 산업 혁명을 주도하게 된다. 산업 혁명은 경제 구조의 혁명적 변화를 가져왔다. 그 동안 소규모의 상업과 무역으로 자본과 기술을 축적한 부르주아들이 이제는 기업을 설립하고 대량생산을 하기 시작한 것이다. 그리고 그들의 이익확대를 위해 생산과 상업활동을 규제하고 있던 모든 사회적 정치적 간섭과 억압에서 해방을 추구하였다. 이는 곧 자유주의적인 경제체제, 시장경제체제 혹은 자본주의가 시작을 알리는 것이었다.

산업혁명은 경제혁명이면서 동시에 사회혁명으로서 특히 산업 부르주아지와 임금노동자의 두 계급을 만들어냈으며, 이는 전통적인 지배계급이었던 지주계급(젠트리)을 포함하여 3개의 사회 계급을 만들어냈다. 더욱이 상류 지주계급이었던 귀족과 중산계급인 부르주아지는 모두 유산 지배계급이 되어 과거의 적대적 관계를 해소하고 서서히 협조적 관계를 형성해 나갔다. 또한 산업혁명은 17세기까지 총인구의 대부분을 차지하고 있던 농민인구의 비율을 감소시켜 도시 주민의 비율을 늘어나게 했다.

산업혁명의 결과, 근대적인 두 계급의 형성과 도시화라는 현상은 보통 사람들 삶에 커다란 변화를 가져왔다. 특히 공장 노동의 경우 저임금과 오랜 노동시간은 큰 문제가 되었는데, 12시간 노동을 규정한 1833년의 공장법이 이를 잘 설명해준다. 또한 초기의 공장법은 여성과 유약자의 노동을 특히 보호의 대상으로 했다.

자본주의는 산업혁명을 거치면서 본격적으로 발달하기 시작하였다. 영국에서는 다른 국가보다 일찍 혁명(17세기 명예혁명)을 거치고, 봉건제가 해체되어 정치적인 성숙과 안정이 이루어지면서 이전보다 자유로운 농민층이 나타났다. 그런데 이들을 주축으로 하여 농촌에서는 모직물 공업이 많이 발달하게 되고, 이를 중심으로 하여 근대적인 산업이 발전했다. 또한 영국에서는 풍부한 지하자원(기계와 동력에 필요한 석탄, 철), 인클로저 운동의 결과로 풍부한 노동력을 보유하고 있었으며, 무역과 식민지 지배 등을 통해 자본도 많이 확보하고 있는 상태였다(위키피디아, '산업혁명').

산업혁명과 이에 따른 공업화는 농촌 인구의 거의 대부분은 도시로 이동하게 되었으며, 이로 인해 도시 인구의 폭발적인 증가세를 보였다. 중요한 것은 이때부터 노동자에 대한 착취와 인권 유린도 중요한 사회적 이슈로 대두되기 시작했다. 공장주들은 노동자들에게 장시간 노동을 강요했고, 식사와 휴식도 극히 제한 받았다. 또한 어린이 노동이라는 비상식적인 일이 벌어지기도 했다. 당시 자본가들은 고아원에서 어린 아이들을 감언이설로 유혹해서 데려와서 일을 시켜 아동노동이 일상화되었다. 우리가 중·고등학교 사회시간에 배운 찰스 디킨스의 소설(1837) 〈올리버 트위스트〉는 산업혁명기 어지러운 사회상을 잘 보여주고 있다.

당시 노동자들은 그들의 권리를 주장하기 위한 전략을 세웠는데 한편에서는 보편선거권 획득을 위한 차티스트운동을 시작했고, 다른 한편에서는 자본주의에 반대하는 사회주의 운동에 참여했다. 이 두 가지 방향의 발전은 민주주의라는 정치체제 확산에 기여했다(이에 대해서는 제3장에서 상술한다).

5. 자본주의의 사상과 원칙들

민주주의는 역사적 발전과정에서 부르주아 권리 확대와 경제적 이익추구를 동력으로 발전했으며, 이는 자유주의 사상을 그 철학적 기반으로 출발했다. 사실 '민주주의란 자본주의가 몰고 온 거대한 광풍이 없었다면 혼자 힘으로 설수조차 없었던 어린아이와 같은 것이었다'(홉스봄, 2006). 자유주의(Liberalism)는 절대군주의 속박과 억압으로부터 해방과 자유를 최상의 정치·사회적 가치로 삼는 역사적 전통이며, 사회철학적 관점이자 이데올로기이다. 여기서 중요한 것은 누구의 해방과 자유라는 것이다. 자유주의의 대표적 이데올로기들―천부인권설, 법치주의, 제한정부론, 시장경제론 등은 모두 절대군주의 권력남용으로부터 부르주아의 권리를 보장하고 그들의 이익을 확대하는 목적에서 출발했다. 오늘날 자유주의자는 자유롭고 공정한 선거, 법에 의한 모든 시민들의 동등한 권리와 기회가 보장되는 자유민주주의를 지지한다.

천부인권설은 인간은 태어나면서부터 자유롭고 평등한 인격과 스스로의 행복을 추구하는 권리를 하늘로부터 부여받았다는 학설이다. 이는 18세기 유럽에서 시민계급의 대두를 배경으로 발전하였는데 근대의 계몽적 자연법사상에서 제창된 일종의 자연권 이론이다. 천부인권은 전국가적·전법률적 불가침의 것으로 간주되므로 국가의 역할은 이와 같은 천부인권을 소극적으로 보장하는 데 한하며, 따라서 국가권력이라 할지라도 이와 같은 권리를 침해할 수 없다고 함으로써 전제군주의 자의적인 권력행사로부터 부르주아지의 생명과 자유를 보장하려 했다.

법치주의(rule of law, nomocracy)는 사람이나 폭력이 아닌 법이 지배하는 국가원리, 헌법원리이다. 공포되고 명확하게 규정된 법에 의해 국가권력을 제한·통제함으로써 자의적인 지배를 배격하는 것을 핵심으로 한다.

이러한 법치주의의 원칙에 따라 국왕의 권력을 제한하는 법률로서는 1215년의 마그나카르타(Magna Charta Libertatum)를 비롯하여, 1628년의 권리청원(Petition of Rights), 1689년의 권리장전(Bill of Rights) 등이 있으며, 그러한 법률들은 모두 국왕의 절대권력을 제한함으로써 시민의 자유를 보장하기 위한 것이었다. 법치주의 역시 주로 절대군주의 권력남용으로부터 개인의 생명과 재산을 지키려는 목적, 더 정확하게 말하면 가진 것이 많지만 권력은 없던 부르주아의 이익을 보호하려는 데 그 근본 목적이 있다. 제한정부론이나 권력분립론 역시 국왕이 자본가를 중심으로 운영하는 시민사회에 개입하여 자유로운 시장질서를 해치는 것을 막고 자본가의 이익을 보호하려는 데 그 목적이 있었다.

자유주의는 과거의 정부이론에서 핵심이었던 왕권신수설, 세습적 지위, 국교화된 종교 등의 가정을 부정하는 데서 시작한다. 기본적 인권을 주창하며 이는 사람의 생명과 자유, 재산에 대한 권리를 포함한다. 자유롭고 평등한 개인들을 기초로 개인의 기본적 인권을 지키려고 사회와 각종 제도들이 필요하다고 말한다.

자유주의를 형성하고 있는 요소는 크게 형식적·소극적 자유(법률적·정치적·사상적 자유)와 실질적·적극적 자유로 나뉜다. 전자는 후자를 실현하기 위한 방법이고, 후자의 가장 중요한 요소는 경제적 자유이다.

경제적 자유는 직업의 선택, 재산의 사유, 사적 이윤추구, 계약의 자유 등을 내용으로 한다. 이러한 자유를 인정하고 그 기능을 충분히 발휘하게 함으로써 조화와 정의의 원칙에 맞는 경제 질서가 실현된다는 생각에서 절대주의 경제체제를 비판한 것이 바로 경제적 자유주의이다. 경제적 자유주의를 사상적인 기반으로 한 경제학 체계를 수립한 사람은 애덤 스미스이다. 스미스는 인간은 본래 이기적인 동기로 자기의 처지를 개선하려고 하기 때문에 각자의 경제활동을 자유롭게 방임한다면, 그들은 최대의 부를 생산할 것이며, 또 각자의 경제활동은 결코 사회를 혼란하게 하지도 않고 '보이지 않는 손(invisible hand)'에 이끌려서 경제사회는 조화 있는 발전을 이룩할 것이라고 주장하였다.

개인이 스스로의 의사만으로 경제활동을 할 수 있는 경제적 자유가 보장된다면 경제사회는 자연적으로 조화로운 발전을 할 수가 있다는 사고방식, 경제적 자유에는 직업선택의 자유, 사유재산의 자유, 영업의 자유(개인적인 이윤추구·거래의 자유) 등이 포함된다.

군주가 권력을 독점하고 있던 절대주의체제에서는 경제적 자유가 전제가 되는 법적인 자유가 제한되었으며 또한 국왕의 특허에 따른 영업의 독점 등 경제적 자유 그 자체를 저해하였다. 이러한 저해요인이 시민혁명에 의하여 제거됨으로써 자유경쟁원리를 기반으로 하는 자본주의경제가 성립될 수 있었다. 이렇듯 경제적 자유를 보장 받은 개개인이 통일적인 국민경제를 배경으로 자신의 이익을 유일한 목적으로 경제활동을 하는 것이 결과적으로는 사회의 부를 증대시키고 또한 '보이지 않는 손'에 유도되어 경제사회의 조화 있는 발전도 가능하게 한다는 점을 이론적으로 밝히려 한 것이 스미스의 경제학이다. 따라서 본래 경제적 자유주의란 국가가 개개 경제주체의 경제활동에 간섭하지 않는 것을 근본 원리로 삼는 사고방식이었다.

이러한 사상 아래, 자본주의의 몇 가지의 작동원리들을 갖고 있다. 사유재산의 원리, 계약자유의 원리, 그리고 자유경쟁의 원리가 바로 그것이다. 그런데 불행하게도, 이 세 가지 원리들은 모두 내부적 모순을 갖고 있었다.

5.1 사유재산의 원리

인류가 처음 지구상에 출현하여 집단으로 생활하기 시작하였을 때, 즉 원시공산사회에서는 사유재산이 존재하지 않았다. 모든 것은 공동소유였고 공동생산 공동소비하는 공동체가 이루어 살았을 것이다. 심지어 배우자도 공동으로 소유하여 가족도 없었다. 문명이 발달하여 고대노예사회에서나 중세에서도 명확한 사유재산의 개념이 존재하였는지는 분명하지 않다.

사유재산제도가 신성불가침한 천부적 권리로 인정받기 시작한 때는 아마 로크가 사회계약론을 쓰고 있었다. 그는 국가가 존재하는 목적은 사유재산의 보호라고 주장했다. 물론 당시 왕의 절대권력에 대항해서 시민의 자유를 찾으려는 것은 위대한 일이었지만 세월이 흐름에 따라 그것은 부자들의 이기적 목적을 위해서 이용되었다.

로크(2017)는 그의 〈통치론-통치에 대한 두 가지 논고〉에서 인간이 공동체를 결성하고 스스로를 정부의 지배하에 두고자 하는 가장 큰 목적은 그들의 재산을 보존하기 위함이다라고 주장한다. 로크는 화폐를 통해 무한한 소유가 가능하다고 주장했다. 불행히도 사유재산은 배타적인 보호 장치로서 국가, 특히 국가의 무력이 없다면 존속할 수 없는 성질의 것이었다.

1755년 루소는 〈인간불평등기원론〉에서 인간 불평등의 기원은 사유 재산의 '소유'라 지적했다. 루소는 부유한 자가 가난한 자를 대상으로 유혹해 거짓 계약을 맺었기 때문에, 진정한 사회 계약을 맺어야 함을 피력하며, 〈사회계약론〉을 저작하고, 이상적 시민을 교육하는 방법을 제시한 〈에밀〉을 저작하였다. 루소에게 있어 사유재산은 인류사회의 암적 존재이다. 루소에게 법은 약자에게 새로운 구속을 부여하고 부유한 자에게는 새로운 힘을 줌으로써 자연의 질서를 파괴해

버리는가 하면, 사유재산과 불평등의 법률을 영구히 고정시키고 교묘한 약탈을 당연한 권리로 확립시켜 소수의 욕심쟁이들의 이익을 위해 온 인류를 영원한 노동과 예속 그리고 빈곤 속으로 몰아넣었다(루소, 2011; 위키피디아 '루소'). 루소에 의하면, 현대에 들어와 사유재산제도는 모든 재산 특히 토지 기타 천연자원·공장 등의 생산시설을 사인(私人)의 소유로 하여 국법으로 이를 보호하고, 원칙적으로 소유자의 자유로운 관리·처분에 맡기는 제도를 뜻한다.

〈그림 2-2〉 루소

루소에게 사유제산제는 모든 범죄, 전쟁, 살인, 공포, 그리고 불운을 인류에게 가져다 주는 핵심 원인이 되었다. 로크가 주장했던 사유재산제, 그리고 무한한 사적 소유를 가능하도록 만든 화폐의 논리에 따르면 모든 대지와 그 결실들은 몇몇 사람들이 독점할 수밖에 없다. 당연히 나머지 사람들에게는 노동을 가할 수 있는 대지조차 전혀 남지 않게 될 것이다. 이로부터 토지 소유자와 토지 경작자라는 구분, 혹은 고정된 계급이 출현하게 된다. 토지 경작자는 자신의 수확물을 당연히 토지 소유자에게 바쳐야만 한다. 토지 소유자가 토지를 빌려 주지 않았다면 어떠한 결실도 얻는 것이 불가능하기 때문이다(루소, 2011).

루소는 사유재산제가 인간에게 원초적인 갈등과 상호불신의 비극을 가져다 준 제도라고 확신했다. 그래서 사유재산제는 인류문명에서 도려내야 할 암적 존재로 간주된 것이다. 이미 상당한 사유재산을 확보하고 있는 사람들은 노동의 수고로움을 다시 감당할 생각을 전혀 갖고 있지 않을 것이다. 토지를 빌려주는 것만으로도 잘 먹고 잘 살 수 있는 이 낙원같은 생활을 어떻게 포기할 수 있겠는가? 루소에게 사유재산제도는 부당한 제도였다. 부당한 것을 유지하기 위해서는 결국 부당한 방법을 쓸 수밖에 없는 법이다. 사유재산제를 보호하기 위한 부당한 방법이 바로 법률과 국가에 의한 강제적 통치였다. 루소에 따르면 국가와 법률은 대지를 소유한 사람들의 소유권을 그렇지 못한 사람들의 잠재적 약탈로부터 영원히 보호하기 위해 고안된 장치라고 할 수 있다(루소, 2011).

그런데 아이러니한 점은, 대부분 대토지를 소유하지 못한 사람들이 먹고 사는 방편으로 국가로부터 봉급을 받는 관료 혹은 군·경찰이 되어 토지소유자들의 토지를 지켜 준다는 것이다. 이는 토지를 소유자들의 일종의 계략으로 토지를 가지지 못한 가난한 농민들의 봉기를 막기 위해 관료나 군의 힘을 동원하게 된 것이다. 그래서 루소는 이런 소수 부유하고 힘 있는 사람들의 계략을 "자기를 공격하는 자들의 힘을 자기를 위해 사용하고, 자기의 적을 자기의 방어자로 만드는 일"이라고 비유하였다.

사유재산제도는 근세 초기의 개인주의 사상에 의하여 확립되고, 자유경쟁, 계약자유의 원칙과 더불어 자본주의 발전의 원동력이 되었다. 거의 모든 국가에서는 모두 사유재산제도를 인정하고 있으나 자본주의가 발달함에 따라 부의 집중과 더불어 여러 사회병폐 현상이 나타남에 따라 제한이 가해졌다.

먼저 사유재산 절대의 사상이 수정을 받지 않을 수 없게 되었다. 프랑스혁명 이전에는 '소유권은 신성불가침'이라고 생각되었다. 그러나 각 개인의 재산 크기의 차이가 점점 커짐에 따라 이 원칙은 부자들에게는 매우 유리하였지만, 경제력이 약한 자에게는 불리하게 되었다. 여기에서 차차로 사유재산권이 오로지 부자만을 위한 것이 아니라, 동시에 사회공공을 위하여 이바지하는 것이 아니면 안 된다고 생각되게 되었다. 즉, 사유재산 원칙은 지나치게 절대화한다면 가난한 사람들의 생존을 위협할 뿐만 아니라, 부를 사회 전체의 이익을 위하여 효율적으로 사용할 수 없게 된다는 주장이 설득력을 얻은 것이다. 20세기에 들어오면서 주요한 사회간접시설, 생산수단, 독점산업에 대한 재산권을 적당하게 제한하는 경향이 생기게 되었다.

우리 나라 헌법의 재산권에 대한 태도도 이에 속한다. 대한민국 헌법은 '모든 국민의 재산권은 보장된다'고 규정하지만, 이어서 '그 내용과 한계는 법률로 정한다'고 규정하며(헌법 23조 1항) 이 헌법 규정에 의거하여 민법은 소유권의 내용을 규정하고 있다(민법 211조). 그리고 헌법은 이어서 '재산권의 행사는 공공복리에 적합하도록 하여야 한다(헌법 23조 2항)'고 규정함으로써 우리나라는 소유권 개념에 일정한 제한을 가하고 있다.

5.2 자유경쟁의 원리

1776년(프랑스 대혁명이 일어나기 13년 전) 애덤 스미스는 그의 〈국부론〉에서 자유경쟁이 인간에게 더 큰 행복을 가져다 줄 것이라 주장했다. 그는 개인의 이기심과 자율적인 경쟁이 사회적으로 바람직한 결과를 이끌어낼 수 있다고 주장하며, 규모의 경제와 효율성의 중요성을 강조했다. 이 작품은 그의 '보이지 않는 손' 개념을 통해 시장의 자율적 조정력을 제시하며 현대 자유주의 시장경제 체제의 기반을 제공했다.

자유경쟁에는 매매관계에 있어, 사는 편끼리의 경쟁, 파는 편끼리의 경쟁, 사는 편과 파는 편에서 생기는 경쟁의 세 가지 측면이 있는데, 모두 경제 외적인 간섭이나 제약을 받지 않고, 파는 자와 사는 자의 경제력이 자유롭게 발휘되며 경쟁되는 상태를 말한다. 스미스는 자유경쟁의 원리가 제대로 작동만 한다면 시장경제는 최대의 효율을 가져다 주어 인간에게 행복을 줄 것이라 주장했는데 그 이유는 시장경제는 자기조절 능력을 갖고 있기 때문이라고 했다. 스미스에 따르면 자기 이익을 추구하는 열정과 행위는 사회 전체의 이익과 조화를 이루는 방향으로 나아간다. 이 '보이지 않는 손'은 가장 적절한 재화의 양과 종류를 생산하고 분배하고 소비할 수 있게 해준다. 이것을 시장 과정의 측면에서 풀이하면, 다수의 수요자와 다수의 생산자가 자기 이익을 극대화시키려 노력한 결과로 가격이 형성되고, 그렇게 형성된 가격이 시장 참여자들을 고루 만족시키는 것은 물론 사회 전체의 이익도 극대화시킨다는 것이다. 스미스는 시장 경제야말로 사는 사람과 파는 사람 모두에게 만족스런 결과를 낳으며, 사회의 자원을 적절하게 배분할 수 있다고 보았다. 경제학자들은 시장에서 자유경쟁의 원리가 작동할 때, 교환의 효율성, 생산의 효율성, 자원배분의 효율성이 보장되어 '파레토 최적'이 달성된다고 본다(위키백과, '파레토 최적').

자유경쟁의 원리는 경제 주체가 이기적(이성적) 존재라는 가정으로부터 출발한다. 여기서 이성적이라 함은 개개인은 자신의 행복 또는 만족을 극대화 하는 선택을 하는 이기적 주체라는 것이다. 그리고 이기적 행위는 정당할 뿐만 아니라, 좋은 것이고 필요한 것이라고 한다. 그래서 이기적 행위를 장려한다. 애덤 스미스는 개인의 이익을 위해 이기적으로 행동하는 것이 전체 사회를 위하는 결과를 가져온다고 했다. 각 개인이 자신의 이익을 목적으로 행동하지만, 결국에는 그 행동들은 '보이지 않는 손'에 의해 다른 사람을 돕게 되고, 전체 사회를 이롭게 한다는 것이다.

이러한 스미스의 이론에 문제가 있다는 것은 상식적으로 자명하다. 모두가 자신의 이익만을 위해 사는데 사회에 이익이 되고 전체가 번영할 수는 없다. 만일 모든 사람이 자신의 이익만을 추구하는 사회가 있다면 그 사회는 어떻게 될까? 이를 잘 설명하는 것이 '목초지의 비극' the tragedy of the commons이다(Hardin, 1968; 김욱, 69).

> 가령 모두에게 개방된 목초지가 있다 할 때, 각각의 목동들로서는 당연히 가능한 한 많은 수의 가축을 목초지에서 키우고자 할 것이다. 처음 몇 백년 동안은 그러한 체제가 그런대로 유지될 수도 있다....하지만 종국에 가서는 모두가 갈망해왔던 사회적 안정이라는 목표가 현실화되는 날이 돌아오게 된다. 바로 이 시점에서 공동목초지가 내재하고 있던 논리에 의해 돌이킬 수 없는 비극이 발생한다. 합리적 존재로서의 목동 개개인들은 자신의 이득을 극대화하려고 할 것이다. 의식적이든 무의식적이든 간에, 그들은 '한 마리의 가축을 더 키우는 것이 자신에게 주는 효용은 무엇인가?' 하는 질문을 던지게 된다. 합리적 목동이라면, 자신에게 가장 이로운 행위는 바로 자신의 가축 수를 한 마리 더 늘리는 것이라는 결론에 도달하게 된다. 그리고는 또 한 마리, 또 한 마리 하지만 목동들 개개인 모두가 이러한 결론에 도달하게 되는데, 바로 거기에 비극의 씨앗이 싹트고 있다. 모든 목동이 자신의 가축 수를 무제한적으로 늘리도록 만드는 체제에 빠져들게 되지만, 목초지는 유한한 것이다. 목초지의 자유를 신봉하는 그 사회의 모든 구성원들이 각각 자신의 이익을 최대한으로 추구했으나, 결국 그들의 종착역은 멸망뿐이

다. 공동목초지에서의 자유는 구성원 모두의 멸망을 초래한다.

시장에서 개인들은 이기적 동기에 의하여 움직이는 행위의 주체로 파악되고, 그러한 행위들이 '보이지 않는 손'에 의해 사회 전체에 이익이 된다는 논리가 시장 자유방임주의의 근거다. 개인이나 기업의 이기적 목적 추구를 자유롭게 하도록 방치하면 자연적으로 모두가 행복해질 수 있다고 믿는 것이야말로 순진한 생각이다. 우리는 역사적으로 자유방임이 사회에 어떠한 부정적 결과를 가져왔는지를 알고 있다.

자유경쟁의 원리 또는 시장경제라는 말에는 정부의 관여 배제라는 의미를 함축하여 사용한다. 길브레스는 "자유시장 경제라는 말은 자본주의의 미화된 언어에 다름이 아니다"라고 했다. 그는 자본주의라는 말이 너무 좋지 않은 의미로 인식되어 있기 때문에 '자본주의'는 거부감 없는 좋은 말 '자유 시장 경제'로 대체되었다고 한다(서상철에서 재인용, 2011). 자유 시장 경제에서 '자유'는 기업이나 개인, 생산자나 소비자들이 어떤 강요에 의한 것이 아닌 자유의사에 의하여 시장을 통한 경제 활동에 참여한다는 뜻이다. 그리고 또 정부나 어떤 다른 권력의 간섭을 배제하는 의미에서의 자유일 수도 있다. 정부가 경제에 전권을 행사하는 것은 과거 공산주의 국가를 들 수 있겠지만 공산주의에서도 시장은 존재했다. 그러고 계획 경제 역시 자본주의 국가들 또한 하고 있다. 과거 박정희 정부 시기 한국의 경제 개발 계획도 일종의 계획 경제이다.

자유시장 경제에서 '자유'라는 말은 18세기 자유주의자들이 처했던 사회정치적 배경을 이해해야 한다. 경제적 측면에서는 시장을 통한 자유로운 거래의 보장과 정부 권력의 배제가 자유주의자들의 주장이었다. 그 당시 유럽은 신흥 상공인들이 경제의 주요 역할을 담당하며 성장하는 시기였다. 그러나 이들은 아직 힘이 미약했고, 기득권인 왕권과 귀족, 교회의 횡포를 감수해야만 했다. 당시는 신으로부터 부여받은 권력인 왕권에 대한 충성, 봉건영주에 대한 복종과 같은 가치가 지배하는 시대였다. 이러한 보수적 가치에 반하여, 자유주의자들은 이성과 과학에 기초하여 각 개개인을 독립된 개체로서 존중하며, 경제적으로는 자본의 자유로운 투자, 자유로운 경쟁, 특히 정부 간섭으로부터 자유를 주장한다. 이들의 주장은 경제적으로는 신흥 상공업자들의 이해와 부합하고, 더 크게는 오랜 역사를 가진 봉건사회의 가치를 부정하고 당시의 기득권을 허무는 거대한 변화의 시작을 알리는 것이었다.

현대 자유시장 경제를 주장하는 대표적 그룹으로는 시카고 학파를 들 수 있다. 이들은 신자유주의자로 불리며, 18세기 자유주의자를 그들의 철학적 지주로 받들며 정부의 간섭 배제와 같은 그들의 주장을 반복한다. 20세기의 경제 사회 상황은 18세기와 반대이다. 18세기 유럽의 왕과 귀족들로부터 사사건건 통제와 간섭에 시달리던 신흥 상공업자들과는 달리, 20세기의 경제 주체인 기업들은 한 국가에서 가장 큰 세력 집단을 형성한다. 과거 18세기 상공업자들이 그 당시 기득 세력의 통제를 받는 약자라면, 현대의 대기업들은 막대한 부와 그로부터 나오는 권력을 장악한, 그 자체가 기득권 세력으로 사회를 통제하는 강자이다. 그런데도 대기업들은 과거 18세기 자유주의자들이 하던 대부분의 주장들을 그대로 답습한다. 자유주의자들의 주장은 18세기 유럽의 옛 귀족 세력을 약화시키고 신흥 상공업자들의 권익 신장을 가져왔다. 그러나 현재의 신자유주의자들의 주장은 이미 비대한 기업 세력의 영향력을 더욱 증대시키는 결과를 초래한다. 거대한 세력을 형성한, 그리고 정치뿐만 아니라 사회 전반에 그 영향력을 행사하는 대기업들에게 더 많은 자유가 보장되어야 한다는 주장은 그 타당성이 떨어진다. 우리가 흔히 접하는 자유 시장 경제라는 말에서의 '자유'는 18세기에 사용된 '자유'라는 말과 다르다. 이제 자유는 과거 18세기에 사용된 만인의 자유가 아니다. 과연 과거 18세기 자유주의자들이 주장했던, 인간의 존엄, 자유, 그리고 만인의 평등과 같은 가치가 현재 신자유주의자들의 주장과 부합되지 않는다. 현재의 신자유주의자들이 강조하는 시장이 정치권력으로부터 독립해야 한다는 주장은 만인의 자유와 평등을 저해하는 '자본의 자유'를 이야기할 뿐이다. 이는 신자유주의 시장 경제 체제가 본격적으로 도입된 1997년 이후의 한국 상황이 잘 보여준다. 그들의 주장대로 기업의 자유, 시장의 자유는 확대되었다. 하지만 만인의 자유가 신장된 것이 아니라 그 반대가 되었다(서상철, 2011).

또, 자유경쟁의 원리는 개인의 책임성을 전제로 하고 있다. 개인의 인생은 오직 개인만이 책임질 수 있기 때문에 개인의 삶은 개인 스스로 개척하고 해결해

나가야 한다는 것이다. 이 말은 바꾸어 말하면, 사회나 국가는 개인의 삶을 해결할 수 없다는 의미로 해석할 수 있다. 따라서 개인은 나면서부터 성장 교육 건강 고용 실업 육아 산업재해 주택 노후대비 등 모든 것을 스스로 해결해 나가야할 책임이 있는 것이다.

불행하게도 이 '보이지 않는 손'은 잘 작동하지 않는다. 시장은 그대로 내버려둔다면 그 안에서 살아가야하는 개인들은 매우 어렵고 피곤한 생활을 이어갈 수밖에 없게 되며 결국 스스로 존속할 수 없다. 왜냐하면, 시장에는 자유경쟁의 원리, 계약자유의 원리, 이윤의 극대화, 무한경쟁이라는 거대한 수레바퀴가 굴러가면서 인간을 짓밟기 때문이다. 사회과학자들은 자본주의제도의 문제점을 설명하기 위하여 '시장실패'라는 개념으로 설명한다. 시장실패란 시장을 자연상태 그대로 내버려두었을 때 일어나는 여러 가지 부작용을 말한다. 즉 애덤 스미스가 말한 '보이지 않는 손'이 잘 작동하지 않을 때(1930년 대공황, 1997년 외환위기, 2009년 금융위기에서 보이듯이) 시장은 개인의 행복을 보호해 주지 못할뿐더러 결국 붕괴하여 자본과 권력을 독점하고 있는 극소수의 사람들을 제외하고 대부분의 사람을 불행하게 만들 수 있다.

결국, 이 자유경쟁의 원리는 인간사회를 기본적으로 약육강식, 승자독식의 원리가 작용하는 정글로 만드는 경향이 있다. 스펜서의 주장처럼, 자유경쟁이 지배하는 시장은 강자가 약자를 잡아먹고 지배하는 것이 자연의 법칙으로 자연스럽게 받아들여지게 된다. 따라서 빈부격차 소득격차는 자연스러운 현상이며 이를 교정하려는 어떠한 재분배정책도 자연의 원리를 위반하는 것으로 치부되는 것이다. 스펜서는 무자비한 생존경쟁을 옹호했고, 빈자에게 자선을 베푸는 것은 잡초 제거에 방해가 된다는 이유로 반대했다.

우리 헌법도 자유경쟁원리에 일정한 제한을 가하고 있다. 헌법은 제9장에서 경제에 관한 장을 별도로 마련하고 있다. 제119조로서 "① 대한민국의 경제질서는 개인과 기업의 경제상의 자유와 창의를 존중함을 기본으로 한다. ② 국가는 균형있는 국민경제의 성장 및 안정과 적정한 소득의 분배를 유지하고, 시장의 지배와 경제력의 남용을 방지하며, 경제주체간의 조화를 통한 경제의 민주화를 위하여 경제에 관한 규제와 조정을 할 수 있다"라고 규정하고 있다. 제1항은 경제활동의 자유와 자유경쟁을 바탕으로 하는 시장경제체제를 헌법상 경제질서의 근간으로 삼고 있음을 밝히는 동시에, 제2항에서 자유경쟁에 대해서 일정한 제한을 할 수 있다고 규정하고 있다. 이는 우리 헌법이 사회적 시장경제 내지 혼합경제체제를 채택한 것이라고 일반적으로 해석되고 있다(정연주, 2013).

5.3 계약자유의 원리

계약자유의 원리는 '사적 자치의 원칙' 또는 '개인의사 자치의 원칙'이라고도 하는 개인주의적 자유주의적인 원칙이다. 계약자 선택의 자유, 계약체결의 자유, 계약내용 결정의 자유, 계약방식의 자유 등을 그 내용으로 한다. 개인의사는 개인과 개인의 자유로운 의사의 합치인 계약에서 가장 많이 나타나는 데서 '계약자유의 원칙'이라고도 하며, 또한 계약은 법률행위 가운데서도 가장 중요한 것이므로 '법률행위자유의 원칙'이라고도 한다. 이 사적 자치의 원칙은 경제적으로는 자유경쟁주의 및 자유방임주의(laisser-faire)로서 나타난다. 즉, 사람은 누구나 모두 합리적인 판단력을 가지고 있다는 것을 전제로 하고 있으며, 개인의 활동에 있어서 국가가 간섭하지 않고 각자의 자유에 맡겨 두면 사회는 조화롭게 발전하게 된다는 생각이 그 바탕으로 되어 있다(김형배, 2006).

계약의 자유는 근대 시민사회에서의 개인주의적·자유주의적인 시대사조를 기초로 하여 개인을 봉건적 신분적인 여러 구속으로부터 해방하고 개인에게 자유활동의 기회를 주고자 하는 데서 성립 인정된 것이었다. 그리하여 절대소유권 원칙 및 과실책임의 원칙과 더불어 근대법의 3대 원칙을 이루어 사유·자유·영리를 기본원리로 하는 자본주의 자유경제를 발달하게 하고, 나아가 인류사상 그 유례를 볼 수 없을 만큼 문명 문화의 발달에 크게 공헌하였다(위키백과, '계약자유의 원칙').

그러나 19세기 말에서 20세기에 들어오면서 자본주의가 고도로 발전함에 따라 개인 사이에 재산소유의 불평등이 현저해지고 경제적 강자와 약자 사이의 대립과 투쟁이 격화되자 계약의 자유는 사회에서 경제적 강자에게만 편리한 제도인 반면, 경제적 약자에게는 유명무실하게 되었을 뿐만 아니라, 오히려 불리한 제도가 되어 버렸다. 이러한 사적 자치의 원칙에 따라 개인의 의사활동의 자유는 보장되지만, 반면 자기의 고의·과실로 인한 행위에 대하여는 스스로 책임을 지지 않으면 안 된다고 하는 '자기 책임의 원칙'이 따르기 때문이다.

계약자유의 원리는 자유경쟁의 원리, 사유재산권과 결합함으로써 경제적 약자를 지배하는 제도로 전환하기에 이르렀다. 경제적 약자는 경제적 강자가 제시하는 계약조건에 따라 계약을 체결할 수밖에 없게 되었으며(부종계약), 계약자유의 원칙을 관철하면 경제적 강자를 보호하게 되는 반면, 경제적 약자를 압박하는 결과가 되기에 이르렀다. 그리하여 20세기 현대의 법률이념은 계약자유의 원칙에 대하여 제약을 가하는 것이 사회정의를 실현하는 길이 된다고 생각하기에 이르러, 계약자유의 원칙에 대한 여러 제한이 가해지고 있다. 그러한 대표적인 예로서는 노동법 분야에서 근로기준법에 의한 제한을 들 수 있고, 기타 서민층의 주거, 임대차 등 용익권자의 보호, 전기·가스 등 공공기업에 대한 이용관계에서의 계약강제 등에서 현저하다. 이러한 제한은 민법에서뿐만 아니라, 특별법에 의하여 이루어지고 있는 것이 현실이다(위키백과, '계약자유의 원칙').

칼 포퍼(2010)는 자유방임 시대에는 가혹한 착취가 계약자유의 원칙, 즉 자기 자신의 운명은 스스로 결정하며 자기가 원하는 어떠한 계약도 자유로이 체결할 수 있다는 자유의 권리에 호소하는 위선적 변호사에 의해 냉소적으로 옹호되었다고 적고 있다.

6. 자본주의의 문제점

초기 자본주의 혹은 시장경제제도는 매우 효과적이고 효율적으로 인간에게 물질적 풍요와 행복을 가져다 주는 등 전반적으로 인류에게 물질문명 발전을 약속하였다. 하지만, 자본주의는 출발과 동시에 커다란 문제점을 노출하였다.

사회진화론에서 시사하는 바와 같이, 자본주의는 자연의 법칙을 따른다는 대전제 위에 세운 원리로서 인간사회가 자연의 법칙을 따를 때 극심한 부작용이 발생하기 때문이다.[3]

---

3) 사회진화론(社會進化論, Social Darwinism)은 적자생존과 자연선택으로 생물이 진화해온

6.1 시장경제제도의 무자비성

현대 민주주의 국가에서도 시장에 대한 국가개입이 절실한 이유는 시장이 기본적으로 무자비하다는 것이다. 인간이 기본적으로 자비로운 심성 또는 인간성을 갖고 있다고 할 때 자유시장은 이 자비로운 심성을 말살시키는 경향이 있다고 할 수 있다. 고전적 자유주의시대 혹은 자유방임주의시대 얼마나 민중의 삶이 참혹했는지는 차알 디킨스가 쓴 소설 〈올리버 트위스트〉를 읽어보면 잘 나온다.

시장경제가 무자비한 것은 인간의 탐욕과 자본의 무한팽창이라는 속성이 교묘히 결합하여 기업영역과 활동이 통제할 수 없는 지경에 이르기 때문이다. 인간의 탐욕이 무한하다는 것은 우리가 어느 정도 인정하는 사실이나, 그 탐욕 하나만으로 인간이 무자비해지는 경우는 그리 많지 않다. 더 문제가 되는 것은 자본이다.

자본은 그 스스로 무한정 무자비한 팽창욕구를 기본 속성으로 갖고 있기 때문에 기업이나 개인 등 경제 주체사이의 무한경쟁을 유발한다. 한 예로 어느 기업이 장사가 잘되고 수익이 난다고 해서 만족하고 사업확장을 중지하는 기업이 얼마나 있을까? 거의 모든 기업주들은 수익이 난다고 해서 그때부터 여가를 즐기며 예술 창작활동을 하며, 이웃을 위하여 자선사업을 벌이고, 이 사회와 국가 민족을 위하여 봉사하는 것이 아니다. 그들은 수익이 날수록 사업을 확장하는데 더욱 열심을 낼 것이다. 점포를 확장하고, 분점을 설치하고, 생산설비를 확대하고, 전국 체인망을 형성하려하고, 타업종으로 진출하려고 계열사를 만들고, 더 나아가 해외시장을 개척하고 글로벌 기업으로 성장하려고 하는 것이 일반적이다. 모든 기업은 팽창의 욕구를 갖고 있으며, 가능하다면 세계적 기업제국의 형성을 목표로 하고 있다.

〈독점자본주의〉라는 저서에서 Baran and Sweezy(1968)는 다음과 같이 쓴다. "기업정책의 가장 중요한 목적은 권위와 높은 성장률과 사업확장이다. 이는 당연히 기업의 최고경영자들의 목표이기도 하다. 기업이익은 팽창의 내부 자원

것처럼, 사회도 비슷하게 진화해 왔다는 것이다. 19세기 찰스 다윈이 발표한 생물진화론에 입각하여 허버트 스펜서가 확립하였다. 사회진화론은 인종차별주의나 파시즘, 나치즘을 옹호하는 근거와 신자유주의의 경제적 약육강식 논리에 사용되기도 하였다.

이다. 이익은 권위와 권력의 피와 살이 된다. 기업이익은 기업성공의 즉각적이고 유일한 양적으로 측정할 수 있는 목표가 된다." 기업의 기능은 어느 기업가들의 모임에서 그 지도부가 솔직히 언급하였듯이 사회적 봉사나 자선사업을 하는 것이 아니고 가능한 최대의 이익을 창출하는 것이다.

기업이익의 무한한 추구는 단순히 기업인의 탐욕 때문만은 아니다. 이것은 거의 자본주의 사회에서 생존과도 직결되어 있다. 살기위해서는 팽창하지 않으면 안된다. 성장하는 사회에서 현상유지란 사실상 쇠퇴하는 것이고 결국 소멸하는 길로 접어들기 때문이다. 예를 들어 다른 기업은 다 새 모델을 개발하고, 신제품을 개발하여 성장하는 데 한 기업이 아무것도 안하고 있다면 그 기업은 곧 망하게 되는 이치와 마찬가지이다. 결국 악마처럼 되지 않고서는 패배자가 되어버리는 '생존의 법칙'의 희생물이 될 수밖에 없는 것이 시장경제인 것이다.

그런데 그 기업이익 창출이라는 것이 문제다. 기업은 이익 창출은 위하여 끝없는 생산성향상, 효율성 증가, 경영합리화를 추구한다. 이 과정은 무한경쟁을 요구한다. 이는 여러 가지 방법을 통해 실현되지만 가장 현실적이고도 손쉬운 방법이 노동자의 임금을 최저가격으로 지불하는 것이다. 기업은 각종 방법을 동원하여 정부로부터 보조금을 얻어내고, 최대한 상품가격을 높게 책정하고, 때로는 노동자의 임금을 삭감하거나 고의로 체불하며, 보다 싼 임금을 찾기 위하여 국내 직장을 폐쇄하고 다른 나라로 공장을 이전한다. 이것이 기업이 실업과 궁핍이 만연한 가운데 최고의 기업이윤을 창출하는 배경이다. 경제는 성장하는데 대중은 찌든다.

이런 기업이윤의 무한한 추구는 종종 기업간, 국가간 무한한 경쟁을 유발하고 결국은 전쟁과 같은 참혹한 결과를 초래한다. 초기의 자본주의 시대에는 원료확보와 상품판매에 큰 문제가 없었다. 자본주의국가의 선두주자인 영국은 연료와 상품시장을 인근 유럽대륙에서 확보할 수 있었다. 그러나 독일·일본·러시아 등 후발공업국들이 경쟁에 뛰어들면서 국가간에 식민지 쟁탈전이 벌어졌는데 이것이 과열되어 나타난 것이 1차 세계대전이었고, 그로부터 약 30년 후 상품시장을 놓고 다시 한번 충돌한 것이 2차 세계대전이었다.

역사적으로 이윤추구에 눈이 먼 기업들은 노동자들을 참혹하게 혹사시켰다. 기업은 더 높은 이윤을 얻기 위해, 그리고 다른 기업과의 경쟁에서 살아남기 위해 노동자에게 장시간의 노동을 강요하게 된다. 19세기 후반, 마르크스가 살던 시기는 시장경제제도가 맹위를 떨치던 시대였는데-포퍼에 의하면 '가장 파렴치하고 잔인한 시대'-마르크스는 그 당시 노동자가 겪은 참상을 잘 기술하고 있다.

지금 9살 난 윌리엄 우드는 그가 7년 10개월이 되던 해에 노동을 시작했다. 그는 주중 매일 오전 6시에 일하기 시작하여 오후 9시에 일을 떠난다. 일곱 살 난 아이에게 15시간의 노동량이라니 하고 1863년 아동위업위원회의 공식보고서가 부르짖고 있다. 다른 아이들은 아침 4시에 노동을 시작하도록 강요되었거나 밤새껏 일하여 그 이튿날 아침 6시까지 일하기도 하였다. 6살 난 아이가 하루 15시간의 노동을 강요당하는 일은 그리 드문 일이 아니었다. "메리 앤 위클리는 한 방에 30명씩 일하는 다른 60명의 소녀들과 더불어 쉬지 않고 한꺼번에 26.5시간을 일했다. 케이라는 남자 의사가 뒤늦게 불려와 검시배심원 앞에서 증언하기를 메리 앤 위클리는 너무 밀집된 방에서 장시간 노동하였기 때문에 죽었다고 하였다." 검시 배심원은 이 신사에게 점잖게 훈계하기 위하여 다음과 같은 취지의 판결을 내렸다. "죽은 사람은 졸도로 사망하였다. 그러나 그녀의 죽음이 지나치게 밀집된 작업실에서 지나친 노동을 함으로써 더욱 가속화되지 않았나 하는 우려를 가질 수 있는 이유는 있다"(자본론, 포퍼에서 재인용, 176-7).

당시 사회는 이러한 노동자들의 참상을 용인하는 분위기였다. 경제학자들 뿐 아니라 교회 교인들에 의해서도 옹호되었다. 포퍼는 그와 같은 '범죄행위'들에 대해 마르크스가 퍼부은 항변은 "인류의 해방자의 한 사람의 자리를 그에게 영원히 확보해 줄 것이다"라고 말하고 있다(포퍼, 177).

유럽뿐만 아니라 미국과 일본, 동남아시아, 그리고 우리나라 산업화 과정에서 발생한 아동노동 부녀자노동을 비롯한 각종 노동착취는 일일이 열거할 필요는 없을 것이다. 부녀자나 아이들을 공장에 밀어 넣고 하루에 16시간씩 일을 시키기도 하고, 채탄굴에서 갱도가 무너져 사람이 죽거나 다쳐도 보상도 제대로 못받고 억울함을 호소할 곳도 없었다.

우리 나라에서도 산업화는 노동자들에게 참혹한 희생의 대가로 이루어졌다.

그 대표적 사례가 전태일 분신사건이다. 전태일은 대구에서 태어났으나 서울로 옮겨와 생활이 어려워 겨우 초등학교 4학년을 중퇴하고, 17세 때인 1965년 아버지에게 배운 재봉 기술로 서울 청계천 평화시장의 피복점보조로 취업해 14시간 노동을 하며 당시 차 한잔 값이던 50원을 일당으로 받았다. 당시 한국의 중소기업은 노동집약적인 섬유, 봉제, 가발 산업이 성하던 시대였다. 청계천변에 자리 잡은 평화시장 역시 소상인과 소규모의 기업이 모여 있는 곳이었다. 그가 근무하던 봉제공장은 그런대로 규모가 있는 회사였다. 그러나 당시 우리나라는 나이 어린 노동자들을 값싸게 채용하여 수익을 올리는 사례가 많았고, 정부의 근로기준법이 있었으나 이를 어겨가며 이익을 추구하는 회사가 많았다. 전태일은 직원이 2만여 명이나 되는 봉제공장의 재단사로 일하면서, 주변에서 나이어린 소녀들이 열악한 환경 속에서 중노동에 박봉의 생활을 하는 것을 목격하고 의분을 느꼈다. 그는 동료 재단사들과 '바보회'를 만들어 평화시장의 노동조건 실태를 조사하기도 하였다.

그가 〈대통령에게 보낸 편지〉의 내용에서 근로 환경을 고발한 내용에 의하면, 2만 명이 넘는 직원의 90% 이상인 봉제공의 평균 나이가 18세이며 하루 근무시간은 15시간이고, 견습공의 평균 연령은 15세이며 하루 16시간을 일한다고 적고 있다. 하루 종일 햇볕을 보지 못하고 환기되지 않는 공기로 안질, 폐결핵 등에 걸리기 십상이었다. 한 달 휴무일은 고작 2일이며, 건강검진은 형식적이었는데 필름 없이 X레이 촬영을 하는 것을 보고 분노하였다

그는 자신의 불행보다는 공장 내 나이 어린 여공들의 생활환경에 더욱 동정심이 갔고, 이의 해결을 위한 의분이 발동했다. 대통령에게 보낸 서한에서 나이 어린 소녀들이 안질, 신경통, 위장병, 폐결핵 등에 고생하고 있으며, 성장기에 한 번 고생하면 평생 고칠 수 없게 된다고 하소연하며 근로환경을 개선해 줄 것을 애절하게 호소하였다.

모든 것이 요구대로 개선되지 않자, '삼동친목회'를 조직하고 근로조건개선 시위를 도모하였다. 그리고 한국의 근로기준법이 있으나 형식적이며, 감독관청도 전혀 이를 지키려 하지 않자, 더욱 비애를 느끼고 죽음을 택하였다. 그는 정의심이 불타는 22세의 젊은 나이에 사회의 비정함과 무관심 미래가 없는 삶에 대

한 회의를 느끼며, 이 사회에서 형식에 불과한 '「근로기준법」 화형식'을 갖고 자신도 그 불에 함께 타들어가 생을 마감하였다(1970. 11. 13).

6.2 과열경쟁

자유시장 경제체제에서는 모든 것을 개인 스스로 알아서 해결하지 않으면 안 된다. 이른바, 교육, 건강, 주거, 취업, 노후 등 인간생활 여정에서 일어나는 다양한 문제점들을 사회나 국가가 해결해 주지 않는다. 이는 개인이 이 문제들을 스스로 풀어 나아가야 한다는 의미인데 많은 경우 개인은 가족이나 친지의 도움으로 해결하기도 하며, 어떤 경우에는 충분한 준비없이 허덕허덕 된다. 또 여러 계층으로 차별화된 서비스가 존재하기 때문에 좀더 나은 서비스를 받기 위하여 서로 경쟁하게 마련이다.

결국, 기업간 국가간 경쟁은 결국 개인 사이의 무한 경쟁으로 발전된다. 현대의 고도로 발달한 자본주의 국가, 즉 신자유주의 사회 속에서 개인은 다른 개인을 상대로 어려서부터 무한 경쟁에 돌입한다. 우리나라의 어린이들은 어려서부터 사교육, 방과 후 보충수업, 조기유학 등 개인은 어려서부터 치열한 입시경쟁으로 내몰리고 있다. 일단 대학에 들어가서도 취직을 위한 경쟁은 문자 그대로 피를 말리는 수준이다. 대학에 들어가자마자 영어해외연수는 기본이고 졸업을 1,2년 늦추어 대학을 5,6년 다니는 것은 이젠 보통이 되어있다. 설령 운좋게 취직은 한다고 한들 기업 등 직장 내부에서는 승진과 생존을 위한 실적 쌓기에 다시 혼신을 힘을 다해야 하고 설령 경쟁에서 승리한다고 해도 50세를 넘기기 전에 퇴직한다. '이태백'과 '사오정'이 빈말이 아니다. 지나친 사회적 경쟁으로부터 유발된 스트레스와 근심은 종종 정신질환을 촉진시키는 역할을 한다.

6.3 세계 1위 청소년 자살률

과열경쟁은 여러 가지 심각한 부정적 사회적 결과를 낳는다. 그 중 대표적인 것이 자살이다. 한국은 이미 2010년부터 경제협력개발기구(OECD) 회원국 중 자살률 1위라는 오명을 뒤집어쓰고 있다. 통계청에 따르면 우리 나라 자살 사망률(인구 10만 명당 자살 사망자)은 2006년 23명에 불과하던 것이 2019년 37.5

명으로 경제협력개발기구(OECD) 회원국 36개 가운데 1위를 차지했다(뉴시스, 2019. 9 24). 이 자살 사건은 주요 매체에 잘 보도되지 않는데 그 이유는 이른바 베르테르 효과를 걱정하여 정부가 보도자제를 요청하기 때문이다.

'2018년 청소년 통계'를 보면 2016년 9~24세 청소년의 사망원인 1위는 자살이었다. 자살률(인구 10만 명당 자살자 수)은 7.8명으로 나타났다. 청소년 사망원인 2위는 운수사고(3.8명), 3위는 암(3.1명)이었다. 2017년 청소년 4명 중 1명은 지난 1년간 2주 내내 일상생활을 중단할 정도로 슬프거나 절망감 등 우울감을 느낀 적이 있는 것으로 나타났다(중앙일보, 2018. 04. 26).

왜 이렇게 우울할까? 전문가들은 남에게 뒤처지지 않으려면 겪어야 되는 치열한 사회적 경쟁을 주원인으로 꼽고 있다. 2020년 초·중·고등학생의 74.8%는 학교 밖에서 사교육을 받은 것으로 조사됐다. 사교육 참여율은 2016년 이후 계속 증가 추세다. 초등학교(83.5%), 중학교(71.4%), 고등학교(61.0%) 순으로 높았다. 주당 평균 사교육 시간은 2015년(5.7시간) 이후 계속 증가해 6.5시간으로 늘었다. 초·중·고등학생 10명 중 5명(47.3%)은 평일 학교 정규 수업 시간을 제외한 학습시간(사교육·자습 등)이 평균 3시간 이상이었다. 초·중학생은 2~3시간, 고등학생은 3~4시간 학습하는 학생이 가장 많았다(황수현, 2020).

이러한 치열한 경쟁은 최근 실업률과 상대적 빈곤율 등 경제적 불평등이 커지면서 더욱 심해져 1997년 외환위기, 2008년 미국발 세계금융위기, 2019코로나사태 등을 겪으면서 자살률은 수직으로 상승하고 원상회복되지 않고 높은 수준을 유지하고 있다.

6.4 사회분열과 갈등

우리 나라의 사회통합수준이 낮은 점도 자살률 상승을 부추기는 요인으로 꼽힌다. 한국보건사회연구원의 '사회통합지수 개발 연구' 보고서를 보면, 1995년 이후 2015년까지 20년 동안 5년 주기로 경제협력개발기구(OECD)의 사회통합지수를 측정해보니, 한국은 5차례 모두 OECD 30개 회원국 중 29위로 최하위를 못 벗어났다(정해식 외, 2016). 한국 사회가 다른 나라들과 비교해 성별과 나이, 빈부에 따라 차별받고, 사회 제도와 타인에 대한 신뢰가 낮다는 뜻이다. 나아가 시민적 자유를 누리지 못하고 개인이 교육을 통해 사회·경제적 성취를 이루기 어려우며, 사회 갈등을 민주적으로 해결하지 못하고 있다는 말이다.

반면에, 사회통합지수가 높은 국가는 덴마크였고, 노르웨이, 핀란드, 스웨덴 등이 그 뒤를 이었다. 사회통합지수는 '사회적 포용', '사회적 자본', '사회이동', '사회갈등 및 관리' 4개 영역의 19개 지표 값을 근거로 산출된다. 개별 영역으로 보면 한국의 '사회적 포용' 지수는 0.266으로 조사대상 30개국 가운데 최하위인 30위였다. 이는 특히 한국 사회의 빈부 격차와 여성 노동자 차별, 노인 빈곤문제가 심각하다는 의미로 해석된다. '사회이동'과 '사회 갈등 및 관리' 영역은 지표별로 차이가 컸다. 수직적 계층이동을 보여주는 '사회이동' 영역에서 '교육 성취도'는 회원국 가운데 최고 수준이었지만, '공교육 지출'은 2015년 기준 23위로 하위권이었다(정해식 외, 2016). '사회 갈등 및 관리' 영역 역시 '노동소득 분배율'은 30개국 가운데 가장 높게 나타난 반면, 2015년 기준으로 '자살률(30위)'과 '비정규직 임금 격차(27위)', '민주주의 지수(24위)'는 최하위권이었다.

다만, 한국의 '사회적 자본'은 다른 영역에 비해 상대적으로 높은 수준이었다. 2015년 기준으로 '관용'은 전체 회원국 가운데 9위로 양호한 수준이었지만, '시민적 자유'는 27위로 최하위권으로 나타나 대조를 이뤘다.

이 같은 연구 결과에 대해 보고서는 "성장 위주 발전 정책이 한계에 다다르면서 희소해진 자원 분배 방식을 둘러싼 사회적 갈등이 커지고 있다면서 "국가간 비교 결과 한국의 사회통합 수준은 매우 심각한 상황"이라고 진단했다.

보고서는 또 "종합지수와 사회적 포용 지수가 20년 동안 순위 변화가 없고 사회갈등과 관리 지수가 악화했다는 사실은 사회통합에 대한 적극적 관심과 발상의 전환이 시급한 과제임을 보여준다"고 지적했다(정해식 외, 2016).

6.5 경제 불평등

소득불평등은 최근 더욱 심각해지고 있다. 최근 한국의 소득 불평등 수준이 경제협력개발기구(OECD) 36개 회원국 중 10위권에서 30위권으로 뚝 떨어진 것으로 나타났다. 2019년 통계청은 가계금융복지조사를 기반으로 팔마비율

(Palma ratio), 소득 10분위 경계값 비율, 중위 소득 60%를 기준으로 한 상대적 빈곤율, 평균 빈곤갭 등 4개 소득분배지표를 새로 개발해 공개했다. 이 지표들은 OECD 등에서 국가간 불평등 비교를 위해 사용되는 지표들이다. 그 결과 한국의 불평등 순위는 팔마비율 30위, 소득 10분위 경계값은 26~33위, 상대적 빈곤율 29위, 평균 빈곤갭 31~33위로 나타났다. 요약해 말하면, 우리나라는 OECD 36개국 가운데 30번째로 불평등이 심한 나라가 된다. 라트비아(1.38), 뉴질랜드(1.43) 다음이고, 영국(1.45) 바로 위다. 영국이나 뉴질랜드 수준으로 불평등이 심한 나라라는 얘기다[4](조선비즈, 2019. 4. 11).

우리나라의 비정규직 비율은 2012년부터 계속 31~33%대를 유지해왔으나 최근 들어 이 비율이 급상승했다. 통계청이 지난 2023년 10월에 발표한 비정규직 비율은 37.0%다(매일노동뉴스, http://www.labortoday.co.kr). 비정규직은 매년 증가추세이며 정규직과 비정규직 간 처우 격차도 점점 더 벌어지고 있다. 2023년 정규직 근로자는 평균 임금이 316만 원으로 전년보다 15만 원 올랐지만, 비정규직 근로자는 172만 원으로 8만 원 오르는 데 그쳤다. 정규직과 비정규직 간 평균 근속기간 차이도 5년 5개월로 전년도보다 3개월 늘었다.

끝없는 이윤을 추구하는 기업자본의 행태는 신자유주의라는 시대적 조류를 타고 밀려왔다. 기업은 무한한 이윤을 추구하기 때문에 임금을 최저로 낮추려고 시도하는데 이를 위하여 임금구조를 차등화하고 유연화하려 한다. 정리해고를 도입해서 기업경영상 필요없는 노동력을 언제든지 처분할 수 있는 법을 만들 것을 정치권에 주문 내지 압박한다. 이를 위해서 기업들은 비정규직, 임시직 일용직을 선호하며, 노동조합이 활성화되는 것을 극도로 막으려 한다.

자본주의 시장경제체제는 정글자본주의라는 말로 상징되듯, 사회적 경제적 강자를 위한 체제이다. 다른 말로 시장경제 체제하에서는 경제가 운용되는 방식은 결코 중립적이지 않고 강자를 위한 일종의 체제의 편견(system bias)이 작동

4) 팔마비율은 소득 상위 10%의 소득에서 하위 40%의 몫을 나눈 값이다. 알렉스 코밤 영국 조세정의네트워크 대표, 앤디 섬너 영국 킹스칼리지대 교수가 함께 개발했다. 영국 등에서 불평등을 측정하기 위한 지표로 도입되었고, OECD · UN(국제연합) 등에서 국가별 비율을 분석해 공개한다. 불평등 문제가 주로 소득 상위 10%와 하위 40% 간의 소득 분배에서 발생하고, 상위 11~60% 중간층의 소득 몫은 안정적으로 유지된다는 연구 결과를 바탕으로 하고 있다(조선비즈, 2019.4.11).

을 하는데, 보통 때에서 눈에 잘 보이지 않지만 종종 적나라하게 드러난다.

시장경제 체제 내에서는 경기변동이 수시로 일어나는데 이것은 종종 경제위기를 수반한다. 문제는 경제 위기가 닥쳤을 때, 가장 피해를 보는 것은 기업이 아니라 일반 대중국민이라는 것이다. 1930년대 미국에서 발생했던 대공황이 바로 그 좋은 예이다. 스타인백의 '분노의 포도'를 본 사람은 알겠지만, 기업이 줄줄이 도산하고, 대규모 실업이 발생하며, 유랑민이 발생하고, 농산물은 넘쳐나는데 사람들은 굶주린다. 이 때 미연방정부는 대규모 공공사업을 벌여 실업자를 구제하고 기업을 회생시켜 경제를 회복시켰다. 만일 이 때 미 연방정부가 시장의 원리에 의해'보이지 않는 손'이 잘 해주리라고 믿고 아무것도 안한다면 나라가 망했을 것이다.

1997년 말 우리나라에서 외환위기가 터졌을 때도, 가장 큰 피해를 본 사람들은 힘없는 국민들이었다. 은행부채를 갚지 못해 파산한 기업은 대개가 다 중소기업 내지는 영세 사업자이었는데 파산한 기업주들과 종사자들은 노숙자로 전락해 길거리를 방황했다. 도산한 대기업도 있었지만 대부분의 대기업은 공적자금을 지원받아 살아 남았으며 임직원들은 외환위기 가운데에서도 흥청망청 보너스 파티를 즐기기도 하였다. 도산한 대기업의 근로자들은 구조조정이라는 이름으로 거세게 불었던 감원바람에 희생양이 되었다.

최근의 한국 경제상황을 보자. 앞서 말한 대로, 한국의 대기업은 호황을 누리고 있지만 노동자들은 점점 더 궁핍해지고 있는 것이 사실이다. 중소기업에 속해있는 비정규직 노동자들은 어려운 상황 속에서 삶을 이어간다. 하지만 우리나라에는 임시직 일용직 노동자가 거의 500만 명이나 있다.

임시직 근로자들은 자의 반, 타의 반 보험에 들지 않는다. 대개 근로계약서조차 쓰지 않는다. 작업 중 다치거나 고용주 사정으로 실직했을 때, 아무런 대책이 없다. 이런 현실은 2021년 우리 나라 취업자 2,900만 명 중 52.6%만이 고용보험, 산재보험 등에 가입돼 있다는 통계에서도 나타난다. 이들 중 상당수가 빈곤층이지만, 정부가 마련하고 있는 빈곤층 지원 제도의 혜택을 보기 힘들다.

6.6 자연 파괴성

자본주의는 산업혁명을 시작하면서 이미 벌써 지구의 자연환경을 대규모로 파괴하기 시작했다. 물론 인간문명의 발달과 복지의 향상을 위해서 어느 정도의 자연환경의 훼손은 불가피한 것이 사실이다. 그러나 시장경제제도는 불필요하게 자연환경을 파괴하는 경향이 있다. 시장경제체제 속에서 기업은 살아남기 위해서 지속적 수익증대와 이윤창출을 위하여 끊임없이 신기술을 개발하고, 신모델을 시장에 내놓으며, 신상품을 개발해야 하고, 그렇게 함으로써 기업은 더 많은 상품을 팔 수 있는 것이다.

자본주의체제 아래에서 정부는 무슨 일을 하는가? 정부는 국방과 치안, 사회복지서비스만 전달하는 게 아니다. 자본주의 체제 하에서 정부는 기본적으로 두 가지 기능–자본축적과 정당성–을 담당하는데 이 중 자본축적의 기능이란 한마디로 기업의 사업이 잘 되어 이윤을 지속적으로 창출할 수 있도록 도와주어야 하는 일을 말한다(O'Connor, 1973). 정부는 기업활동을 적극 지원하고 장려함으로써 지속적 경제성장을 유지할 수 있고, 경제성장을 유지함으로써 일자리를 창출할 수 있으며, 이는 정권 재창출로 연결할 수 있다. 특히 경기침체가 올 때, 정부가 먼저 나서서 대규모 공공사업, 토목건설 사업을 벌이는 것은 1930년 대 미국경제대공황에서만 볼 수 있는 풍경은 아니다. 이 과정에서 자연환경은 대규모로 파괴될 수밖에 없다.

기업은 소비를 촉진하고 매출을 증대하기 위하여 그것이 비록 불필요할지라도 소비자의 소비욕구를 극도로 자극하지 않으면 안 된다. 이를 위하여 기업은 각종 대중매체를 통한 끝없는 광고 홍보전략을 구사하며 막대한 광고비를 지출한다. 과학기술정보통신부와 한국방송광고진흥공사(KOBACO, 2024)가 발표한 '2023 방송통신광고비 조사'에 따르면 2023년 방송통신 광고비는 16조74억원으로 매체별로 보면 온라인 광고는 9조216억원으로 제일 크고, 방송 광고는 3조3천076억원 등이다. 이 천문학적 돈의 대부분은 사람들의 소비를 부추기는 상품광고가 차지하고 있음은 두 말 할 것도 없다. 여기에다, 끝없는 가판 거리 도로광고까지 합하면 우리는 하루도 소비하지 않고는 살 수 없는 세상에 살고 있다.

그 밖에 자동차 제조회사, 아파트와 상가 사무실 공간을 위한 대형 건물, 이동통신을 위한 전화기를 제조하는 기업 등 은 거의 매년 새로운 모델을 출시하고 있으며, 구매력있는 소비자는 새 모델이 나올 때마다 계속하여 구매하는 것을 당연히 여기는 경향마저 있다.

산업혁명을 거치며 발전한 과학기술은 수많은 발명품을 낳으며 숲을 대규모로 파괴하였다. 벌목업자와 광산업자, 석유채굴업자는 떼돈을 벌며 자본을 축적하였으나 숱한 동식물이 멸종되는 대가를 치러야 했다. 이는 무한한 이윤을 추구하기 위해 대량으로 생산을 하고 대량으로 소비하는 자본주의의 본성 때문이다. 대량생산을 위해 자연은 대규모로 파괴되고 대량소비는 대량의 폐기물을 낳고 있다. 세계의 여러 나라들은 자연파괴에 대응하기 위하여 적지 않은 노력을 하는 것이 사실이다. 1972년 스톡홀름 환경회의로부터 92년 브라질의 리우데자네이로에서는 'Sustainable Development(지속가능한 개발)'이 주요한 테마로 등장하였다. 그러나 이것은 자본주의의 자기합리화일 뿐 오늘도 아마존강의 원시림은 맥도널드 햄버거를 위해 파괴되고 있다.

2010년 모 방송국에서 시리즈로 방영되었던 '지구의 눈물'이 화제가 된 것이 있다. 그 중 '아마존의 눈물'은 라틴 아메리카에 있는 아마존밀림에는 지구의 육지 내 동식물의 15%가 이 지역에 의존해 생존하고 있다고 보고하고 있다. 지구 대기중의 산소를 아마도 10% 혹은 그 이상 생산하는 곳이므로 인류의 생존과 생태계, 그리고 지구의 기후관계에 상당한 영향을 미치는 지역이지만, 동시에 개발업자들과 정부의 입장에서는 원시림에 둘러싸인 자원의 보고인 곳이다. 때문에 아마존을 보존하고자 하는 사람들과 개발하고자 하는 사람들 사이에서 남미의 이 지역은 몸살을 앓고 있다. 아마존은 현재까지 거의 20%에 달하는 면적이 파괴되었다. 현재의 속도로 파괴가 자행된다면 170년 뒤에는 지구상에서 아마존이라는 지역이 사라질 것이라는 것이다. 하지만 파괴의 속도가 갈수록 빨라지기 때문에 그 전에 아마존이 사라질 것이라는 의견 또한 곳곳에서 제기되고 있다. 자원으로서의 가치보다는 지구에 미치는 환경의 문제 때문에 아마존을 보존해야 한다는 국제적 압력이 증가되고 있는 추세이지만 브라질 정부를 등에 업은 기업은 개발하고야 말 것이다.

1970년대에 들어서 본격적인 산업화의 길을 걷기 시작한 한국에서도 마찬가지이다. 국민들에게는 '자연보호'라는 개념조차 부재한 상태에서 단기간의 경제성장 기간에 비례하는 단기간 동안의 대규모 자연파괴가 이루어졌다. 이제 우리나라는 끝없이 토목건설과 대형 구조물 건축을 벌여야 경제를 지탱할 수 있는 토건국가의 길로 접어든지 이미 오래다. 개발과 재건축이라는 이름으로 끊임없이 불필요한 토건사업, 심지어는 만들수록 해악만 끼치는 개발사업을 지속적으로 하고 있는 것이다. 산허리를 자르고 들판을 가로질러 도로를 내고, 그 옆에 또 고속도로가 들어서고, 산자락 허물어 골프장을 만들고, 대형 호텔과 유휴시설을 만들고, 끝도 없는 아파트 재개발사업은 자연환경을 대량으로 파괴하고 있는 것이다.

6.7 인간소외

자본주의 체제 하에서, 인간은, 특히 사회적 약자의 경우는 더 심한데, 소외될 수밖에 없다. 마르크스에 따르면, 자본주의 생산양식에서 노동자는 스스로의 생명과 운명을 결정할 능력을 상실하며, 자기 행동의 결정자로서 스스로 사유하고 행동할 능력을 박탈당한다. 인간이 다른 인간과의 관계를 정의하기 위해서는 그들이 노동으로써 생산해낸 상품과 용역의 가치에 의존해야 한다. 비록 노동자는 자율적이고 자주적인 인간이지만, 경제적 존재로서 노동자는 생산수단을 독점한 부르주아가 결정하는 경제적 목표를 위해서 존재한다(주디 콕스, 2009).

자본주의 체제하에서 자본은 자연을 대량으로 파괴하게 되는데, 자본에 예속되어 있는 노동은 상품을 생산하기 위해 자연을 파괴하지 않을 수 없다. 노동자가 자본가의 명령을 받아 자연에서 소재를 얻어 상품을 대량생산 할수록 자연의 파괴는 대량으로 이루어진다. 이 때 노동자는 자연과 더불어 사는 이웃의 삶도 파괴함으로써 이웃으로부터도 소외된다. 기업가의 의도에 따라 대량생산 체제의 하수인이 된 노동자는 본의 아니게 자연에 대한 대량파괴의 선봉에 선다. 따라서 노동자가 본의 아니게 자연을 파괴함과 동시에 자신의 생존 터전 및 이웃의 삶의 터를 파괴함으로써, '자신·이웃·자연의 3자'로부터 소외되는 모순을 경험하고 있다. 이러한 인간소외는 생산수단의 소유와 노동의 분리가 이루어져 있는 자본주의 경영체제 하에서 기계에 의한 생산이 점차 늘어나고, 다시 경영조직의 관료화가 진행됨에 따라 노동자가 인간적 가치를 상실하게 되어 무력감이나 좌절감을 갖게 된다(주디 콕스, 2009).

마르크스는 인간 본성이 사회와 무관한 고정불변이라 보지 않았다. 그는 불변의 인간 본성처럼 보이는 많은 특징이 사실은 사회마다 매우 달랐다고 봤다. 그는 인간이 자신의 필요를 충족시키기 위해 자연을 상대로 노동해야 한다는 것이야말로 모든 인간 사회의 변함없는 특징, 즉 "자연이 인간에게 부과한 영원한 조건"이라고 주장했다. 다른 동물들과 마찬가지로, 인간도 자연을 상대로 노동을 해야만 생존할 수 있다. 그러나 인간의 노동이 동물의 노동과 구별되는 까닭은 인간이 의식을 발전시켰기 때문이다. 마르크스가 〈자본론〉의 도입부에서 이 점을 묘사한 부분은 유명하다.

> 거미는 직조공이 하는 일과 비슷한 일을 하며, 꿀벌의 집은 많은 인간 건축가를 부끄럽게 한다. 그러나 가장 서투른 건축가라도 가장 훌륭한 꿀벌보다 뛰어난 점은, 집을 짓기 전에 이미 머리 속에서 집을 짓고 있다는 것이다. 모든 노동과정의 끝에 얻는 결과물은 그 시초에 이미 노동자의 머리 속에 들어 있는 것이다. (Fischer, 1996, 52; 주디 콕스 2009에서 재인용).

인간 노동의 고유한 특징은 인간이 자연을 상대로 의식적으로 행동하므로 기존의 성과를 이용해서 자신에게 필요한 것들을 생산하는 새로운 방식을 개발할 수 있다고 설명했다. 따라서 인간에게는 역사가 있지만 동물은 그렇지 않다. "동물의 본성은 영원한 반복이지만, 인간의 본성은 변형·발전·변화다." 자본주의는 바로 이 인간의 본성을 억압한다.

자연을 상대로 한 노동은 자연뿐 아니라 노동자 자신도 바꾼다. "외부 세계를 상대로 행동하고 바꾸는 과정에서 인간은 자신의 본성도 바꾼다. 인간은 잠자고 있는 능력들을 계발해 자신의 의지대로 사용한다." 따라서 노동은 노동자가 자신이 사는 세계를 만들어 내고 그 과정에서 스스로 창조와 혁신의 자극을 받는 역동적 과정이다. 마르크스는 의식적으로 노동하는 능력을 우리 "종(種)의 본질"이라고 불렀다. 그런데 자본주의적 생산양식은 그 '종의 본질'을 파괴한다.

분업, 기계화, 자동화, 대량생산 등 자본주의적 생산양식을 통해서 만들어지는 상품과 서비스는 우리를 의식적 노동으로부터 소외시킨다(Fischer, 1996, 51, 주디 콕스에서 재인용).

우리 종의 본질은 또한 사회적 존재다. "인간은 사회적 존재다." 사람들은 개인적 선호와 관계 없이 서로 관계를 맺어야 한다. 왜냐하면 인간은 협력해야만 생존에 필요한 것들을 얻을 수 있기 때문이다. "사회는 그저 개인들로 이뤄진 것이 아니다. 사회는 개인들이 맺고 있는 관계와 연관의 총체다." 인간은 노동을 통해 물질세계와 관계 맺는다. 노동을 통해 인간은 자기계발을 한다. 노동이 인간관계의 근원이다. 따라서 노동과정에서 일어나는 일이 사회 전체에 결정적 영향을 미친다. 그런데 자본주의는 인간을 노동으로부터 소외시키고, 사회로부터 소외시킨다. 이는 네 가지 차원에서 진행된다. 먼저, 생산수단의 소유와 노동의 분리에 따라 노동자가 사용하는 생산수단과 생산물이 이미 자기의 것이 아니고 자기의 '인격적 표현'이 아니라는 데에서 노동자의 소외감이 생긴다. 둘째로, 노동자는 임금을 받으면 그 대신 경영자가 일정하게 정한 작업목표와 작업방법에 타율적으로 따라야 한다. 이와 같이 노동의 자율성이 없는 데에서 노동자의 소외감이 생긴다. 셋째, 노동자는 자기가 담당한 부분의 일과 전체와의 관계도 모르게 되어 노동자는 톱니바퀴의 톱니 같은 존재가 된다. 자동화 기계화로 노동자는 고립된다. 특히, 컨베이어시스템에 의한 양산 시스템의 발달로 노동자의 작업은 세분화되고 단순화하였으며, 기계에 의해 작업의 진행 속도가 타율적으로 정해져 노동자는 기계에 예속된다(주디 콕스, 2009; 마르크스, 경제학 철학 수고, 1844).

이처럼, 노동의 인간소외에 의해 생기는 문제들은 매우 심각한 문제들로서 인간이 인간답게 살아가는 데 매우 중대한 걸림돌이 되는 것을 두말할 필요도 없다. 따라서 이러한 문제들을 해결하고 실추된 노동자의 인간으로서의 가치를 회복하기 위해서 노동의 인간화가 추진되는데, 그 시책으로는 종업원의 경영참가, 직무의 확대, 자주관리작업집단(自主管理作業集團) 등의 방법이 시도되고 있다.

7. 나가면서

이 장에서는 오늘날 우리 사회의 지배적 사회철학인 자유주의는 부르주아 민주주의에 그 근원이 있으며, 따라서 그 역사적 진화물인 자유민주주의와 자본주의는 오늘날 여러 가지 숙제를 던져 주고 있다는 것을 보았다. 자유주의는 그 처음에는 인간의 자유를 확대하고 숭고한 박애정신을 높이는 혁명적 진보적 역할을 하였지만, 자본주의가 고도로 발달함에 따라 인간사회를 약육강식 승자독식의 원리가 작용하는 정글로 만들었다. 역사 발전 과정에서 자유주의는 사유재산제, 자유경쟁, 계약자유라는 원칙을 기반으로, 자본주의라는 경제체제와 맞물려 인류 역사상 전례가 없는 무자비, 경제불평등, 사회분열과 갈등, 자연파괴, 인간소외라는 여러 가지 의도하지 않았지만 인류에게는 참혹한 결과를 가져다 주었다.

이 모든 자본주의의 문제점들은 인간이 인간답게 사는 세상을 만드는 데 중대한 걸림돌이 되고 있다. 즉 자본주의는 물질생산을 크게 증대하여 인간에게 물질적 풍요를 가져온 것이 사실이지만, 그로 인해서 발생한 여러 가지 문제점들로 인해서 인간이 인간답게 사는 복지사회 건설에 큰 장애가 되고 있는 것이다.

자유주의와 민주주의 이 둘은 모두 힘을 합하여 봉건시대에 대항하여 투쟁하는 과정에서 탄생한 형제들로 부르주아라는 같은 뿌리를 가지고 있다. 하지만, 비극적인 것은 자유주의가 민주주의와 충돌한다는 것이다. 자유주의와 자본주의가 발달할수록 민주주의와는 점점 멀어지는 경향이 있다는 것이 점점 역사적 사실로 드러나고 있는 것이다. 자본주의 초기 단계, 즉 고전적 자유주의 혹은 자유방임주의는 대다수 사람들에게는 다시는 돌아가고 싶지 않은 끔찍한 경험이었다.

그러면 어떻게 해야 할까? 그 대답은 정치활성화와 민주주의의 완성이다. 자본주의의 수많은 문제점은 더 이상 방치할 수 없는 지경에 이르렀고 이를 해결 보완하기 위해서는 민주주의적 정부 개입이 필요하다. 이 정부 개입방식이 잘못될 경우에는 차라리 안하는 것보다 못할 수 있다. 호랑이보다 무서운 것이

폭군의 정치라는 것은 왕정국가에만 해당하는 말이 아니다. 정부가 시민사회에 개입하는 방식이 중요하다. 형식적 절차적 민주주의만으로는 자본주의 체제에서 가난하고 불안한 생활을 이어가는 사회적 약자의 삶을 보듬어 주고 개선해 주는데 한계가 있다. 오히려 조선의 민본주의 사상이 실질적 민주주의에 가깝다. 형식적 절차적 민주주의가 아무리 잘 실현된다고 해도 사회적 약자에 삶을 개선하는 데는 별로 도움이 안 되기 때문이다.

우리가 원하는 민주주의란 정치체제의 형태, 권력구조, 혹은 권력의 행사 방식에 상관없이 사회기득권계층 내지는 특권계층의 배타적 특수이익을 위해서 대다수 사람들의 삶을 희생시키지 않는 정치질서를 확립 유지시키는 정치체제를 말한다고 할 수 있을 것이다. 그것은 자본주의의 약육강식 승자독식의 문제를 해결할 수 있는 사회적 정치 세력의 목소리를 지속적으로 정치체계 속으로 투입하고, 이를 통하여 지속적 소득재분배가 가능한 정치체제를 의미한다고 볼 수 있다. 이것이 진정한 민주주의이다. 그것은 군주나 독재자, 소수의 지배 엘리트 집단 등 정치권력의 횡포로부터 자유라는 소극적 의미의 자유를 넘어서 개인 모두가 최소한의 인간적 생활을 영위할 수 있는 적극적 자유를 의미한다고 볼 수 있다.

한편, 자유주의 자본주의 발달은 그 폐해로 여러 경제적 사회적 문제를 낳았고 산업혁명 후 본격적으로 등장한 노동계급은 그들의 권리를 이론적으로 뒷받침하는(과학적) 사회주의를 역사 전면에 등장시켰다. 그 과정에서 자유주의와 사회주의는 격렬하게 대립했는데 그 타협점이 다음 장에서 볼 사회복지라는 것이었다.

참고문헌

고병권(2011). 〈민주주의란 무엇인가?〉, 그린비.

곽노필(2021). '다이내믹 코리아' 한국, 가장 격렬하게 '문화전쟁' 느끼는 나라', 한겨레 2021.7.1.

김태완(2010). '워킹푸어 가구의 주거실태 및 정책적 함의', 한국보건사회연구원.

김세균(2004). '국가론', 〈정치학의 이해〉 서울대학교 교수 공저. 서울대학교 출판부.

김욱(1998). '한국의 재벌과 이익집단정치', 〈민주화시대의 정부와 기업〉, 문정인편 오름.

김유선(2010). '2010년 3월 경제활동인구조사 부가조사', 한국노동사회연구소.
김의영(1998). "사업자단체와 정책변화의 정치" 한국정치학회보, 32집 4호: 187-205.
김형배(2016). 〈민법학 강의〉, 신조사.
로크, 존(2017). 〈통치론〉, 강정인 · 문지영 번역, 까치글방.
루소 장 자크(2018). 주경복 · 고경만, 〈인간불평등기원론〉, 책세상.
__________(2011). 〈인간불평등기원론〉,이영찬 역본, 계명대 출판부.
류이근(2023). '한국 소득 불평등, OECD 2번째로 빠르다' 한겨레신문, 2023.04.10. https://www.hani.co.kr
문정인(1998). '한국의 민주화, 세계화, 정부-기업관계', 〈민주화시대의 정부와 기업〉, 문정인 편, 오름.
송호근(2011). 〈인민의 탄생: 공론장의 구조변동〉, 민음사.
서상철(2011). 〈무한 경쟁이 대한민국을 잠식한다〉, 지호.
손호철(1998). "국가론의 시각에서 본 IMF 개혁—김대중 정권의 재벌개혁", 한국정치학회 춘계대회.
신광영(1998). '민주주의는 경제발전에 도움을 주는가?', 〈노동사회〉 4월호. 74-83.
아담 쉐보르스키. 〈자본주의사회의 국가와 경제〉, 박동 · 이종선 역. 일신사.
양재진(2005). '발전이후 발전주의로: 한국 발전국가의 성장, 위기, 그리고 미래', 〈한국행정학보〉, 39권, 1호. 1-18.
윌 듀란트(2013). 〈철학이야기〉, 정영복 역, 봄날의 책.
윤홍식 · 남찬섭 · 김교성 외(2019). 〈사회복지정책론〉, 사회평론아카데미.
이상형(2021). '시민사회의 이중성과 해방의 조건 - 헤겔 시민사회론과 새로운 규범성 모색', 〈헤겔연구〉 49, pp. 47-71
이연호(1999). "김대중 정부의 경제개혁과 신자유주의적 국가등장의 한계", 〈한국정치학회보〉. 33/4. 287-308.
이연 · 임유진 · 정석규(2002). '한국에서 규제국가의 등장과 정부-기업관계', 〈한국정치학회보〉, 36집, 3호. 199-219.
임도빈(2007). '관료제, 민주주의, 그리고 시장주의: 정부개혁의 반성과 과제, 〈한국행정학보〉, 제41권, 3호. 41-65.
정연주(2013). "경제활동의 자유와 국가개입', 〈공법연구〉, 제42집 제1호 Vol. 42, No. 1, Oct. 2013.
촘스키(2004). 〈촘스키 세상의 권력을 말하다〉, 시대의 창.
_____(2013). 〈촘스키 누가 무엇으로 세상을 지배하는가〉, 시대의 창.
토크빌, 알렉시스 드(2013). 〈미국의 민주주의〉, 은은기 번역. 계명대학교출판부.
경향신문. '시론, 금융감독기구의 직무유기'(2005.3.7.)
오마이뉴스. '몸이 아파도, 일하다 사고가 나도 기댈 곳이 없다.'(2010.7.5.).
오마이뉴스. "진정으로 비정규직 눈물 닦아줄 법개정 이뤄져야" (2009.7.30.).
정해식 · 정홍원 · 구혜란 · 김성근 · 김성아 · 우선희(2016). 사회통합지수개발연구.

한국보건사회연구원 연구보고서.
주디 콕스(2009). "마르크스의 소외론" 마르크스21. 3호(2009년 가을) ttps://marx21.or.kr/article/71
포퍼, 칼(2010). 〈열린사회와 그 적들〉, 이명현 역, 민음사.
토마 피케티(2014). 〈21세기 자본〉 장경덕 외 번역, 글항아리
G.W.F.헤겔(2008). 권기철 역, 〈역사철학강의〉, 동서문화사, 2008, 222쪽.
한국은행(2023). 〈국민계정〉.
홉스봄(2006). 〈혁명의 시대〉 정도영·차명수 역. 한길사.
황수현(2020). '8년째 청소년 사망원인 1위 자살..27%는 '우울감' 경험"
중앙일보(2020.04.27.) https://www.joongang.co.kr
황수현2018.04.26). '한국 청소년 사망원인 1위 자살…4명중 1명 "심각한 우울 느낀다" 중앙일보

Berger Suzane(1981). *Organizing Interests in Western Europe: Pluralism, Corporatism, and Transformation of Politics,* New York: Cambridge University Press.
Deutsch, Karl(1961). 'Social Mobilization and Political Development', *American Political Sciene Review,* 55:3 pp. 493-514.
Easton, David(1981). *The Political System.* 3rd ed. University of Chicago.
Gerschenkron, Alexander(1962). *Economic Backwardness in Historical Perspective,* Cambridge: Harvard University Press.
Haggard Stephan & Moon Jung-in(1990). 'Institutions and Economic Growth: Theory and the Korean Case,' *World Politics* 41, no 2. pp. 210-237.
Huntington, Samuel(1968). *Political Order in Changing Society.* New Haven: Yale University Press.
Hogwood W. Brian & Guy Peters(1985). *The Pathology of Public Policy.* Clarendon Press.
Harold Lasswell(1936). *Politics: Who Gets What, When, How?,* New York: McGraw Hill.
Lindblom, C. E.(1977). *Politics and Markets: The World's Political-Economic Systems.* New York: Basic Books.
Lowi, T.(1969). *The End of Liberalism.* New York: Norton.
Luxemburg, Rosa(1970). *Reform or Revolution,* New York: Pathfinder Press.
Miliband, Ralph(1969)..*The State in Capitalist Society,* New York: Basic Books.
Murray, Robin(1971). 'Ihe Internationalization of Capital and the Nation State' *New Left Review 67*: 84-109.
O'Connor, James(1973). *The Fiscal Crisis of the State,* St. Martin

Offe, Claus(1974) 'Structural Problems of the Capitalist State,' *German Political Studies 1*: 31-57.

__________ 'The Theory of the Capitalist State and the Problem of Policy Formation.' *Stress and Contradiction in Modern Capitalism*. Lexington: Lexington Books.

Pfiffner J. M.(1940). *Research Methods in Public Administration*. New York. in Waldo.

Rodrik, Dani(1998). 'Democracy and Economic Performance', *Paper prepared for a conference on democratization and economic reform in South Africa*. Cape Town. Google 검색, 2009 7월.

Przeworski, Adam and Fernando Limongi, 'Modernization: Theories and Facts,' *World Politics*, vol. 49 (January, 1997), pp. 155-183.

Suleiman, Ezra(2003). *Dismantling Democratic States*, Princeton, N.J.: Princeton University Press.

Waldo, Dwight(1948). *The Administrative State*, The Ronald Press Company, New York.

Wamsley, Gary et al(1992). *The State of Public Bureaucracy*, Larry Hill ed. M.E. Sharpe Inc. New York.

제 3 장

자유주의, 사회주의, 민주주의 그리고 사회복지

민주주의 없이 사회복지 없다(No Democracy, No Social Welfare).

'한 사회의 사회복지 수준은 그 사회의 민주주의 수준과 비례한다.' 민주주의가 잘 발달한 사회일수록 사회복지가 발달하는 경향이 있다.[1)]

1. 사회복지정책발달이론과 민주주의

무엇이 사회복지를 발달시킬까? 사회복지를 발달시키는 요인에는 여러 가지가 있다. 먼저 관련 이론들을 간단히 살펴보면, 산업화가 되어 경제가 발전한다면 대도시로 인구집중이 일어나고 이에 따라 실업 교육 청소년 아동 노인문제가 발생하고 이는 자연스럽게 사회복지가 발생하고 팽창한다는 산업화이론(Mishra, 1981), 이익단체가 잘 발달하면 그 이익단체들의 요구에 부응하기 위해 맞춤형 복지정책이 발전한다는 이익단체론(Pampel&Williamson, 1989), 자본주의 발전은 장기적 관점에서 지속적인 노동력 제공을 필요로 하고 이것은 궁극적으로 자본가 계급의 이익에 봉사할 사회복지정책의 확대를 수반할 수밖에 없다는 독점자본론(Domhoff, 1977; Jenkins&Brents, 1989; O'Connor, 1973; Offe, 1984, Gough, 1979), 노동의 정치적 세력이 확대되면 결국 사회복지정책이 확대될 수밖에 없다는 사회민주주의이론(Korpi, 1983; Esping-Andersen, 1985), 그리고 노동운동보다는 국가관료들이 자기이익을 추구하는 결과 사회복지정책이 확대된다는 제도주의론(Skocpol, T. and Ikenberry, J.

1) 한 사회의 사회복지 수준은 물론 사회복지 프로그램이 전달하는 총체적인 사회복지의 양과 질의 수준이며 그것은 사회복지법의 종류, 수급자의 수와 혜택범위 등등 다양한 방법으로 측정될 수 있을 것이다.

1983) 등이 있다.

이 이론들은 모두 다양한 시각과 수준에서, 다양한 지리적 시간적 공간에서 나름대로 사회복지 현상을 설명하고 있지만, 모두 한계가 뚜렷하다.
사실 산업화, 자본주의, 이익단체 등이 국가 사회복지발달의 필수조건이 될지언정 충분조건은 아니다. 미국의 경우처럼, 아무리 산업화가 고도로 달성되어도, 자본주의가 고도로 발전하더라도, 또 구소련이나 북한처럼 아무리 국가관료제도가 확립되어 있어도, 식민지 조선과 19세기 유럽국가에서처럼 노동정치세력이 아무리 강해도 사회복지 수준은 형편없이 낮을 수 있는 것이다.[2)]

또한 사회복지를 자본주의 발전의 부산물로 한정해서 볼 필요도 없다. Polanyi(1955)가 말한 '사회의 사회복지 발전은 자본주의 체제 발전의 하나의 산물이다'란 말도 오직 부분적으로만 맞는 말이다. 사회복지는 그의 말대로 사회발전의 총체적 맥락에서 역사적 분석 시각에서 이루어져야 한다. 유구한 인류 역사에서 겨우 최근 200년 정도 기간 성행한 '자본주의'만이 사회복지의 모체가 된다고 주장하는 것은 매우 중대한 오류를 안고 있다고 봐야 한다. 사회복지는 자본주의가 출현하기 이전에도 있었기 때문이다.

필자는 오직 민주주의 이론만이 모든 한계를 넘어 공통적으로 한 사회의 사회복지를 설명할 수 있다고 주장한다. 명목적 형식적 법적 민주주의를 넘어 오직 모든 사회 구성원이 권리를 인정받고 인간으로서 최소한의 존엄성을 지킬 수 있는 실질적 민주주의 국가에서만 사회복지는 발달할 수 있다는 것이다. 사회복지의 발달 역사는 갈등과 투쟁으로 점철되어 왔으며, 기본적으로 민주주의의 역사와 그 궤를 같이 한다. 이런 시각에서 이 장에서는 사회민주주의 이론에 초점을 맞추어 논의를 진행하고자 한다. 특히, 노동자들이 어떻게 노동조합과 보통선거권을 획득해 왔는지, 사회주의와 사회민주주의의 역사와 사례, 그리고

2) 미국은 모든 면에서 예외적 국가라 할 수 있다. 독특한 기원과 역사 발전 과정, 정치 제도 등을 가진 미국은 다른 나라들과는 다른, '특별한' 국가라는 생각을 말한다. 1830년대 미국을 면밀히 관찰했던 프랑스 사회학자 알렉시 드 토크빌(Tocqueville)이 처음 이 말을 만들어냈다. 이후 미국인의 민족적 자부심을 드러내는 말로 사용되면서, 외부에선 '미국의 우월주의'를 나타낸다는 비판을 받아왔다. 이런 미국을 사회발전의 모델로 삼은 우리나라 사회과학은 그 존립근거가 매우 취약하다. 미국의 사회복지 저발전은 다양한 인종 종교 언어 등을 배경으로 하는 이민사회 내지는 다문화 사회가 갖고 있는 낮은 수준의 공동체 의식의 결과가 아닌가 한다.

그것이 어떻게 사회복지로 연결되었는지 살펴보겠다.

이러한 주장은 사회복지가 민주주의가 잘 발달한 선진국에서만 잘 발달할 수 있다는 사실로 그 타당성을 뒷받침할 수 있다. 민주주의가 발달하지 못한 아프리카 동남아시아 남아메리카에는 사회복지국가가 거의 없다. 왜냐하면, 그들 나라에는 자유가 없기 때문이다. 가난한 노동자들이 자신의 권익을 주장할 수 있는 노동조합이 없으며, 그들의 이익을 대변할 진보정당이 없으며, 그들의 권리를 주장할 표현의 자유, 집회 결사의 자유가 없으며, 그러한 생각을 담을 양심의 자유가 없기 때문이다.

이런 시각에서 군주제 시대, 봉건제도나 신분제사회에서 국왕의 신민으로서 보통 백성들이 자신들의 권리를 주장할 수 없었던 것은 자연스러운 일이었으며, 그들의 삶이 곤궁했던 것은 필연적 결과였다.

그러나 군주제나 봉건귀족사회라고 해서 민주주의적 요소가 전혀 없던 것은 아니었다. 우리나라에서 발달했던 민본주의는 민주주의적 요소를 상당히 많이 갖고 있어 사회복지제도가 발달했음을 앞에서 본 바 있다. 조선의 사간원 사헌부가 오늘날 권력을 감시 견제하는 언론의 역할을 담당했음을 잘 알고 있다. 비록 민주체제는 아니었지만 국왕과 신료들이 백성의 목소리에 귀를 기울이고 그들의 곤궁한 삶을 개선하는 데 큰 관심을 갖고 있었다. 그 결과, 여러 사회복지제도가 발달하여 왔다.

반면에 민주공화국이라고 해서 모든 국민이 다 잘사는 것은 아니다. 형식은 민주공화국인데 소수의 특권층이 권력을 잡고 모든 부와 권력을 독점하고 있는 나라에서 다수 국민이 잘 살기는 매우 힘들다. 군사쿠데타로 헌정질서가 파괴되어 군사정부가 수립된 국가에서는 사회복지 수준은 미약할 수밖에 없었고, 시민혁명으로 민주주의가 회복되었을 때 비로소 사회복지는 비약적으로 발전하였다.

2. 정치와 사회복지

저명한 정치학자 이스턴(Easton, 1953)의 정의처럼, 만일 정치를 사회적 가치를 둘러싼 권위적 분배라고 정의한다면, 부의 재분배를 둘러싼 활동 혹은 행위은 정치행위의 핵심이다. 대부분의 사람들은 그들을 물질적으로 더 풍요롭게 해 줄 더 많은 소득을 원하며 이를 위하여 사람들은 개인적으로 더 열심히 일하며, 선거 때가 되면 자신의 이익을 위해 일해 줄 정당 후보에 투표한다. 이에 부응하여, 선거에서 이긴 후보들은 국가를 대신하여 부자들로부터 소득을 가져와 가난한 사람들에게 나누어 주는데 우리는 이것을 부의 재분배, 소득재분배, 혹은 사회복지정책이라고 부른다.

그런데 국가가 하는 이러한 소득재분배 활동은 저절로 혹은 쉽게 일어나는 것은 아니다. 왜냐하면, 자신들의 소득을 빼앗아가는 것을 보고만 있을 사람들은 없기 때문이다. 특히 그 사람들이 사회의 권력과 자원을 장악하고 있다면 말이다.

당연히(?) 사회의 부와 권력을 장악하고 있는 사회 기득권층은 자신들의 그것을 나누어주어야 할 민주주의 확대에 반대해 왔다. 이는 유럽국가 산업혁명 과정에서 적나라하게 드러난다. 사회복지의 발달은 노동자들이 그들의 목소리를 노동조합이라는 집단을 통해 결집하고, 가난하기 때문에 받을 수 없던 투표권을 획득하고 난 이후에야 가능했다. 노동자들이 집회 결사 정치적 참여의 자유를 획득하는 민주주의 매우 힘든 과정을 알아야 사회복지의 본질 혹은 실체를 이해할 수 있는 것이다.

또, 사회복지정책 발달사를 보면 사회복지제도의 혜택을 보는 대상자들이 종종 빈곤층을 비롯한 사회적으로 소외된 약자들이 아니다. 독일 사회보험법의 첫 번째이자 주요 대상자는 사회민주주의와 노동조합에 가입한 산업노동자들이었다. 농민과 하인계급, 그리고 영세수공업자는 나중에야 사회보험의 적용대상이 될 수 있었다. 실제로 노동자들이 농민보다는 생활 수준도 높고 사회적 지위도 높았지만 사회복지제도의 수혜자로 먼저 혜택을 받은 것이다. 그것은 노동자들이 지속적 소득이 있었고 따라서 보험료를 지불한 능력이 있었기 때문이지만, 그 보다 더 중요한 것은 노동자들은 힘이 있었기 때문이다. 노동자들도 그들의 목소리를 집약시킬 수 있는 노동조합이라는 조직과 그 목소리를 정치체제에 요구할 수 있는 정당이 있었기 때문이었다.

그런데 중요한 것은 사회복지정책을 실행하기 위해서는 막대한 재원와 자원을 요구하며, 이는 주로 부유층으로부터 추출될 수밖에 없었다는 사실이다. 사회복지정책 집행과정에서 부의 재분배 현상이 일어나는 것이다. 부의 재분배는 주로 부자들의 소득으로 사회문제를 해결함으로써 가난한 사람들에게 소득이 이전되는 현상으로 이는 주로 국가활동을 통해 수행된다. 그리고 이런 국가활동은 민주주의 혹은 민주성이 높은 국가일수록 활발하게 일어난다.

즉, 오직 민주체제만이 부의 재분배 활동을 충실히 그리고 충분히 할 수 있는 것이다. 이는 실질적 의미의 민주국가로서 정치체제의 형태와 상관없이 대다수 국민이 주인으로서 주권을 행사할 수 있는가의 여부가 부의 재분배를 결정한다는 의미이다. 비록 군주국가라고 해도 그 국가가 대다수 국민이 주인으로서 여론형성에 참여하고 국가의 중심으로 자리매김하고 있다면, 그 국가의 부의 재분배 활동은 활발하게 일어날 것이고, 형식적으로는 민주공화국이라 해도 대다수 국민이 별 힘도 없고 그 지배층이 권력을 독점하고 있다면, 부의 재분배 활동은 미미할 것이다.

1장에서 본 바와 같이, 많은 학자와 비평가들이 현대자본주의 국가의 부의 재분배 기능의 문제점을 지적한다(토마 피케티, 2014). 민주주의라고는 하지만 먹고 살아가기 급급한 평범한 대다수 국민들의 입지는 매우 취약한데, 이는 그들이 국가의 주권자로서 권력을 행사하고 정책을 만드는 것은 아니기 때문이다. 오히려 소수의 부와 권력을 가진 사람들이－대기업 소유주와 경영자, 고위관료, 판검사, 의사, 변호사 전문직 종사자 등－지배엘리트가 되어 국가권력을 장악하고 부와 권력을 독점하고 있다. 이러한 상황에서 대다수 평범한 국민들을 위한 부의 재분배 활동은 미약하기 마련이다.

사회복지의 역사적 발달을 거슬러 올라가 보면, 사회복지가 지극히 정치적 갈등과 타협의 결과라는 것을 알 수 있다. 유럽에서 민주주의 발달은 부르주아 혁명으로 시작되었지만 부르주아 혁명 이후의 정치발전은 노동자들이 주요한 사회계급으로 등장하는 사회민주화 과정이었으며 계급투쟁의 과정이었다. 즉, 사회복지의 확대는 노동자 계급을 둘러싼 자본가 관료 농민 등 다양한 사회계급과 집단 간 정치동학의 결과였다. 자본주의가 발전되는 과정에서 귀족과 관료, 그리고 자본가계급의 지배동맹은 노동계급과 사회주의 정당을 공권력이라고 불리는 무력을 사용하여 억압하는 것이 더 이상 효과적이거나 아니면 더 이상 가능하지 않다고 판단하게 될 때 그들은 고민에 빠졌다. 지배동맹은 선택할 수 있는 두 가지 대안이 있는데 하나는 민주주의를 폐지하고 노동계급과 사회주의 정당을 탄압하거나, 다른 하나는 노동계급을 포섭하고 사회주의 정당을 제도권 안으로 끌어들이는 것이었다. 그런데 유럽 대다수 국가의 지배동맹은 앞의 대안을 선택하는 것은 반복적인 파업과 전 민중적 저항을 초래하여 파국으로 치닫고 말 것이라는 계산을 했고, 결국에는 사회주의 세력만 득세를 할 것이라는 판단을 하였다. 그들의 선택은 두 번째 대안이었다. 이런 측면에서 Flora & Heidenheimer(1981: 22)는 민주주의야말로 근대 복지국가 발전의 '진정한 출발 the real beginning of the modern welfare state development'이라고 말한다(김태성·성경륭, 2014에서 재인용).

유럽에서는 주기적 경제공황과 경제침체로 많은 실업자가 발생하고 경제적 불평등과 빈곤이 심해졌지만, 부유한 '가진 사람들'이 자신의 것을 자발적으로 배분한 적은 거의 없다. 그들은 수적으로 우세한 '못가진 사람들'의 요구를 억압하기 위하여 참정권을 제한하였고 그들이 신봉하는 사회주의 사상을 불온하다고 탄압하였다(고세훈, 2007). 오늘날, 유럽에서 사회복지가 발달한 것은 민주주의에 대한 탄압과 억압을 극복하고 난 이후의 일이다. 사회적으로 약하고 경제적으로 가난한 평범한 사람들이 그들의 권리를 주장할 수 있는 정치적 조건이 마련된 뒤에야 사회복지가 출현한 것이다. 우리는 그 조건을 민주주의라고 한다. 그리고 이것은 대한민국에서도 마찬가지다.

3. 빈곤과 노동계급의 형성

“19세기 전반에 노동운동과 사회주의 운동의 출현은 도저히 피할 수 없는 것이었으며, 실상 대중의 사회혁명적 불온상태의 발생 또한 그러했다. 바로 그런 상태의 직접적 결과가 1848의 혁명이었다”(홉스봄, 2006: 389).

19세기 초 영국 빈민의 삶은 그야말로 끔찍하였다. ‘성냥팔이소녀’와 ‘굴뚝청소 어린아이’로 상징되는 영국 빈민은 공장법(Factory Law, 1833)을 제정해야만 했다. 공장법은 공장에서 비인도적 처우를 받는 아동을 위해 만들어진 법으로써 아동의 노동조건과 작업환경을 개선하기 위한 목적으로 제정된 법인데 이는 영국 최초의 아동복지법으로써 아동의 야간 노동금지, 9세 이하의 아동의 고용금지, 위생환경의 개선 등을 실시하였다. 아동들의 참혹한 야간노동이 전 영국에 만연하고 있었다는 반증이었다(유튜브, 〈벌거벗은 세계사〉 ‘산업혁명에 가려진 빈민가의 비극’ 편 참조).

1815년부터 1848년 사이에 노동빈민들은 소름끼칠 만큼 열악한 상태에 처해 있었다. 산업혁명이 급속도로 전진함에 따라 무쇠와 같이 비인간적인 기계와 시장원리가 노동자들을 밀쳐내기 시작했다. 독립된 인간을 자율성을 완전히 상실한 오직 하나의 일손으로 만들었다. 그들은 시민에서 탈락하여 궁민화하고 굶주린 사람들로 전락하였다. “그들은 일이 서툴지도 않았고, 무지한 인간쓰레기도 아니었다. 노리치나 던펌린의 직물공들, 런던의 가구쟁이들, 떠돌이 장인들,... 그들은 자신들에게 무슨 일이 일어나는지 알려고 했으며 저항했다. 공장노동자들은 그래도 형편이 좀 나았다. 반면에 그들은 자유롭지 못하고 심하게 통제되었으며, 주인이나 감독이 강요하는 엄한 규율 아래 놓여 있었다. 그들은 자신들이 부유한 사람들의 밥상에 빌붙어 그 부스러기를 얻어먹을 권리가 있다고 확신하고 있었을 뿐만 아니라, 그들 중 조금이라도 생각하는 사람들은 거의 모두 그들이 부자들에 의해 착취당하고 있으며, 그래서 가난해지고 있다고 생각했다(홉스봄, 2006: 394).

19세기 초 노동자들은 그 이전과는 크게 달랐다. 이제 노동자들은 계급의식과 사회적 열망을 가지기 시작했다. 이제는 하나의 사회계급으로서 노동자가 또 하나의 계급인 자본가와 맞서고 있었다. 프랑스혁명을 계기로 노동자들은 새로운 계급의식을 가지기 시작한 것이다. 산업혁명은 그 자신감 위에 언제나 끊임없이 동원되어야 한다는 필요성을 각인시켜 주었다. 즉 '사람다운 생활이란 그때그때 수시로 항의하는 것만으로는 얻어질 수 없는 것이었다... 필요한 것은 끊임없이 경계하고 조직하고 활동하는 운동—노동조합과 상호부조적인 단체나 협동조합, 노동계급의 학교 또는 강좌, 신문 그리고 선동—이었다'(홉스봄, 2006: 394).

산업혁명이 가져온 세상은 노동자들을 집어삼켰지만 이는 노동자들로 하여금 완전히 다른 세상이 왔다는 것을 절감하게 하였다. 이 완전히 다른 세상이란 경쟁적인 것이 아니고 협동적이며, 개인주의적이 아니라 집단주의라는 것이다. 그것은 꿈 속에서 상상만하는 것이 아니고 현실 속에서 실현 가능한 것이어야 했다. 바로 노동자의 계급의식이 형성되기 시작한 것이다.

노동자들의 계급의식은 미국의 독립혁명과 프랑스 대혁명 등에서 보여진 혁명의식과 강력히 결합했고 현실 속에서 등장했다. 이 새로운 노동계급의 입장을 실천적으로 표현한 것이 '노동조합'이고, 그 이데올로기가 협동조합적 국가였다(홉스봄, 2006: 399).

1889년까지 영국에서는 주로 숙련공, 직조공 및 광부 등으로 구성된 노동조합운동이 비교적 강력한 자조조직으로서 활동했다. 20세기가 되고 나서야 영국 노동자들이 본격적으로 정치조직을 갖추기 시작했는데 그것은 영국노동당이 사회주의연합과 노동조합과 연합하여 창당되면서 부터였다. 영국노동당은 1918년까지 자유당과 연대하고 있었는데, 그때까지 사회주의 강령도 제정하지 않았고 따라서 기존 정치질서를 위협할 만큼 위험한 존재가 되지 못하였다(Gerhard Ritter, 2005: 154). 이것이 바로 영국이 일찍 시작된 산업화와 도시화, 그리고 노동조합운동에도 불구하고, 독일에 비하여 국가가 주도하는 사회보험 도입이 늦은 이유이다.

노동조합은 '근로자가 주체가 되어 자주적으로 단결하여 근로조건의 유지 개선 기타 근로자의 경제적 사회적 지위 향상을 도모함을 목적으로 조직하는 단체 또는 그 연합 단체'를 말한다(노동조합법). 그리고 대부분의 노동자는 사회복지의 대상이 되는 인구집단이다. 즉 노동조합이 활발히 활동하여 노동조건을 개선하고 경제적 사회적 지위를 향상하는 것은 사회복지의 목표를 달성하는 것이다. 따라서, 노동조합의 활동이 자유롭고 활발할수록 또, 노동조합이 강할수록 근로자의 사회복지 수준도 높아지는 것이 당연하다.

역사적으로 사회복지발달과 관련하여 노동조합의 등장은 사회복지 발전의 중대한 기여를 했다. 일찍 산업화를 수행한 영국 노동자들은 19세기 초에 이미 사회적 계급으로 형성하였으며 정치권력을 쟁취하기 위한 조직화에 나섰다(Tompson, 1986). 만일 노동자들이 노동조합을 만들어 그들의 목소리를 높이지 안았다면 민주주의도 사회복지도 없었다. 산업화가 가속화될수록 더 많은 노동자들이 노동조합에 가입하게 되었고, 노동자들은 더 단단히 단결했으며, 자본가들은 그들의 목소리에 귀를 기울이지 않으면 안 되었다.

물론, 노동의 정치세력화는 그것을 가능하게 하는 민주주의 정치가 선행 조건이 된다. 민주주의는 인류 역사에서 노동자 농민 등 그 동안 억압받던 대중들에게 자유권과 정치권을 부여함으로써 그들로 하여금 국가권력을 구성하고 정치과정 전 과정에 참여할 수 있게 하였다. 노동자와 대중은 더 이상 강압적 지배와 자원을 추출하는 대상이 아니며, 선거는 그들을 위해 기본 요구를 충족시켜주지 않으면 안 되게 되었다.

그 결과 가장 숫자가 많고 잘 조직된 노동자들이 사회주의 정당과 연대하여 국가권력을 합법적으로 장악할 수 있게 되었다. 그뿐 아니라 결사권과 파업권 등의 산업권을 통해 노동계급이 자본주의적 생산과정을 합법적으로 대항할 수 있게 되었다(김태성 · 성경륭, 2014: 96). 민주주의는 대중의 정치참여가 가능하게 됨으로써, 또 노동계급과 사회주의 정당의 활동을 허용함으로써 노동자 농민 등 전 대중의 복지증진에 기여한 것이다.

노동조합의 출현과정을 조금 자세히 들여다보면 그것이 진정 가난하고 힘없는 사람들이 부유하고 힘있는 사람들을 상대로 싸워 이긴 민주주의 역사라는 것을 알 수 있다. 사람이 임금을 받고 노동을 제공하는 임금 노동자 계급의 출현은 산업화 이후의 일이다. 노동자는 기업가와 더불어 산업사회의 가장 중요한 사회 집단이다. 그럼에도 불구하고 노동자는 산업혁명 초기부터 기업가에 비해 매우 불리한 사회적 위치에 놓여 있었다. 따라서 이들은 이후 자본가와 국가에 대항하기 위하여 집단적인 조직체를 형성하여 자신들의 찾아야만 했다(심윤종, 1998: 14).

산업혁명 초창기, 증기기관 등 과학기술 기계설비의 발전으로 직조공과 같은 숙련 기술자들이 사라진 대신 비숙련 노동자들이 노동인구의 대부분을 차지하게 되었다. 사용자(자본가)들은 생산성과 효율성 증진을 위해 휴일과, 정해진 근로시간 없이 불규칙하게 장시간 노동을 할 것을 강요하였으며, 급여의 액수와 상관없이 노동자들의 삶은 매우 고단하고 궁핍했다. 토지, 공장 등의 생산수단을 소유하여 노동자들을 고용하는 자본가들은 노동자들의 고용과 해고를 자유롭게 할 수 있는 반면, 노동자들은 가혹한 노동조건의 개선을 요구하거나 불만을 표하며 항의할 수 있는 방법은 없었다. 만일 어떤 노동자가 문제를 일으키거나 사용자의 경영방식이나 노동조건에 불만을 제기한다면 사용자는 그저 그 노동자를 해고하면 그만이었다. 도시의 노동자들은 과거 농촌사회처럼 상호부조체계가 있는 것도 아니었다. 노동자들은 그들의 권리를 대변해줄 아무런 정치적 힘이 없었다.

그러나 시간이 흐름에 따라 점차 노동자들 사이에는 과거 농촌이나 마을에 있었던 것과 비슷한 집단을 결성하려는 움직임이 일었다. 그리고 노동자의 수가 증가함에 따라 노동자의 권리를 요구하는 목소리도 커지게 되었다.

그러자 대부분 귀족과 자본가들로 구성된 영국 의회는 1799년 단결금지법(the Combination Act)을 제정하여 노동자들의 단결을 금지하였다. 노동자들의 단결을 두려워한 지배계급은 노조를 불온시하고 공제조합의 등록을 의무조항으로 만들어 그 활동을 규제하였다. 단결금지법은 임금인상을 위해 조직을 결성하면 3개월 금고형이나 2개월 중노동형에 처했다(원석조, 2013: 107).

이에 대항하여 노동자들이 할 수 있는 것은 서로의 생활을 도와주기 위해서 돈을 모아 상호부조를 목적으로 하는 협동조합을 결성하는 것이었다. 이 조합은 '우애조합', '공제조합'이라 불렸는데, 그 목적은 주로 조합비를 모아서 기금을 형성하고 회원의 실업, 질병, 고령, 장례 등의 어려운 상황에서 도움을 주는 것이었다. 우애조합은 과부나 자녀, 질병이나 노후에 대비하기 위한 것, 노동자들의 미래를 위한 저축을 위한 것, 크리스마스 등 특별한 일에 대비하기 위한 것 등이 있었다(원석조, 2013: 108, 김윤태, 2007).

하지만 우애조합도 처음부터 쉽게 만들 수 있는 것은 아니었다. 우애조합은 1793년 로즈법(Rose's Act:An Act for the Encouragement and Relief of Friendly Society)이 통과됨으로써 비로소 합법화되었다. 우애조합은 이후 아주 자연스럽게 노동조합으로 성장하였고 회비는 조합비로 바뀌었다. 혁명 이후 노동조합은 아주 자연스럽게 노동당으로 발전하였고 조합비는 당비로 바뀌었다(원석조, 2013: 107).

수많은 노동자들의 희생 뒤에 1820년대 영국은 노동조합을 금지하는 법률(단결금지법, 18세기 제정)을 폐지하였고 노동조합 활동이 합법화되었다. 이후 유럽과 미국 등 산업화된 국가에서 노동조합 운동이 계속되어 1890년 무렵에는 서구 열강 대부분의 국가에서 노동조합이 합법화되었다. 1890년 5월 1일 첫 노동절 기념집회가 프랑스 파리에서 개최되어 노동조합의 달라진 위상을 보여주었다(박경민, 2003).

이러한 노동조합은 20세기 초반까지 영국의 사회복지발달을 추동해 나갔다. 19세기 100년 동안 영국에서는 세 번에 걸쳐서 선거법이 개정되면서 선거권이 확대되고 자유주의와 민주주의가 결합된 대중민주주의, 의회민주주의가 탄생하게 되었다. 그 결과 노동계급이 의회정치에 참여할 수 있는 길이 열리게 됨으로써 노동운동의 정치세력화가 본격화되었고, 1906년에는 영국 노동당 결성되었다. 그 후 영국은 사회적 갈등과 정치불안이 계속되면서, 영국 노동당은 자유당이 펼치는 일련의 사회복지정책을 추동해 나아갔다. 자유당 정부는 어린이 구호제도, 노령연금, 건강보험, 실업보험 등 복지정책을 도입한다.

미국에서는 19세기 여러 단위 노동조합들이 만들어지기 시작하였다. 자본가들은 최악의 경우 노동조합 간부를 청부살인하는 등 악랄하고 극심한 탄압을 하였으나 역사의 진보를 막지는 못하였다. 1869년 결성된 노동자 기사단은 후일 세계산업노동자로 개칭하였으며 이 단체의 마더 존스와 같은 노동운동가들은 미국 노동운동 역사에 큰 족적을 남겼다(엘리엇, 2002).

지금은 전 세계가 노동절로 기념하고 있는, 5월1일 메이데이의 역사적 원천은 1886년 5월 1일 미국 시카고에서 시작되었다. 당시 8만명의 노동자들과 그들의 가족들이 8시간 노동제를 요구하며 미시건 거리에서 파업집회를 가졌다. 19세기 미국 노동자들은 10-12시간의 장시간 노동, 저임금, 임금삭감으로 노동인권을 존중받지 못하고 있었다. 석유사업 및 탄광사업가인 록펠러가 소유하고 있는 슈일킬 탄광의 노동자들은 자신들의 생존권과 임금삭감에 항의하다가 그 주동자들이 교수형으로 처형되기도 했다(김성환, 2010). 즉, 8시간 노동제를 요구하는 노동자들은 파업하고 평화적인 시위를 하였으나 경찰은 이들을 폭도로 몰아 탄압하였다. 이 과정에서 경찰 측 발포가 있었고 다수의 노동자들이 희생되었다. 당시 미국의 보수언론들도 자본의 편이었고 노동운동을 공산주의 활동으로 몰아붙이며 탄압을 정당화하였다(김성환, 2010). 이후 제2 인터내셔널은 이날을 노동절로 기념하게 되었다. 이 사건은 큰 사회적 반향을 가져왔고 결국 노동자의 기본적 권리인 8시간 노동제가 실현되는 계기가 되었다(역사학연구소, 2004).

그런데, 많은 나라에서 특히 후발산업국에서 노동자의 힘은 상징적으로 국가와 노조가 어떠한 관계를 갖고 있는가에 따라 그 상대적 힘이 결정된다고 볼 수 있다. 만일 어느 국가가 노동조합과 적대적 관계를 갖고 있거나 노동조합을 마음대로 통제 조정하거나 억압할 수 있다면 그 사회 노동자의 권리가 상당부분 제한될 수 밖에 없을 것이고 그들의 사회복지수준이 낮아질 것이다. 이를 국가조합주의라고 하는데, 이는 노조가 독립적이고 자율적인 지위를 갖고 있는 사회조합주의와 구별된다.

우리 나라와 같이 국가가 주도하는 산업화 과정을 밟아온 나라의 경우, 노동조합과 사회주의 정당의 발달은 정부와의 관계를 통해 발전해 왔다고 해도 과언이 아니다. 사실 이것은 서구 의회민주주의 국가들도 마찬가지이다. 즉 노사자율교섭이 보장되고 정부가 조정자로 개입하는 것은 극히 최근의 일이며, 역사적으로 노동조합 발달에 국가는 깊숙이 개입하여 왔다. 물론, 한국 노동문제는 노동자와 사용자의 관계에 의해서가 아니라 노동자와 정부의 관계를 통해 더 크게 규정되어 왔는데, 노동조합의 발달은 민주화가 어느 정도 완성되고 난 이후의 일이다.

4. 혁명, 전쟁 그리고 사회복지-'혁명은 역사의 기관차다.'-홉스봄

〈그림 3-1〉 차티스트운동

사회복지 발달과 관련하여 반드시 알아야 할 것은 영국과 프랑스에서 일어났던 일련의 시민혁명 과정과 그 속에서 노동자들의 역할이다. 시민혁명의 효과가 사회복지정책으로 나타날 때까지는 여러 단계에 걸쳐 오랜 시간이 필요했지만, 이는 적어도 마르크스의 견해에 의하면, 유물론적 역사발전 법칙상 반드시 거쳐야 하는 필수 코스였다. 혁명은 1단계에서 부르주아들의 자유권과 재산권을 보장한 시민혁명이 먼저 발발했고, 그 다음 단계에서 노동자의 권리를 보장한 사회주의 혁명이 발발했다. 1차 시민혁명은 신흥 산업자본가와 노동자가 협력하여 왕과 귀족을 몰아내고 봉건주의를 붕괴시켰다면, 이차 사회주의 혁명은 산업자본가와 노동자가 결별하여 보수화된 자본가에 대항하여 노동자들이 일으킨 노동운동 사회주의운동이었다. 궁극적으로 부르주아 혁명은 러시아를 제외한 전 유럽에서 성공하여 자본주의 근대국가를 성립시켰지만, 사회주의 혁명은 오직 전근대 국가 러시아에서만 성공하였다(이는 마르크스 이론의 결정적 허점으로 남았고, 레닌에 의해 보완되어야 했다.)

〈그림 3-2〉 1789년 프랑스혁명, 1799년 나폴레옹전쟁, 1848년 혁명

영국에서는 1642년부터 1649년까지 영국에서 왕당파와 의회파 사이에 청교도혁명이라 불리는 내전이 벌어졌다. 영국의 개신교도들인 청교도(Puritans)들이 국교회 중심의 종교적 통일성을 강조한 찰스 1세의 정책에 맞서 의회파와 연합해 내전을 일으켜 1649년 왕정을 폐지하고 공화정을 수립한 것이다. 1640년에 소집된 장기의회는 국왕 찰스 1세(Charles I)의 전제정치의 책임자를 처

벌하고 전제왕정의 지배구조를 타파하는 여러 개혁을 단행하였지만 1642년에 의회파와 국왕파 간에 내전이 발생하여 크롬웰(Oliver Cromwell) 등의 군사적 승리로 의회파가 우위에 섰다. 의회파 내에서는 국왕에 대항하여 철저하게 항전하는 독립파와 타협적인 장로파가 대립하였지만 평등파와 군대의 지지를 받았던 전자가 주도권을 잡았다. 1649년에 국왕 찰스1세가 처형당하고 공화제가 수립되었다.

영국의 시민혁명은 바깥에서 보면 종교 갈등이었지만, 그 안을 들여다보면 계급 혁명이었다. 이는 영국에서 봉건 국가에서 자본주의 국가로 이행을, 농업자본주의에서 산업자본주의로 이행을 의미했으며 부르주아 혁명이었다.

혁명은 찰스 1세의 전제정치가 국교회와 보수적인 지주들의 세력에 의해 옹호되고, 반대편에는 도시와 시골의 상공인 계급이 대립하는 계급 전쟁이었다. 프랑스 부르주아에 해당하는 요먼과 진보적인 젠트리 그리고 신흥상공업자가 단결하여 국왕, 귀족, 대지주들과 충돌한 것이다(Hill, 2002). 결국 혁명은 부르주아들이 승리로 끝났고 이는 자본주의 시대가 오고 있다는 것을 말하고 있었다.

영국에 이어 프랑스에서 발발한 시민혁명은 훨씬 더 그 강도가 세고 범위가 넓었다. 1789년 대혁명, 1799년 나폴레옹전쟁, 1848년 혁명, 그리고 1871년 파리코뮌 등 프랑스에서 발발한 이 역사적 사건들은 모두가 하나씩 발생할 때마다, 유럽 각 국가들에게 중대한 영향을 주었고, 그때마다 인간존엄성에 대한 의식이 고양됐고, 민주주의는 진보했으며, 이에 따라 사회복지는 확대되었다.

1789년 발발한 프랑스 혁명은 왕과 귀족으로 상징되는 구체제를 붕괴시켰다. 혁명의 이념은 자유, 평등, 우애로 표현된다. 자유는 만인을 위한 자유요, 평등은 법적인 평등만이 아니라 경제적 평등이 포함되고 있으며, 우애는 국민적 단결과 국제적 평화의 이념이었다. 프랑스 혁명은 이러한 이념에 기초하여 시민계급을 중심으로 민주적인 근대 시민 사회를 건설하려고 한 것이다. 또한, 프랑스 혁명은 자본주의를 촉진시키고, 근대적인 민족주의를 탄생시켜 근대적인 국민 국가 성립의 중요한 계기가 되었다.

1799년 브뤼메르 18일의 쿠데타로 권력을 장악한 나폴레옹은 유럽의 구체제를 해체하고 그 자리에 프랑스혁명의 새로운 근대정신을 불어넣었다. 나폴레옹

덕분에 프랑스혁명이 남긴 가장 위대한 유산인 자유평등과 법치주의, 능력주의는 전 유럽에 전파됐고, 나폴레옹은 이를 법전으로 공고화시켰다. 이 업적은 나폴레옹의 몰락에도 불구하고 끝끝내 살아남아 유럽에 근본적인 변화를 불러왔다. 나폴레옹을 몰락시킨 유럽의 반동 봉건세력들은 유럽을 나폴레옹 이전의 상태로 되돌리고자 시도했으나 한 번 움직이기 시작한 거대한 수레바퀴를 멈춰 세울 수는 없었다(앤드루 로버츠, 2022).

나폴레옹의 유럽 정복과 함께 현재의 독일이나 스페인 등 프랑스에 점령당했던 지역을 중심으로 자유를 외치는 급진세력이 급격히 성장하였다. 나폴레옹의 군대가 휩쓸고 지나가면서 뿌린 것이 있었으니 그것은 자유주의 혁명의 씨앗이었다.

우리는 지금 화산 위에서 잠자고 있다. (...) 대지가 다시 흔들리고 있는 것이 보이지 않는가? 혁명의 바람이 불고 있으며, 폭풍우는 지금 지평선 저 위까지 다가왔다.
Nous dormons sur un volcan (...) Ne voyez-vous pas que la terre commence trembler? Le vent de la revolte souffle, la tempête est à l'horizon
- 알렉시스 드 토크빌, 2월 혁명 발발 직전 의회 연설에서

프랑스 시민혁명은 나폴레옹에서 끝나지 않았다. 토크빌의 연설이 말해 주고 있듯이 당시 유럽대륙에는 혁명의 거센 바람이 불고 있었다. 영국 산업혁명의 진전으로 자본주의 산업화가 급속도로 진행되고 있었고, 프랑스 혁명으로 달성된 자유·평등의 근대 시민 사상이 분출되고 있었으며, 노동자 계급의 형성으로 노동자 사이에 사회주의 사상이 본격적으로 등장하기 시작했다.

나폴레옹전쟁으로 촉발된 혁명의 바람은 보수세력의 반동으로 왕정이 복구되고 비엔나 체제를 출범시켰지만 그로부터 30년이 지나자 혁명의 바람이 다시 거세게 불었다. 1830년 7월 혁명으로 귀족과 성직자에 대항해 세력을 키우던 부르주아와 자유주의자들은 루이필리프를 왕으로 추대하고 군주제를 복귀시킨다. 7월 왕정이 들어선 것이다.

7월 왕정은 왕이나 귀족이 아닌 자유주의 부르주아 세력의 승리를 의미했다. 여기에 노동자나 민중을 위한 자리는 없었다. 투표권은 오직 일정한 토지를 보유하거나, 2백 프랑 이상의 직접세를 내는 대지주나 자본가들에게 주어졌고, 그들이 의회 의석을 독점하였다. 이로 인하여 정치권력은 소수의 지주들에게 집중되었고 이 시기 한창 부를 쌓아 가던 산업자본가들은 철저히 정치권력으로부터 배제당했다. 빈곤한 삶을 근근히 이어가는 다수의 노동자들이 제외된 것은 말할 나위도 없었다. 파리 시민들은 이런 불공정한 선거법을 개정할 것을 요구했으나 의회는 들은 척도 안했다. 당시 프랑스에서는 산업 혁명이 활발하게 진행되고 있었는데 세력이 커진 신흥 산업자본가와 노동자들이 7월 왕정에 대한 불만을 품게 된 것이다. 7월 혁명은 사회복지 측면에서 중요한 의미를 지니는데, 이 혁명을 계기로 영국과 프랑스에서는 노동계급이 하나의 독자적이고 자각적인 세력으로 출현했다는 사실이다(홉스봄, 2006: 237).

영국과 프랑스에서는 1820년대부터 이미 지식인들 사이에 '사회주의'라는 개념이 등장했다. 이 개념은 즉시 노동자들 사이에서 큰 바람을 일으키기 시작했다. 오언은 영국의 노동자들 사이에서 대중운동의 큰 지도자로 등장했는데 노동자들 사이에는 같은 운명공동체로서 형제애를 느끼는 계급의식 싹트기 시작했다. 그들은 더 나은 사회, 노동자들도 자본가와 같은 인간으로서 대우받으면 살고 싶다는 사회적 열망을 품기 시작한 것이다. 그리고 그 노동계급의 의식을 실천적으로 표현한 것이 노동조합이고, 그 이데올로기가 협동조합적 민주국가였다. "프랑스 혁명에 의하여 단지 고통받는 자로서가 아니라 오히려 출연하는 배우로서 역사의 무대 위해 올라선 프롤레타리아와 그 밖의 평민들의 입장을 실천적으로 표현한 것이 곧 민주주의 운동이었다"(홉스봄, 2006: 399).

파리 시민들은 영국이 1832년 선거법 개정을 통하여 산업자본가를 비롯한 다수의 시민들에게 선거권을 부여한 것을 보면서 매우 불만스러워했다. 게다가 1846년 무렵 유럽 전역에 흉년과 경제 불황이 발발하면서 시민들의 분노는 더욱 커져 갔고 상황은 일촉즉발로 치달았다. 한편 근대공업의 성립과 함께 노동자 계급이 성장, 그 비참한 노동조건에 대한 불만은 커져갔고 이에 따라 사회주의 사상도 점차로 확대되었다(유시민, 2009: 104).

1848년 2월 파리 마들렌 광장에서는 선거권 확대와 관련되어 집회가 열릴 예정이었다. 하지만 소요를 우려한 정부가 군대를 동원하여 토론회 개최를 방해하자 그동안 쌓여 있던 시민들의 불만이 한꺼번에 터져 나온다. 2월 혁명이 발발한 것이다.

파리 시민군은 국왕 루이필리프를 몰아내고 임시 공화국정부를 수립했다. 공화국을 구성하는 양대 세력은 부르주아들이 주축이 된 온건 자유주의자와 노동자들이 중심이 된 사회주의자들이었다. 혁명이 한창일 때는 두 세력은 한 배를 타고 있는 것처럼 보였으나 혁명의 성공 이후 수립된 새로운 공화국의 청사진을 그려가는 과정에서 그것이 실은 동상이몽에 불과했음이 분명해졌다.

임시정부 내 사회주의자들은 사회주의 실현을 위한 정책안들을 내놓기 시작했다. 그들이 내놓은 정책들은 노조 허용, 근로시간 제한 등 현대 사회복지발달 역사에 중요한 획을 긋는 중대한 것들이었다. 물론 이러한 정책들은 부르주아들의 관점에서 충격과 공포 그 자체였다. 이처럼 두 세력 간의 갈등이 커지는 와중이었던 4월에 새로운 공화국의 헌법을 제정하기 위한 총선이 실시된다. 선거권 제한 여부가 혁명을 불러온 핵심 원인이었던 만큼 임시정부는 보통선거를 도입했고 이에 따라 선거권을 행사할 수 있는 사람의 수는 30만명에서 950만명으로 급속히 증가했다. 새로 선거권을 부여받은 이들 중 대다수는 시골의 농민들이었고 이들은 총선에서 부르주아들에게 표를 몰아줬다.

선거 결과 참패한 사회주의 세력은 임시정부에서 대거 이탈해 나갔고, 노동자들의 분노는 다시 불붙기 시작했다. 이런 상황에서 임시정부는 한층 더 노동자 세력을 궁지로 몰아넣었는데 오늘날로 치자면 실업자 생활보조금 지급과 같은 사회보장 정책이었던 직업 알선소를 강제로 폐쇄했다. 1848년 6월 10만명의 노동자들이 정부에 대항하는 소위 6월 봉기를 일으켰지만 불과 4일 만에 정부에 의하여 무자비하게 진압된다.

2월 혁명을 계기로 부르주아들과 노동자 대중들의 갈등 구도가 이 혁명을 통해서 본격화되었다. 기존의 프랑스 혁명과 7월 혁명의 경우에는 부르주아들과 대중들이 동맹 관계에 가까웠다. 부르주아들이 자유주의, 계몽주의와 같은 이념적 배경을 제시하는 역할을 했다면 대중들은 정부를 전복시키는 군사가 되었다.

하지만 1830년대 이후 사회주의 세력이 성장하면서 노동자 대중들은 사회주의 노선 채택을 주장하기 시작했다. 당연히 부르주아들이 이를 거부했고, 결국 두 세력은 결별하고 곧이어 정치적 적대세력이 되고 말았다. 실제로 1848년 혁명 이후 유럽 전역에서 실질적으로 정치권력을 장악한 부르주아들은 기득권화되어 사회주의 세력을 탄압하는 데 몰두했다.

이 대목에서 역사가 홉스봄의 말을 들어 보자. 1848년 2월 혁명은 구체제와 진보적 세력들의 사이의 대결이 아니라 '질서와 사회혁명' 사이의 결정적 대결이었다. 부르주아들로 구성된 자유주의 세력과 노동자들이 주축이 된 사회주의 세력은 2월 혁명이 발발하고 넉달이 지나서 정면으로 충돌했는데 노동자들의 참패로 끝났다. 교묘한 계략에 의하여 고립당한 채 반란을 일으킨 노동자들은 패배하여 대량으로 죽음을 당했다. 그들은 용감하게 싸우다 죽어갔다. 약 1,500명이 가두전에서 죽었다. 패배 후 약 3,000명이 학살되고 그 밖에 1만 2천명이 체포되어 대부분 알제리의 노동 캠프로 추방되었다(홉스봄, 1998: 96)

1848년 2월 혁명은 단순히 프랑스의 7월 왕정이 무너지는 데 그치지 않고 전 유럽으로 번져 그 해 3월 오스트리아 제국에서는 메테르니히 수상이 실각하여 빈 체제가 붕괴되는 계기가 되었다. 그리고 노동자들의 희생은 결코 헛되지 않았다.

2월 혁명 이후 수립된 제2공화국에서 나폴레옹 3세 혹은 샤를 루이 나폴레옹 보나파르트는 국민투표를 통해 대통령으로 선출되었고 후에 친위쿠데타로 황제가 되었다. 그는 사회복지개혁에 힘썼다. 그가 농업 근대화 정책을 펼친 결과 프랑스는 주요 농산품 수출국으로 성장했다. 1864년에는 프랑스 노동자들에게 협동조합을 개설할 권리와 파업권을 주는 등 사회적 개혁을 추구한 나폴레옹 3세는 여성의 교육권도 보장했으며 공공학교에서 필수과목도 제정했다(앤드루 로버츠 , 2022).

자유주의 시대는 새로운 시대의 시작과 더불어 종결되었는데, 그것은 문자 그대로 정치적인 자유주의의 종결을 의미했다...민주주의가 계속해서 확대된 결과 자유주의정당이 대중을 대표한다는 환상이 붕괴되었고, 경제적 불황이 지속되는 가운데 보호무역주의가 대두되었다... 국가들은 보호무역뿐만 아니라 점증하는 대중적 압력에 직면함에 따라 점차 시장에 개입하게 되었다. 또한 새로운 불황은 사회주의적 경향을 가진 노동자 계급의 정당과 운동을 강화시켰다. 이 모든 것들은 자유주의가 승리했던 바로 그 시점에서부터 일어난 일들이었다(홉스봄, 1998: 64). 그들은 구체제로부터 오는 위험보다는 좌파 쪽에서 오는 위험을 훨씬 더 우려하고 있었다. 파리에 바리케이트가 쌓이자마자 바로 그 순간부터 온건자유주의들은 모두 잠재적 보수가 되었다(홉스봄, 1998: 96).

5. 정치참여와 사회복지-영국과 프랑스의 선거법 개정 역사

노동자들은 부르주아와 손잡고 구체제를 붕괴시켰지만, 구체제가 붕괴된 이후에도 노동자들의 형편은 나아지는 것이 없었다. 그들은 지속적으로 비참한 생활수준 향상과 열악한 노동조건을 개선해 줄 것을 요구했으나 자본가들은 더 이상 그들의 혁명동지가 아니었다.

사회민주주의 이론은 사회복지의 확대가 노동자들의 정치적 힘이 성장한 결과라고 시사하고 있다. 그러면 무엇이 그들의 정치적 힘을 증가시켰을까? 노동자들은 오래 전부터 그들의 권익을 향상하는 방법은 물리적 힘으로 기계를 파괴하고 공장을 점거하고 폭력을 사용하는 것보다, 평화적 방법으로 선거에 참여해서 투표하는 것이 가장 좋은 방법이라는 것을 깨달았다. 노동조합으로 힘을 결집시킨 노동자들은 그 힘을 정치체제에 투입시킬 방법을 찾기 시작했으나, 그들에게는 투표권이 없었다. 그들은 귀족이나 부르주아뿐만 아니라 자신들과 같은 노동자도 선거에 참여할 수 있는 권리, 바로 보통선거권을 요구하기 시작했다.

보통선거권의 확대는 노동자들의 투쟁없이는 이루어질 수 없었다. 역사적으로 노동자들은 노조의 결성, 단체 행동권, 그리고 투표권을 확보하기 위해 치열하고도 유혈이 낭자한 투쟁을 전개하여 왔다. 노동자들은 시장에서 개별적으로 자본과 불리한 협상을 하거나 경쟁하는 것보다는 정치권에서 집단적으로 노동계급 전체의 협상력을 키울 수 있도록 정치세력화를 추구하는 것이 유리하다는 것을 알았다(Korpi 1983). 노동조합의 결성과 함께, 노동자의 정치세력화의 핵심은 그들의 의사와 이익을 대변할 정치인을 뽑을 수 있는 보통선거권의 획득이었다.

노동자들은 그들의 빈곤은 그들에게 대표자를 선출할 선거권이 없기 때문이며, 만일 그들이 선거권을 획득해 자신들의 대표를 선출할 수 있게 되면 빈곤에서 해방될 수 있다고 주장했다. 이른바 '급진주의자'에 의하면, 노동자들은 자연권을 가진 인간으로서 모두 평등하고 자유롭게 살기를 원하지만, 현실은 그렇지 않다. 그 이유는 소수 권력집단이 정치권력을 독점하고 있기 때문이다. 급진주의자들에게 당시 영국정부는 인민과 계약에 의해 구성된 것이 아니고 소수 특권집단이 국민을 지배하기 위한 사기와 폭력 체제이며, 법은 그들의 이기심과 부패를 합법적으로 보장해 주는 약탈 수단이었다(Jones, 1983: 110, 136; 김택현, 2008: 21에서 재인용). 급진주의자들은 노동자들이 실력을 행사할 것을 주장하면서 1840년 웨일스에서는 뉴포트 봉기(Newport Rising)를 일으켰다. 투표권을 주장하는 노동자들의 농성과 파업은 1840년대 초중반 내내 영국 전역에서 끊이지 않았다.

보통선거라는 개념이 처음 등장한 것은 프랑스 대혁명으로 1792년 수립된 프랑스 제1공화국이 모든 성인 남성에게 투표권을 보장한 이후였다. 하지만 19세기 민주주의 국가에서도 모든 여성은 물론 일정액 이상의 재산을 보유한 일반 대중에 대해서만 투표권이 주어졌다. 노동자를 비롯한 일반 대중들은 자신들의 투표권을 요구하였고 지배층 엘리트들은 이를 거부하며 양측은 보통선거의 도입을 놓고 기나긴 투쟁을 벌였다.

대중들의 정치에 대한 참여 열망이 가장 잘 드러난 나라는 산업화가 가장 먼저 일어난 영국이었는데, 1848년 혁명을 계기로 다수의 유럽 국가들에서는 성인 남성들의 보편적인 선거권을 인정한다. 그리고 이는 여성들의 선거권 요구로 이어진다. 초기에는 그저 몇몇 과격파들의 급진적인 요구로만 치부되었던 여성들의 선거권 투쟁은 1차 세계 대전 후 결실을 맺게 되었다. 이는 전쟁 중 대다수의 여성들이 전선으로 차출된 남성을 대신하여 생산현장과 노역에 투입되면서 여성들에게 무시할 수 없을 정도의 정치적 힘을 부여됐기 때문이다. 1920년대에 이르면 적어도 서구권에서는 여성에게도 투표권이 주어진다. 그러나 프랑스는 1944년이 되어서야 여성에게 투표권이 주어졌고, 스위스에서도 1950년대가 되어서야 일부 주에서 시범적으로 여성투표권을 도입했고 여성에게 중앙선거 투표권이 부여된 건 1970년대 들어와서였다.

영국의 선거법개정의 역사는 1832년부터 시작한다. 영국의 1차 선거법 개정(1832)은 프랑스 7월 혁명의 영향을 받아 휘그당(영국) 정부에서 이루어졌다. 1차 선거법 개정을 통해 부르주아 상공시민층(산업 자본가, 중간 시민층)에 선거권이 부여되었다. 제1차 개정은 자본가 계급의 요구가 실현되는 것에 그쳤다. 개정의 실현에 힘이 된 것은 노동 대중이었으나, 그들의 요구는 자본가 계급의 배신으로 전혀 실현되지 않았다. 1차 선거법 개정으로 영국의 유권자 비율은 전 인구의 4.5%에 그쳤다.

1834년 휘그당의 주도하에 빈민법이 개정되면서 영국 노동자들의 목소리는 무시됐고, 이들의 인내심은 한계에 다다른다. 노동자들은 차티스트운동을 시작했다. 1838년 5월 런던 노동자협회의 지도자였던 윌리엄 러벳(William Lovett)은 보통 선거·비밀 선거·선거구의 공평화, 매년의 의회 개선, 의원의 재산 자격 폐지, 의원 세비 지급 등 6개항의 인민헌장(People's Charter)을 발표하고, 이 헌장이 의회에서 통과될 수 있도록 런던과 버밍엄 등 영국 각지의 대도시에서 집회를 갖는 한편으로 120만명의 서명이 담긴 청원을 영국 하원에서 제출하기도 한다. 영국 의회는 이 청원을 거부했으며, 정부 역시 러벳을 비롯한 주요 지도자들을 체포하는 한편으로 집회를 강제로 해산한다.

차티스트운동이 가장 점점에 이르렀던 1842년에는 러벗의 뒤를 이어 운동을 이끈 퍼거스 오코너(Feargus O'Conner)가 전국헌장협회를 맨체스터에서 조직한 데 이어, 325만 명의 서명이 담긴 청원을 재차 영국 하원에 제출한다. 물론 이번에도 가차없이 부결된다. 이후 한동안 잠잠한 듯 보였던 차티스트 운동은 빈체제를 뒤흔든 1848 혁명에 고무되어 다시 한 번 영국 정국을 뒤흔든다. 그러나 이제는 귀족과 대지주와 한편이 된 부르주아 등 영국의 기득권층은 끝내 그들의 요구를 거부한다.

계속된 그들 사이의 불화 분열 가운데에서도 노동자 계급의 새로운 지도자들은 노동 전선을 통일하기 위하여, 보통 선거에 입각한 의회 민주주의를 요구하게 되었다. 1838년에서 1848년에 걸쳐 런던, 버밍엄을 중심으로 전국적인 운동이 전개되었고, 북부의 공업지대에서 수백만의 서명을 얻어 의회에 청원하였다. 그러나 지도자간의 분열, 사상의 불일치, 탄압 때문에 그 최고조였던 프랑스 2월 혁명을 고비로 하여 급격히 쇠퇴해지고 말았다.

1842 차티스트들은 인민헌장의 법제화와 함께 '공정한 하루 노동에 대한 공정한 하루(a fair day's wage for a fair day's work) 임금을 요구하는 플러그 폭동'이라 불리는 파업투쟁을 전개한다. 하지만 이 역시 실패한다. 1848년 2월 프랑스에서 발생한 혁명에 고무된 영국의 차티스트 개혁가들은 다시 청원운동을 시작했다. 전국에서 개최된 혁명지지 집회는 인민헌장의 법제화를 요구하는 운동으로 발전하여 '국민건의서'를 제출했지만 정부의 태도는 단호했다. 영국의회를 장악하고 있던 귀족과 대지주, 그리고 이에 새로 합세한 자본가 등 모든 유산계급은 청원운동을 저지하기 위해 경찰과 군대를 동원하는 것을 주저하지 않았고 자발적으로 무장했다. 그들을 대변한 한 귀족부인의 말을 들어보자.

> 귀족의 행동과 용기뿐만 아니라.... 우리 중산 계급의 훌륭한 정신을 보여주고 있어 흐뭇하다. 20만명이 특별 경찰로 선서했고, 상원과 하원 모두, 가신들, 용병들, 그리고 모든 사람들, 모든 건장한 친구들이 한데 모여 모범적인 단결과 충성 그리고 헌정 수호 결의를 만족스럽게 과시했다. 이는 영국, 아일랜드 그리고 유럽의 모든 지역에 큰 영향을 끼칠 것이다(Ward, 203: 김택현, 2008: 51에서 재인용, 이해하기 쉽게 필자가 편집).

차티스트운동은 단순히 선거에 참여하기 위한 투표권 획득을 위한 운동이 아니다. 그것은 정치개혁과 함께 노동자를 자본의 속박으로부터 해방시키려는 자유를 위한 투쟁이었으며 그들의 노동조건과 생활수준을 높이려는 사회복지 운동이었다.

차티스트운동은 시간이 경과함에 따라 몇 단계를 거쳐 변화 발전했다. 초기(1838-1842)에는 정치 개혁운동이었다. 인민헌장에 잘 나타난 바와 같이, 차티스트들은 18세기 후반 이래의 급진주의 전통을 계승하면서, 노동자 구제와 해방을 보통 선거권의 확립을 중심으로 하는 정치개혁을 통해 이루려 했다. 중기(1842-1849)에는 정치개혁에서 한걸음 더 나아가 자본가의 지배로부터 노동자들의 사회적 해방을 추구했다. 노동자들을 소농장에 정착시키려 했던 오코너의 토지계획은 노동자를 자본의 억압과 착취에서 해방시키려는 노력이었다. 후기(1850-1858)에 차티스트운동은 정치체제와 사회구조이 전면적인 변혁을 추구했다. 그것은 인민헌장의 법제화 및 토지국유화, 자본-노동 관계의 철폐를 전략적 목표로 설정했다. 차티스트운동은 마지막 대표자회의가 열리는 1858년까지 비록 허약한 대중적 기반에도 불구하고 사회주의적 혁명을 추구했다. 약 20년간 지속된 차티스트운동은 그 효과가 나타나는 3차 선거법개정까지 30여년을 더 기다려야 했다(김택현, 2008: 66-67).

2차 선거법 개정(1867)은 보수당(영국) 정부에서 이루어졌다. 선거권이 도시의 소시민과 대다수의 도시 노동자 계층에까지 확대되었으며, 일부 농촌 노동자들에까지 확대되었다. 2차 선거법개정으로 영국의 유권자 비율은 9%로 증가한다. 3차 선거법 개정(1884, 1885)은 자유당(영국) 정부에서 이루어졌다. 1,2차 선거법 개정에서 선거권을 얻지 못한 농촌·광산 노동자 계층의 반발로 인해, 지방 소작인, 농촌, 광산 노동자 계층에게까지 선거권이 확대되었으며. 비밀 투표제가 확립되었다. 3차 선거법개정으로 영국의 유권자 비율은 19%로 증가한다.

4차 선거법 개정은(1918)은 자유당(영국) 정부 때 이루어졌다. 선거권이 남자 21세 이상, 여자 30세 이상까지 확대되었다. 4차 선거법개정으로 영국의 유권자 비율은 46%로 증가한다. 5차 선거법 개정은(1928)은 보수당(영국) 정부 때 이루어졌다. 선거권이 남녀 21세 이상으로 확대되었다.

6. 사회주의와 사회복지

유럽에서 사회주의의 출현은 이미 수백 년 전에 예고되어 있었다. 1518년 토마스 모어가 꿈꾸던 이상향 유토피아는 경제는 공산주의, 정치는 민주주의 체계를 지니면서도 교육과 종교의 자유를 보장하는 이상적인 나라였다. 유토피아가 제시하고 있듯이, 로버트 오언·생시몽·퓨리에 등 공상적 사회주의라고 불리는 이상주의자들은 소수가 부와 권력을 독점하고 다수의 민중을 억압 착취하는 불평등한 사회를 타파하고 모두가 인간적 삶을 누릴 수 있는 이상적 세상을 꿈꾸어 왔다.

사회주의는 근대 이후 유럽에서 발전한 사회복지정책의 가장 강력한 추동력이 되었다. 사회주의는 비록 그것이 부르주아 시민혁명 속에 묻혀 있어 그 내용이 드러나지 않았고 무참히 진압되어 실패로 그치는 경우가 대부분이었지만, 노동자들을 위한 근로조건과 사회적 평등을 위해 큰 기여를 해왔다. 오늘날 사회주의는 사회민주주의, 공산주의 등 여러 분파로 진화 발전했다.

토마스모어가 꿈꾸던 유토피아로부터 300여 년이 지난 후(1826년) 로버트 오언은 '사회주의'란 용어를 정립하면서 사회주의를 주장했고, 그 후 유럽 각지에서 푸리에나 생시몽 학자들은 공동체, 집산주의를 지향하며, 이상적인 사회에 대한 꿈을 이어나갔다.

하지만 당시 노동자 등 대중이 살아가기에는 참혹했던 사회를 가장 날카롭게 비판하고 사회주의 이론을 체계적으로 정립한 사람은 마르크스이다. 마르크스의 공산당 선언에서 제시된 '과학적 사회주의'는 1848년 카를 마르크스와 프리드리히 엥겔스에 의해 구체화되었고 유럽 전역에서 일어난 1848년 혁명을 촉발시키는 계기가 된다.

〈그림 3-3〉 토머스모어 〈유토피아〉

사회주의는 자유주의의 대항 이데올로기로서 자유주의가 산업혁명 후 지배층의 헤게모니를 정당화하는 데 사용되었다면, 사회주의는 그와 갈등하고 도전하는 노동자계층의 도전 이데올로기였다. 이제는 결별한 자유주의와 사회주의는 1848 2월 혁명 이후 각각 보수주의와 사회민주주의로 진화 발전을 거듭하면서 서로 끝임없이 충돌했다.

사회주의자들은 폭력혁명으로 기존의 정부를 전복하고 사회주의를 실현하려고 했으나, 그것은 쉽지 않았다. 1871 파리코뮌이 70여 일 동안 사회주의정책을 실시했지만, 이내 붕괴하였고 그 후 제대로 선 사회주의체제가 들어서는 것을 보려면 러시아에 볼셰비키정권이 들어서기는 1917년까지 기다려야 했다. 그것도 1990년 소련의 붕괴로 73년 만에 막을 내렸다.

홉스봄(2002)에 의하면, 1880년부터 1차 세계대전이 발발한 1914까지의 세월은 혁명의 시대였다. 이미 19세기 후반기, 유럽의 부르주아들은 민중에게서 완전히 겁을 집어먹고 있었다. 즉, 봉건귀족과 대지주, 그리고 새롭게 들어선 새로운 지배계급인 부르주아들에게 자유주의와 민주주의를 주장하는 사회진보란 사회주의에 이르는 확실한 중간 기착지로 간주되고 있었다. 혁명의 공포는 현실적이었고 그 불안감은 뿌리 깊게 자리 잡고 있었다(홉스봄, 1998: 76).

홉스봄(2002)의 말을 빌리면, 1880년대와 그 후에 출현한 국제적 노동운동과 사회주의운동은 정부와 지배계급을 크게 당황하게 만들었다. 1900년이 되자 모든 사회주의 혁명세력에 중도적인 혹은 개량주의적 움직임이 나타났다. 유럽의 각국 정부는 새로운 전략을 통해 정치사회를 안정화시켜 나아갔는데 그것은 주로 사회개혁과 함께 나타난 다양한 복지정책이 큰 역할을 했다. 1875년부터 1차 세계대전이 터진 1914년까지의 기간 동안 대부분의 국가에서 부르주아 자본가계급은 사회주의자들의 도전을 물리치고 지배력을 유지할 수 있었는데 그것은 경제적 호황에 기반한 노동자들의 생활수준향상과 삶의 질 개선 덕분이었다. 다른 말로, 그 당시 유럽이 사회평화를 이룰 수 있었던 것은 한편에서는 사회주의자들을 탄압하면서도 다른 한편에서는 그들이 주장하는 요구사항을 들어주었기 때문이었다. 그들의 요구사항이 대부분 오늘날 복지국가에서 사회복지정책으로 실현되고 있는 것은 주지의 사실이다. 사회주의는 당시로서는 분명 과격하고 폭력적인 정치세력의 온상이었지만 그것이 파국으로 연결되지는 않았는데 그것은 지배계급들의 일정 부분 양보가 있었기 때문이다. 1882년부터 독일의 비스마르크는 유럽에서 제일 먼저 노동자들에 대한 질병보험 산재보험 연금보험 등 사회보험을 순차적으로 도입했다.

사회보험과 같은 근대적 의미의 사회복지정책은 사회주의라는 당시로서는 매우 불온하고 과격한 정치사상과 이에 바탕을 둔 정치세력이 없었다면 태어날 수 없었다. 20세기가 다가오자, 유럽에서 사회주의는 그들의 이념을 실현시킬 도구로 사회주의 혹은 사회민주주의(사민주의) 정당을 탄생시켰는데, 그들은 모두 민주주의의 확대를 위한 강령을 채택하고 모든 노동자가 인간다운 생활을 할 수 있는 세상을 만들기 위해 노력했다.

1848년 카를 마르크스와 프리드리히 엥겔스는 '공산당선언'을 발표하고 자본주의의 대안으로 사회주의 혁명이 일어나 노동자가 해방될 것을 예언했다. 하지만 그것은 쉽게 오지 않았다. 19세기 후기에 들어서자 유럽의 사회주의자들은 자본주의제도 철폐, 생산수단에 대한 사적 소유의 폐지와 국유화를 위해서 노동자계급의 정치권력의 획득을 위한 정치투쟁을 촉구하였다. 이러한 목표는 세계의 모든 노동자들이 손을 잡고 공동의 노력을 해야 달성할 수 있다고 주장했다. 1863년 그들은 사회주의 확산을 위해서는 세계적 차원의 협력이 필요하다고 생각하고 국제적 조직을 결성하는데 그것이 국제노동자협회(International Workingmen's Association)이다. 19세기 중반으로 접어들면서 유럽 전역에는 산업혁명의 물결이 가속화되기 시작했고, 이에 따라 노동자들의 계급의식과 사회주의 이념 역시 점차 발달하기 시작한다. 하지만 노동자들의 계급의식의 성장은 여전히 미약했다. 이에 따라 보다 효율적인 투쟁을 위하여 국제적인 단위의 사회주의 조직을 결성할 필요성을 촉구하는 목소리가 커져 갔고, 영국 런던에서 유럽의 사회주의자들이 회합을 갖는다. 카를 마르크스에서부터 오언주의자, 푸르동주의자, 블랑키주의자에 이르기까지 다양한 분파의 좌파 세력이 모인 이 회합을 통하여 마침내 국제노동자협회가 탄생하게 된다. 1차 인터내셔널은 1872년까지 6차례 대회를 열었으며, 이를 통해 노동조합운동을 비롯하여 지금까지도 실행되고 있는 투쟁의 기본적인 운영 방안이 정립됐다.[3] 이처럼 초기 마르크스주의자들이 주도했던 국제노동자협회운동은 사회주의운동의 확산을 통하여 노동자해방과 인민대중의 질곡으로부터 탈출을 추구했다. 물론 그들의 희망은 자본가를 비롯한 사회기득권층의 강력한 억압으로 인하여 실현되지 못했지만 상당한 사회 정치적 변화를 불러왔으며, 이는 궁극적으로 노동자는 물론 사회적 약자계층과 빈곤층을 위해 사회복지확대에 크게 기여했다. 현대 복지국가의 주요한 사회복지정책들도 이 때 등장했다. 당시 사회주의 정당들이 실현하려고 했던 것들 중에는 매우 현실적인 사회복지 정책들이 있었는데–하루 8시간 노동시간 법적 확립, 아동노동의 금지와 여성노동의 제한, 일요휴무제 의무화, 국가부담 또는 국가통제 방식의 사회보험제 시행, 공장감독제의 실시와 확대, 산업재해에 대한 기업 책임제 등–이것들은 그 후 그들이 집권과 자유주의 정당과 연정을 통하여 하면서 하나씩 둘 씩 점진적으로 실현되었다. 물론 이 때 사회주의 정당들은 민주적 자유의 확립 또는 확대를 위하여 보통선거, 출판 결사 단결 집회의 자유, 정치와 종교의 분리, 학교와 교회의 분리, 국가·지방자치체가 부담하는 기초교육 의무제, 상비군(常備軍) 폐지, 재판관 선거제도 도입, 법률 소송의 무료화와 법률 지원 등 민주주의를 주장하였다.

6.1 프랑스 파리코뮌

혁명의 나라 프랑스에서 사회주의의 역사는 그 뿌리가 깊다. 1789년 대혁명 이후 프랑스의 정치 역정은 혁명과 봉기로 점철되었는데 그 바탕에는 자유주의와 사회주의 물결이 있었다. 1830년, 1848년, 1871년의 혁명은 큰 불길과 같은 민중봉기의 형태를 띠었으나, 결국에는 보수파의 정권장악으로 끝났다. 정치체제가 군주정과 공화정으로 번갈아 바뀌는 가운데, 프랑스 노동자는 1871년에 수

---

3) 2차 인터내셔널은 프랑스 혁명 100주년을 기념하여 1889년 창설되었다. 산업화가 서서히 마무리되어가던 당대 유럽의 사회적 배경과 결부되어 2차 인터내셔널은 세계 곳곳에 사회주의 운동을 성장시키는 데 성공할 수 있었다. 민족과 계급의 선택길에서 제2인터내셔널을 이끌던 쌍두마차 독일 사민당과 프랑스 사회당은 나란히 민족을 선택했고 1차대전의 발발과 동시에 유명무실해졌다가 1916년 결국 해체된다. 제3인터내셔널의 정식 명칭은 '국제 공산주의'이다. 정치적 노선 측면에서 사민주의적 특성이 강하게 드러난 제2인터내셔널에 비해 제3인터내셔널은 폭력혁명을 지향하는 경향을 강하게 드러냈는데 그것은 조급해진 공산주의자들의 성급한 면과 일본군국주의와 독일 나치당의 등장 등 그만큼 자본주의 탄압도 심했다는 반증으로 볼 수 있다.

립된 공화정, 파리코뮌을 지지했다. 그것은 근대 유럽 최초의 사회주의 정권의 수립을 의미했다.

파리코뮌은 1871년 3월 18일부터 5월 28일까지 약 70일가량 프랑스 파리에서 일어났던 공산주의, 자유지상주의적 마르크스주의 정권이다. 이는 근대 이후 최초의 공산주의 정부이며, 프랑스 역사상 최초 공산주의 정권이다. 파리코뮌은 자코뱅주의, 공산주의, 아나키즘 등 다양한 이념으로 구성되어 여성 참정권 보장, 노동시간 제한 등 당시로서는 상상하기 힘든 진보적 사회복지 정책을 펼쳤다.

사회복지정책의 목표는 노동자들의 지위를 향상시키고 그들의 권익을 보장하는 데 있었다. 노동자들이 자신들의 공장을 접수하도록 했으며, 노동조합을 중심으로 공장을 운영하여 노동자의 경영 참여를 도왔다. 또 노동 시간을 하루 최대 10시간으로 제한했고, 최저임금제와 야간 노동 금지 등 당시로는 매우 급진적인 조치도 발표했다. 이외에도 주택 임대료를 조정하고, 빈곤층을 구제했으며, 공창제를 폐지하고 도박을 금지시켰다.

교육에서는 교회와 교육을 분리했다. 당시 가톨릭의 영향으로 학교에서는 종교 교육이 이뤄지고 있었는데, 코뮌 정부는 정교분리를 강조하여 세속주의적인 교육관을 퍼트렸다. 그런가 하면 초등 과정에서 의무교육제를 무료로 시행했으며, 직업학교를 설립하여 직업교육도 강화했다. 교육 내용도 실용과 교양을 겸비하도록 했다. 또 예술 교육에도 신경을 써서 예술가들을 지원해 주었다.

코뮌 정부는 또 여성과 외국인의 권리 신장에도 신경을 썼다. 파리 코뮌은 여성들과 외국인들에게도 시민권을 부여했고, 이들이 코뮌 정부 내에서 일할 수 있도록 했다. 그리하여 여성들은 최초의 여성 대중 운동 조직인 여성 동맹을 결성하여 활발하게 활동했다. 이런 활동들을 통해 코뮌은 자유로운 결혼을 인정했으며, 독신 여성들과 그 자녀들에 대한 연금 지원도 실시했다. 놀라운 것은 법률혼뿐 아니라 사실혼인 경우에도 이 정책이 적용되었다는 것이다. 또한 독일 출신 노동자를 노동부 장관으로 기용하기도 했다(Keith Michael Baker, 1987).

프랑스 사회주의 운동은 파리코뮌이 붕괴된 이후에도 계속 생명을 유지하여 사회주의운동으로 되살아난다. 1789년 프랑스 대혁명과 1848년 2월 혁명을 계기로 싹튼 프랑스 사회주의 운동은 이후 지속적으로 성장했으며, 노동자계급의 절대적 지지를 받았다. 1876년 이후 마르크스주의자 쥘 게드(Jules Guesde)를 중심으로 사회주의자들의 활동이 점점 확대되었다. 프랑스 노동운동은 1879년 마르세유에서 열린 제3차 전국노동자대회에서 생산수단의 사적 소유 철폐와 집단적 소유를 통해 사회주의를 건설한다는 집단주의적 사회주의를 채택했다. 그리고 독자적인 노동자계급 정당 건설 방침을 결정했다. 이런 방침에 따라 노동조합을 비롯하여 생산·소비협동조합과 여타 노동단체들이 참가하여 '프랑스사회주의 노동자연맹'을 결성했다.

1880년대 들어 프랑스 사회주의 진영은 여러 정파의 분열이 확대되는 한편, 사회주의 진영의 통일을 위한 움직임도 강화되어 1905년에는 프랑스 통일사회당(SFIO)이 창설되었다. 통일사회당은 마르크스주의적 혁명관과 개량주의, 그리고 선거참여론을 결합한 다양한 조류의 연합 성격을 띠었다. 이 때 프랑스 사회주의는 사회민주주의로 거듭났다. 1936년 인터내셔널 프랑스 지회(SFIO)와 프랑스 공산당, 급진당(Radical)의 '인민전선'이 원내 과반수를 차지하여 레옹 블룸이 총리로 선출되어 집권하였다.

1945년, 프랑스 해방 이후 세워진 프랑스 제4공화국은 오늘날 우리가 알고 있는 프랑스 복지국가의 기틀을 잡은 시기이다. 제3공화국의 주도세력이었던 중도파의 세가 급속히 쇠락하였고, 드골파와 공산당의 세가 크게 신장되었지만 1946년에 드골파가 정권탈퇴 선언을 하고 공산당이 집권에서 배제되면서, 프랑스 정치는 이른바 '삼당주의(Tripartisme)'라고 불리는 일종의 새로운 대연정이 이루어졌다. 저 삼당주의의 삼당은 SFIO, 급진공화당, 대중공화운동으로 어느 당도 다수당을 차지하지 못하자 이런 대연정을 통해 집권을 꾀한 것이다. 이 삼당주의는 제4공화국 기간 동안 사회주의세력이 정국을 주도할 수 있었고, SFIO 역시 내각에 참여해 사회보장제도를 창설하는 등 복지국가 프랑스의 기틀을 마련하였다.

이후 1981년에는 프랑스 사회당의 프랑수아 미테랑 후보가 최초의 사회주의 정당 출신 대통령으로 당선되었다. 이는 1871년 파리코뮌이 불과 2개월 만에 붕괴된 이후 110년 만에 들어선 사회주의 정부였다. 취임 직후 치러진 총선에서도 사회당이 단독과반에 성공하면서 사회당은 다시 한번 전성기를 맞았다. 냉전이 계속되고 소련과 중국의 현실이 드러나면서 공산당은 지지를 잃었고 다수의 좌파 유권자들이 사회당에 전략적 투표했다. 미테랑은 과감한 국유화정책을 추진했는데 은행, 보험, 철강, 알루미늄, 석유·화학, 기계설비, 전자 등 광범위한 것으로 1936년의 1차 국유화(군수, 항공, 철도)와 1945년 2차 국유화(석탄, 항공운송, 전력, 가스, 은행, 보험)보다 압도적인 규모로 진행되었다(김선빈, 2008).

미테랑의 집권 초기는 '110개조 강령'이라는 좌파 정책들을 충실히 이행한 시기였다. 하지만 집권 중반기를 지나면서 미테랑 정부는 고환율, 재정적자 등의 이유로 좀더 우클릭한 정책들을 도입했고 공산당 등 기타 정당과 결별하게 되었다. 1986년 총선에서 과반을 내주면서 우파 자크 시라크 총리와 정권을 공유하는 '동거정부'를 구성했지만 미테랑 사회당 정부는 외교적인 성과를 기반으로 1988년 대선에서 재선에 성공했다. 14년간의 재임기간을 통해 미테랑은 역대 최장 재임 프랑스 대통령으로 활약할 수 있었다.

6.2 영국의 사회주의 정당

19세기 말 영국 역시 사회주의 혁명의 기운이 돌고 있었다. 당시 영국 빈민들은 끔찍한 상태에 놓여 있었다. 역사가들은 당시의 상황을 아래와 같이 묘사한다.

> 에드워드 7세 시대(1901~1910)의 런던은 세계 최대 도시였다. 인구는 40년 만에 두 배로 증가해 720만 명에 이르렀다. 그러나 빈민가에서는 침대가 충분치 않았다. 어린이들은 바나나 상자 안에 면으로 된 누더기와 마직물을 깔고 자야 했다. 어떤 하숙집에서는 침대 하나를 3명에게 대여해 8시간씩 번갈아 가며 자도록 했다.
>
> '그 집(the House)'으로 불린 빈민수용소가 있긴 했다. 이곳은 더 이상 밀려날 곳 없는 마지막 단계로 간주됐다. 체면을 중시하던 빈민들은 여기에 추락하는 불명예를 두려워했지만, 몇 주 동안 몸이 아파 일을 하지 못하면 곧장 그 불명예로 떨어졌다. 빈민들이 이런 신세를 면키 위해 의지하는 전당포가 있었지만, 많은 사람은 전당포에 맡길 물건조차 없었다. 의자가 없어 음식을 서서 먹는 사람마저

허다했으니 전당포에 가져갈 시계나 가구 따위가 있을 리 만무했다. 그런 사람은 고리대금업자에게 의존할 수밖에 없었다. 하지만 이자가 연리 400% 이상이었다. 악독한 불법 관행이었지만 달리 방법이 없는 빈민들이 널리 이용했다.

소녀들은 거리에서 몸을 팔아 빈민가를 탈출했다. 예쁜 아이들에게는 그들의 몸에 눈독 들이는 시장이 활짝 열려 있었다. 매춘은 매우 위험한 직업이었다. 사실상 모든 창녀가 매독·임질 등에 걸려 있었지만 치료약이라고는 수은뿐이었다. 열두 살밖에 되지 않은 소녀들이 유괴돼 외국 사창가로 팔려 나갔다. 일부는 인도와 싱가포르의 사창가로 끌려갔다. 아르헨티나 부에노스아이레스의 사창가에서는 영국 소녀들의 인기가 매우 높았다. 극빈층 자녀들은 차라리 고아가 돼 '그 집'에 보내졌더라면 훨씬 건강한 삶을 살았을 것이다. 고아원과 빈민수용소는 어린이 한 명당 매주 최소 6실링을 지출했지만 빈민 가정은 그 절반 정도밖에는 지출할 여력이 없었다. 요크 지역 전체 가구의 4분의 1이 빈민수용소보다 못한 생활을 하고 있었다. 빈민의 건강 상태는 극도로 나빴다(박상익, 2009.12.15).

사회주의·공산주의는 빈곤을 먹고 자란다. 영국 최초의 사회주의 정당은 지식인들과 함께 만든 하인드만(H. M. Hyndman)이 만든 민주연맹(Democratic Federation)이다. 1884년, 민주연맹을 모태로, 이들은 사회민주연맹(Social Democratic Federation)을 창립하였는데, 마르크스주의 이론에 기초하여 자본주의 붕괴를 신봉했고, 이에 따라 사회주의 폭력혁명을 주장하였다. 특히 사회민주연맹의 선언서는 민주주의를 실천할 제도 도입을 강령으로 채택하였는데, 주요 내용은 완전한 성인 남녀의 보통 선거권, 의원에 대한 세비 지급, 1년 임기의 의회, 국민투표제의 도입, 부정부패의 처벌 등이다. 사회민주연맹이 주장한 민주주의는 오늘날 민주주의의 기본 가치들－정치적 평등, 인민주권, 그리고 인민이 지배하는 정부－의 기본이 되었다.

1885년 이래 사회민주연맹은 국회의원 총선거에 참여했으나, 노조의 지지를 받지 못하였고, 단 한 명의 당선자도 내지 못했다. 이론과 이념적으로 충실한 나머지, 사회민주연맹은 독선적이고 배타적인 모습을 보였는데, 노동조합이 전체 노동자계급을 대표하고 있지 못할 뿐 아니라 자본가계급과 타협하고 있다고 비난했다. 노동자 출신이라 하더라도 사회주의자가 아닌 후보는 반대했고, 사회주의를 표방하지 않는 모든 외부 조직과는 제휴하지 않으려 했다.

그러자 사회민주연맹 내의 일부 그룹은 연맹의 교조적 이념성향에 반발하여 '현실적 사회주의'로 분리 독립하여 1893년 독립노동당(Independent Labour Party)을 만들었다. 독립노동당은 자신들을 '현실 사회주의자' 또는 '윤리적 사회주의자'라고 칭하면서 당의 최종적 목표를 '생산, 분배, 교환에 관한 모든 수단의 집단적 소유'에 두었다. 과거 폭력적 사회주의 혁명 대신에, 이들은 의회제도를 이용하여 평화적으로 사회를 변화시키고, 생산 수단의 사적 소유로부터 오는 무자비한 착취와 경쟁 등 사회악을 해소할 수 있다고 보았다. 또 당명에 사회주의를 명기하지 않음으로써 사회주의에 대한 거부감을 완화하려 시도했다. 1895년 선거에 출마한 독립노동당 후보는 모두 낙선했다.

사회주의운동을 추진하던 좌파진영은 의회와 노동조합과 어떤 관계를 설정할 것인가를 두고 갈라져서 서로 갈등하였다. 1900년, 당시는 자본의 공세, 정치·제도 개혁의 중요성에 대한 노동조합의 인식이 급속하게 고양되고 있었고, '신노조주의' 등의 등장으로 노동자계급을 대변할 독자 정당 건설이 요구되고 있었다. 결국 사회민주동맹, 페브리언 협회, 독립노동당의 3단체와 65개의 노동조합이 참가하여 노동대표위원회(Labour Representation Committee)를 결성하고 램지 맥도널드를 의장으로 선출함으로써 노동당(Labour Party)의 모체가 탄생한다. 이어, 1906년, 노동 대표 위원회를 의회 정당으로 조직 변경하여 노동당이라고 개칭하고 케어 하디를 의장으로 선출함으로써 공식적 노동당으로 출범한다.[4)]

노동당은 마침내 1906년 총선거에서 의석 29개를 확보해 의회에 교두보를 확보한다. 그리고 1920년대부터 자유당을 제치고 영국의 양당으로 자리잡게 되었다. 노동당은 전후 건강 보험을 실시한 클레멘트 애틀리, 1960년대에서 1970년대 집권하며 사형제를 폐지하는 등 진보적 정책을 펼친 해럴드 윌슨, 그리고 제3의 길을 표방하며 영국의 경제 성장을 도운 토니 블레어를 총리로 배출하였다.

영국의 사회복지는 노동당이 등장하고 나서야 본격적으로 도입되기 시작했다.

4) 당시, 독립노동당을 이끈 인물은 케어 하디(J. Keir Hardie)였다. 스코틀랜드 광산마을의 가난한 노동자의 유복자로 태어난 하디는 여덟 살의 어린 나이에 하루 12시간 반 동안 일하는 빵 가게의 점원으로 일했다. 10살이 되었을 때 광부생활을 시작했다. 아침 6시에 막장에 들어가 해 진 뒤에야 바깥으로 나올 수 있었으므로 겨울에는 해를 제대로 보지 못하고 성장했다. 12살에는 막장이 무너져 갱 안에 갇힌 상태에서 지쳐 잠들었다가 구출된 적도 있었다(김금수, 2013).

1911년 로이드 조지와 윈스턴 처칠이 이끄는 자유당정부는 국민보험법을 통과시켰는데 그 배경에는 노동당이 있었다. 계급의 배신자 보수당 소속 윈스턴 처칠(1874~1965)은 통상장관으로서 복지국가 정책의 선구라고 할 수 있는 사회개혁을 추진하고 있던 로이드 조지와 긴밀히 협력하면서 노인연금, 건강보험, 최저임금제의 도입, 과중한 노동시간을 제한하는 중립적인 공공기관의 설립 등에 공헌했다. 당시 영국 상원은 부자에게 중과세를 부담시키려는 재무장관 로이드 조지의 1909년 예산안을 반대하고 있었는데, 처칠은 이 상원을 강력히 비난하였고, 그 결과 처칠과 보수당의 관계가 악화되자 보수당에서 자유당으로 당적을 변경하였다(http: //preview.britannica.co.kr/ spotlights/nobel/).

이처럼 자유당정부가 갑자기 사회복지 도입에 앞장섰던 이유는 사회복지가 사회주의를 막아줄 것으로 기대했기 때문이다. 처칠은 사회보험 도입의 필요성을 강조하면서 독일에서 보수 왕당파의 거두였던 비스마르크가 사회보험을 도입한 같은 이유로 영국도 사회보험을 도입해야 한다고 역설했다.

그 1부 '앰뷸런스'라고 불리는 건강보험은 공제조합, 보험회사, 의사 등과 같은 강력한 이익집단들과의 장기간 협상 끝에 탄생했다. 이 건강보험은 연소득 250파운드 이하의 16-70세 사이의 모든 육체노동자와 연소득 160파운드 이하의 비육체노동자가 대상으로 노동자(4펜스), 고용주(3펜스), 그리고 정부(2펜스)가 일정 부분을 부담하고 운영은 공제조합 중 정부가 공인한 조합이 맡았고, 노동자가 조합 선택권을 갖고 있다(원석조, 2013: 115). 국민보험의 제2부는 실업보험이었다. 처칠은 당시 실업문제 전문가였던 베버리지의 조언으로 실업보험을 통과시켰다.

'요람에서 무덤까지'로 상징되는 영국의 복지국가는 2차 세계대전의 산물이었다. 영국은 전쟁 중 경제에 대한 국가의 개입은 가능하고도 바람직하다는 것을 경험하였는데 그 결과 케인즈와 베버리지의 결합으로 상징되는 복지국가의 골격이 완성되었다. 1942년 런던 시민이 독일의 폭격기 공습으로 공포에 떨고 있는 사이 베버리지는 보편적인 국민보험체계를 의회에 건의하였고 처칠의 전시내각은 케인즈의 '완전고용에 관한 백서(1944)'와 버틀러가 제안한 보편적 무상교육법안인 '초·중등교육 보장법'을 통과시켰다. 독일과 전쟁은 영국으로서도 버거운 싸움이었다. 전쟁에 승리하기 위해서는 국가의 모든 역량과 자원을 총동원할 필요가 있었다. 특히 병사의 사기를 높이는 데는 특별한 당근이 필요했는데 이게 바로 '요람에서 무덤까지'라는 구호 아래 영국민의 단결을 호소했다. 전후 집권한 노동당 애틀리 내각은 베버리지의 국민보험계획과 국민보건서비스(NHS)를 입법화함으로써 영국 복지국가를 완성한다.

6.3 독일의 사회주의와 사회복지

비스마르크는 전통적 지배자들인 융커들이 자유주의적 정책을 도입할 것을 설득하였다. 이것은 융커들이 부르주아들과 일종의 타협을 이루면서 서로의 이익을 충족시키는 전략이었다. 즉 이 시기에는 자본주의적 발전이 초래한 호황의 결과로 국내 정치가 안정될 수 있었던 것이다.

당시 부르주아들은 막대한 재력과 전문성에 의존하여 지배계급으로 군림하고 있었지만 그들은 수적으로 소수였다. 그들이 당시 힘을 가질 수 있던 이유는 노동자나 농민들 노동계급의 지지를 동원할 수 있었기 때문이었는데, 만일 그들에게서 이것을 빼앗아버리면, 그들은 무력한 소수파로 전락할 수밖에 없었다. 그래서 부르주아들에게는 노동자와 농민의 지지를 유지하는 일, 혹은 적어도 그러한 계급들에 대한 헤게모니를 유지하는 일이 매우 중요한 의미를 가지게 되었다(홉스봄, 1998: 234).

1887년 이후 노동자를 중심으로 하는 인민대중은 정치의 무대 전면에 등장하기 시작했다. 보통선거제도, 즉 남성에게 주어졌던 투표권은 1870년대 무렵이면 프랑스, 독일제국, 스위스 그리고 덴마크로 확대되고 있었다. 영국에서는 1867년과 1883년의 선거법개정으로 선거인 수가 8퍼센트에서 26퍼센트로 세 배 정도 늘어났다(홉스봄, 2002:199).

거기에다 1887년 이후부터는 사회주의자들이 처음으로 유럽 여러 나라에서 의회에 진입하기 시작했다. 독일에서는 사회민주당의 당원이 대폭 증가했는데 1887년과 1893년 사이에 당원이 10.1퍼센트에서 23.3퍼센트로 두 배 이상 증가했다. 민주주의의 거대한 물결이 전 유럽을 휩쓸고 지나가는 것은 시간문제였고 그것은 사회주의 정부의 탄생을 의미하는 것이었다.

이런 상황에서 비스마르크는 사회보장정책을 내놓음으로써 사회주의자들의 선동 기반을 붕괴시키려 했다. 이 경로를 따라 오스트리아와 영국 자유당 정부가 1906-1914년 연금, 의료, 실업보험을 내놓았고, 프랑스가 1911년에 노인연금을 내놓아 뒤따르게 되었다(홉스봄, 2002:199).;

1880년대 비스마르크의 주도하에 제정된 독일의 사회보험법은 사회주의 탄압법을 적극적으로 보완하는 가운데 제정되었다. 1881년 11월 독일 국왕 교서는 당시 정치사회적 혼란은 두 가지 측면에서 극복될 수 있다고 보았다. 하나는 사회주의 탄압법을 제정하여 사회민주주의의 과격행동을 진압하는 것이고, 다른 한편으로는 노동자복지를 적극적으로 향상시키는 것이라고 주장 한다. 1886년 2월 프로이센 국왕의 교서에서 산업재해보험법은 '사회주의 운동에 대한 대응입법'이라고 명칭되었다(Gerhard Ritter, 2005: 37, 전광석).

기본적으로, 비스마르크가 제정한 사회보험법은 노동자의 복지를 위한 것이라기보다는, 정치적 목적을 갖고 도입되었다. 비스마르크가 원하는 것은 귀족과 대지주 등 지배층의 권력유지였다. 그것은 기본적으로 대지주인 귀족들이 부르주아와 손잡고 자본주의 자유주의 질서를 방어함으로써 유지할 수 있었다. 이를 위하여 사회보험이라는 당근이 필요했는데 이는 사회주의 사상에 물들지 않은 순수한 근로자들을 사회주의라는 전염병에 걸리지 않게 하는 면역제나, 이미 전염병균에 노출된 사람에게는 구제불능인 핵심지도세력으로부터 분리 격리시켜 치유하여 다시 국가를 위해 충성하게 만드는데 필요한 치료약의 기능을 할 것으로 기대되었다. 1881년 3월 작성된 산업재해보험법 초안에는 이런 구절이 있다.

> 눈에 띄는 직접 이익을 부여함으로써 다수의 저학력 무산계층에게 '국가가 단순히 필요한' 혹은 '단지 유산계급의 보호를 위해서만 창안된 것이 아니고, 무산계급의 필요와 이익에 봉사하는 복지기구'라는 사실을 주지시키는 것은, '인도주의적 기독교적 의무일 뿐 아니라, 국가의 존립을 위한 정책적 과제이기도 하다'(Gerhard Ritter, 2005: 38).

당시 프랑스에서는 나폴레옹3세에 의해 국민연금법이 시행되고 있었다.[5] 비

5) 이는 매우 논쟁거리가 될 만한 사안이나 Gerhard Ritter(2005)의 연구는 분명히 그렇게

스마르크는 프랑스에 잠시 살았는데 그때 프랑스인들이 국가에 충성하는 것은 그들 대부분이 아주 작은 보험료를 납부하며 후에 받는 국민연금에 기인한다는 것을 알게 되었다. 그가 본 프랑스인들은 자신들의 국가가 위태로워진다면 그들은 개인연금을 잃을 수 있다는 것을 알았고, 그들은 또 1년에 40프랑인 연금을 매우 소중히 생각하고 있었다. 그 결과로 프랑스인들이 그들 국가에 관심과 애정을 갖고 있는 것은 자연스럽다는 것을 비스마르크는 알았다(Gerhard Ritter, 2005: 39).

비스마르크의 눈에는 독일이 연금보험법을 만든다면 국가로부터 소액의 연금을 수령하는 70만명에 달하는 충성스런 노동자들을 확보하게 되는데 그것은 분명히 독일제국에게는 큰 이익이 된다고 생각했다. 왜냐하면 노동자들은 겨우 115마르크에서 200마르크 정도를 내고 평생 연금을 받게 되는데, 이것으로 노동자들은 평생 생존의 수단을 갖게 되는 것이며, 그것으로 그들은 삶의 희망을 삼게 되기 때문이다. 노동자들은, 평생 수령하게 될 연금으로, 그들이 아무리 천한 부류의 사람일지라도, 또 그것이 비록 작은 돈일지라도, 독일제국을 복지구현 기구로 여기게 될 것이기 때문이다(Gerhard Ritter, 2005: 39).

비스마르크는 '사회주의자들의 책동'은 독일 노동자들의 생산력과 근로의지를 저하시키고, 독일경제의 경쟁력을 약화시키며, 당시 경제위기의 주요 원인이 된다고 생각하였다. 그는 사회주의자들의 책동은 경제의 지속 성장에 대한 국민적 신뢰를 떨어뜨리며 이는 결국 실업률을 증가시킨다고 믿었으며, 결국 독일은 적대적 경쟁관계에 있던 프랑스에 뒤처지게 될 것이라고 우려하였다(Gerhard Ritter, 2005: 40). 이는 1882년 질병보험, 1883년 산업재해보험 등 비스마르크 독일에서 1914년까지 계속된 일련의 사회입법은 사회주의 물결에 대응하기 위한 보수주의 진영의 당근책이었다는 의미이다.

비스마르크의 사회보험 입법 뒤에는 독일 사회주의가 있었다. 최초의 사회보험인 질병보험이 도입하기 이미 20여 년 전에 독일에는 사회주의 정당이 출현한 것이다. 1863년에 라살에 의해 독일 최초의 사회주의 정당인 독일 노동자 총연합이 만들어지고, 1875년 독일 사회민주당(약칭 SPD)이 정식으로 탄생한다.

밝히고 있다.

창당 당시 독일 사회민주당은 네 그룹의 당원으로 구성되어 있다. (1) 1848년 혁명의 민주주의자들, (2) 다수의 수공업 도제 및 장인들–그들은 길드제도로의 귀환 불가능성 및 새로운 정치·사회적 질서의 필요성을 인식했다. (3) 새로운 산업분야의 노동자들–특히 숙련공들이 특별한 역할을 했다. 이들은 이후 사민주의 발전에서도 핵심적 역할을 했다. (4) 주변적 시민세력, 페르디난트 라살, 빌헬름 리프크네히트 같은 지식인들, 언론인, 교사들 외에 변호사들도 가세했다. 초기 사민주의 노동자 운동은 '노동자'라는 개념을 매우 넓게 잡아, 거의 '국민, 민중(Volk)'과 같은 뜻으로 썼다. 사민주의 노동자 운동은 제 4계층의 해방 운동이자 민주주의 운동이었다(베른트 파울렌바흐, 2013)

독일 사회민주당은 1877년 선거에서 13명을 당선시켜 의회로 진출시켰으나, 비스마르크 주도로 1878년부터 시행된 '사회주의자 단속법'은 "현존하는 국가제도와 사회제도의 전복을 목적으로 하는 사회민주주의적·사회주의적·공산주의적인 의도를 갖는" 모든 단체의 활동을 금지했다. 많은 사람들이 투옥되었고 추방되었으며, 국외 망명길에 오르기도 했다. 그러나 사회주의자 단속법은 결코 사회주의 세력을 격멸할 수는 없었다. 비스마르크의 억압 정책 아래서도 노동운동은 중앙집권화 되었고 정치투쟁을 강화했으며, 정당의 정치적 지도를 적극적으로 받아들이게 된다. 이를 통해 사회민주당(SPD)은 어느 정도 허용된 선거공간을 활용해 의회 안에서 정치적 영향력을 키울 수 있었다(김금수, 2013).

사민당은 탄압 기간에 마르크스주의 당으로 전환했는데, 1891년 에르푸르트 강령에서 계급투쟁의 원칙과 생산수단·교환·분배의 사회화를 통한 자본주의 체제의 극복을 선언한다. 동시에 법률 개정과 선거를 통한 독일 정치체제의 민주적 개혁을 추구하면서, 한편으로 점진적 수단으로 혁명적 목표의 달성을 시도했다.

1890년 제국의회 선거에서 사민당은 142만7천표, 전체투표의 19.7%를 획득하여 최다 득표를 한 정당으로 올라섰다. 같은 해 9월 비스마르크 정권은 물러나게 되었고, 사회주의자 단속법이 폐지됨에 따라 사민당은 다시 공개적인 활동을 벌이게 되었다. 1890년대를 통해 사민당은 국제노동운동에서 가장 힘있는 부대로 나섰다. 이 정당의 지도 아래서 독일 노동자계급은 정치적으로 성장할 수 있었고, 정치 투쟁을 적극 전개할 수 있었으며 노동·생활조건의 개선을 쟁취했다(김금수, 2013).

독일 사회민주당은 독일의 현존하는 정당 중 가장 오래되었으며, 프랑스 사회당, 영국 노동당, 이탈리아 민주당, 스페인 사회노동자당 등과 함께 유럽 사회민주주의 정당의 주도적 역할을 담당하고 있으며 중도 우파 정당인 독일 기독교민주연합과 함께 독일의 양대 정당으로 자리 잡고 있다. 사민당은 2017년 독일 연방의회 선거에서 153석을 확보해 제2당 위치에 있다. 사민당은 종전 후 빌리 브란트, 헬무트 슈미트, 게르하르트 슈뢰더를 총리로 배출하였다.

7. 사회주의와 사회민주주의

전통적 사회주의자들이 프롤레타리아에 의한 폭력혁명을 통한 사회주의 건설을 꿈꾸는 동안, 온건한 사회주의자들은 무력혁명을 포기하고 의회정치에 참여함으로써 점진적이고 평화적인 방법으로 사회주의 건설을 추구했는데 이것이 바로 사회민주주의(사민주의)이다. 사민주의자들은 귀족과 자본가들의 피는 물론 노동자들의 피를 흘리지 않고도 평화적 방법으로도 사회주의 사회를 건설할 수 있다고 보았다(Korpi 1983). 사민주의는 사회적 평등과 복지국가의 구축을 추구하는 정치사상이다. 이 사상은 자본주의 체제 내에서도 이상사회건설 혹은 개혁이 가능하다고 보고 사회적 보호장치와 재분배 정책을 전략적 목표로 설정했다.

사회민주의의 출현은 시민혁명의 과정에서 지식층 노동자 사회주의자 자본가 사이에서 일어난 중대한 변화에 기인한다. 첫째는, 먼저 노동계급의 발상의 전환이 있었다. 노동자들은 의회민주주의 제도를 활용하여 다수의 힘을 이용 그들의 정치적 힘을 키우고 자본과 대등하게 경쟁할 수 있으며, 궁극적으로 평화적 방법으로도 사회주의 실현이 가능하다고 본 것이다. 다시 말해 사회주의 실현을 위해서 꼭 사회주의 혁명이 필요한 게 아니라는 것이다. 이는 물론 그 이전부터 거의 100여년에 걸쳐 노동자들에게 선거권이 확대되고 이를 바탕으로 노동조합이나 정당이 권력을 획득 행사할 수 있게 된 것이 주요한 배경이다. 유럽국가에서 19세기 말부터 선거권이 확대된 시점과 사회민주세력의 확대는 일치하고 있다(Esping-Andersen, 1985).

두 번째는 자본가들 사이에서도 발상의 전환이 일어났다. 사실은, 1917년 볼세비키 사회주의혁명의 위협이 한층 높아갈 때, 유럽의 자본가들은 대안을 마련하지 않으면 안 되었다. 사회주의혁명을 당하여 목숨과 재산을 빼앗기는 것보다는 그들이 이익을 조금 양보를 하는 편을 택했다. 그리고 완전한 자유경제는 아니지만 '소비의 국유화'를 통해 자본가들은 국가를 장악할 수 있다는 전략적 판단을 한 것이다. 관리된 자본주의가 조세정책 재정정책 공공투자정책을 관리할 수 있다고 본 것이다. 일종의 자본가-노동 사이에 계급적 타협 내지는 양보가 있었다(Esping-Andersen, 1990; 성경륭·김태성, 2014).

하지만 사회민주주의의 길도 그렇게 쉽지는 않았다. 자유주의자들을 비롯한 보수세력은 사회민주주의도 역시 불온한 사상으로 보았고 탄압을 멈추지 않았기 때문이다. 사회민주주의가 추진했던 복지정책 역시 쉽게 도입된 것은 아니었다. 그것은 오직 치열한 정치적 대결과 갈등, 그리고 투쟁의 결과물이었다.

즉, 사회복지가 발달한 과정을 보면 그것이 전쟁이나 사회주의 혁명의 조짐과 같은 극심한 사회적 혼란 중 도입되고 확대된 경우가 많다는 것을 알게 된다. 1880년대 독일 사회보험법의 제정이 그랬고 영국 사회복지국가의 건설이 그랬다. 사회복지발달에서 전쟁이나 혁명이 중요한 이유는 전투에 참여해서 총칼을 들고 싸우는 사람은 대다수 노동자 농민이었고, 그들은 총칼을 손에 들고 나서기 전까지는 그들에게 진정 힘이 있다는 것을 잘 모르기 때문이었다. 전쟁이나 사회주의 세력의 대두를 계기로 노동자들과 민중의 세력이 확대되었으며 이것은 한편에서는 자유주의의 확대, 다른 한편에서는 사회주의의 출현으로 발전되었다.

일반적으로 사회주의와 사회민주주의는 유사한 이념과 정책 목표를 공유하지만, 세부적인 접근 방식이나 강조되는 요소에서 차이가 있다. 사회주의는 더 강력한 국가 개입과 공공 서비스 확대를 지지하는 반면, 사회민주주의는 상대적으로 자유 시장 경제와 개인의 경제 활동을 중시하는 경향이 있다. 사회민주주의는 사회주의보다는 자유 시장 경제를 더 포용하는 경향이 있으며 사회적 정의,

균형을 이룬 사회, 국가의 개입을 통한 공공 서비스의 제공 등을 강조한다.

사회주의자들이 처음부터 복지정책을 찬성한 것은 아니었다. 사회복지정책이 비록 노동자계급이나 빈민을 위한 것이라고 하더라도 부르주아 국가가 시행하는 한 구조적으로 부르주아지의 계급이해에 반하는 것이 될 수 없고, 따라서 노동자계급은 이를 수용해서는 안 된다고 보았다. 마르크스는 사회복지정책을 앞세워 사회개혁을 추구하는 개량사회주의자 혹은 사회민주주의들이 노동자들이 혁명에 나서는 것을 막는다고 보아 이에 비판적이었다.

그러나, 사회주의자들이 하는 주장과는 달리 자본주의는 번성했고 혁명은 쉽지 않았다. 종종 민중봉기가 일어났지만 무참히 진압되고 말았다. 모두가 슬픔에 잠겨 무언가 새로운 활로를 고민하고 있을 때 나타난 것이 사회민주주의였다.

사회민주주의(사민주의)는 이제 마르크스주의의 두 원리들-계급투쟁과 역사적 유물론-을 거부하고, 그 반대의 테제들인 정치의 중요성과 의회주의를 공개적으로 받아들였다. 사회민주주의자들은 그들이 원하는 세상을 만들기 위해서는 정치권력이 필요하며, 노동자들만으로는 그것을 얻을 수 없다는 것, 민족주의가 엄청난 힘을 갖고 있다는 것을 알게 되면서 계급투쟁을 거부하고 무력혁명을 포기했다. 베른슈타인이 당시 본 자본주의 체제는 부의 집중과 노동자의 궁핍화가 점점 더 가속화되는 것이 아니고, 점차 복잡해지고 유연해지고 있었다. 따라서 자본주의가 붕괴되어 사회주의가 출현하기를 기다리기보다는, 기존의 체제를 개혁하는 것이 더 나았다. 독일의 카우츠키, 베른슈타인, 아들러, 영국의 웹부부 등 사회민주주의자들이 보기에, 사회주의의 미래는 '부의 감소가 아닌 증가'에 달려 있으며, '개혁을 위한 긍정적 제안'을 내놓을 수 있는 사회주의자들의 능력에 달려 있었다(Bernstein, 1898; 버먼, 2011: 30에서 재인용).

보수주의자들을 비롯한 자본주의자들은 사민주의가 마르크스주의의 한 분파이며 그들이 본질적으로 마르크스주의자와 별반 다를 것이 없다고 주장하며 공격하지만, 사실 사민주의는 사회주의와 완전히 다른 종류의 이념이다. 베른슈타인과 그의 동료들은 자신들은 단지 마르크스주의를 수정했을 뿐이라고 주장하고 있지만 사민주의는 정통 마르크스주의에서 한참 벗어나 있다. 마르크스주의가 반세기 전 자유주의를 정면으로 부정했던 것처럼, 사민주의는 역사적 유물론과 계급투쟁론을 포기함으로써 마르크스주의를 철저히 부정하였다(버먼, 2011: 31). 사실, 사회주의와 사회민주주의는 엄격히 다른 개념이고 정치행태도 다른 경로를 밟아왔으나 흔히 혼용해서 쓰고 있는데 이는 매우 불합리한 일이다.

마르크스주의 이론에 대한 베른슈타인의 비판은 다음 두 가지로 요약된다. 첫째, 자본주의가 갖고 있는 '생산의 무정부성'이란 속성 때문에 자본주의는 주기적으로 발생하는 공황을 결국은 극복하지 못하고 붕괴하게 되리라는 법칙에 대한 비판이다. 마르크스 이론은 1929 대공황으로 타당한 것으로 증명되었지만 그렇다고 자본주의가 완전히 붕괴된 것은 아니었다. 둘째로, 자본주의가 발전하면 할수록 소수의 유산계급과 다수의 점점 빈궁화하는 프롤레타리아로 사회계급이 양극화되어 소부르주아적인 중간계층들은 사라지게 된다는 계급양극화 이론과 빈궁화 이론에 대한 비판이다. 베른슈타인은 1880-1900년대 독일과 네델란드 등에서의 경제발전에 관한 실증적 자료들을 제시하며 새로이 나타나고 있는 기업 및 소유형태의 변화(주식회사의 확산과 기업연합의 증가)에 주목하여 자본주의적 생산의 무정부성이 일정한 정도 극복가능하다고 보았다. 또 토지소유관계에서 중농의 확대경향, 공무원·사무원 등의 증가에 따른 신중간계층의 성장, 노동자들의 실질임금의 꾸준한 상승 등을 지적하며 마르크스-엥겔스의 계급 양극화이론, 빈궁화이론을 반박하였다(정범구, 1991).

윤홍식과 그의 동료들은(윤홍식 외, 2019: 214-215) 사민주의는 사회주의와 주로 세 가지 점에서 차이가 있다고 보았다. 첫째, 사민주의는 민주주의를 통해 국가의 성격을 자본가의 지배를 위한 도구가 아니라 공공성을 실현하는 선의의 실행 주체가 될 수 있으며, 국가는 노동자를 포함한 모든 시민의 보편적 사회권 보장해 줄 수 있다. 이는 시민들이 보통선거권을 획득하면서 의회민주주의에 참여가 가능해졌으며 그들의 원하는 세상을 만들 수 있다는 판단에 기초한다. 둘째, 사회주의가 민중봉기와 노동자 독재를 통한 무력혁명을 꿈꾸고 있다면, 사민주의는 평화적 방법과 절차를 통해 사회주의의 점진적 실현을 추구하고 있다. 사민주의자들은 정치개혁과 의회민주주의 같은 민주주의가 단순히 수단과 통로가 아닌 사회주의의 최종 목표라고 보았다. 여기서 복지정책 확대는 노동자들의 건강과 교육수준을 높여 궁극적 개혁 역량을 강화시킨다. 셋째, 사민주의와 사회주의는 자본주의 시장경제에 대한 관점에서 분명하게 갈린다. 사민주의는 자본주의 시장경제를 보다 긍정적으로 바라본다. 사민주의는 자본주의를 기본적으로 용인하고 이를 관리의 대상으로 여긴다. 사회주의는 자본주의가 자본가의 배를 불리기 위하여 노동착취와 노동소외를 가져오는 만악의 근원이라고 보며 이를 타도의 대상으로 간주한다.

사회민주주의는 오늘날 복지국가 발전을 실제로 뒷받침하였다. 사민주의 시각에서 사회복지정책의 이론적 근거는 사회주의 이념이 추구하는 노동자해방, 평등, 인간성 회복, 사회연대의 가치 등이다. 사회주의는 기본적으로 자원분배가 시장경쟁이나 세습에 의해서가 아니라, 필요에 기반을 두어야 한다고 본다. 사회복지정책은 필요에 따른 분배를 함으로써 시장경쟁에서 발생하는 불평등을 완화하는 주요 수단이다.

사민주의의 시각에서 사회복지정책의 의의는 아래와 같다(윤홍식 외, 2019: 221).

첫째, 사회복지정책은 노동자해방과 사회평등이라는 사민주의의 정치적 이상을 실현하는 데 기여한다. 복지정책을 통하여 노동자의 임금 의존성을 줄일 수 있는데, 이는 노동자의 사회적 위치를 강화시키고 고용주의 절대적 권위를 약화시킨다. 복지정책은 노동자를 해방시키고 당당한 사회구성원으로 만드는 것이다.

둘째, 노동자들은 사회복지정책을 통하여 소득 주거 건강 교육 등 생활상의 필요를 충족시킴으로써 그들의 정치참여, 즉 권력자원 동원을 가능하게 한다. 사회주의 건설에 필요한 것은 프롤레타리아 혁명이 아니라 의회민주주의 안에서 계급 동원이다.

셋째, 사회복지정책 확대는 노동자를 해방시킬 뿐만 아니라 경제적 효율성을 높인다. 복지정책은 자본주의 생산력의 지속적 발전을 촉진시키는데 이는 복지정책을 통하여 건강하고 교육받은 노동력을 개발 양성할 수 있고, 경기침체가 올 때 연금 실업급여 등을 통하여 경기순환을 완화할 수 있기 때문이다.

유럽의 사회민주주의는 오늘날 북유럽 복지국가 스웨덴을 만든 스웨덴 사회민주당으로 대표된다. 스웨덴 사회민주당은 1930년대에 이미 사회주의 계획경제를 공식적으로 폐기했고 생산수단의 국유화보다는 경제민주화와 복지국가를 추구했다. 그들은 사회가 완전고용을 유지할 수 있도록 경제를 관리 규제하는 국가의 역할 책임을 강조한다. 에른스크 비그포르스는 국가가 자본주의 시장의 변덕에 맞서 싸워야 한다고 주장한다, 재정지출을 통한 수요증진이론을 수용하고 경제위기 대응책으로 임금삭감이나 재정지출축소가 아니라 임금인상과 국가의 재정지출 확대를 선택했다. 이러한 케인즈주의적 수정자본주의 경제정책은 잇단 성공으로 더 이상 사회주의 국유화를 추진해야 할 이유가 없었다(윤홍식 외, 2019: 216).

스웨덴 사회민주주의는 더 이상 자본주의 철폐를 통한 사회주의의 건설을 추구하지 않는다. 그러면 어떻게 자본주의 체제 아래서 모든 사람이 사람답게 살아갈 수 있을까? 그것은 사회복지정책을 통해서 이루어질 수 있다고 본 것이다. 복지정책의 확대를 통해 빈부격차를 최대한 완화하고 노동착취와 노동소외를 막을 수 있다고 본 것이다. 사민주의자들은 자본주의 경제의 관리자로서 경제성장을 통한 완전고용을 달성할 수 있다고 믿었다.

이를 위해 사민당은 자본과의 타협이 요구되었고, 사민당은 생산수단의 사적소유철폐 대신에 급진적 재분배정책에 대한 자본가의 협력을 얻었다. 스웨덴 사민당은 1980년대 이후 경제위기에 대항해서는 신자유주의를 일부 수용하여 경쟁과 효율을 중시하였는데, 이에 따라 민영화 시장화 지방화 등의 전략을 제시했다(윤홍식 외, 2019: 216; Ryner, 2003).

스웨덴 사민주의는 적어도 100여년 가까이 인류가 보다 높은 수준의 자유 인권 평등을 성취할 수 있음을 보여주었다. 비록, 사민주의 정책은 자본주의 질서를 강화하는데 기여했다는 비판이 있지만, 만일 개혁주의자들이 마르크스주의를 벗어나지 못하고 계속 자본주의 붕괴와 프롤레타리아독재에 집착했다면 오늘날 다양한 복지정책을 폭넓게 실행하는 복지국가는 없었다.

지금까지 논의를 정리해 보면, 유럽의 사회민주주의는 각국에 흩어져 있는 사회민주당(사민당)을 통하여 실현되었다. 당명은 영국의 노동당(LP), 프랑스의 사회당(PS), 독일의 사회민주당(SPD), 스웨덴의 사회민주노동당(SAP) 등으로 다양하나 유럽적인 사회민주주의 이념과 강령을 공유하고 있다. 1999~2000년 유럽연합회원국 15개국 중 사회민주주의 정당들이 11개 나라에서 정권을 잡았고 다른 두 나라에서도 연정 파트너로 내각에 참여하고 있어 사회민주당이 유럽을 지배하고 있다고 해도 과언이 아니었다. 또한 영국의 토니 블레어, 독일의 게르하르트 슈뢰더, 프랑스의 리오넬 죠스팽, 스웨덴의 요란 페르손 등 거물급 정치 지도자들이 총리가 되어 영웅적 사회민주주의 시대를 열어갔다. 뿐만 아니라 토니 블레어를 비롯한 많은 정치인들이'제3의 길'을 외치며 세계화 시대의 새로운 미래를 힘차게 설파하였다(김금수, 2013).

20세기 말로 접어들면서 유럽의 사회민주당들이 커다란 위기를 맞고 있다. 일부 국가에서는 다른 정치 세력들의 성장과 경쟁, 정책적인 분열 등으로 인해 사회민주당의 영향력이 약화되고 있다. 토니 블레어의 영국 노동당과 프랑스와 미테랑이 이끌던 프랑스 사민당 등 유럽의 사민당 정부들은 미국의 이라크 침공에 협조하고 신자유주의를 상당 부분 수용함으로써 대중의 실망과 분노를 산 것이 사실이다. 또한 유럽의 사회정치적인 풍토 변화, 이민 문제, 경제적 어려움 등에 따라 사회민주당은 새로운 정책적 과제와 전략을 찾아야 하는 도전에 직면하고 있다. 2002년 독일 사민당 슈뢰더 정부는 제3의 길 노선을 택해 하르츠 개혁안을 만들고 신자유주의 정책과 타협하였는데, 그 결과 선거에서 패배하고 결국 기독민주당 메르켈에게 총리직을 넘겨주었다. 비록 2021년 총선거에서 승리하여 울라프 숄츠내각을 세웠지만 그 앞날은 예측하기 힘들다.

1997년 제3의 길을 창안하여 선풍적인 인기를 모으며 '제3의 길'을 열었던 영국 토니 블레어 총리는 '신노동당'(New Labour)이라는 간판으로 고든 브라운과 함께 노동당의 우클릭을 주도했다는 평가를 받는다. 그는 90년대 보수당 정권 시절부터 이어진 노후화된 제조업 탈피 및 금융, 문화 산업 중심으로의 체제 개편을 계승하고 신자유주의적인 정책을 대거 받아들였으며, 블레어주의로 표현되는 현대 영국의 생산적 복지 체계를 확립했다는 평가도 있다. 그러나 결국 유럽의 사민주의를 이끌어 가던 블레어의 영국 노동당은 보수당에게 정권을 이양했다(김금수, 2013).

1997년 들어선 프랑스의 죠스팽 총리도 민영화 정책 등 기존의 좌파 이념 대신 신자유주의 요소를 도입한 정책 시행으로 유연하게 이끌며 주 35시간 노동제를 총선 공약대로 실시하였으나 좌파연합을 만들어 내는데 실패했고 사르코지를 앞세운 보수당에 참패했다.

스웨덴의 사민당도 신자유주의적 타협정책으로 기울었고 이에 대한 노조의 강한 반발로 친서민정책으로 선회한 중도우파의 연합 전선에 고전하고 있다. 2000년대 중반 우익 연립내각이 들어서며 스웨덴 복지 제도가 상당히 축소되기도 했다. 2014년 스테판 뢰벤이 이끄는 좌익 연립내각이 다시 들어섰다.

그럼에도 불구하고, 유럽 사회민주당은 여전히 유럽 정치에서 중요한 위치를 차지하고 있다. 국가 차원에서 유럽 사회민주당은 다수의 유럽 국가에서 국민의 지지를 받는 주요 정당 중 하나이다. 이들 정당은 각각 자국의 정치적 맥락과 선거 시스템에 따라 다양한 정책과 전략을 채택하고 있지만 공통적으로 사회복지정책의 확대를 통한 사회적 평등 증진, 노동자 권리보호, 사회적 연대 증진을 목표로 하고 있다. 유럽 사회민주당은 사회적 평등, 복지국가의 강화, 공공 서비스 보호, 노동자 권리 보호 등을 중요한 이념과 정책으로 삼고 있다. 그러나 각 국가의 사회민주당은 자국의 정치적 맥락과 현실적인 상황에 따라 다양한 정책 및 전략을 구사하고 있다(김금수, 2013).

미국 최초의 사회주의 정당은 1876년에 결성된 사회주의노동당(Socialist Labor Party)이다. 이 당은 여러 사회주의 그룹이 함께 만들었는데, 이 그룹은 인터내셔널 지부에 속해 있었다. 초기에는 대부분 독일계 이민들로 구성되었으나, 일정 기간이 지난 뒤에는 라살레파가 지도적 지위를 차지했다. 미국의 사회주의노동당은 노동자층에 영향력을 행사하기 위해 노력을 쏟았지만 성공을 거두지 못했고 또 창립 당시부터 존재했던 분파주의 경향도 극복하지 못했다. 그 결과 19세기 말에는 당원 수도 적었을 뿐 아니라 노동운동에 대한 영향력도 그다지 크지 못했다. 1897년에는 노동자의 새로운 정치조직인 사회민주당이 결성되었다. 이 당의 강령은 사회주의적 목표를 선언했지만, 혁명적 노선을 거부하고 의회정치를 통한 점진적 개혁을 추구했다. 하지만 이민자의 나라로 인종・종교・언어・문화 등 동질성이 부족한 미국정치의 특성상 사회주의 계열의 정당은 대중의 지지를 얻는 데 실패하고 말았다.

위에서 본 바와 같이, 주요 국가들에서 진행된 노동자계급 정당의 생성 과정은 각 나라에 따라 다양하게 전개되었는데 노동자계급은 다양한 형태의 투쟁 과정 속에서 자신들의 정치 조직을 추구했다. 이 조직은 당면한 일상적 이익을 실현하기 위한 투쟁을 지도할 뿐만 아니라 자본주의체제의 변혁을 목표로 하는 투쟁을 뒷받침하기 위한 것이었다. 사회주의 정당의 출현은 사회복지정책 발전에 중요한 전환점이 되었다.

8. 한국에서 사회주의

정약용의 여전제에서 시사하는 바와 같이, 한반도에 살던 지식인과 민중들 사이에서 사회주의적 공동체에 대한 동경과 관념은 그 역사가 깊다. 그것이 꼭 유럽 사회주의 이념과 일치하는 것은 아니지만 유럽사회주의와 조선의 사회주의는 분명히 같은 목적을 지향하고 있었다. 하지만 현실세계에서 지식인과 노동자들 사이에서 사회주의에 대한 본격적 논의는 일제강점기 기간에 이루어졌다.

「여전제」

정약용은 「정전」, 「균전」, 「한전」으로는 극도로 문란해진 토지제도를 바로잡을 수 없다고 보고 「여전제」를 주장했다.

1799년(정조 23)에 집필한 〈전론〉에 나타나 있다. 토지소유, 경작의 집중과 그로 인한 농민의 몰락 및 경제적 수탈을 극복하기 위한 개혁안으로 경자유전(耕者有田)의 원칙을 토대로 하고 있다.

30호 정도를 단위로 「여(閭)」라는 말단 행정조직을 만들고 「여」 안의 토지는 「여」에 속한 농민들이 공동경작 한다. 각 여에는 여장(閭長)을 두는데, 여장은 개인의 노동을 매일매일 장부에 기록한다. 농작물을 수확한 후, 우선 국가에 10분의 1세를 내고 여장의 녹봉을 떼어준 후 나머지를 노동 날짜에 따라 나누어 준다. 1개 여에 속한 농민의 수는 제한이 없다. 정약용은 그 이유를 자유로운 이동을 허락하면 농민들은 더 많은 수확물을 분배받을 수 있는 곳으로 이동하기 때문에 10년 후에는 전국의 토지이용이 균등하게 될 것이라고 설명했다.
수공업자는 생산품을, 상인은 상품을 곡식과 바꾸게 하면 그들의 생계는 유지될 수 있으며 양반의 경우는 글을 가르치거나 농사기술을 개발하고 이를 노동으로 환원해 몫을 나누어 주면 된다고 생각했다. 또한 해마다 10분의 1세를 거두어들이면 국가의 재정이 풍요해질 것이므로 관료들도 후한 녹봉을 받아 잘살 수 있게 된다고 했다. 또한 여를 단위로 군사조직을 하고 훈련을 시키는데, 3분의 1은 정병으로 근무하게 하고 나머지는 호포를 내어 군비로 쓰게 하면 군대 모집과 군포와 관련된 폐단이 없어질 것이라고 했다.

[네이버 지식백과] 여전제(閭田制), (한국고중세사사전, 2007.3.30, 한국사사전편찬회)

앞으로 보겠지만 나라를 잃은 조선의 지식인들 사이에서 사회주의는 일제로부터 조국해방과 노동자 농민을 해방시킬 수 있는 유일한 이념적 대안이었으며, 이 이념의 바탕 위에 실질적으로 대륙침략을 위한 일본의 한반도 공업화정책에 따라 생성된 공장노동자들이 주축이 되어 만든 노동단체들이 출현함에 따라 사회주의운동의 물질적 하부토대가 본격적으로 출현했다.

우리 나라 사회주의 정당은 1918 독립운동가 이동휘가 볼세비키의 지원을 받아 러시아 땅에서 한인사회당을 조직함으로써 출발하였다. 그 후 한반도 내에서도 1920년 113개 청년단체, 3만 명 회원을 가진 조선청년회연합회가 결성되었고, 1921년 청년연합회 간사인 장덕수・김명식・오상근 등 민족주의자들이 서울청년회를 조직하였다. 1924년에는 고려공산당과 고려공산청년회가 출범하였다. 1925년에 결성된 조선공산당은 1928년 해체될 때까지 3년여 동안 네 번에 걸친 일제의 대대적인 탄압과 검거 속에서 세 차례의 당대회를 열고 노동자・농민운동, 청년・학생・여성운동, 신간회운동 등을 이끄는 역할을 수행하였다. 또한 1926년 6・10만세시위운동을 주도하여 3・1운동과 유사한 대중운동을 조직했다.

이처럼 다양한 단체와 분파가 있지만 일반적으로 한국의 사회주의운동을 하는 사람들에게는 공통적 목적이 있었는데 그것은 주로 민족해방과 계급투쟁으로 요약된다. 하지만 계급투쟁은 선언적 내용이고 실제는 민족해방과 노동자 농민을 위한 복지운동의 성격이 짙다. 실제로 고려공산청년회 강령을 보면 폭력을 사용한 자본주의체제 전복을 시도하고 있지 않았다. "사회제도의 기초를 이루는 경제제도는 사회진화의 법칙에 따라 필연적으로 진화하는 것이다. 자본주의 경제조직은 지금까지의 법칙에 의해서 사회주의 경제제도로 대체될 운명에 처하였기에, 우리들은 이 사회진화의 법칙에 따라 도래할 사회를 준비하는 임무를 담당한다. 우리들은 자본주의제도를 폭력으로 부인하는 것이 아니고, 사회적 여건에 의하여 자연적으로 변화해 가는 것을 인식하여 회원에게 이것을 고양한다"(한국민족문화대백과사전, 공산주의운동). 고려공산당은 계급투쟁에 의하여 발생하는 희생자를 구하는 방법으로 조합운동 등에 의하여 노동자의 대표를 의회에 파견할 것을 주장하였다. 이들이 의회에서 노동자의 권리증진을 도모할 수 있을 것으로 여겼기 때문이다.

해방 직후 박헌영이 중심이 되어 조선공산당을 재건되었는데 그는 소련과 함께 미국을 진보적 민주주의 국가로 인식하고 미소협력에 따른 평화적 정권수립을 추진하였으며, 당면 혁명의 성격과 과제를 반제국주의 반봉건주의 부르주아 민주주의 혁명으로 규정하였다. 해방 후 조선공산당은 조선노동조합전국평의회(전평), 전국농민조합총연맹(전농) 등 노동, 농민운동 조직에 막대한 영향력을 행사하면서 미군정시기 노동운동과 농민운동을 실질적으로 지도하는 활동을 하였다(한국민족문화대백과사전, 사회주의운동).

우리 나라에서도 과거 사회주의 노선과 투쟁방식에 얽매이지 않고 그 기본정신을 승화 발전시켜 평화적이고 점진적 방법으로 사회주의를 실현하려는 사람들이 있었다. 그들은 사회주의의 거대 담론과는 거리를 두고 현실 세계에서 실현 가능한 목표를 세우고 그것을 실천에 옮기려고 노력했는데 그들이 한국사회민주당이 있었다. 1945년 12월 여운형의 친동생 여운홍은 모스크바 3상회의 결정에 따른 한국신탁통치를 지지하고 나선 조선공산당을 비롯하여 여운형의 인민당의 정치노선을 반대하여, 제1차 미소공동위원회가 무기 휴회에 들어가자 1946년 5월 인민당을 탈당하면서 최근우 등 104명이 모여 사회민주당을 결성했다.

사회민주당은 온건하고 점진적인 사회민주주의 노선을 표방하였다. 당의 강령은 ① 완전독립과 민주주의 국가건설, ② 계획경제확립과 균등생활, ③ 민족문화의 함양 등인데, 이는 여운형이 이끌던 조선인민당의 노선과 내용적으로는 거의 같았다(한국민족문화대백과사전, '사회민주주의'). 1947년 1월 김규식·여운형·안재홍·홍명희·조봉암·임원근 등 주로 좌우를 망라 조국의 독립과 개혁을 추구했다.

오랜 억압과 탄압 속에서도 한국의 사회주의 진영은 1998년이 되어서야 합법적 정당으로 출범했다. 바로 민주노동당이다. 1998년 진보주의 진영의 총 결사체인 '건설국민승리21'은 운영위원회를 열어 "진보정당 건설을 목표로 하는 정치 조직으로 전환"하기로 결정하였다. 민주노총도 "건설국민승리21(국민승리21)을 확대 개편하여 노동자 중심의 진보 정당을 건설하기 위해 적극 지원, 연대한다"는 결의를 다졌고 2000년 민주노동당이라는 이름으로 공식 출범한다.

민주노동당은 강령상 사회주의 이상과 원칙을 계승, 발전시킨다는 점을 미뤄보아 민주적 사회주의 정당이라고 평가된다. 민주노동당 강령 전문은 "민주노동당은 국가사회주의의 오류와 사회민주주의의 한계를 극복하는 한편, 인류의 오랜 지혜와 다양한 진보적 사회운동의 성과를 수용함으로써 인류사에 면면히 이어져 온 사회주의적 이상과 원칙을 계승 발전시켜 새로운 해방 공동체를 구현할 것이다"라고 되어 있다. 폐쇄적이고 세습적인 북한의 국가사회주의와 입으로만 사회주의건설을 떠벌리는 유럽의 사회민주주의 둘 다 극복의 대상이라는 것이다.

민주노동당 이후에 탄생한 제도권 진보정당의 강령들은 거의 모두 이 민주노동당의 강령을 기반으로 조금씩 변화시켜서 만들어져 있다. 민노당은 역대 대한민국의 진보정당 중 정치적 영향력이 가장 강했던 정당으로 진보정당 역사의 절정기를 열었다. 당원 충성도가 당시 거대 정당들과 비할 바 없이 높았으며, 민주노총과 전농, 각종 사회운동을 기반으로 한 지역조직 역시 탄탄한 정당이었다. 민주화 이래 창당되었던 진보정당 중 지속적으로 평균 지지율 10% 이상을 차지한 거대 정당은 민주노동당뿐이다. 2004년 17대 총선에선 13%의 비례정당 득표율을 얻었는데, 이는 지금까지 진보정당 역대 최대 비례득표율이다. 민주노동당에서 분당한 진보신당, 민주노동당의 후신인 통합진보당, 통합진보당 탈당으로 성립된 진보정의당은 물론, 정의당, 진보당, 노동당이 모두 민주노동당의 실질적 후신이다.

9. 나가면서

우리는 이 장에서 사회복지가 무엇인지 정치경제적 시각에서 사회복지와 관련한 노동조합, 자유주의, 사회주의, 노동조합운동, 보통선거권운동, 사회주의운동, 사회주의 정당들을 살펴보았다. 유럽의 역사적 경험이 시사하는 결론은 한 나라의 사회복지 수준은 노동자계층이 얼마나 정치적 힘이 있는가, 얼마나 조직이 잘되어 있는가에 따라 달려 있다는 의미이다. 민주주의는 근대 복지국가 발전의 '진정한 출발'이며, 한 사회의 사회복지 수준은 그 사회의 민주주의 수준을 결정한다.

사회민주주의론의 시각에서 보면 산업혁명 후의 복지국가 출현은 노동의 정치세력화가 확대된 결과이다. 복지국가는 노동자계급을 대변하는 집단의 정치적 세력의 크기와 비례하여 발전한다. 비상시국에서 노동자들이 단결하여 시민혁명이 발발했을 때, 혹은 평화시국에서 사회당이나 사민당이 집권했을 때, 그전에는 꿈속에서나 그려보던 사회복지정책이 도입되고 확대되었다.

민주주의와 함께 사회주의는 사회복지정책의 아버지와 같다. 사회주의는 사회민주주의와 함께 사회복지정책의 자양분이고 이론적 토대가 되었다. 만일 민주주의와 사회주의가 없었다면 오늘날 다양한 사회복지정책을 실행하여 국민들의 생활을 돕는 복지국가는 태어나지 못했을지도 모른다.

그러면, 우리나라의 경우는 어떤가? 우리나라는 공식적으로 사회당이나 사민당이 단독이든 연정이든 집권한 적은 없으므로, 사회복지가 전혀 발전할 수 없었을까? 물론, 그렇지는 않다. 역사적으로 우리 사회복지는 1960년 4·19혁명, 1980년 5·18항쟁, 1987년 6월 항쟁, 그리고 2017년 촛불혁명과 같은 시민혁명이 발발한 직후에, 혹은 민주당같이 상대적으로 진보적 정당이 집권했을 때 대폭 확대되었다. 이는 대한민국이 냉전의 유산이 아직도 강하게 남아 있는 나라로서 사회당이나 사민당 같이 공식적으로 노동자들을 대변하는 정당이 집권한 적은 없지만, 그 기능을 민주당같은 비교적 진보적 보수당이 해오고 있기 때문으로 보인다. 민주당같이 상대적으로 진보적이고, 실제로도 노동자 편에 가까이

다가가는 정당이 집권하거나 강성했을 때 사회복지가 확대되는 경향이 있었다. 합법적 민주정치체제가 법과 제도로 노동자들의 권익을 보호해 주었을 때 노동자들은 큰 위협을 느끼지 않고 노조활동을 통해 그들의 요구를 결집시키고, 목소리를 높일 수 있고, 언론은 그것을 보도할 수 있었기 때문이다. 설령 보수정당이 집권했을 때라도 민노당, 정의당 진보정당들은 누구보다도 가장 강력하게 노동자들의 요구를 입법화하도록 압력을 가했기 때문이었다.

이와 같은 주장은 거시적 통계자료로도 뒷받침할 수 있다. 아래의 도표들은 한국은행에서 매년 발표하는 연간 〈국민소득통계 해설서〉에 따라 우리나라의 노동소득분배율 추이를 나타내고 있다. 노동소득분배율이란 전체 국민소득에서 노동소득이 차지하는 비율을 의미하는데, 우리나라 노동소득분배율은 자료가 허용하는 1975년부터 42.8%에서 40여 년간 꾸준히 상승했으며 2010년대 중반부터는 60%대 초반 수준을 유지하고 있다. 노동소득 분배율은 유신체제 기간에는 40에서 45로 매우 낮았다(〈그림 3-2〉 A, B 참조). 이는 억압적 정치체제가 무엇을 의미하는지 선명하게 보여주는 자료다. 하지만 그 때에도 매년 상승하여 유신 말기에는 50%를 넘었다. 유신체제가 붕괴하고 전두환 군부독재에도 불구하고 다시 급상승하였지만 얼마 못가서 정체 내지는 하락한 것을 볼 수 있는데 이는 당시 전두환 정권의 반노동적 성격을 알 수 있는 중요한 지표라 볼 수 있다. 이후 1987년 6월 항쟁 이후에는 다시 상승하여 외환위기가 닥치기 전 1996년에는 62.4%로 오른 것을 볼 수 있다. 그리고 외환위기 이후에는 대체로 완만한 하락 추세 내지는 거의 정체되어 있다가, 2017년 62.0%에서 2018년 63.8%로 1.8%포인트 상승했다가 2022년 62.4%로 하락했다(〈그림 3-2〉 C를 참조).

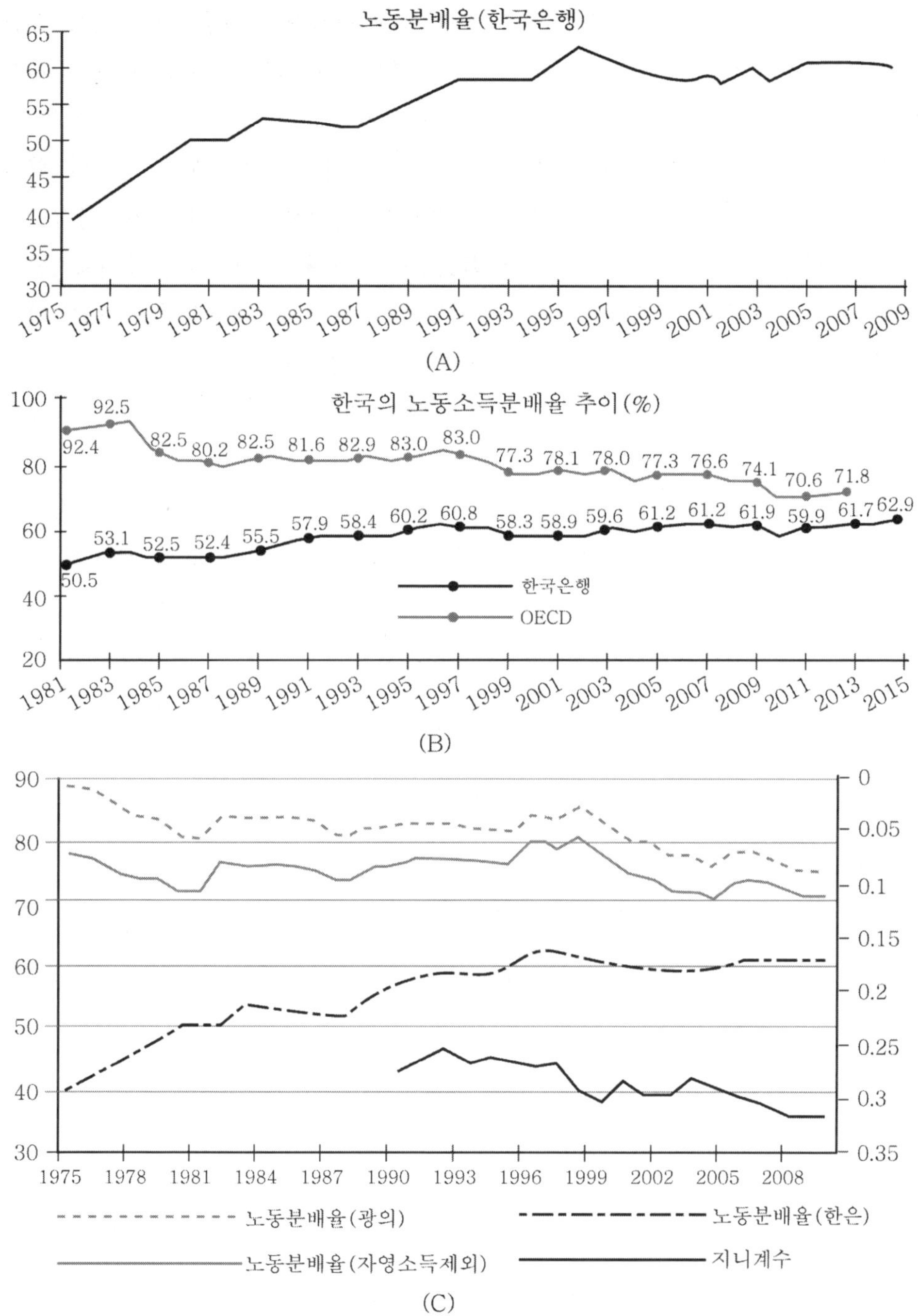

〈그림 3-4〉 한국의 노동소득분배율

노동소득분배율은 물론, 기업영업실적 악화나 원자재값 상승 등 경제적 요인에 영향을 받지만, 그것이 상승하는 것은 경제성장과 더불어 임금상승률 증가가 주요한 원인으로 보인다. 그리고 임금상승률을 결정하는 가장 중요한 요인은 노동자 힘의 크기다. 경제성장의 과실을 놓고 노사가 경쟁할 때, 노동자의 힘이 세지면 더 큰 몫을 가져가는 것이고, 그 반대도 성립한다. 이러한 임금상승률의 변동은, 사회복지 발달을 설명하는 사회민주주의 이론이 제시하는 것처럼, 민주화에 따른 노동자들의 권리의식이 높아지고 그들의 목소리가 점점 커지고, 이에 따라 노동조합이 강해지고, 그들의 목소리를 대변하는 민주당 등 상대적으로 진보적 정당이 집권하여 노동자들을 위한 정책을 만들어 실행하기 때문이다(강태윤, 2010).

유럽에 비하여, 우리나라에서는 부의 재분배정책에 대해서 연구가 상대적으로 미진한 듯하다. 이는 재분배정책이란 것이 이를 찬성하는 진보적 정당과 이를 반대하는 보수적 정당 사이의 대결과 투쟁 등, 정치적 갈등을 애써 외면하고 싶은 국내 사회복지학계의 경향을 반영하는 것이라 보여진다. 모든 사회현상이 주위 환경과 상관없이 독립적으로 일어나는 것은 아니며, 특히 정치 환경적 요인에 직접 간접적 영향을 주고받으며 일어나는 것임을 두말할 필요도 없다. 사회복지정책이 그 대표적 분야이다.

참고문헌

강태윤(2010). '사상 최악' 노동소득 분배율, 한국은행 자료엔 없는 이유, 한국은행 공식지표의 허점, 프레시안.

김금수(2013). '사회주의 정당의 출현과 성장', 한국노동사회연구소(http://klsi.org).

김선빈(2008). '정부주도형 프랑스 민영화의 시사점' 대한민국 정책브리핑 (www.korea.kr).

김윤태(2007). 〈교양인을 위한 세계사〉, 책과함께.

김성환(2010). 〈교실밖의 세계사 〉, 사계절.

김태성 · 성경륭(2014). 〈복지국가론〉, 나남.

김택현(2008). 〈차티스트 운동: 좌절한 혁명에서 실현된 역사로〉, 세상.

박경민(2003). 〈세계사 이야기 2〉, 가람기획.

박상익(2009). '빈민층 구제, 사회보험 도입에 앞장선 윈스턴 칠,' 중앙일보.

버먼, 셰리(2011). 〈정치가 우선한다: 사회민주주의와 20세기 유럽의 형성〉, 김유진 역. 후마니타스.
심윤종 외(1998). 산업사회학, 경문사.
엘리엇 고온(2002). 이건일 역, 마더 존스, 미국에서 가장 위험한 여성?, 도서출판 녹두.
역사학연구소(2004). 〈메이데이 100년의 역사〉, 서해문집.
유시민(2009). 〈내 머리로 생각하는 역사이야기〉, 푸른나무.
윤홍식・남찬섭・김교성・주은선(2019). 〈사회복지정책론〉, 사회평론아카데미.
이원보(2013). 〈한국 노동운동사:100년의 기록〉, 한국노동사회연구소.
정범구(1991). '수정주의, 개량주의, 사회민주주의 : 사회민주당에 대한 Bernstein의 관점을 중심으로', 〈한국정치학회보〉, 제25집 제1호. 387 - 405.
캘리니코스, 알렉스(2011). "사회민주주의 – 제대로 이해하고 대처하기", 녹취・번역 천경록. 〈마르크스21〉, 12호.
파울렌바흐, 베른트(2013). 독일 사회민주주의 150년. FES Information Series, 2013.05, https://library.fes.de/
앤드루 로버츠(2022). 〈나폴레옹〉, 한은경・조행복 번역. 지식향연.
홉스봄(2006). 〈혁명의 시대〉, 정도영・차명수 역. 한길사.
______(2002). 〈제국의 시대〉, 김동택 역. 한길사.
______(1998). 〈자본의 시대〉, 정도영 역. 한길사.

Bernstein, Edward(1898). *The Struggle of Social Democracy and the Social Revolution*. Neue Zeit.
Easton, David(1953). *The Political System: An Inquiry into the State of the Political Science*. New York. Alfred Knopf.
Hill, Christopher(2002). [1940]. *The English Revolution 1640* - Marxists Internet Archive .
Hill, Christopher(1991). *The World Turned Upside Down: Radical Ideas in the English Revolution*. Penguin Books.
Keith Michael Baker(1990). *Inventing the French Revolution: Essays on French Political Culture in the Eighteenth Century*, Cambridge University Press.
Marshall, T.H.(1963). *Class, Citizenship and Social Development*. Chicago: University of Chicago Press.
Gerhard Ritter(2005). 〈복지국가의 기원〉, 전광석 번역, 법문사.
Ryner, M.(2003) *Capitalist Restructuring, Globalization and the Third Way: Lessonss from the Swedish Model*. The Routledge.
Thompson, G.(1986). *Comparative Economic Policy*. New York: Croom helm.
Skocpol, T. and Ikenberry, J.(1983) "The Political Formation of the American Welfare State in Historical Comparative Perspective." *Comparative Social*

Research 6: 315-351.

Schmitter, P.C.(1974). 'Still the century of corporatism?' *Review of Politics*. 36(1): 93-94.

Schmitter, G., & Lembruch, P.C.(1979). *Trends Toward Corporatist International Order*. Beverly Hills: Sage Publication.

Webb, Sidney; Webb, Beatrice(1920). History of Trade Unionism. Longmans and Co. London. (http: //preview.britannica.co.kr/ spotlights/nobel/).

제 4 장

일제강점기 사회복지[1)]

1930년대에는 사회주의가 대공황과 노동착취 등 자본주의의 병폐를 비판하는 거의 유일한 대안이었다.

1. 들어가면서

과연 내선일체와 황국신민화 정책으로 대동아공영권을 추진하던 일본제국주의는 그들의 식민지 조선 땅에서 모든 사람에게 최소한의 인간다운 생활을 보장했나? 일제는 빈민을 구제하고 노동자와 대중 등 사회적 약자를 배려함으로써 사회적 평등과 통합에 힘썼나? 현실적으로 이에 대한 긍정적인 대답을 기대하기는 어려울 것이다. 일제 식민지정책은 조선을 수탈하는 데만 혈안이 되어 있었기 때문에 조선을 위한 복지정책을 추진한다는 것은 애초부터 어불성설이라고 해야 할 것이다. 이는 일제강점기 조선인은 스스로 그들의 권리를 찾기 위해 투쟁해야 했다는 것을 의미하며 이 투쟁이야말로 당시의 사회복지 연구의 주요 내용이 될 수밖에 없다는 것이다.

일제는 내선일체(內鮮一體)와 황국신민이라는 말로 조선 합병을 합리화했지만 식민지 조선에서 일반 민중의 삶은 척박하기 그지없었다. 군국주의 일본 통치 하에서 국가정책에 의한 사회복지의 실현은 언감생심이었다. 1908년 동양척식회사를 설립한 일제는 조선의 국유재산과 토지를 약탈하기 위한 준비를 마치고 1910년 한일합방을 강행하고 조선총독부를 설립한다. 식민지 조선은 일제의

1) 필자는 이 부분에서 '일제강점기 한국노동운동에 대한 탁월한 연구서', 이원보(2016), 〈한국노동운동사 100년의 기록〉에 빚지고 있음을 밝힌다. 한국노동사회연구소.

식민지로서 식량공급기지, 상품시장, 대륙침공을 위한 병참기지로서의 역할을 하기 위한 땅에 불과했다. 일제의 식민정책은 반일 민족세력에 대한 탄압, 식민지 지배의 물적 토대 구축을 위한 경제적 수탈로 요약된다(강만길 외, 2000; 이원보, 2016; 42).

일제강점기 동안 조선의 사회는 급격한 변화를 겪어야 했다. 근대적 계급인 노동자계급이 출현하게 되었고 자본가와 노동자 간의 노사관계와 계급갈등이 중요한 사회적 이슈로 등장한다(윤홍식 외, 2021: 94). 조선의 민중들은 인간다운 삶은 고사하고 한시도 생존의 위협에서 벗어날 수가 없었다. 따라서 조선 민중들의 투쟁은 필연이었다. 모든 투쟁은 민족해방 노동자해방이라는 목표를 향했다[2](이원보, 2016).

1876 제물포 조약 이후 1910년 강제병탄이 있기까지 이미 조선의 봉건체제는 급격히 붕괴했다. 그때 이미 조선에서는 근대적인 임금노동자가 형성되기 시작한 것이다. 일본 등 서양 제국주의의 침투로 땅과 생계수단을 잃어버린 농민들은 대부분 농촌 지역에 남아서 소작농이 되거나 지주에게 고용되어 생계를 이어갔다. 그나마 일자리가 얼마 되지 않았고 그들의 임금은 매우 낮았다. 그럼에도 많은 농민들이 농촌을 떠나 도시, 개항장, 광산, 철도, 건설 공사장 등으로 흘러 들어갔고, 만주나 일본으로도 많이 떠났다. 지주와 자본가들은 농촌 이탈 주민으로 구성된 노동자들을 가혹하게 수탈하고 착취했다(이원보, 2016: 33).

구한말 봉건사회가 아직 끝나기 전 조선 땅에는 이미 노동자들이 나타났다. 조선 땅의 노동자들은 대부분 농민으로서 토지로부터 축출되자 생존을 위해 투쟁하기 시작했다. 그러나 조선의 노동자들은 미국과 유럽 나라들의 노동자들과는 달랐다. 그들은 제국주의와 식민지배와 싸워야 했으며, 이는 두고두고 훗날 노동운동을 제약하게 된다. 제국주의 국가들은 식민지 백성의 모든 인권을 억압하고 수단 방법을 가리지 않고 착취에 골몰했기 때문이다(이원보, 2016: 38; 커밍스, 2008: 1장).

당시 수많은 문헌들이 노동현장의 비참한 현실을 말해주고 있지만 대표적인

2) 필자는 이 부분에서 일제강점기 한국노동운동에 대한 탁월한 연구서 이원보(2016) 〈한국노동운동사 100년의 기록〉에 빚지고 있음을 밝힌다. 한국노동사회연구소.

것이 이재유의 기록인데 그는 다음과 같이 당시 열악한 노동환경을 묘사한 바 있다.

> 처음 1~2년은 식사만 제공받을 뿐 무보수로 18~19시간 혹사당하며 (중략) 기숙사에 기거하면서 한 달에 한번밖에 외출할 수 없고 외출할 때는 감독자가 따라 나간다. (중략) 그녀들은 언제나 80도 이상의 더운 곳에서 일하며 바람이 통할 구멍조차도 없는 곳에서 혹사되기 때문에 정확한 내용은 알기 힘들지만 나의 경험만으로도 쉽게 알 수 있다. 내가 알고 있었던 5년 이상의 직공 8명 중에서 지금은 단지 2명밖에 있지 않고 6명은 모두 죽었던 것이다! 내가 일찍이 죽어야 할 사람만을 알았던가?(김경일, 1992).

조선의 노동자들은 조직을 만들고 다양한 투쟁을 전개하기 시작했다. 그야말로 생존을 위한 투쟁이었다. 한반도에서도 노동자조직과 노동투쟁이 등장하기 시작했다. 노동자들의 임금은 기아임금이라 할 만큼 낮았고 인간으로서 견디기 어려운 장시간 노동과 열악한 작업조건 때문에 노동자들의 고통은 극에 달했다. 노동자의 투쟁은 해를 거듭할수록 늘어났고 점차 조직적이고 강인한 모습으로 변화하였다.

제일 먼저 광산 노동자들이 투쟁의 선두에 섰다. 광산은 자본주의 생산방식이 상대적으로 일찍 들어왔고 노동자 수도 많았는데 최초의 쟁의는 1888년 함경도 초산에서 발생했다. 조선의 노동자들은 가혹한 세금과 핍박에 분노하여 폭동을 일으켰는데, 조정에서 조사관(안핵사)을 보내고 나서야 진정될 수 있었다. 1892년 경북 예천, 1898년 강원도 당현, 1901년 운산금광에서도 노동쟁의가 있었다. 1898년 전남 목포의 부두 노동자들이 동맹파업을 일으켰다. 1901년 경인철도회사 노동쟁의가 있었고, 1909년에는 경성전기회사 노동자들이 집단적 파업이 있었다(이원보, 2016: 36).

조선의 광산과 부두노동자들은 지주와 자본들에게 대항해 스스로 조직을 만들었다. 이들은 처음에는 의형제 혹은 만동생 등의 형태로 연대하고 있다가 점차 노계 또는 노동조합을 조직했다. 1898년 성진에서 운반부 46명이 성진본정부도조합을 결성한 이래로 군산, 진남포, 평양, 개성, 용강, 이원 등에서 노동조합이 탄생했다.

2. 토지조사사업, 소작농증대, 토막민의 출현

일제는 한일합방을 하자마자 무단통치를 자행하고 조선을 식민지 종속경제로 전환하였다. 그 시작이 조선인들의 토지를 약탈할 목적으로 실시된 토지조사사업이었다. 이는 1912년 토지조사령, 1914년 지세령을 거쳐 1918년까지 거의 9년간에 걸쳐 실시됐다. 토지조사사업은 토지 소유권은 물론, 경작권, 개간권, 도지권을 박탈하고, 국유지를 조선총독부 소유로 이전하여 동양척식회사와 일본인 지주에게 넘겼다. 그 결과 총독부는 조선 최대의 지주가 됐고, 일본인 지주는 급격히 증가했다(한국민족문화대백과사전, '토지조사사업').

토지조사사업은 조선의 사회적 요구와는 완전히 유리된 식민지 수탈을 위한 식민지정책의 일환으로 일방적으로 강요되었다. 이는 단순히 소작제도의 정비뿐만 아니라, 조선총독부의 재정수입 증대, 토지의 상품화, 국유지 및 미개척지의 점유, 토지로부터 노동력의 분리 등 다양한 효과를 노린 것이었다. 조선총독부의 강제적인 토지약탈과 점유를 통해 일본의 국가자본은 최대의 지위를 차지하면서 일본인 대지주를 식민지 재배의 중심축으로 만들었다. 이에 더해, 식민지 조선의 봉건적인 토착지주를 식민통치의 동반자로 만들었다(류진석, 1998: 331). 일제는 신고를 하지 않거나 신고에 필요한 증빙서류를 다 갖추지 못한 한국농민의 토지는 모두 조선총독부 소유로 약탈해갔는데 임야와 민간인 공유지 약 1,369만 정보와 미간지개간지 약 102만 정보, 농경지 13만 정보에 달했다. 이것은 당시의 국토면적 2,225만 정보의 약 62%에 해당하는 실로 방대한 것이었다(한국민족문화대백과사전, '토지조사사업'; 곽효문, 2007).

1920년의 '산미증산계획'은 일본 국가자본을 조선의 농업부문에 투입하여 생산력을 증대시키고, 그 산출을 식량위기로 고통을 받고 있었던 일본으로 반출하는 것을 목적으로 하고 있다. 이는 조선 농업부문에 지주제 농업정책의 기반을 마련하고 일본 농민을 대량으로 이주시켜 식민지 지배체제를 강화하려는 것이었다(박경식, 1986: 101; 류진석, 1998: 332). 이로 인해, 조선에서는 식량부족 사태가 발생하고, 빈민이 대량으로 발생했다. 결국 토지조사사업으로 조선의 농민들은 토지를 상실하고 무산계급으로 전락하고 말았다(류진석, 1998: 332).

그 결과, 농민은 그 동안 누려왔던 권리를 부정당하고 소작농의 불안정성을 가속화시켜 토지로부터 농민을 분리하는 결과를 낳았다(신용하, 1997: 144-146; 류진석, 1998: 334). 한 연구에 따르면(백욱인, 1987, 류진석에서 재인용 335), 1913-1918년 5년이라는 짧은 기간에 자작농은 22.8%에서 19.7%, 자소작농은 41.6%에서 39.4%로 각각 감소한 데 반하여 소작농은 32.4%에서 37.8%로 210,000명이 증가했다. 소작농들은 대개 1정보도 안 되는 땅에 보통 5-7할에 이르는 소작료를 지주에게 바쳤다. 이는 일제의 토지조사사업이 소작농민을 얼마나 증가시켰는지 단적으로 보여주는 자료이다.

조선총독부 조사에 따르면 1924년 총 농가 호수 272만 여 호(이 가운데 지주 12만여 호) 가운데 46.6%에 해당하는 127만여 호가 적자에 시달리고 있었다(김윤환, 1967 : 62). 이와 같은 적자경영의 농가수지현상은 일본의 식민지화에 의한 토지조사사업을 비롯한 식민지경제정책의 결과였다. 이러한 농지의 상실 내지 영세화는 종래의 저수준이었던 농민생활을 한층 더 압박하고 안정성마저 흔들리게 했다. 이리하여 몰락농민의 일부는 피용자나 농업노동자로 전락하여 농촌에서 계절적으로 농번기에는 농업임노동자로 종사하고 농한기에는 인근도시에 나가 자유노동에 종사하는 반농반노형의 노동자가 되거나 화전민화하였다(류상열, 2001 : 78; 곽효문, 2007).

이와 같은 상황에서, 빈곤농은 오래 버티지 못하고 대규모로 농촌을 떠났다. 당시의 이농상황을 보면 1923년 한 해 동안 이루어진 이농자들의 행선지와 그 원인을 보면 국내에서 다른 직업으로 전업한 자가 11만명, 국외로 이주한 자가 3만명, 일가이산 기타가 1만명, 합계 15만명이 이농했다. 이농의 원인은 자기편의가 약 60%, 일가이산 기타를 포함한 농업실패가 약 40%를 차지하고 있는 것으로 나타나고 있다(신은주, 1985 : 19-20). 영세농의 생활수준을 보면 1933년의 농가수지 평균은 1호당 11원의 결손이 있었으며 자작농은 7원, 자작 겸 소작농은 2원, 소작농은 24원의 결손으로 1호당 평균부채가 81원에 이르고 있다(동아일보, 1934년 5월 22일). 조선농회에 의한 1931-1932년 동안의 농가개

황조사를 보면 농민 1인의 1일 생활비가 10전 3리에 불과(당시 쌀 1되가 약 30전)하였다. 당시 언론에는 농가의 빈곤상태를 알려주는 기사들이 있는데 농가 호수 가운데 빈곤농이 반수에 이르고 있다는 사실과 각처를 유리(遊離)하는 농가의 격증상황, 춘궁기의 참상 등을 보도하여 농가의 몰락과 파산이 얼마나 참담한 상태이고 또 대규모적으로 일어나고 있는가를 잘 보여주고 있다(동아일보, 1933년 5월 13일; 조선총독부, 1934).

이와 같이 영세농민들은 서로 다른 고용기회가 없기 때문에 불가피하게 손바닥 만한 경지를 일구면서 겨우 생계를 유지해야 하는 사람들로서 사실상 실직상태에 있었으며 다른 고용기회만 있으면 어디든지 갈 수 있는 일종의 산업예비군이었다. 실제에 있어서도 이들에게 있어 빈곤농구제사업과 같은 토목사업에서의 노임수입은 매우 중요한 것이었으므로 열악한 노동조건에도 불구하고 구궁공사의 계속적인 실시를 요구하는 기사가 자주 보이고 있다(동아일보, 1934년 1월 13일).

이 모든 변화는 조선 농민의 빈곤화로 이어졌다. 소작조건의 악화, 만성적인 영농적자 등으로 농촌은 파탄지경에 이르렀다. 빈농들은 파산 유랑하였으며 도시지역의 토막민이 되어 일용노동자가 되거나 산지에 들어가 화전민이 되었다. 실제 농촌빈민의 이농현상은 도시지역에서 산업화로 인한 노동시장형성에 의한 노동력 흡인의 결과가 아니라 농촌경제의 파탄에 따른 빈민화의 결과라 할 수 있었다(곽효문, 2007; 강만길, 1987: 2장).

일제는 토지조사사업과 산미증식계획을 통하여 우리나라를 미곡중심의 단작형 식량공급지로 만들었다. 그 결과 국내 미곡생산이 크게 증가했으나 우리 나라에서의 식량정책은 일본 국내의 식량수급과 미가조절 혹은 농업공황의 수급을 위한 조정자로서 이용되어 수탈과 희생만이 강요되었다. 특히 1930년부터 1939년까지 10년 동안 연평균 양곡수출량이 1,200만석에 달하고 미곡의 수출액은 총수출액의 평균 40%에 달했는데 조선에서는 식량부족이 심화되어 만주로부터 조나 수수 등 잡곡을 수입하고서도 보통 사람들은 초근목피로 연명했다. 태평양전쟁으로 많은 청년이 징병되어 농촌은 인력부족에 허덕이게 되어 군량미의 수요량과 대일수출량이 격증됨에 따라 식량사정이 더욱 악화되었다. 더욱

이 1939년에는 큰 한발(旱魃)로 인하여 심각한 식량부족에 직면하게 되었다. 이러한 가운데 일제는 전시군량 확보를 위하여 미곡의 자유수매제를 폐지하고 1940년대부터 공출제도를 실시하기에 이르렀다. 이로 인하여 상황은 더욱 악화됐다(곽효문, 2007).

일제 강점기는 조선에 빈민이 본격적으로 형성되기 시작한 시기였다. 이는 자본주의 발전의 일반적 경향에 따른 현상이 아니라, 일제 식민지 농업정책의 결과로 농민층의 몰락과정을 통해 광범위하게 이루어졌다(곽효문, 2007). 결과적으로 조선 식민지 땅의 평범한 사람들과 하층민 등 조선 민중은 비참한 생활을 해야 했다. 이러한 빈민은 농촌빈민, 화전민, 토막민 등으로 나눌 수 있는데 조선총독부는 이러한 빈민을 총칭하여 세궁민, 결식자, 부랑자 등으로 불렀다.

빈민 현황을 보면, 1926년에서 1931년 사이 5년 동안 걸인은 16.3배, 궁민은 3.5배 그리고 세민은 2.3배 증가했는데 이는 아래 〈표 4-1〉이 잘 보여준다.

〈표 4-1〉 빈민통계

종류	걸인	궁민	세민	합계
1926	100,00	296,000	1,860,000	2,166,000
1931	163,000	1,048,000	4,203,000	5,414,000

자료: 이여성·김세용, 〈숫자조선연구〉. 조기준 외, 〈일제하의 민족생활사〉 민중서관. 1971. 638쪽. 류진석에서 재인용, 338.

일제 강점기 나타난 주요한 사회현상 중의 하나가 '토막민'의 출현이다.

이들은 식민지 농업정책에 의해서 농촌으로부터 유리된 사람들이자 도시지역에서 하층생활을 하는 사람들이다. 특히 서울을 중심으로 하천이나 제방, 산림, 다리 밑 등의 국유지를 무단점거하여 거기에 움막같은 것을 짓고 살아가는 사람들로서 심각한 사회문제가 되었다. 토막민은 경성을 비롯한 국유지나 민유지의 유휴지를 무단점거하여 거기에 소주택을 이루어 살다가 점차 고착화하는 것을 말한다. 조선시대에도 비슷한 토우를 짓고 생활하는 사람들이 있었다. 그러나 오늘날 같은 사회문제로서 토막민의 발생은 조선에 근대자본주의를 유입한 한일병합 이후의 일이었다. 그것은 1910년 조선총독부에서 편찬한 〈조선어사전〉

에도 아직 토막민이란 단어가 수록되어 있지 않았다는 데에서 유추할 수 있다. 즉 토막민이란 개념은 한일합병 이후에 나타난 것으로 토지조사사업이 대대적으로 실행되기 이전에는 존재하지 않는 현상이었다(長鄕衛二, 1942; 류진석, 1998: 337에서 재인용. 여기서 토막민에 대한 연구를 처음 시작한 학자가 일본인이라는 것에 유의해야 한다).

1920년대 이후 본격적으로 등장한 토막민의 형성경로는 보면 첫째, 도시에서 근대적 산업발전의 결과 도시민이 몰락하여 토막민이 되는 경로가 있고, 둘째, 식민지 농업정책으로 농민층이 분해하여 농촌에서 이주한 이농민이 도시의 토막민으로 되는 경로가 있다. 이중 농촌의 과잉인구, 즉 이농민이 가장 큰 비중을 차지했다(김경일, 1986). 아래 표는 토막민의 증가를 보여준다.

〈표 4-2〉 경성부의 토막민 추이

연 도	호 수	인 구
1928	1,143	4,803
1931	1,538	5,093
1933	2,870	12,478
1935	3,576	17,320
1937	3,248	14,993
1939	4,292	20,911

자료: 류진석(1998)에서 재인용, 338.

식민지 조선에서 비참한 생활을 이어가던 농민들은 결국 땅을 잃고 소작농이 되거나 농촌을 떠나야 했으며, 그나마 소작할 땅을 못찾은 농민은 화전민이 되거나, 농촌을 떠나 하층노동자로 거지로 살아갈 수밖에 없었다. 1919년 3·1운동은 그냥 일어난 것이 아니다. 1919년 조선의 노동자들은 14만명이 넘을 것으로 보이는데, 그들은 하루에 12-3시간 노동이 보통이었고, 16-18시간까지 일하는 경우도 흔했다. 작업일도 1년에 297일에서 350일로 휴일이 없었다.

조선 노동자의 임금은 일본인 노동자의 절반을 밑돌았는데, 여성과 아동노동자는 남성 임금의 3분지 1 수준이었다. 임금인상률이 물가폭등은 따라가지 못해 노동자들은 절대빈곤에 시달렸다. 노동자의 실질임금은 1910년 100에서 1917년 49.1, 1919년에는 67.9로 낮아졌다(김경일, 1992: 58; 이원보, 2016: 47).

조선인 노동자는 대부분 농업의 몰락으로 도시로 이주한 빈민 출신의 비숙련 노동자로서 일본인 관리자 아래서 일하였으며 열악한 작업 조건으로 산업재해도 빈발하였다. 일본인 관리자들은 한국인 노동자를 멸시하였고 폭언과 폭력이 빈번하였다. 그러나 일제는 아무런 제도적 보호 조치를 취하지 않았고 노동자들의 처우는 매우 열악하였다(한영우 외, 2006).

3・1만세 시위에는 200만 명 이상의 민중이 참여했으며, 성난 민중들은 관공서, 토지회사, 친일지주 등을 습격했다. 그 결과 7500 여명이 시위 중 피살됐고 16000여명이 부상당했다. 49개 소의 교회와 학교, 715호의 민가가 불탔다(강만길 외, 2000: 69). 3.1만세 시위는 단순히 민족감정 때문에 일어난 사건이 아니었으며 그 바탕에 있는 일본제국주의에 의한 경제수탈과 그 결과로 빚어진 열악한 생존조건에 대한 항거였다.

일본제국주의에 의한 수탈의 결과, 많은 농민들이 몰락하여 빈민화되었다는 것은 미국의 저명한 학자들도 동의하는 바다. 농촌 내부의 과잉인구로 농촌을 떠나는 사람은 유민화, 걸인화되었으며 산으로 들어가 화전민이 되거나, 도시로 이동하여 토막민을 형성하고, 또 일부는 만주와 일본 등 국외로 유랑이주하였다. 이 당시 대규모 해외 이주는 조선 역사에서 전례가 없는 일이었다(부르스 커밍스, 2008).

이처럼 조선의 민중 상황이 극도로 피폐해지자, 일제도 더 이상 이를 방치할 수 없었던지 각종 빈곤정책을 실시 빈민을 위한 구제에 나서기도 했다. 일제 강점기 빈곤정책은 그 대상에 따라 두 가지로 나뉜다. 첫째로, 노동력이 없는 빈민 또는 재해를 당한 사람을 대상으로 하는 구호사업과, 둘째로, 노동능력이 있는 빈민, 즉 농촌빈민, 화전민, 토막민, 도시 세궁민으로 지원사업으로 나뉜다. 빈민에 대한 구호사업은 이재구조, 궁민구조, 행려병인구호, 빈민구료사업, 방면위원제도, 조선구호령 등으로 나누어진다. 일제는 수해나 화재와 같이 재난을 당한 사람들에 대해서 구조를 했는데, 1915년부터 보통 매해 20만원 정도의 지출을 했고, 1939년에는 239만 원을 쓰기도 했다(류진석, 1998: 342).

하지만 일제 강점기 때의 빈곤정책을 사회복지정책으로 받아들일 수 없는 이유는 그 정책이 설령 일제가 조선의 공업화 정책으로 물질생산에 힘썼다 하더라도 사회적 약자계층 지원을 통한 사회평등 향상과 사회통합이라는 사회복지의 기본정신을 전혀 반영하고 있지 않기 때문이다. 류진석(1998: 360)은 일제 강점기 빈곤정책으로 대표되는 당시 사회복지정책의 특성을 다음과 같이 정리하고 있다. 첫째, 일제 강점기 빈곤정책은 식민통치의 합리화와 황국신민사상의 주입을 목적으로 하고 있다. 일본천황의 '은사금'으로 상징되는 구호사업이 1910년대에 입법화되었는데 일제의 자비심을 대내적으로 과시하고 조선인들의 충성심을 요구하였다. 조선총독부(1933)가 발간한 보고서를 보면 '조선의 가난한 사람들을 위하여 일본천황이 베푸는 은덕에 대하여 감복할 것을'말하고 있다. 하지만 이 수준은 매우 낮았다. 조선총독부의 사회복지 관련 지출은 GDP의 0.08-0.17%를 넘지 않았다. 둘째, 일제빈곤정책은 식민통치정책의 필요에 따라 변화되었다. 한 예로, 1927년에 방면위원제도나, 1940년대에 조선구호령 등은 실업자, 생활빈궁자 등의 구호를 목적으로 하고 있으나, 그 이면에는 민족분열정책의 일환으로 친일파 보호 및 육성과 전시동원체제 하에서 인력동원을 위해 사용되었다. 셋째, 일제의 빈곤정책은 식민지 민중운동의 성장과 발전을 무마하고, 이를 식민지 지배체제로 편입시키려는 목적을 갖고 있었다.

3. 1920년대 노동쟁의 등장

1920년대가 되자 식민지 조선에서는 전에는 볼 수 없었던 전혀 새로운 형태의 사회현상이 일어났다. 이른바 노동쟁의라는 것이다. 당시는 일본 자본의 진출과 함께 산업화가 급속히 이루어졌다. 일제는 대륙침략을 위한 군수산업을 육성, 이른바 한반도 병참기지화를 시작하였다. 1927년 일제는 조선총독부 내에 자원국(資源局)의 설치를 공포하였다. 이것은 국가총동원 체제 수행의 중심 기관이던 기획원의 모체로서, 국가총동원을 위해 인적·물적 자원을 통제·운용하려는 제반사항의 통합기관이었다. 1932년 4월부터 조선군(주한 일본군)사령부

안에 자원계 장교가 배속되었다(한국민족문화대백과사전, '일본제국주의').

이러한 정책은 장래에 예상되는 국가총동원 사태에 대한 준비 작업이었다. 그 결과 제6대 총독 우가키는 농산어촌진흥과 함께 남면북양(南棉北羊) 북선개척 등의 이른바 대륙병참기지화정책을 수행하였다. 대륙 루트 위에 제2의 일본 창설을 궁극적인 목표로 하였던 대륙병참기지화정책은 조선의 완전무결한 해소(일본화)에 의한 군수기지화로 요약된다.

만주사변 무렵의 군수산업정책은 중·일전쟁 이후, 전면적이고도 광범위한 형태로 강행되었다. 1937년 일본의회는 「군수공업동원법」을 발동하기로 가결하였다. 1918년 제정된 「군수공업동원법」은 국가총동원의 한 요소를 이루는 것이며, 전시에 있어서 군수품의 보급을 신속, 확실, 원활하게 할 목적으로 국내의 공업력을 최대한 발휘하게 하기 위해서 정부의 통제·운용 아래 공업력을 예속시킨 법률이다.

이와 함께 1938년 「국가총동원법」의 시행에 의해 군수물자 최우선의 군수공업화정책이 본격적으로 시작되었다. 이 시기의 군수공업화정책은 일체의 인간 생산이 군수 산업이요, 일체의 시장상품이 군수용품이라는 대전제 밑에서 강행된 것으로, 이러한 대전제 밑에서는 군수·민수의 품목 구별이 따로 있을 수 없었다. 전 분야, 전 품목에서의 민수의 절약·억제와 소비대체 등이 내용으로 되었다.

이 시기의 조선의 공업화 정책은 수력발전 및 농업생산을 기초로 하면서 중화학공업 위주로 수행되고 있었다. 물론, 군수 또는 군수전환을 목표로 하였는데, 회사령이 폐지되면서 조선인에게도 회사 설립이 허용됐고, 관세철폐로 일본자본이 조선으로 진출했다. 그 결과 조선 내 일본 기업의 자본금은 1914년 1억 7천만원에서 1921년 8억 원으로 5배 가까이 증가했다. 5인 이상 공장 수와 노동자 수도 1911년 252개 14,575명에서 1921년 2,384개 49,320명으로, 1931년 4613개 106,800명으로 급증했다(김경일, 2004: 44). 이 밖에 광산노동자, 부두노동자, 건설노동자 등 1930년까지 조선의 전체 노동자의 숫자는 113만명을 넘었다(김윤환, 1982: 93-95; 이원보, 2016:54). 식민지 조선에서 노동계급이 본격적으로 등장한 것이다.

대부분 농촌에서 쫓겨난 비참한 생활을 이어가던 노동자들은 지독한 저임금, 일본인과의 차별, 장시간노동에 시달렸다. 이런 배경 아래 노동운동은 민족해방운동, 3·1운동, 1917 러시아혁명의 성공에서 고무받은 노동자 계급의식의 고양 등으로 활발히 전개되었다. 노동운동은 노동조합의 급속한 결성과 전국조직의 탄생으로 나타났다.

노동조합 역시 급격히 증가했다. 1911년 당시 노동자 수는 조선인 12,180명, 일본인 2,136명, 기타 외국인 259명으로 총 14,575명에 불과하였으나 1920년 회사령이 철폐되고 조선과 일본 간의 관세가 철폐되자 급속히 확대되었다. 1928년이 되면 전체 노동자 수가 100만명을 넘어서게 된다. 이 가운데 공장 노동자의 수는 10만여 명 정도였다(이상의, 2006; 김광운, 1992).

1920년에 들어서자, 여러 가지 이름의 노동단체들이－노동회, 노유회, 노동친목회, 노동조합, 노동계 등등－33개가 조직되었다. 1921년에는 원산노동회, 철원노동회, 경성인쇄직공친목회 등 90여개 단체가, 1922년에는 부산노동회, 인천노동연맹, 경성자유노동조합 등 81개 단체가 결성되었다. 1931년에는 561개가 생겼다(김경일, 2004: 89-90; 이원보, 2016: 58). 이들 노동단체는 처음에는 선진적인 지식인이나 노동운동가들이 주도하여 지역을 중심으로 만들어졌지만, 점차 노동자들 자신이 주도해 나갔다.

노동단체의 전국적 조직도 탄생한다. 1920년 조선노동공제회와 조선노동대회가 그것이다. 이 두 단체는 곧 해체되고 1922년 조선노동연맹회로 재탄생한다. 이 단체는 신사회 건설 등을 강령으로 내걸고, 현대 자본주의의 불합리성을 지적하고 식민지조선에서 노동자의 비참한 생활을 끝내기 위해 노동자들이 자유와 평등 평화를 위해 만국의 노동자와 단결하여 투쟁할 것을 선언했다.

1920년 대 중반이 되자 노동조합이 직업별 형태로 결성되기 시작했고 투쟁도 격화됐다. 전국적으로 이념단체와 노동청년단체들이 우후죽순처럼 생겨났다. 그러자 분열의 극복이 노동운동의 최대과제로 제기되었고 사회운동의 단합과 노동자 농민운동의 통일이 필요하게 되었다. 그 결과 1924년 전국의 172 노동운동 및 농민운동 단체들이 모여 조선노농총동맹을 결성했다.

조선노농총동맹은 노동자와 농민계급의 해방과 신사회건설, 자본가계급과의 철저한 투쟁, 노동자들의 복리와 경제생활의 향상을 강령으로 채택했다. 일제는 조선노농총동맹 창립대회 이틀 만에 해산명령을 내렸지만 전국의 노동단체들은 속속 동맹에 합류했다. 1927년에는 소속단체로 234개(노동단체 102개, 농민단체 132개)로 그해 502여 건의 노동쟁의와 소작쟁의를 지도했다(김경일, 2004: 150; 이원보, 2015: 63).

1920년대 노동쟁의는 전국 각지에서 일어났다. 1921 부산부두파업, 1923년 경성 고무공, 진남포와 인천의 정미소직공, 인쇄공 파업, 1924 군산 정미공 파업, 1925 평양·경성·부산 인쇄공 파업, 1926 목포 제유공파업 등에서 노동자들은 지역별로 동맹파업을 일으켰다.

이처럼 1920년대 노동자의 권익향상과 복지를 위한 노동운동은 민족주의자와 사회주의자 모두 공동의 과업으로 간주됐다. 우리 나라 최초의 노동운동단체인 조선노동공제회가 민족주의자 사회주의 노동자들이 협력의 산물이며 '민족적 계급적으로 이중의 압박과 착취'로부터 해방을 추구한 데서 잘 나타난다(신용하, 1986: 87-91, 이원보, 68).

흥미로운 것은, 1920년대 말이 되자, 식민지 조선에서도, 유럽국가에서 도입된 사회보험과 같은 근대적 사회보장제도에 대한 요구가 출현했다. 1931년, 경성에서 결성된 출판노조는 여성노동자의 산전산후 유급휴가, 해고수당제, 질병 및 상해에 대한 치료비 지급 등 요구사항이 보인다(김경일, 2004). 하지만 주로 사회주의의 물결로부터 노동자들이 노출되는 것을 막으려고 권력자들이 도입했던 사회보험을 조선총독부에서 먼저 도입하리라 꿈꾸는 것은 아마도 순진한 일이었다.

4. 사회주의의 물결

식민지 조선에서 장시간 노동, 열악한 노동환경, 기아임금, 민족차별 등으로 인간으로서는 견디기 어려운 환경 속에서 살아야 했던 노동자들은 1925년 더욱 강력한 투쟁을 전개했다. 일제는 치안유지법을 제정하고 노동자운동의 확산을 막으려 했지만, 별 소용이 없었다. 1920년대 말이 되자 노동자들은 작업장의 울타리를 뛰어넘어 지역별 직종별 동맹파업을 벌이기 시작했다. 노동쟁의는 1921년 36건에서 매년 증가하여 1925년 55건, 1929년 102건으로 증가하고, 노동쟁의에 참가한 노동자도 각 연도마다 3,400명, 5,700명, 8,200명으로 증가했다(이원보, 2016: 65-66).

이러한 열악한 노동조건 속에서 투쟁하던 조선노동자들은 하나의 거대한 시대적 조류에 눈뜨기 시작했는데 그게 바로 사회주의였다. 1925년 조선공산당, 고려공산청년회가 창건되었다. 김경일(2004, 1993, 1992)에 의하면, 일제하 공산주의 사회주의 운동은 일반인이 생각하는 것보다 훨씬 강력하고 폭넓은 세력을 형성하고 있었다. 1930년대 검거된 치안유지법 위반자가 해마다 수천 명이었는데 그 대다수는 사회주의자였다.

3·1운동 이후 독립운동가, 사회활동가, 지식인, 청년, 일본유학생들로 구성된 지식층은 일제로부터 민족해방도 중요하지만 계급 해방이 가장 중요한 가치라고 생각하고 공산주의 사회주의 사상을 탐독하는 경향이 있었다. 이 때만 해도 공산주의이론은 새로운 서양 사상이며 이상적 세상에 대한 혁명적 이론으로 받아들여졌다. 공산주의가 민족의 독립과 억압받는 민중과 노동자를 구원할 새로운 대안이었다. 그 후 공산주의 이론은 시대의 흐름에 적응하여 변화와 진화를 거듭하여 오늘날 사회복지로 이어져 내려오고 있다.

사회복지 이론이 아직 존재하지 않았던 1930년대에는 사회주의, 공산주의가 자본주의 사회의 병폐(대공황, 노동착취 등)를 비판하는 거의 유일한 대안이었다. 또 해외 독립운동은 식민지 조선 대중과는 분리되어 있을 수밖에 없는데 반제동맹, 이재유 그룹, 경성콤그룹의 활동과 같은 국내 조선공산당 재건운동은 독립운동 갈래 중 대중 속에서 대중과 함께 운동하는 거의 유일한 정치세력이었다. 조선공산당 재건운동은 대중 속에서 대중과 함께하는 독립운동일 뿐 아니라 노동자, 농민, 빈민운동이기도 했다. 앞서 이재유의 기록을 언급한 바 있는데 당시 참혹한 노동조건은 사회주의운동의 온상이었다.

조선공산당 계열 독립운동가들은 의료보험, 국민연금, 가족수당 등 세부사항까지 260가지에 이르는 청사진을 보여주었다. 항일투쟁 공로를 대중에게 인정받기도 했고 일제강점기 노동운동으로 전국에 노동자 조직을 만들어 놓았던 조선

공산당은 최대정당이 되었다. 조선공산당은 정예당원 3만 명의 항일운동 옥살이 햇수를 합치면 6만년이라고 할 정도로 독립운동 경력이 독보적이었다. 같은 시기 반파시즘 투쟁 공로로 프랑스 공산당, 이탈리아 공산당이 다수 민중과 국민으로부터 지지를 받은 것과 비슷한 현상이다(김경일, 2004).

이에 따라서 1920년대 식민지 조선에서는 공산주의와 사회주의를 연구하고 공부하는 모임과 독서회가 우후죽순으로 생겨났다. 여기에 힘입어 공산주의 운동가들은 단체를 세우기 시작했다. 국내에서는 '서울청년회', '신사상연구회' 등이 세워졌고, 일본에서는 유학생을 중심으로 '북성회'가 만들어졌다. 이런 단체들은 국내외 공산주의 운동의 전파에 있어서 중요한 역할을 해주었고, 국외에 있던 상해파와 이르쿠츠크파와도 관계를 맺으며 성장했다. 이들은 나중에 공산주의 운동의 주요 파벌로 활동하게 되는데, 공산주의 운동의 주도권을 가지고 서로 대립했다(임경석, 2003).

일제하 사회주의, 민족주의 사상을 이해하기 위해서는 먼저 시대적 상황을 이해해야 한다. 이상적인 민족주의자로 출발하였던 이관술이 민족주의자들이 냉담, 비겁한 것과 일제와의 타협 등을 보고 오직 공산주의만이 계급의 이익뿐만 아니라 민족해방에서 유일한 지침이요, 정당한 노선이란 결론을 얻어 공산주의자가 되어 버렸다고 술회했다. 이 시기 공산주의자들의 대다수는 식민지하의 민족적 차별에서 출발하였으며 그 기저에는 기본적으로 민족주의 사상이 내재하고 있었는데 실질적으로도 식민지의 노동자, 농민에 대한 헌신이라는 대의를 표방한 거의 유일한 대안 세력이었다(김경일, 1993).

일제 강점기 동안 한국사회는 사적 소유권에 근거한 근대적 토지소유가 확고해졌다. 즉 생산물의 분배가 지주 중심으로 이루어졌다는 것을 뜻하고, 이는 일제가 지주세력을 포섭하려는 전략에 유용한 수단이 되었다. 식민지 지주제는 조선에서 생산된 농산물이 일본으로 반출되는 데 기여하였다(윤홍식 외 2021, 93).

조선의 소작농은 일제의 토지정책이 지주에게 일방적으로 유리하다고 보았고, 따라서 토지조사사업이 완료된 1920년에 들어서자 격렬한 소작쟁이가 전국적으로 번져나갔다. 즉 대대로 내려오는 소작권이 매년 재계약 대상이 되고, 각종 세금과 비용이 소작농에 전가되면서, 농민의 불만은 통제불능 수준으로 높아졌다.

결국 일제는 1934년 조선농지령이라는 개선책을 내놓았는데 이는 소작기간을 3년 이상으로 하고 소작료도 조정이 가능하게 하여 소작권을 일정한 수준에서 보호하는데 그 핵심이었다(지수걸, 1994; 윤홍식 외 2021, 93).

근대적 토지소유권이 언제 확립되었는지는 논쟁거리다. 김건태(2013)와 김용섭(2004)는 대한제국 시기에 실시된 광무양전을 통해 토지소유증서를 발급해주었기 때문에 근대적 토지소유권의 출발을 대한제국 시기로 보아야 한다고 주장한다. 윤홍식 외(2021)는 전국적 수준에서 근대적 소유권이 확립된 시기는 일제강점기 토지조사사업을 완료한 이후라고 보고 있다. 조선시대에는 지주라 하더라도 소작인이 지주의 땅에서 경작할 수 있는 권리를 함부로 빼앗을 수 없었다. 즉, 일제강점기에 들어서고 나서야 지주의 토지에 대한 배타적 지배권이 확립된 것이다.

예를 들어 국유지에는 도장권(導掌權)과 도지권(賭地權)이라는 게 있었다. 도장권은 궁방(궁실과 왕궁에서 독립한 분가)에게 조세수취를 위임받은 권리로서 궁방에게 일정액만을 상납하고 땅에 지세를 걷을 수 있었는데, 땅을 팔거나 처분할 수는 없다 뿐이지 궁방상납액보다 도장이 거둬들인 세금 수입액이 높은 경우가 많고, 이 권리는 궁방이 토지를 매각하지 않는 이상 임의로 파기하거나 변경 소멸될 수 없었다. 매각하면 소멸한다.

도지권은 소작권의 개념인데, 마찬가지로 토지 그 자체를 매매하거나 임의로 처분할 수는 없지만. 일정액의 상납할 경우 자기 땅에서 어떤 작물을 심고 농사를 지을 것인지는 철저히 도지권을 가진 자 마음이었다. 이 도지권은 매매, 증여, 상속 심지어는 저당까지 가능하였다. 만약에 도지권이 있는 땅을 지주가 팔거나, 증여, 상속해도 도지권은 제외되어, 지주만 바뀌고 소작인은 그대로 농사를 짓는 경우가 많았다. 매각해도 소멸하지 않는다(한국민족문화대백과사전, '도지권').

도지권 성립의 배경은 신분제도의 붕괴과정에서 소작농의 지위향상과 화폐경제의 발달로 인한 지주와 소작인의 경제적 계약관계의 형성을 들 수 있다. 일제의 토지조사사업으로 지주의 토지 소유권은 인정되었지만, 소작인을 위한 도장권과 도지권이라는 두 가지 전통적인 중간권리는 인정되지 않았다. 때문에 소작인의 경작권은 인정되지 않았는데, 이는 조선민사령을 통해 조선 땅에 적용된 일본의 민법이 조선에 그대로 적용할 것을 주장한 지주들의 입김의 결과였다. 따라서 소작인의 협상 능력은 이전에 비해 추락한 반면, 지주의 권리는 강화되었다(한국민족문화대백과사전, '도지권').

5. 원산총파업

1928년 함경남도 원산 문평제유공장에서 시작된 원산 총파업은 저임금과 장시간 노동과 멸시와 차별 그리고 폭력을 행사하는 일본인 현장 감독들에 대항해 120명의 노동자가 5개 항의 조건을 내걸고 시작하였다. 회사측이 노사간의 협의를 거부하자 문평운송조합원, 부두노동자들도 동조하여 동맹파업에 들어갔고 회사측은 경찰로 하여금 파업주동자들을 검거하게 하였다. 이 때 원산노련은 8시간 노동, 근로조건 개선, 취업규칙 개정 등을 요구하였다. 원산상의는 강압적인 태도로 어용노조를 만들고, 노동자 신규채용, 선전유인물을 이용한 중상모략으로 원산노련의 파괴를 노렸으나, 이에 맞서 두량노조, 해륙노조, 결복노조, 운반노조, 원산제면노조 등 2000여명의 노동자가 총파업에 돌입했다. 결국 일제경찰과 군인이 동원되어 원산노련 간부들을 검거한 끝에 파업은 끝났지만, 원산파업 이후 노동운동은 비약적 발전을 이룬다. 노동은 이제 조직역량을 크게 키워 전국적인 조직체뿐만 아니라, 산업별노동조합과 지역별노동조합에 연합체를 만들어 내는데 성공하였다(이원보, 2016: 76).

원산총파업으로 상징되는 일제하 노동운동은 일본의 자본가와 그 집단, 일제경찰과 군대 같은 식민지 권력기구, 일제의 신문사와 청년단체 등의 연합전선에 대한 원산지역 노동자들의 대응이라는 형태로 전개되었다. 말하자면 일제의 총자본과 식민지 권력기구에 대한 노동자의 투쟁으로서, 원산 총파업은 일제의 침략전쟁에 대항하여 조선의 노동계급이 벌인 일대 결전이었다. 이후 노동운동을 비롯한 사회운동은 비합법운동의 영역으로 확대된다. 이점에서 원산총파업은 1920년대 합법적 공개적 노동운동을 결산하면서 동시에 1930년대 비합법운동의 시작을 알리는 것이었다. 원산총파업은 식민지 노동운동이요, 반제국주의 민족해방투쟁이었고, 노동자와 민중의 생존권과 생활권을 확보하려는 사회복지운동이었다.

원산총파업을 마지막으로 1920년대 노동운동은 막을 내리지만 그 이전과는 비교도 안될 만큼 비약적인 발전을 이룩했다. 무엇보다 노동운동의 조직역량이 크게 늘어났다. 노동자들은 전국적인 조직체뿐만 아니라 산업별노동조합과 지역별노동조합의 연합체를 만들어 냄으로써, 목적의식적인 조직운동으로 전환할 수 있게 되었다. 노동쟁의도 훨씬 격렬했고 강인했으며 쟁의기간 또한 길어져 노동자계급의 투쟁역량이 강화되었음을 보여주었다. 또한 1920년대 노동자들은 초기에 노조 조직결성과 노동야학에 있어서 지식인의 도움을 받았으나 오랜 투쟁경험을 쌓아 스스로 각성하여 지식인의 도움에 의존하지 않고도 스스로의 힘으로 노동운동을 전개할 수 있을 정도로 노동운동의 대중성을 넓혔다. 아울러 노동운동을 농민운동과 분리되면서 경제적인 요구투쟁 뿐만 아니라 정치적인 투쟁으로까지 발전하여 점차 민족해방투쟁의 성격을 갖추어 갔다. 이것은 노동운동이 조만간 일제와 일본자본가와 충돌하면서 혁명적 운동으로 나아가게 될 것임을 예시해 주는 것이기도 했다(이원보, 2016: 76).

6. 1930년대 이후 노동운동 / 일제의 군국주의화

1929년 10월 미국 뉴욕 주식시장 붕괴에서 시작된 세계대공황은 일본제국주의를 위기로 내몰았다. 이에 대한 일제의 대응은 군국주의였다. 일제는 1931년 만주사변, 1932년 상해사변을 연달아 일으켰다. 그리고 두 달 후 일제는 청의 마지막 황제 푸이를 내세워 만주에 괴뢰정권을 세우더니, 1937년 중·일전쟁을 시작으로 중국침략을 본격화하였다.

이에 발맞추어 조선은 중국 침략전쟁을 위한 일제의 병참기지가 되었다. 일제는 농공병진정책을 세웠는데, 이는 군사적 수요를 위한 농업을 발전시키면서 공업 광업을 동시에 발전시킨다는 것이었다. 일제는 농업부문에는 농촌진흥운동과 남면북양을 내세웠다. 전쟁 수행을 위해 식량증산과 시장확대, 그리고 면화와 양모, 기타 원료생산 증가를 목표로 했다(이원보, 2016: 80).

1930년대가 되자, 일제는 1920년대 문화정치의 허울을 벗고 조선 민중을 철저하게 탄압했다. 노동운동에 대해서도 마찬가지였다. 그러나 노동자들은 이에 굴하지 않고 훨씬 조직적이며 치열한 투쟁을 전개했다. 1930~34년 5년간 투쟁 건수는 897건에 참가인원수는 7만 7천여명에 이르렀는데 이는 1920년대 10년간의 투쟁과 맞먹는 것이었다.

일제는 군수공업화를 추진함에 따라 미쓰비시, 미쓰이, 닛산, 스미모토 같은 거대 독점자본들이 조선으로 진출했다. 화학, 제철, 기계공업 등 중화학공업을 중심으로 공업화가 진행되었다. 1930년 4,261개 였던 공장은 1943년에는 14,856개로 늘었고 매출도 2억6천만 원에서 20억 5천만 원으로 증가했다. 1937년에는 공업매출이 농업매출을 넘어서기 시작했고, 공업구조도 경공업에서 중화학공업 중심으로 바뀌어 갔다(이원보, 2016: 80).

이에 따라 조선인 노동자들의 숫자도 크게 늘었다. 공장노동자는 1930년 10만 명에서 1936년 18만 명, 1940년 29만 명, 1942년 52만 명으로 5배가량 증가했다. 광산노동자는 1930년 3만에서 1936년 14만 명, 1942년 22만 명으로 7배가량 증가했다(한국노총, 1979: 170, 224). 일제 말기에 이르면 공장노동자 59만, 광산 27만, 토목건축 43만, 육상운수 18만, 농업 13만 등 전체 노동자 수는 212만 명에 달했다(한국노총, 1979: 170, 224; 이원보, 80-81).

일본군국주의 아래 식민지 조선의 노동조건은 더욱 악화되었다. 노동시간은 12-14 시간이 보통이었고, 임금은 해마다 내려갔다. 1929년 하루 임금은 1원이었는데 1937년에는 95전으로 떨어졌다. 여성과 소년의 임금은 절반에서 6분의 1 수준이었다. 산업재해도 크게 늘어 1938년 광산재해는 9571건에 366명이 사망하고 9200여명이 재해를 당했다(김윤환, 1982: 247). 100만 명이 넘는 일용노동자들의 일거리를 찾아 해매고, 반농 반노의 상태로 계절실업과 취업을 반복하였다. 노동법도 노동보호 관행도 없이 이중 삼중의 수탈과 착취를 당했고, 노동운동은 원천적으로 압살당했다(이원보, 80-81).

농민의 생활도 비참했다. 1930년대 초 농업공황으로 쌀값이 폭락하고 파산농가가 속출했다. 일제의 농촌진흥정책으로 농가의 부채가 폭증했고, 고리채가 횡행했다. 침략전쟁의 확대로 청년들이 전쟁터로 끌려가고 농촌은 노동력 부족에 시달렸다. 소작과 화전민이 증가하고 보릿고개에 허덕이는 농가가 전체의 70-80%나 되었다. 결국, 조선의 농민들은 농촌을 떠나 도시로 해외로 나갈 수밖에 없었다. 일본으로 간 조선인은 1936년 70만 명으로 급증했고, 중국으로 간 농민은 1930-40년 사이에 60만 명에서 150만 명으로 급증했다.

일제는 조선인의 저항을 누르기 위해 일체의 집회 결사의 자유를 억압하고 노조활동을 전면 금지시켰다. 조선노동총동맹, 조선농민총동맹 등도 모두 해산시키고 노조활동의 작은 움직임도 모두 검거 투옥하였다. 사회주의운동, 농민운동, 학생운동 등 모든 사회운동도 철저히 탄압했다.

일제는 중국 침략전쟁을 준비하면서 조선 민중에 대한 지배체제를 강화해 나간다. 그 일환으로 일제는 공개적이고 합법적인 노동조합활동을 전면 금지시킬 뿐만 아니라 노동쟁의가 발생하면 주동자를 무조건 검거 투옥시켰다. 1920년대 말 이미 조선노동총동맹, 조선농민총동맹 등 노동자, 농민의 전국적 조직을 해산시켜 계급적 단결과 통일을 차단해 버렸지만 1930년대 중반이 되면 모든 집회, 결사의 자유를 봉쇄한다. 노동운동가들은 일제의 눈을 피하여 지하로 숨어들어 비밀리에 노동조합을 만들었다. 이제 노동운동은 본격적으로 사회주의운동의 길로 들어섰다(이원보, 80-81).

7. 혁명적 노동조합운동

이런 상황에서 조선의 노동자들이 들고 나온 것이 '혁명적 노동조합운동'이었다. 이는 1920년대 말 이후 세계적 사회주의운동과 국제노동운동의 영향을 받았는데, 조선에서는 1928년 코민테른의 12월 테제 등이 계기가 되었다. 혁명적 노동조합운동은 1920년대 노동운동의 개량주의적 경향과 지식인 소부르주아 중심의 분열된 사회주의운동에 대한 비판을 가하면서 철저한 계급투쟁을 표방했다(이원보, 83). 당시 노동조합운동과 노동자들의 투쟁은 20년대보다 훨씬 조직적이고 치열하게 전개되었다.

일제 군국주의 치하라는 엄혹한 상황에서도 조선의 혁명적 노동활동가들은 '공장으로 광산으로 농촌으로'라는 구호를 내걸고 노동조합을 산업별로 개편하고 새로운 조직을 건설했다. 현장은 공장, 작업장에 3-5명의 공장반이나 직장세포를 조직하고 공장분회를 만들고 산업별로 상부조직을 만들고, 각 산별노조의 지부는 지역지부-도-중앙의 협의회를 아래로부터 위로 조직한 다음, 이를 다시 전국적 조직으로 통합하는 것이었다. 이에 더불어 노동조합 주위에 대중을 결집시키기 위해 공장대표자회의, 공장위원회, 투쟁위원회, 파업위원회 등의 다양한 하부조직을 만들었다.

당시 노동조합운동은 대도시 공장지대와 공업도시를 중심으로 일어났다. 대표적 조합운동으로는 함경남도 흥남 일대를 중심으로 전개된 태평양노동조합운동(1930-35), 서울을 중심으로 한 이재유의 경성트로이카, 경성재건그룹, 원산 중심의 혁명적 노동조합운동이 있고, 평양, 인천, 청진, 흥남, 신의주, 여수, 목포, 마산, 부산 등 주요 산업도시와 제철 광산 항만 등지에서 일어났다(이원보, 84).

일제는 당시 노조활동을 '적색노조운동'이라 하여 체포와 구금, 고문과 학살 등 극심한 탄압을 자행했다. 중일전쟁 이전까지 구속된 노조활동가는 1913 건에 22,205명에 이르렀고(김윤환, 1982: 300), 노조파업 건수도 1929년 102건에서 1930년 160건, 1931년 205건, 1932년 152건, 1935년 170건, 이러한 추세였다. 파업에 참여한 노동자 수도 1930년 18,000명, 1931년 17,000명이었고, 1935년까지 매년 12,000명 수준이었다.

노동자들은 생존을 위해 파업과 태업을 벌이는 한편 시위, 공장 점거, 공장 습격 등 새로운 방법으로 일제에 대항했다. 일제가 노동자들의 모든 움직임에 대하여 노동운동가들을 검속하여 고문을 가하거나 감옥에 넣고 경찰, 군대를 동원하여 노동쟁의를 무차별 탄압하는 일이 갈수록 많아졌기 때문이었다. 일제가 폭력으로 탄압하는 한 조선 노동자의 투쟁 또한 폭력적으로 나아갈 수밖에 없었다. 400여명 경성방직공장 노동자의 파업과 공장점거, 김제 노동자 6백여명의 경찰서 습격(1931년 6월), 함북 웅기 하천 공사장 200여명 노동자의 폭동과 식량 창고 습격 및 진남포 삼상정미소 130여명 여공파업과 공장점거(1932년 1월), 인천 조선성냥공장 400여명 노동자들의 파업과 공장점거(1932년 5월), 진해 동양제사 여공들의 파업 농성 시위(1933년 1월), 부산 조선방직 400여명 노동자들의 파업(1933년 5월), 평북 정주유기 직공들의 파업과 폭행(1933년 9월) 등이 그 대표적인 사례이다(이원보, 84).

노동자들은 인금인상과 노조활동의 자유, 민족차별 반대를 요구했다. 노동자들은 시위, 공장점거 등 과격한 방법으로 투쟁을 확대시켰는데 이는 일제가 노동운동가들을 검속하여 투옥하고 고문하며, 경찰과 군대를 동원하여 노동운동을 탄압하는데 대한 반발이었다. 농민들은 지하농민조합을 만들어 소작권문제, 소작료인하, 기타 부대비용의 부담 문제 해결 등 현실적 문제들을 주장하며 일제의 식민통치와 지주의 수탈에 분노하여 격렬하게 저항하였다. 1930년대 지하농민조직은 전국 220개 군과 섬 가운데 80여 곳에서 발생하였다. 그 중 대표적인 것이 함경남도 정평과 함경북도 명천이었다(이원보, 87). 북한 국경지역에서는 활발한 노농투쟁 성과를 바탕으로 항일무장투쟁이 크게 증가하였다.

1937년 중·일전쟁 발발 이후 한반도의 노동자 농민의 투쟁은 크게 줄어들었다. 그러나 전쟁 중 엄혹한 감시와 탄압을 무릅쓰고 노동자 농민들은 과감하고 용감한 투쟁을 전개했다. 조선총독부에 따르면 1937년부터 1940년까지 4년 동안 노동쟁의가 430건이었고 24,967명이 참가했다고 발표했다. 연평균 107건에 6,276명이 파업에 참가한 것이다(김윤환, 1982: 326).

1940년대 태평양전쟁 와중에서도 조선의 노동자 농민들은 끈질긴 투쟁을 포기하지 않았다. 노동자들은 생존을 위한 투쟁만이 아니라 일제의 패망을 촉진하기 위한 다양한 형태의 반전운동을 전개했다. 공사방해나 방화, 시설파괴 등을 감행했고, 이에 따라 일제의 탄압은 더욱 심해졌다. 이에 따라 노동운동은 더욱 지하로 내려갔다. 일제는 이들을 사상범이라 칭하고 대대적 검거에 나섰는데 1937-1944년 사이 조선에서 사상범으로 1,346건에 8,558명을 검거했다고 집계했다(김윤환, 1982: 325, 이원보, 90).

8. 나가면서

일제 강점기는 빈민이 본격적으로 형성되기 시작한 시기였다. 이는 자본주의 발전의 일반적 경향에 따른 현상이 아니라, 일제 식민지 농업정책의 결과로 농민층의 몰락과정을 통해 광범위하게 이루어졌다. 조선 식민지 땅의 평범한 사람들과 하층민 등 조선 민중의 생활은 비참했으며 제도적 사회복지 수준은 매우 낮았다. 조선총독부의 사회복지 관련 지출은 GDP의 0.08-0.17%를 넘지 않았다. 결과적으로 조선의 민중들은 인간다운 삶은 고사하고 한시도 생존의 위협에서 벗어날 수가 없었으며, 따라서 조선 민중들의 투쟁은 필연이었다. 모든 투쟁은 모두 민족해방이라는 한 목표로 향했으며, 그것은 노동자뿐만 아니라 이 땅에 사는 모든 사람이 인간답게 살 수 있는 세상을 만들려는 처절한 몸부림이었다.

일제 강점기 때의 빈곤정책은 식민지 민중운동의 성장과 발전을 무마하고, 내선일체와 황국신민화라는 정치 이데올로기를 앞세워 조선을 식민지 지배체제로 편입시키려는 목적을 달성시키기 위한 수단에 불과했다. 따라서, 일제 때의 빈곤정책을 사회복지정책으로 받아들일 수 없는 이유는 그 정책이 설령 일제가 조선의 공업화 정책으로 어느 정도 물질생산을 증가시켰다 하더라고 사회적 약자계층 지원을 통한 사회평등 향상과 사회통합이라는 사회복지의 기본정신을 전혀 반영하고 있지 않기 때문이다.

식민지 근대화론은 일제 강점기가 가져온 산업화 등 경제적 물질적 측면에 초점을 맞추고 있다. 그러나 복지는 경제적 조건에만 국한된 개념이 아니다. 인간이 인간답게 산다는 것은 정신적으로 존중받으며 공동체의 일원으로서 자부심을 느껴야만 가능한 것이다. 민족적 자부심이 훼손되거나 인간으로서 평등하게 대우받고 산다고 느끼지 못한다면 결코 인간답게 살 수 없는 것이 인간이며, 이는 복지와는 거리가 먼 이야기일 뿐이다.

참고문헌

강만길(2004). 〈한국노동운동사-근대노동자계급의 형성과 노동운동〉, 지식마당.
강만길 외(2000). 〈우리민족해방운동사〉, 역사비평사.
곽효문(2007). '일제강점기 빈곤정책 형성의 재조명' 〈한국행정사학지〉 21권, 115-138.
김광운(1992).'1930년 전후 조선의 자본·임노동관계와 일제의 노동통제정책', 〈국사관논총〉, 38집. 국사편찬위원회. 1992.11.5.
김건태(2013). '광무양전의 토지파악 방식과 그 의미', 〈대동문화연구〉, 84: 227-346.
김경일(2004). 〈한국노동운동사-일제하의 노동운동〉, 지식마당.

_____(1993). 〈이재유연구〉, 창작과 비평사.
_____(1992). 〈일제하 노동운동사〉, 창작과비평사.
_____(1986). '일제하 도시빈민층의 형성.' 한국사회사 연구회. 〈한국의 사회신분과 사회계층〉, 문학과 지성사, 209-216.
김윤환(1982). 〈한국노동운동사-일제하편〉, 청사.
_____(1967). 〈한국의 노동문제〉, 서울 : 아세아문제연구소.
김용섭(2004). 〈한국근대농업사연구〉, 지식산업사.
류상열(2001). "일제시대의 빈민 형성과정과 빈곤정책에 관한 연구," 〈논문집〉, 30, 성결대학교.
류진석(1998). '일제시대의 빈곤정책', 〈한국사회복지사론〉, 하상락 편. 박영사.
박경식(1986). 〈일본제국주의의 조선지배〉, 청아.
변은진(1996). '식민지 민족해방운동과 사회주의자로서의 한 전형, 〈한국사학보〉, 359-371.
신은주(1985). "일제식민지하 한국사회복지사업의 성격에 관한 연구," 석사학위논문, 서울대학교.
안병직(2003). 〈근대조선공업화의 연구〉, 일조각
임경석(2003). 〈한국사회주의의 기원〉, 역사비평사
신용하(1977). '일제하 토지조사사업에 대한 일고찰', 〈한국근대사론 1〉, 지식산업사.
이상의(2006). 〈일제하 조선의 노동정책 연구〉, 혜안.
이원보(2016). 〈한국노동운동사 100년의 기록〉, 한국노동사회연구소.
지수걸(1994). '일제하 농민운동' 강만길 외, 〈한국사 15: 민족해방운동의 전개〉, 267-306.
조선총독부(1933). 〈조선의 사회사업〉.
한영우 외(2006). 〈한국사 특강〉, 서울대학교출판부
長鄕衛二(1942). '토막민과 그 위치에 관하여' 〈동포애〉(1939.1), 경성제대 위생조사부, 〈토막민의 생활 위생〉, 암파서점, 1942.
커밍스, 부루스(2008). 〈한국전쟁의 기원〉, 일월총서 71. 일월서각.

제 5 장

미군정과 이승만 자유당정부 원조복지체제

민족의 해방자요 남북분단의 원인 제공자 미국은 우리나라에 어떤 사회복지정책을 펼쳤나. 한일 독립운동가인지 '건국의 아버지인지',(아니면 '분단의 주역인지' 6·25 한국전쟁의 양민 학살자 독재자)인지... 이승만은 어떤 사회복지를 했을까.

1. 미군정과 사회복지

미군정과 이승만 정부는 막 식민통치로부터 해방된 나라에서 모든 사람에게 최소한의 인간다운 생활을 보장하기 위하여, 그에 필요한 물질을 생산하여 빈민을 구제하고, 재분배정책을 실시하여 사회적 평등 향상과 통합에 힘썼나, 미군정과 이승만 정부는 얼마나 사회복지에 힘썼나?

어느 사회이건 사회복지가 사회통제를 위한 수단으로 어느 정도 활용되는 것은 사실이나 일제강점기와 미군정 하에서 만큼 그것이 사실인 경우도 드물다.

Piven and Cloward(1971)의 사회통제이론에 따르면 사회복지는 첫째, 궁극적으로 체제유지와 기득권 수호에 있으며, 이 경우 사회복지는 시혜로서 빈민이나 노동계급의 불만과 도전을 무마시키는 작용을 하거나 구호대상자들의 노동동기 또는 노동윤리를 강화시킨다. 둘째, 불만과 도전의 무마를 위해 사회복지정책이 시작되거나 확대되는 시기는 단순히 빈곤이 발생하는 시기가 아니라, 소요나 폭동 등의 정치적 불안으로 발전될 때이다. 셋째, 노동 동기나 노동 윤리를 유지, 강화하기 위하여 급여의 수준은 최저한에 머물고, 낙인으로 인한 모멸감을 동반하며 처벌적 성격을 갖는다.

이 중에서도 두 번째, 미군정 기간에는 소요나, 폭동, 테러, 암살 등 정치적 소요가 빈번한 시기였다. 김구 여운형 민족지도자가 암살을 당하고 미군정 치하 불법화된 인민공화국의 마지막 전사들이 지리산으로 들어가 빨치산이 된 시기였다. 미군정은 민심의 동요를 막기 위해서는 무엇이라도 해야만 했지만 미군정이 들고 나온 것들은 너무도 낯설고 현실과 동떨어진 것 뿐이었다. 미군정은 급한 대로 미국산 잉여농산물을 들여와 기아선상에 있는 빈곤층에 공급했다.

1945년 9월 8일, 일제가 패망하고 곧이어 시작된 미군정은 이후 오늘날까지 대한민국 경제와 정치에 지대한 영향을 주었다. 대부분의 산업시설을 북에 남겨둔 채로 38선으로 허리가 잘려 미군정 치하의 남한 사회는 지속적 경제파탄과 빈곤에 시달렸다. 이영환(1998: 425)은 그 원인으로 일제의 경제적 침탈, 38선으로 인한 남북관계의 단절, 귀국동포와 월남민의 유입으로 급격한 인구증가, 그리고 실패한 미군정의 경제정책 등을 꼽고 있다. 미군정의 대한 정책은 2차대전 이후 시작된 동서냉전으로 자유민주진영의 최전방으로서 한반도 남쪽에 친미적인 정부를 한국에 수립하고자 했던 미국외교정책의 맞추어져 있었다. 즉, 미군정의 대한국정책은 동서냉전의 최전선에 위치한 한반도에서 북쪽 공산세력의 팽창을 막아내는 방파제로서 한국 내 자본주의 경제질서의 확립이었다. 이를 전략으로서 미군정은 남한 내 친미세력의 물적 기반을 확보하는 것이 가장 중요한 전략적 과제였다. 미군정과 이승만정부가 실행한 모든 사회복지정책은 이 전략의 부속물이었다.

2. 사회통제 수단으로서 복지정책

36년 일본제국주의 강점으로 말미암아 조선은 해방은 되었지만 매우 광범위하고 심각한 빈곤으로 들어갔고 미소냉전 시작과 함께 극심한 좌우익의 대립으로 사회적 갈등이 심각했다. 이영환(1998: 463)은 미군정기의 사회복지정책은 사회적 갈등에 대한 통제수단의 일환으로서 역할과 기능이 매우 컸다고 보고 있다. 미군정의 구호정책의 특성을 보면 (1) 소요의 억제를 위한 구호의 확대, 구호수준의 저급성은 억압으로서의 통제의 성격을 뚜렷이 보여주고 있으며 (2) 남북간의 긴장강화에 따른 원조의 확대 및 월남민에 대한 독자적 수용 구호정책의 시행 등은 통합으로서 통제의 성격이 있으며, (3) 구호의 대부분이 현물 급여로 이루어진 사실은 온정주의적 성격을 보여준다. 그리고 이 세 가지 특성 중에서도 억압적인 성격이 가장 뚜렷이 나타나고 있다. 당시 구호대상자의 범주 중 전재민과 실업자가 가장 시급했는데 이들은 노동 가능한 빈민으로서 사회적 갈등에 동원될 수 있는 집단이었다. 특히 주택구호사업은 주로 전재민을 위한 구호사업으로 시행되었다. 구호행정은 1947년 이후 크게 확대되었는데, 이는 1946년 가을의 대규모 소요가 발생한 직후이다(이영환, 1998: 459-460).

미군정에서 실행한 원조정책 구호정책은 일시적 빈곤완화에 크게 기여한 것은 분명하다. 그러나, 당시 빈곤문제를 지속가능하고 구조적으로 해결하는 데는 별 도움이 되지를 못했다. 미군정청은 해방된 조국에서 새나라 건설에 부푼 꿈을 꾸던 대다수 노동자와 대중에게는 큰 시련의 시작이었다. 남한에 미군이 진주하기 전 한반도에는 여운형 등 좌우의 합작으로 결성한 건국준비위원회(건준)는 새 조국건설에 매진하고 있었다. 곧이어 미군의 점령을 대비하여 인민공화국을 선포한 건준은 자주적 국가건설에 착수했다. 건준은 지방에 인민위원회를 설치하고 농민들 사이에서는 자율적인 농지개혁을 시작했고, 사업장에서는 노동자들에 의한 자주관리가 시행되었다(커밍스, 1986).

북한의 소련군과는 달리, 남한을 해방군이자 점령군으로 진주한 미군은 이러한 모든 자율적 조치들을 무효화했으며 곧이어 공화국 해산명령을 내렸다. 그리고 과거 조선총독부 관리와 일본군 일본경찰 출신들을 대거 기용하면서 친일지주 자산가 집합체였던 한국민주당(한민당)과 가까이 했다(커밍스, 1986). 미군정은 오히려 일본인의 재산보호령을 내리고, 소작료 3-1제와 미곡공출제를 계속하였다.

한편, 미군정은 치안유지법, 정치범처벌법, 예비검속법, 출판법 등을 폐지하고 정치적 자유를 보장했다. 이에 따라 각종 정치 사회단체들이 속속 등장하였다.

1945년 9월 11일 조선공산당이 창당되었고, 그로부터 며칠 뒤 지주와 자산가들이 중심이 되어 있는 한민당이 창당되었다. 한민당은 창당되자마자 이승만을 총재로 추대하여 독립촉성중앙회를 결성하여 권력 장악에 나섰다. 또 11월에는 조선인민당이 창당되어 노동 농민 청년 여성단체들이 만들어졌다. 조선공산당은 앞서 만들어진 장안파와 경성콤그룹의 재건파가 통합하여 만들어진 것으로 부르주아 민주주의 혁명론을 주창했다. 1946년 11월에는 조선인민당, 남조선신민당과 통합하여 남조선노동당을 결성한다.

미군정 치하 조선의 경제상황은 급격 악화됐다. 해방 후 2년이 지난 1947년 3월, 남한에서 조업 중인 사업장은 4,500여개로, 1943년 1만여 개와 비교하면 절반 이하로 떨어졌다. 노동자 수도 1944년 212만 명이었는데 46년 말 총 실업자 수가 110만 명으로 그 중 57.8%가 전쟁의 여파로 인간 실업이었고, 42.2%는 기업파산이나 조업단축으로 인한 실업이었다(김낙중, 1982: 50). 이들 실업자들은 상당수가 일제 말기 근로보국대라는 이름으로 강제로 끌려가 일하다가 해방이 되자 귀국한 노동자들이 많았다(안태정, 2001: 28; 이원보, 103).

제조업 부문을 보면, 1939년에 비해 1946년 남한의 제조업의 생산액은 75%로 격감하였다. 아래 표를 보면 공장 수와 종업원 수가 지속적으로 감소하고 있다.

〈표 5-1〉 공장수와 종업원수의 추이(종업원 5인 이상)

연 도	1943	1946	1947	1948
공장수	8,998	4,996	4,378	3,808
종업원수	198,849	113,850	125,755	131,116

자료: 조선은행 〈조선경제년보(1948)〉 등. 사쿠라이 히로시(1985), 이영환(1998)에서 재인용, 427.

농업부문을 보면, 농지개혁의 지연과 강제적인 미곡수집정책은 농가경제의 피폐와 그로 인한 이농, 폐농을 낳아 경지면적 축소에 이은 농업생산력의 급속한 감소로 이어졌다. 1940-44년을 100으로 할 때, 1947년 경지면적은 78.7, 곡물수확고는 81.1로 떨어졌으며, 1949년 총실업자 895,468명 중 전직이 농업인 자가 46만명으로 52%에 달하였다. 이러한 농업피폐의 결과로 미국은 남한을 잉여농산물 처리시장으로 재편할 수 있었다(박혜숙, 1987: 376; 이영환, 1998: 427).

미군정의 미곡정책은 사태를 악화시켰다. 미군정은 미곡의 자유판매주의를 선언하고 배급제를 폐지했다. 그 결과 식량의 매점 매석 등 문제가 발생하고 이는 식량파동으로 이어졌다. 이에 대응하여 미군정은 미곡수집령을 발동, 쌀배급제를 부활하고, 미국의 잉여농산물을 도입하여 식량부족현상을 타개하고자 했으나, 기근현상을 해결하지는 못했다. 강제적 억압적 미곡수집정책은 오히려 광범위한 민중적 저항만을 유발시켰다(박혜숙, 1987: 374-375; 커밍스, 1986: 340-342).

결국 심각한 생산감소와 물가폭등이 발생하고 말았다. 일본은 패망직전 화폐를 대량으로 발행했고, 미군정 역시 재정상 필요로 은행권을 남발하였기 때문에 물가가 폭등했다. 물가지수는 1936년을 100으로 할 때 1945년 596%, 1946년 378%, 1947년 198%에 달했다(우리역사넷, '미군정 물가폭등').

미군정은 인플레이션과 경제난 대책으로 점령지역 긴급구호원조를 들여왔는데 주로 식료품, 농업용품, 피복, 의료품 등 소비재였다. 이러한 원조물자는 민생을 해결하는데 큰 도움이 된 것은 사실이었지만, 남북분단으로 자연자원 공업시설 그리고 시장이 분단됨으로써 산업구조는 왜곡되고 혼란하게 되었다. 생산은 줄었고, 소비는 급증했으며, 남한의 경제를 미국에 완전하게 의존하게 만들었다(이원보, 104).

미군정의 구호정책으로 남한으로 쏟아져 들어오는 미국의 원조물자는 민족기업이 싹트고 재기할 수 있는 기회를 말살하였다. 예를 들어 당시 국내 주요산업이었던 섬유, 제분공업 분야에서 미군정은 섬유공업 원료인 면화, 생사, 대마 등의 생산을 포기하고 미국에서 과잉생산된 원면을 들여왔다. 먼저 한국농업에서 면업은 몰락했다. 면방직공업은 미국에 구조적으로 의존하게 되었고 공업과 농업의 가장 중요한 연결고리가 파괴됐다. 제분공업은 해방 후 식량난을 타개하기 위해서 지방에서 소규모 공장이 300여개나 출현해 성장하고 있었다. 그런데 소맥이 원조물자로 공급됨에 따라 이 공장들은 모두 문을 닫을 수밖에 없었다. 남한의 거의 모든 산업분야에서 이와 비슷한 일이 발생하고 말았다(이원보, 105).

3. 조선노동조합전국평의회의

해방 후 인간으로서 기본적 생활이 원천적으로 불가능한 상황에서 한반도에 땅에 살던 대다수 사람들은 스스로 살길을 찾아야 했으며, 그것은 사회복지운동으로 나타났다. 사회복지운동은 역시 노동조합에서 시작했다. 미군정 기간은 노동자 농민 등 대다수의 민중들에게는 한 치 앞을 볼 수 없는 나날이었다. 엄청난 정치적 격동 속에서 물가폭등과 대량실업의 위협 아래 지식인들과 노동자들은 노동조합 재건을 통해 그 해결책을 찾고자 했다. 노동자들은 임금인상, 노동시간 단축, 노조승인, 휴일임금지불, 체불임금지급 등을 추진했고, 고용안정문제도 요구했다. 오늘날의 시각에서 보면 분명한 사회복지운동이었지만 당시에는 정치적 색깔도 강했다.

일제 패망 후 한 달도 안되 미군이 남한에 진주하자, 조선의 지도자들과 지식사회는 독립국가 건설에 있어서 대중적 조직기반이 필요함을 절감하고 노동조합 재건사업을 서둘렀다. 일제하에서 이미 많은 투쟁경험을 가지고 있는 노동운동가들은 전국 각지의 사업장에서 재빠르게 움직였다. 1945년 11월 초 조선광산노조를 시작으로 금속노조・철도・출판・섬유・토건・화학・전기 등 노조가 결성되었다. 그리고 전국적 중앙조직이 결성되었는데 이것이 조선노동조합 전국평의회(전평)이었다. 이는 남북한을 합쳐 1,194개 노조, 57만여 명을 대표하는 조직으로 전 산업 분야 16개 산별노조, 35개 지부, 1,676개 분회로 구성되었다. 그리고 그들은 오늘날 시각에서 보아도 별 부족함이 없는 현대적 사회복지정책을 추진했다. 전평이 선포한 강령 중 주요한 내용은 아래와 같다

1. 노동자의 일반적 생화를 보장할 최저임금제를 확립하라.
2. 8시간 노동제를 실시하라.
3. 성 연령 민족의 구분을 불문하고 동일노동 도일임금을 지급하라.
4. 7일 1휴제와 연1개월간의 유급휴가제를 실시하라.
5. 부인노동자의 산전 산후 2개월간 유급휴가제를 실시하라.
6. 유해위험작업은 7시간제를 확립하라.
7. 14세 미만 유아노동을 금지하라.
8. 노동자를 위한 주택, 탁아소, 오락실, 의료기관을 설치하라.
9. 실업 상병 폐질 노동자와 사망자의 유족생활을 보장하는 사회보험제도를 시행하라.

10. 언론, 출판, 집회, 결사, 파업, 시위의 자유를 보장하라.

〈한국노동조합운동사〉, 한국노동조합총연맹, 1979.

전평은 그 당시 한국사회의 모든 부문에서 격화되고 있던 노동진영과 자본진영의 대결에서 노동진영의 전위대 역할을 수행하였다. 전평은 자본진영을 대신한 대한노동총연맹과 서북청년회에 맞서 격렬한 투쟁을 전개하였다. 이에 따라 노동쟁의가 빈번히 일어났다. 미군정청 조사에 의하면, 1946년 노동쟁의는 총 170건에 57,434명이 참가했고, 1947년에는 134건에 35,210명이 참가했다.

전평은 1946년 9월 총파업을 결행했는데 경성철도공장과 기관구종업원들이 운수부장을 상대로 대우개선을 요구하면서 1주일(9월 16~21일) 동안의 시한부로 20개 노동단체가 태업에 들어갔다. 또, 출판노조의 동정태업으로 신문이 발간되지 못하였고, 경전(京電)의 태업을 전개하였다. 이 태업은 폭력혁명의 전초전을 방불하게 하는 10·1 폭동으로 번졌다(한국민족문화대백과, 한국학중앙연구원).

8·15 해방 직후 조선노동자들의 가장 중요한 현안은 일제 말 근로보국대에서 일한 대가와 해산수당을 쟁취하는 것, 그리고 적산업체를 접수하여 관리운영하는 일이었다. 해산수당 쟁취투쟁은 해방 직후 기업과 업체를 상대로 퇴직금을 받아내는 일로, 공장관리위원회의 주요한 사업이 되었다. 공장 자주관리는 해방된 조선의 노동자들에게는 당연한 권리로 인식되었다. 1945년 11월 당시 전평 산하 16개 산별노조에 728개의 공장관리위원회가 구성돼 있었고, 노동자 88,000명이 소속되어 있었다. 이는 전체 사업체 15180개의 4.8%에 해당했고, 조합원 수는 전체 노동자 931,442명의 9.4%에 해당하는 숫자였다(안태정, 2007: 82).

공장자주관리사업은 많은 사업장에서 성과를 거두었지만, 미소냉전이 시작되고, 미군정이 사회주의 세력에 대해 적대적 태도를 취하면서 막을 내린다. 미군정은 공장관리관을 파견하고 자금동결령을 내렸지만 전평이 주도하는 자주관리운동이 수그러들지 않자, 당시 모든 혼란의 원인이 전평에 있다고 보고 이를 억압하는 방향으로 나간다.

전평을 중심으로 하는 사회주의 세력에 대항해서 우익 진영에서도 그 대응을 시작했다. 1945년 11월 대한독립촉성노동총연맹과 곧이어 대한노총이 결성되었다. 그들은 민주사회건설 균등사회건설을 강령을 채택했는데 그것은 노동자와 농민들을 중심으로 하는 평등사회와는 거리가 멀었으며 그 주 목적은 전평에 대항하는 것이었다. 미군정은 기명투표라는 노골적인 방법을 동원하여 해원노조, 부두노조 등에서 전평 소속의 노조들을 무너뜨리고 대한노조를 유일한 합법노조로 인정했다. 대한노총은 노동자들의 권익을 향상시키는 것보다는 전평 타도와 반공 및 우익 정치단체의 하부조직으로서 역할을 했다(이원보, 116).

1945년 12월에는 전국농민조합총연맹(전농)이 설립되었다. 전농은 봉건제의 청산과 새로운 민주민족국가 건설을 표방하고 전국 330만 명의 조합원과 239개 조합을 대표하는 대의원 576명이 참가해 출범하였다. 전농은 일제 친일파 소유지 몰수와 분배, 소작권 이동 금지 및 소작료 3.7제 실시, 정치조직과 행정조직에 농민대표 참가 등을 요구했다.

4. 9월 노동자총파업

미군정 치하 사회복지운동이 정점에 이른 것은 9월 총파업이었다. 1946년 9월 총파업은 군정청 운수부소관 경성철도공장의 3,000여 노동자들은 치솟아오르는 물가와 심각한 식량난 때문에 종전과 같은 생활비의 절반도 안 되는 급료로서는 도저히 생활을 유지할 수가 없다고 하면서 그들은 쌀배급과 임금인상, 대우개선을 요구했는데 그 내용은 다음과 같다.[1]

① 일급제 반대

② 기본급료 지불

③ 가족수당 1인당 600원 지불

④ 현물가수당 1,120원을 2,000원으로 증액할 것

1) 미군정청은 협상을 거부하고 있는 가운데 미국인 운수부장은 "인도 사람은 굶고 있는데 조선 사람은 강냉이를 먹으니 행복하다"라고 폭언을 하여 이에 분개한 철도노동자들은 남조선 철도종업원 대우 개선 투쟁위원회를 만들어 대항했으며, 이는 곧이어 남조선총파업 투쟁위원회로 확대되었다.

⑤ 식량을 1인에게 4홉, 가족에게 3홉씩 지급할 것
⑥ 운수부 직원에 대하여 같은 대우를 해 줄 것(노동자의책, http://www.laborsbook.org/dic/)

이 내용을 보면 9월총파업은 안정적 최저생계비 확보를 위한 노동자들의 기본권 확보투쟁이었다. 그리고 차별없는 평등한 대우를 요구하는 평등권 투쟁이었다. 노동자들은 '쌀을 달라,' '임금인상', 전재민과 실업자구제, 해고반대, 노동운동의 자유 등을 들고 있다. 농민들도 적극 참여했는데 그들은 주로 공출반대에 초점을 맞추고 있었고, 습격대상도 쌀 창고 또는 공출과 관련된 경찰 지주 관리들에게 집중되었다. 이른바 '대구폭동'으로 알려진 10월 봉기는 처음 대구에서 일어나 경북 전역으로 번졌고 다시 경남 전남의 순으로 전국적으로 번져나갔다(성한표, 1985). 한국민족문화대백과사전은 당시 9월 총파업에 대해서 다음과 같이 기술하고 있다.

해방 직후의 경제적 사정은 매우 심각하였고, 그 중에서도 특히 식량부족 문제는 사회를 위기 상황으로까지 몰고 갔다. 미군정청의 미곡수집계획은 생산비에도 미치지 못하는, 불합리한 미곡수집 가격 때문에 실패할 수밖에 없었고, 미곡의 자유 반입을 금지한 조처는 도시의 식량 사정을 극도로 악화시켰다. 그 뿐만 아니라 미군정 관료와 결탁한 모리배들은 쌀값을 마음대로 조작하여 대중의 분노를 야기하였다. 이와 같이 식량문제 등으로 인해 민심이 흉흉하던 상황은 조선공산당의 행동전술에 매우 유리한 사회적 조건을 형성시켰다.

조선정판사 위폐사건으로 인해 1946년 9월 6, 7일에 박헌영(朴憲永)·이강국(李康國) 등이 체포당하자, 조선공산당은 이에 대한 대응으로 당시의 민심을 이용하여 조직적이고 대규모적인 파업을 계획하였다. 결국 9월 총파업은 대중의 불만을 폭발 직전까지 몰고갔던 참담한 사회경제적 상황과 조선공산당의 정치적 전략이 결합하여 발생한 것이라고 할 수 있다.

9월 총파업은 부산지구 철도노동자 7,000여명의 파업으로 시작되었는데 서울에서만 295개 기업 30,000여명의 노동자가 참여했으며, 학생 16,000명이 동맹휴학했고, 남한 전체로 보면 251,000여명의 노동자가 파업에 참가했다(조선통신사, 1948).

5. 이승만정부의 출범[2)]

1948 이승만정권이 탄생하던 대한민국 사회는 농업사회였고, 절대빈곤에 시달렸다. 광복과 남북분단으로 초래된 정치적·경제적 혼란은 1948년 8월 15일 정부 수립을 계기로 점차 진정되었고, 생산 활동은 조금씩 회복되었다.

그러나 6·25전쟁은 이런 추세를 완전히 역전시켰다. 공보처 조사에 따르면, 6·25전쟁 동안의 총 피해액은 1953년 국민총생산의 85%에 해당하는 막대한 것이었으며 사회간접자본, 일반 주택, 산업시설의 파괴가 가장 심각하였다. 6·25전쟁은 그나마 남아 있던 우리 경제의 생산능력을 심각히 파괴시켜 국민들의 생활수준을 현저히 떨어뜨렸다. 1955년의 1인당 소득은 50달러를 조금 넘는 수준이었다(국가기록원, https://www.archives.go.kr/).

1950년대에는 전쟁 이전 수준으로 다시 회복한다는 의미의 경제부흥이나 경제재건이 경제개발이라는 말보다 더 일반적으로 사용되었다. 경제부흥계획을 수립하는 데 우리 정부가 가장 고려해야 했던 요인은 재건자원이었다. 당시에는 국내자원이 매우 부족했기 때문에 미국이 제공한 원조에 의존했는데, 이것은 경제부흥의 디딤돌이자 걸림돌로 작용하였다(국가기록원, https://www.archives.go.kr/).

1948년 정부수립 후 초대 대통령이 된 이승만으로서는 대다수 국민을 위한 복지는 생각할 여유도 의지도 없었다. 연이은 실정과 부패, 그리고 1952년 발췌개헌, 1954년 사사오입개헌 등 불법적이고 반민주적 개헌 등으로 부족한 정치적 정통성에 시달렸다. 권력유지를 위해서는 반공을 국정기조요 목표로 내세울 수밖에 없었다. 따라서 이승만 정권이 국민생활을 돌본다는 것은 연목구어(緣木求魚)였다. 사회복지라야 군경원호사업과 공무원연금과 같은 권력유지를 위한 전략에만 주요 관심이 있었다고 해도 과언이 아니었다.

이승만 정부 시기는 복지가 국가의 역할과 무관한 개인적인 일로 치부되던

---

2) 저자는 이승만정부가 시행했던 농지개혁 적산불하정책에 대해서 한국민족문화대백과사전에 의존하고 있다(https://encykorea.aks.ac.kr/).

시기였다. “복지가 사적 문제로 이해되면서, 한국사회는 개인과 가족이 자신의 복지를 스스로 책임져야 하는 각자도생의 길을 걸을 수밖에 없었다”(윤홍식 외, 2021: 102).

윤홍식 외(2021)에 의하면, 이승만 정부 시절 국민을 위해 실행한 재분배를 통한 민생의 확보와 사회평등과 통합이라는 목적으로 수행한 사회복지정책이라 할 수 있는 것은 농지개혁, 적산불하, 그리고 미국의 무상원조정책을 집행하는 정도였다.

5.1 농지개혁정책

우여곡절이 많았으나, 이승만 정부 시기 단행된 농지개혁정책은 국민생활에 매우 직접적이고도 중대한 영향을 주었다. 1945년 광복 당시 우리 나라 농지의 소작비율은 전 농지 222만6천ha의 65%인 144만7천ha가 소작지였다. 그와 같은 많은 소작지에서 가혹한 소작료를 지불하고 있던 농촌경제는 매년 빈곤의 악순환이 계속되었다. 광복과 더불어 민주의식과 평등의식이 고조되면서 사회적 혼란이 적지 않던 때에 일본인 소유농지였던 29만1천ha의 귀속농지 처리 등 농지제도의 개혁이 요청되었다.

이승만 정부가 농지개혁을 서두르게 된 데는 세 가지 이유가 있다(한국민족문화대백과사전, '농지개혁'). 첫째, 남한보다 앞서 1946년 3월 5일 농지개혁을 단행한 북한이 농지개혁을 공산주의 체제의 선전수단으로 활용하고 있었다. 이승만 정부는 하루빨리 농민의 숙원인 농지개혁을 전면적으로 단행하여 정치적 불안정을 해소해야만 했다.

둘째, 사회적 이유로 농촌의 반봉건적 사회구조의 개선을 통해 농촌사회를 근대화할 필요성이 있었다. 전통적인 지주와 소작인 사이에는 경제외적인 신분적 예속관계가 계속되고 있었고, 광복과 더불어 월남동포와 해외동포의 귀환으로 좁은 농지의 소작권을 둘러싼 소작료율이나 경작권분쟁 등은 사회적 혼란을 가중시켰다. 따라서 소작료의 인하나 소작쟁의 조정 등 미온적 조처로서는 지주 대 소작인 관계에서 발생하는 사회적 갈등을 해소하기 어려웠다. 이에 사회적 불안을 근본적으로 해소하기 위해서는 농지개혁이 절실히 요청되었다.

셋째, 농업생산성의 효율화를 기하자는 경제적 이유에서였다. 소작제 하에서는 농민의 생산의욕을 감퇴시키고 더구나 기생지주의 전통적 고율소작료로 재투자의 길이 막힌 소작농은 농지개혁의 계기 없이는 빈곤에서 벗어날 길이 없었다.

따라서 소작농에게 농지의 소유권을 주어 자작농화하여 농업 생산의욕을 고취시키고 부족한 식량을 증산하게 하는 한편, 지주의 경제적 수탈과 경제외적 강제를 해소하여 농가경제의 향상을 도모해야 하였다. 뿐만 아니라 농촌 내의 유효수효를 확대하여 공업생산의 발전을 자극할 필요성이 요청되었기 때문이었다.

농지개혁의 실시과정은 크게 두 단계로 나누어진다.

(1) 제1차 농지개혁(미군정하의 농지개혁)

1945년 광복 직후 미군정하에 있던 남한은 제2차 세계대전 후 세계적인 민주경제건설의 기초과업이며, 미국무성의 정책이기도 하였던 고율소작료의 완화와 농지개혁을 적극 권유받게 되었다. 따라서 1945년 10월 미군정법령에 의거, 우선 종래의 고율소작료를 수확량의 3분의 1 이하로 제한하였다. 그리고 같은 해 12월 미군정법령으로 일본인 소유토지와 재산을 군정청 관리하에 두도록 하였다.

그러나 그때 입법의원 내의 다수의석을 차지하였던 지주계급 출신의 한국민주당의원들이 정부수립 후에 농지개혁을 실시하자면서 계속 이를 반대하였다. 그러자 미군정 당국은 1948년 3월 과도정부법령을 공포하여 신한공사가 관리하고 있던 일본인 소유농지, 즉 귀속농지에 한하여 우선 농지개혁을 단행하였다.

(2) 제2차 농지개혁(대한민국정부수립 후의 농지개혁)

제2차 농지개혁은 국내의 모든 한국인지주가 소유하고 있던 115만6천ha를 개혁대상으로 하였다. 분배농지의 합계는 귀속농지 29만1천ha와 한국인 소유농지 32만2천ha를 합해서 모두 61만3천ha에 이르렀다. 1945년 8월 15일 광복 당시 소작지 144만7천ha의 42.4%에 해당하는 61만3천ha 만이 「농지개혁법」에 따라서 분배된 셈이며, 나머지 57.6%인 83만4천ha는 지주들이 자경(自耕)·임의처분·은닉 등을 통하여 개혁대상에서 제외된 셈이다.

미군정기와 이승만정부에 실행된 농지개혁은 기본적으로 봉건적 질서를 해체하고 농촌사회를 소작농 중심에서 영세자영농 중심으로 재편하는 것을 목적으로 했는데 어느 정도 성공을 거두었다고 봐야 한다. 이 시기에 농민들은 다음 세대의 교육을 위해 투자했고, 이는 1960년 대 이후 한국의 고도성장에서 중요한 인적 자원이 되었다(윤홍식 외, 2021: 99).

그러나 미군정의 농지개혁은 유상몰수 유상분배였고, 결국 농민들이 자본주의적 자작농으로 전환되기는 힘들었다. 땅을 불하받은 농민들은 현물로 땅값을 상환해야 했는데 조세부담이 컸고, 생산가 이하로 양곡수매에 응해야 했기 때문에 농업자본을 형성하기는 힘들었다. 반면에 지가증권이 적산의 불하대금으로 사용되면서 기존에 있던 도시상인과 관료 및 과거 친일파 등이 산업자본의 기반이 되었다(이원보, 106).

5.2 적산불하정책

적산불하 또는 귀속재산불할 정책은 8·15광복 후 미군정에 의해 구 일본국 및 일본인 소유의 재산을 한국민에게 이전, 처리하기 위하여 취해진 법적 행정적 조치를 말한다. 귀속재산 가운데 일부 소규모 사업체와 귀속농지는 미군정청에 의해 불하되기 시작했으며, 나머지는 1948년 8월 15일 이후 한국 정부로 이관되었다가, 1949년 12월에 제정·공포된 「귀속재산처리법」을 토대로 1958년까지 대부분 민간인에게 불하되었다. 광복 당시 국내에 있던 일본의 모든 공유 및 사유재산은 미군정에 의해 '적산(敵產)'으로 규정되어 미군정청의 '귀속재산'으로 접수되었다.

당시 접수된 귀속재산의 내용을 보면, 귀속농지가 약 30만 정보로 우리 나라(남한) 총 경지면적의 약 14%를 차지했고, 귀속된 사업체가 3,551개였는데, 그 가운데 제조업체가 우리 나라 전체 사업체의 66.3%였다. 그 밖에 건물·주택·대지·점포 등의 부동산과 귀금속·유가증권 등의 동산도 상당액 있었다. 당시 귀속재산의 총 가치는 우리 나라 총 자산가치의 약 80%에 이른 것으로 추정될 만큼 엄청난 것이었다.

미군정청은 귀속재산의 관리를 위해 군정청 내에 중앙관리처를 두고, 각 도에는 지방관재처를 설치하였다. 특히, 동양척식주식회사 소유재산을 비롯하여 막대한 토지재산을 관리하기 위해서는 미군정청 직속으로 신한공사라는 특별기관을 설치하기도 하였다.

미군정은 전체 적산 기업 중 15% 정도만을 불하하고 나머지를 1948년 정부 수립과 함께 대한민국 정부에 인계한다. 이승만 정부는 미군정의 불하 원칙을 그대로 승계하여 적산 기업을 불하했다. 즉 해당 기업과 관계 있는 사람에게 우선 불하하며, 매각 대금 중 1/5 이상을 일시납하고 나머지를 10년간 연리 7%로 납부하도록 하는 것이었다. 이러한 조건 하에서 정경유착은 미군정기 못지 않았다(한국민족문화대백과, '적산불하정책').

당시 이 적산 기업의 불하를 둘러싸고 조속히 처분하여 정권의 토대를 만들고자 했던 정부와, 이에 반대하는 국회 사이의 갈등도 컸다. 결국 정부측 입장이 관철되어 1949년 12월에 '귀속재산처리법'이 제정·공포되었고, 한국 전쟁으로 인해 불하가 지연되기는 했으나 국·공유로 지정된 일부를 제외하고는 모두 불하되었다. 미군정기, 이승만 정부 시기를 통틀어 불하된 적산 기업은 2,700여개에 달했다. 그 중 현재까지 존속하고 있는 기업은 50여개 이내이며, 대기업으로 성장한 경우가 많다.

이 적산불하정책은 재분배정책으로서 큰 의미가 있다고 보인다. 하지만 문제점도 많았다. 이원보(2014)에 의하면, 미군정은 남한공업의 대부분인 귀속재산을 노동자와 농민을 비롯한 민족세력의 요구를 묵살하고, 과거 친일파에 세력에게 불하했다. 그런데 이 불하과정은 극심한 인플레이션 속에서 헐값에 이루어졌기 때문에 관료독점자본이 형성되었고 이는 생산부족과 경제혼란으로 이어졌다.

5.3 무상원조

이승만 정부 기간(1948-1960) 동안 미국으로부터 오는 무상원조는 국민생활에 있어 거의 절대적이었다. 1956년 무상원조 규모는 국민총생산 GDP의 23.3%에 달했고, 정부 수입에서 조세비중이 42.1%인데 반해 원조수입은 57.9%에 달했다. 동 기간 동안 보건사회부의 지출보다 미국의 원조를 받는 민간의 사회복지지출이 더 컸다. 1957년 원조를 통해 지출되는 복지는 GDP 대비 0.66-1.36%였고 보사부 지출은 1.13%에 그쳤다(윤홍식 외, 2021, 100).

이승만 정부는 6·25 한국전쟁으로 피난민이 전체 국민의 37.8%에 달하는 상황에서도 이들에게 최소한의 생존권조차 보장할 수 없었다. 국민의 대다수가 초근목피로 연명하는 보릿고개를 겪어야 했다. 이를 해결할 재원이 부족한 이승만은 전적으로 미국의 원조에 의지했으며 이는 심각한 경제적 정치적 예속을 가져왔다.

이승만 정권은 부족한 세수를 확보하기 위하여 조세를 직접세에서 간접세로 대폭 전환한다. 그런데 간접세의 비중이 증가한다는 것은 소득재분배를 역진시키는 효과가 크기 때문에 민생이 더욱 어려워지는 것은 자명했다. 1948년과 1960년을 비교해 보면 누진적 소득세가 전체 세수에서 차지하는 비중이 33.4%에서 8.6%로 급감했고, 역진적 물품세(소비세)는 11.2%에서 54.5%로 급증했다(한국경제 60년사 편찬위원회, 2010; 윤홍식 외 2021, 100).

1953년 10월 근대적 의미의 공공부조인 국민생활보호법 초안이 작성되었지만, 재정문제로 국회를 통과하지 못하고 폐기되었다(윤홍식 외, 2021: 101). 1960년 1월 우리나라 최초의 근대적 사회보험인 공무원연금법이 제정되었다.

6. 나가면서

미군정기와 이승만정부에 실행된 농지개혁 적산불하정책은 기본적으로 봉건적 질서를 해체하고 농촌사회를 소작농 중심에서 영세자영농 중심으로 재편하는데 크게 기여했다. 긴 안목에서 보면 이 시기가 중요한 것은 자기 땅을 가진 농민들은 열심히 일하기 시작했고, 다음 세대의 교육을 위해 투자했고, 이는 1960년대 이후 한국의 고도성장에서 중요한 인적 자원이 되었다.

사회복지정책의 시각에서 볼 때, 당시 농지개혁과 적산불하가 어느 정도로 사회복지정책 효과가 있었다. 분명 이 정책들을 통해서, 특히 농지개혁, 상당한 부의 재분배가 이루어졌기 때문이다. 또 한국은 미국으로부터 구호물자 도입으로 식량문제 해결에 큰 도움을 받았다.

문제는 미군정과 이승만 정부의 사회복지정책이 사회통제에 목적이 있었다는 것이다. 어느 사회이건 사회복지가 사회통제를 위한 수단으로 어느 정도 활용되는 것은 사실이나 미군정과 이승만 정부 하에서 만큼 그것이 사실인 경우도 드

묻다. 막대한 해외원조가 들어왔으나 그것이 모든 사람이 인간으로 존중받을 수 있는 자유롭고 평등한 복지사회를 만드는 데 기여했다고 평가하기에는 부족함이 너무 크다. 맥아더 사령관이 발표한 미군정의 포고령은 자못 위압적이다. 사실 포고령 어디에도 미군이 남한에 자유롭고 평등한 사회를 건설하겠다는 의지를 밝힌 곳은 없다. 또한 부정선거로 얼룩진 이승만 자유당 정부가 소득재분배와 사회통합을 통한 인간존중의 사회복지국가를 건설한다는 것은 애초부터 상상하기 힘들었다.

이승만 정부 시기부터 6월 항쟁이라는 민주정권이 들어서기까지 오랜 기간 동안 한국사회는 독재자의 출현을 막는데 관심을 기울여야 했으며, 사회복지마저도 외세에 기대어 해결했다는 역사를 쓰게 되었다. 정치적 정통성이 미약한 정권이 사회복지국가를 꿈꾸는 일은 처음부터 논리적 비약이다. 왜냐하면 독재정권은 그 국정기조의 우선 순위가 정권유지에 있기 때문에 인간존중이나 사회평등에 관심을 가질 수 없기 때문이다.

참고문헌

국가기록원, https://www.archives.go.kr/

김낙중(1982). 〈한국노동운동사-해방후 편〉, 청사.

성한표(1985). '9월 총파업과 노동운동의 전환' 〈해방전후사의 인식 2〉, 한길사.

안태정(2001). 〈조선노동조합전국평의회 연구〉 성균관대학교 박사학위논문.

윤홍식 · 남찬섭 · 김교성 · 주은선(2021). 〈사회복지정책론〉, 사회평론아카데미.

이원보(2016). 〈한국노동운동사 100년의 기록〉 한국노동사회연구소.

이영환(1998). '미군정기의 구호정책' 하상락(1998). 〈한국사회복지사론〉, 하상락편. 박영사.

조선통신사(1948). 〈조선연감〉.

한국민족문화대백과사전(https://encykorea.aks.ac.kr/).

커밍스 부루스(1986). 〈한국전쟁의 기원〉, 청사.

현장언론 민플러스(http://www.minplusnews.com).

Frances F. Piven and Richard Cloward(1971). *Regulating the Poor*. Random House. New York.

Joan Higgins(1980). 'Social Control Theory of Social Policy' *Journal of Social Policy*. No.1.

제 6 장

박정희 전두환 정부의 사회복지

'조국근대화'와 '반공'을 국시로 삼았던 정부, 지금도 사회 일각에서는 위대한 정치지도자로 추앙받고 있는, 그러나 유신독재와 인권탄압으로 얼룩졌던 박정희 대통령,' 정의사회구현, 복지사회건설, 선진조국창조'를 내세웠던 전두환 대통령은 어떤 사회복지를 했을까.

Ⅰ. 박정희 정부의 사회복지

1. 들어가면서

박정희 전두환 정부는 모든 사람에게 최소한의 인간다운 생활을 보장하기 위하여 그에 필요한 물질을 생산하여 빈민을 구제하고, 재분배정책을 실시하여 노동자 등 사회적 약자를 지원하여 계층 간의 사회경제적 격차를 해소하고 사회적 평등과 통합에 힘썼을까?

5·16 군사정변으로 권력을 잡은 박정희 대통령은 민주적 민족적 정통성 문제와 인권탄압 등 박정희 정권을 둘러싼 많은 논란에도 불구하고, 조국근대화와 경제발전을 최고의 국정과제로 정하고 이를 달성하는 데 매진했다. 사실 박정희 대통령이 모두가 잘 사는 나라, 부강한 나라를 만들기 위해 물질적 생산에 총력을 다한 것은 사실이다. 경부고속도로를 건설해 물류유통의 기초를 세웠고, 포항제철, 울산조선소, 대규모 중화학공업 건설 등을 건설함으로써 우리 나라가

수출대국으로 가는 길을 닦았다. 이에 필요한 자금을 확보하기 위해 한일외교관계를 회복하고, 베트남에 파병했으며, 중동건설에 참여했다. 박정희는 1961년 1인당 GDP 84달러에서 1977년 16년 만에 1,000달러를 돌파하고, 그가 김재규의 총에 맞아 죽기 1년 전 1978년에는 1인당 GDP 1,456달러가 되었다. 실로 놀라운 성장이라 아니할 수 없다(위키백과, '박정희 정부').

물론 임기 말기 과도하게 추진했던 중화학공업에 대한 과잉·중복투자에 따른 경제 왜곡현상이 나타나고(당시 주요 중화학업종의 가동률은 40~60% 수준에 머무르고 경상수지 적자, 높은 실업률 5.2% 등) 경제위기가 닥쳤지만 실로 박정희 정부 기간(1961-1979) 18년 동안 대한민국이 오늘날 세계 10대 경제강국으로 들어서는 '한강의 기적'이 이 때 시작되었다는 것은 엄연한 사실이다. 그 결과 대한민국의 절대빈곤율은 크게 낮아졌다. 절대빈곤율은 경공업 중심의 산업화가 본격화된 1964년 40.9%에서 1980년 9.8%로 낮아졌다.

'한강의 기적'은 이른바 낙수효과를 보여준 전형적 성장모델이다.

박정희 정부는 수출 촉진을 위해 수출 중심 산업을 육성하고, 외국으로의 수출을 증가시키기 위한 인센티브와 지원을 제공했다. 이러한 정책은 전자, 섬유, 조선 등 다양한 산업 분야에서 꾸준한 성과를 이뤘다. 제1,2차 경제 개발 5개년 계획에서는 수출 주도형 성장을 통하여 경공업 육성, 노동 집약적 산업, 베트남 전쟁 참전으로 고도성장을 실현하였으며 경부 고속도로를 개통하였다. 제3,4차 경제개발5개년 계획에서는 중화학 공업을 육성하였고 자본 집약적 산업을 발달시켰다. 1970년대 정책금융이 중화학공업에 투자되며 경공업은 생산 부족 현상을 겪었고, 농촌사회는 점차 붕괴했다. 그러나 1960년대 말 외채 상환 시기에 위기를 맞기도 했다. 수출액이 100억 달러를 달성하였으며 제1차 석유 파동은 중동 건설 진출로 극복하기도 했으나 제2차 석유 파동에서는 중화학 공업 중심 경제가 악화되기도 했다. 박정부는 교육 시스템을 강화하고 노동력의 기술과 생산성을 향상시키는 데에도 많은 노력을 기울였다(위키백과, '박정희 정부').

2. 박정희 정부의 발전국가모델

박정희 정부 기간 동안 고도성장으로 물질적 생산이 급속하게 증가했지만 이것은 그냥 아무런 대가없이 이루어지는 것은 아니다. 박정희 정부는 친위쿠데타를 일으켜 유신헌법을 제정하고 대통령 임기를 연임했으며, 그 기간 동안 사회적 약자계층인 노동자 농민을 가혹하게 약탈 착취했다. 노동자 농민들이 반발할 때는 경찰과 군을 동원하여 무자비하게 탄압했다. 사회복지학 시각에서 보면 박정희 정부 기간은 암흑기나 마찬가지였다. 급속한 경제성장으로 국민소득이 높아지고 생활수준이 향상된 것은 사실이지만 노동자 계층과 사회적 약자에 대한 배려나 소득재분배를 통한 사회통합 노력은 전혀 없었다. 특히 정치적 힘을 스스로 결집할 수 없었던 사회적 약자계층에 속한 사람들은 경제성장 과정에서 철저하게 착취 수탈당했으며, 경제성장이 어느 정도 달성되어진 후에도 경제성장의 과실을 분배받을 수 없었다. 이것이 박정희 정부가 사회복지학 측면에서 큰 평가를 받을 수 없는 가장 큰 이유다.

박정희 정부는 1962년부터 시작된 연이은 경제개발계획에 따라 취업자와 임금노동자는 급격히 증가했다. 1963년 766만 명이던 취업자 수는 1971년 1천만 명을 돌파했다. 이는 국가의 공업화로 농촌이 피폐해지면서 농민들이 도시로 이동했기 때문이었다. 농촌경제는 농업부문의 투자부족과 농산물 저가정책으로 파탄위기에 직면해 있었고, 농가소득은 도시근로자에 비해 매년 감소했다. 특히 영세한 농촌가구들은 생존이 불가능했기 때문에 가족 전체가 농촌을 버리고 도시로 떠났다.

하지만 도시노동자들은 높은 경제성장 속에서도 한계 이하의 저임금과 장시간 노동, 그리고 열악한 작업환경 속에서 겨우 생존을 유지할 수 있었다. 노동자들은 경제성장 과정에서 막대한 공헌을 했음에도 그 과실을 분배과정에서는 철저히 소외됐다. 그들의 임금으로는 노동력 재생산마저도 힘들만큼 낮은 수준이었다. 경제성장 결과로 나타난 노동자 몫은(노동소득분배율) 1959년 38.2%에서 1964년 28.4%로 하락했다.

노동소득분배율이 낮은 이유는 노동자의 실질임금이 노동생산성 증가분을 크게 밑돌았기 때문이다. 1960년부터 1969년까지 연평균 경제성장률이 8.6%였는데 실질임금은 3.4% 증가에 그쳤다. 이에 비해 노동생산성은 실질임금 상승률의 3배 가까운 12.6%나 되었다(이원보, 2004: 92).

노동자들은 소득분배에서 소외되었을 뿐 아니라 저임금에 시달리며 사실상 기아에 허덕이며 생존을 위협받았다. 엥겔지수는 1960년 이후 계속 증가했고, 1964년에는 0.60, 1971년 0.41이라는 절대빈곤 수준이었다. 노동자의 임금은 중소영세기업의 경우 더욱 심각했는데 가히 '기아임금'이라 할만 했다. 1967년 한국은행은 '임금이 크게 상승했다는 1967년에도 제조업 노동자의 93%, 광업노동자의 88%가 당시 조사년도의 실태생계비 21,370원에 크게 미달하는 임금을 받고 있으며, 특히 제조업 노동자의 70%, 광업노동자의 50%가 식료품비 9180원에 미달하는 임금을 받고 있다(한국은행, 1967: 30).

물론 박정희 정부 19년 동안 국가가 주체가 되어 대다수 국민들을 위한 사회복지정책은 거의 없었다. 박정희 집권 기간 절대빈곤율이 낮아진 것은 국가의 복지제도 때문이 아니라, 수출을 중심으로 하는 민간부분의 경제성장 때문이었다.

박정희 시대의 사회복지가 발달할 수 없는 이유는 크게 두 가지로 요약할 수 있다. 박정희정권은 모든 자원과 역량을 산업화에 쏟아 부어 급속한 산업화정책을 추진하였기 때문에 국민 대중을 돌볼 여력이 부족했고, 그나마 여력이 있으면 철저히 자신의 정치적 목적을 위해 활용하였다. 결과적으로, 박정희시대의 사회복지는 외면당했으며 경제와 정치에 예속되었다. 무엇보다도 경제성장에 다 걸기를 한 박정희정권은 사회복지는 먼 훗날의 일이었다.

박정희 대통령은 발전지향적 관료와 정책수단들을 동원하여 전략산업의 육성을 통한 산업화를 추구하였는데 이런 국가발전모델이 발전국가모델이라 한다. 이 모델은 국가의 모든 자원과 역량을 오직 국가발전에만 쏟아붓는데 이른바 불균형성장론 전략과 밀접하게 연결되어 있다. 허쉬만(Hirshman A. O, 1958)에 따르면 자원이 부족한 저개발국가가 경제성장과정에서 전 산업분야에 동시적으로 균형성장하는 것은 현실적으로 어렵기 때문에 어떤 한 분야를 선도부문으로 지정하여 이 분야에 집중적으로 투자하여 전략적으로 먼저 키우고 발전의 거점으로 삼아 다른 부분으로 전파하여 나아가는 경향이 있다. 발전국가의 개념에서 중요한 것은 정책 우선 순위와 정책목표를 정하는 데 있어서 국가가 사회의 분배적 압력으로부터 완전히 격리되어 있다는 의미이다(온라인 행정학 사전, '발전국가').

바꾸어 말하면, 불균형성장론이란 한 부문의 발전을 위하여 다른 한 부문의 약탈을 허용하는 전략이라고 말할 수 있다. 그리고 약탈을 허용한다는 것은 착취와 억압을 의미한다. 한 부분이 발전할 때까지 다른 부분은 철저히 착취하고 억압한다는 뜻이다. 다른 말로, 다른 부분에 속하는 사람들의 행복은 철저히 외면한다는 뜻이다. 더 나아가, 박정희 정부는 경제개발과정에서 국가공권력을 사용하여 노동과 민중에 대한 억압과 자발적 복종의 유도를 매우 '효과적으로' 실행한 것으로 평가할 수 있다.

둘째로, 박정희 정부는 군사정권과 유신체제로 대표되는 매우 억압적 체제였다. 반공을 국시로 삼을 만큼 사상과 표현의 자유를 억압했으며 집회 결사의 자유도 철저히 무시했다. 결과적으로 노동자들이 집단적으로 자신의 권리를 추구하기 위하여 이익을 집약하고 표출하며 행동하는 것이 매우 힘들었다. 박정희 정권은 대내외적 위기감을 극복하고 독재 기반을 강화하여 영구 집권을 도모하고자 하였기 때문이다. 1960년대 후반에 들어서면서 대외적으로 냉전 체제가 완화되기 시작하면서 닉슨 독트린으로 미·중 수교와 주한미군 일부 철수 및 남북 교차 승인안을 제시하게 되었다. 국내적으로는 경제 불황으로 국민의 불만이 고조되었고 야당의 득표율이 증가하였다. 이에 불안을 느낀 박정희는 남북간 군사적 적대감 긴장감을 높임으로써 권력을 유지하는 전략을 선택했다. 그는 국가 안보를 강화하고, 지속적인 경제 성장과 평화 통일을 위해 정치 안정이 중요하다고 강조하면서 당시 강력한 도전자였던 김대중을 탄압했다. 급기야 1972년 박정희 정권은 비상계엄을 선포하고 국회를 해산하였으며, 정당 및 정치 활동을 금지하였다. 그리고 10월 유신을 선포하여 대통령의 중임 제한을 없애고 권한을 대폭 강화한 유신 헌법을 제정하였다.

유신 헌법은 대통령이 의회와 사법부까지 장악할 수 있도록 하여 대통령의 권한을 제왕의 그것으로 만들었다. 또한 대통령의 선출도 사실상 대통령의 통제 아래에 있는 통일 주체 국민회의를 설립하여 대통령을 간접 선거에 의하여 선출하도록 규정하였다. 뿐만 아니라 대통령에게 초법적인 긴급조치권을 부여하였고 국회의원의 1/3을 임명할 수 있는 권한을 부여하였다. 소위 유신정우회란 것이 바로 그것이다. 또한 국회 해산권과 법관 인사권을 부여하였다. 유신 체제는 의회주의와 삼권 분립을 무시하였고, 한국적 민주주의를 표방하였다. 그리고 개인의 자유와 민주주의 정치의 활동을 제약하였다. 결국 유신 체제는 박정희 영구집권을 가능하게 할 목적으로 한 권위주의 독재 체제였다.

그 결과, 대다수 국민의 의사와 권리의 추구가 정치체계에 투입되는 것을 철저히 봉쇄되었다. 탄광의 갱도 속에서 일하는 광부들이 그곳이 너무 위험하니 안전장치를 해달라고 소리쳐도, 열악한 근로조건 속에서 고통받는 공장 노동자들이 노동환경을 개선해달라고 해도 아무리 소리치며 외쳐도, 추곡수매가가 너무 낮고 농약값은 너무 비싸다고 농민들이 아무리 소리치며 외쳐도, 기업들은 들은 척도 안하고, 이를 지적하는 근로자들을 오히려 사회불만 세력이라고 해고해 버린다.

결국, 박정희 군부독재 체제에 대한 국민적 저항이 발생했으며, 국제 사회의 비판여론이 이어졌다. 이에 독재 타도, 민주 회복, 유신 헌법 개정을 위한 운동이 학생과 재야 세력을 중심으로 전개되었고 박정희 정권은 긴급조치로 대응하였다. 또한, 이 시기 인권 탄압에 대한 국제 사회의 비판이 고조되면서 대미·대일 관계가 악화되었다. 하지만 석유 파동으로 인한 경제 위기(1978)와 장기집권에 대한 국민적 비판으로 제10대 국회 의원 선거(1978)에서 야당 득표율이 더욱 증가하였고 치열한 노동운동이 전개되었으며 반독재 운동이 이어졌다. 이후 이러한 움직임은 부마항쟁으로 절정을 이루게 되었고 뒤이어 10·26 사태(박정희 피살)가 일어나며 유신 체제는 종말을 고하였다.

3. 박정희 정부 사회복지정책 발전 3단계

겉으로 보기에는, 5·16 군사정권을 수립한 군부세력이 사회복지에 대해서 관심이 있는 것처럼 보였다. 박정희 최고회의의장은 1962년 1월 시정연설에서

"의료균점시책을 수립하고 보조와 보험을 근간으로 하는 사회보장제도의 기틀을 마련하여 국민생활 향상과 복지사회 건설을 기할 것입니다"라고 말했다(박정희장군 담화문집, 1963). 언뜻보면 군사정권이 사회복지에도 큰 관심을 갖고 있는 듯 보인다.

그러나 권문일(1989: 499)의 연구에 의하면, 이는 수사학적 수사에 불과하다. 무엇보다 복지사회를 건설하겠다고 하면서 구체적으로 무엇을 하겠다는 언급이 없다. 그리고 사회복지는 단기적으로 평가할 수 없으며 졸속주의와 급속한 개혁으로 인한 폐단을 방지하기 위해 신중히 하겠다는 단서를 달아 사회복지가 정책우선순위에 잊지 않는다는 것을 분명히 하였다.

박정희시대 사회복지정책은 크게 세 단계에 걸쳐 일어난다. 그 첫 단계는 박정희가 5·16 군사정변을 일으키고 군부의 실력자로 군복을 벗기 전인 1961년에서 1963까지의 기간 동안 일어났던 '정권수호를 위한 사회복지 입법시대'이며, 두 번째 단계는 그가 군복을 벗고 대통령으로서 1963년부터 1972년까지 통치기간 '사회복지 침체의 시대'이다. 그리고 세 번째로 1973년부터 1979년까지 박정희가 10월 유신을 단행하여 장기집권을 기도하면서 중화학공업육성을 야심차게 추진하는 기간으로 '유신사회복지 시대'이다(김기태 외, 2004).

3.1 정권수호를 위한 사회복지 입법시대(1961-1963)

1961년 5·16 군사정변부터 1963년 민정 이양기까지 박정희 군사정부 기간 무려 19개의 사회복지법이 제정되었다. 이 시기에 제정된 법을 보면, 「군사원호대상자정착대부법」, 「군사원호대상자임용법」, 「군사원호대상자고용법」, 「군사원호청설치법」, 「군사원호보상법」, 「군인연금법」, 「군인보험법」, 「국가유공자 및 월남귀순자 특별급여원호법」, 「재해구호법」, 「생활보호법」(이상 1961년 제정), 「사회보장에 관한 법률」, 「산업재해보상법」, 「의료보험법」(이상 1963년 제정) 등이다.

1961년 「생활보호법」은 수혜자의 자립정신을 강조하고 자활 조성을 원칙, 철저히 선별주의의 원칙에 입각하며 열등수급의 기준에 따라 공공부조를 제공한다고 규정하였다. 1962년 '재해구호법'은 국가가 각종 재해발생으로 피해를 입은 이재민을 위해 임시적 구호를 제공한다고 규정하였다.

1961년 「생활보호법」은 큰 의미를 지닌다. 그러나 「생활보호법」은 재원확보의 이유로 생계보호, 의료보호, 교육보호, 장제보호, 자활보호, 해산보호 등 다양한 급여내용 중 오직 생계보호에 한하여 그것도 1969년이 되어서야 시행되었다(박광준, 2013). 1982년 생활보호법이 개정되어 생계보호에서 자활보호로 법의 중심이 이동되었다. 그 주요 내용은 최저생계보장, 중학생의 입학금과 수업료 지원, 직업훈련기관 중의 생계비 지원, 생업자금 융자 등의 사업을 골자로 한다.

얼핏보면 이 당시에 많은 사회복지법이 제정되어 사회복지정책이 대폭 확대된 것처럼 보이지만, 자세히 살펴보면 대부분은 군인이나 전직 군인들을 위한 복지법임을 한 눈에 알 수 있다. 이는 박정희정권이 먼저 군인들의 복지 후생을 확대하여 군사정변을 주도한 세력의 사회적 경제적 지위를 확고하게 함으로써 있을지도 모르는 군사정변을 막고 군부의 정치적 지지를 확보하려는 의도로 볼 수 있다. 그리고 그에 더하여 공무원과 대학을 비롯한 학교 교직원을 위한 사회복지제도도 빠뜨리지 않고 있다. 정권을 떠받쳐줄 사회핵심세력의 지지를 확보하려는 전략이다. 김태성과 성경륭은 다음과 같이 쓴다(김태성 · 성경륭, 2014: 462-3).

> 박정희 정권은 한편으로는 국가자원의 결핍으로, 다른 한편으로는 저임금에 바탕을 둔 수출주도 산업화의 효율적 추진을 위해 빈민과 노동계급에 대한 철저히 반복지적 정책으로 일관하였다. 그리하여 국가는 국가와 특수한 관련을 맺는 집단들, 예컨대 군인, 경찰, 공무원, 국가유공자 등을 위해서는 그들의 충성을 확보하기 위해 다양한 복지혜택을 제공하였지만, 산업화를 위해 효과적으로 동원되어야 할 빈민과 노동계급을 위해서는 프롤레타리아화를 촉진하는 차원에서 실효성 있는 복지제공을 거의 하지 않았다.

1961에서 1963까지 기간 중 박정희 군사정권이 보인 반사회복지적 관점은 당시 최고회의 문교사회위원장이었던 손창규가 쓴 '국가재건을 위한 전제와 사회문화정책의 방향'에서 잘 나타난다. "한국과 같이 극도의 빈곤, 무수한 실업, 사회적 불만과 불안 등이 팽창하고 있는 곳에서 국가를 재건하기 위해서는 정치의 조직적인 부패와 부정을 일소하고 사회정의를 실현시키기 위한 강력한 사회세력의 등장과 산업화를 통한 근대화가 적극 추진되어야 한다. 따라서 보건사회정책의 목표는 산업화 추진이라는 대전제에 상치되지 않는 범위 내에서 추진되어야 한다는 것이다"(손창규, 1961; 권문일, 1998에서 재인용).

군사정권의 반복지적 성향은 제1차 경제개발5개년계획에 그대로 반영되었다. 전국경제인연합회가 1986년에 발간한 〈한국경제정책 40년사〉를 보면 1962년부터 시작된 경제개발5개년계획 어디에도 사회복지에 대한 언급이 없다. 이러한 사정은 제3공화국에 들어와서도 전혀 변하지 않는다. 오히려 군사정권 때보다 더 악화되고 있다(권문일, 1998에서 재인용).

박정희는 그가 대통령이 되기 전에 사회복지에 상당한 관심을 보인 것같이 보도되었지만(양재진, 2008), 실제로는 소득재분배를 통한 평등사회구현과 사회통합에 별 관심이 없었다.

그나마 제정된 법도 법만 만들어졌을 뿐 실제로 시행된 것은 몇 개 안 되고, 시행된 것도 실효성이 매우 낮았다. 그렇게 된 가장 큰 이유는 사회복지를 경제성장의 부속물로 보았을 뿐만 아니라 대중의 지지를 이끌어내기 위한 일시적 방편으로 사용했기 때문이었다(권문일, 1998; 김기태 외, 2004).

박정희 정권은 사회복지에 대해서 '과감하게' 외면하고 있었다. 이렇게 박정희의 반복지적 태도는 정치적 측면에서 설명하는 것이 설득력이 있어 보인다. 권문일(1998)의 연구에 의하면, 군사정권은 '체제정통성 결여로 인한 정권의 정통성 상실을 방지하기 위해서는 계속적으로 국민의 기대와 요구에 부응할 수 있는 정책을 마련하고 실시하여 실적정통성을 확보해야' 했는데 그것이 바로 경제성장정책이었으며 그러다 보니 사회복지는 뒷전으로 밀리고 말았다는 것이다.

실제로 군사정권이 만든 경제개발 내용을 보면 경제성장을 최고의 그리고 유일한 가치로 다루고 있으며 다른 중요한 사회적 가치들—경제적 형평성, 환경보전, 사회복지 등—은 철저하게 배제되었다(권문일, 1998: 491).

그런데 사회복지에 별 관심이 없던 박정희는 민정에 참여하기로 하면서 사회복지에 대한 생각을 잠시 바꾸게 된다. 1962년 1월 시정연설에서, 박정희는 처음으로 "의료균점시책을 수립하고 부조와 보험을 근간으로 하는 사회보장제도의 기틀을 마련하여 국민생활 향상과 복지사회 건설을 기할 것"이라고 발언한다(박정희 장군 담화문집, 1963: 169, 김기태 2004에서 재인용).

이것은 사회복지를 정치도구화한 전형적인 사례였다(김기태외, 2004). 즉 정통성이 떨어지는 비합법적인 군사쿠데타를 합리화하고 정당화하기 위해 선거를 앞두고 정권을 창출하기 위한 정치적 행위였던 것이다. 한국에서도 가장 먼저 도입된 사회보험은 공무원연금, 군인연금 등 박정희를 가장 가까운 곳에서 도울 수 있는 공무원(직업 군인포함)을 위한 연금이었다. 박정희는 다른 어떤 직업집단보다도 자신을 지지해 줄 집단의 충성심을 이끌어내기 위해서 사회복지제도를 활용하였다.

이른바 혁명정부는 "도탄에 빠진 민생고를 시급히 해결하고..."라는 혁명공약에서 밝힌 바와 같이 만성적인 빈곤문제를 중요한 사회문제로 인식하고, 생활보호법, 아동복리법, 윤락행위등방지법, 군인연금법, 산업재해보상보험법 등을 무더기로 입법하였다. 이 시기에 입법된 선원보험법, 의료보험법 등 일부 법령은 시행조차 되지 않았고, 아동복리법 등 시행된 법도 전체 대상자이 아닌 고아, 미아, 부랑아와 같이 극히 일부 대상자에게 최소한의 서비스를 제공하는 데 그쳤다(이용교, 2002: 107).

3.2 사회복지 침체기(1963-1972)

군정 기간 일부 지지층 집단에 집중되었던 사회복지정책은 박정희가 대통령에 취임하자마자 거의 자취를 감추었다.

민정 이양이 이루어진 1963년부터 1972년 10월 유신 때까지는 단지 3건의 사회복지법이 제정되었을 뿐이다. 1967년 '자활지도사업에 관한 임시조치법', 1970년 '재해구제로 인한 의사상자 구호법', 그리고 1970년 '사회복지사업법'이 전부이다. 1968년 '자활지도사업에 관한 임시조치법'은 자립능력이 있는 실업자와 영세민을 위해 자조 근로사업을 실시되었다.

박정희 정부는 1963년 11월 우리나라 최초로 산업재해보상보험법을, 그보다 한 달 뒤인 1963년 12월에는 의료보험법을 제정한다. 그러나 이 의료보험법은 강제가입이 아닌 임의가입제도를 채택하여 사실 사회보험이라고 볼 수는 없다(조영재, 2008). 결과적으로 사회보험은 보장수준이 낮고, 보장범위가 협소하여 박정희정권 기간 중 사회복지 정책은 전체적으로 낮고 미약한 수준에 머물렀다.

1970년대 초 남북대화 이후 남한이 북한과 체제경쟁을 하는 과정에 급히 의료보험을 도입했고, 그 제도가 성숙하기도 전에 적용대상을 노동자, 농어민, 그리고 도시자영자에게 신속하게 확장시킨 것도 박정희대통령의 정치적 목적이 있었다.

공공부조와 사회보험뿐만 아니라 아동복지, 노인복지, 장애인복지 등으로 대표되는 사회복지서비스 분야로 확대되었다. 초기에는 고아, 독거노인, 중증장애인과 같이 보호자가 없거나 보호자가 있어도 보호할 능력이 없는 요보호시민을 대상으로 한 복지법이 제정되었다. 이후 그 적용대상, 급여내용과 그 수준이 조금씩 확충되었다. 그 과정에서 대통령은 민심을 수렴하고 통치기반을 구축하기 위해서 사회복지제도를 적절히 활용하였다.

하지만 이 시기 노동자들의 노동환경은 급속도로 악화하고 있었다. 통계로 살펴본다면, 산업재해와 직업병이 해마다 증가하여 저임금노동에 시달리는 노동자들의 생명과 건강을 위협하고 있었다. 산업재해자 숫자가 1964년 1,489명에서 1971년 44,545명으로 7년 상이에 약 30배나 늘어났다. 같은 기간 사망자 역시 33명에서 693명으로 21배나 급증했다. 이 통계치는 10일 미만 치료를 요하는 경우나 행정당국에 신고를 기피하는 경우를 제외한 숫자여서 이를 합한다면 그 수는 훨씬 많아진다(산업경제신문, 1971.1.8.).

직업병도 급속히 대량으로 발생했지만 이를 예방하거나 치료했다는 자료는 없다. 1970년 서울 영등포 75개 사업장을 대상으로 작업장 유해환경조사를 실시한 결과, 조사대상 근로자의 78.7%가 직업병으로 시달렸다. 이 조사에 따르면 화학제품공장, 고무공장, 인쇄소 등 9개 업종 75개 공장에는 벤젠, 톨루엔, 트리클에틸 등 유해용품이 허용치의 10-12배를 초과해했고, 이로 인해 조사대상 노동자의 46.1%가 약물중독 증세를 보였고, 17세 미만의 연소근로자 50%가 벤젠중독으로 중추신경 장애, 골수기능 마비, 백혈구 감소 현상을 보였다(산업경제신문, 1971.1.8.).

3.3 유신사회복지 시기(1973-1979)

유신체제를 확립한 박정희는 1973년 국민복지연금법을 제정하고 1976년 의료보험법을 전면 개정하여 그 수혜범위를 확대하였다. 1973년에는 국가는 노동계급의 노후생활을 안정시킨다는 취지로 '국민복지연금법'을 제정했다. 이 법은 가입자와 고용주가 똑같이 기여금을 내고 퇴직시 노령연금, 장해연금, 유족연금 등을 지급받을 수 있도록 규정했다. 그러나 가입자의 범위를 중간 이상의 고소득 근로계층으로 한정하였고 산업화 1세대가 아직 젊다는 점을 이용하여 연금기금을 경제개발을 위한 자원으로 동원할 목적을 지니고 있었다.

1977년에는 의료보호법이 제정되어 공공부조 영역에서 저소득층을 위한 의료보호가 제도화되었고 1978년부터 생활보호대상자에 대한 의료보호가 본격적으로 실시된다. 1979년부터는 생활보호대상자 중학교과정 수업료지원규정이 제정되어 실행되기 시작했다. 이 때도 의료보험과 진료수가를 차등 급여함으로써 수급자가 의료기관에 의해 냉대를 받는 등 정책의 실효성에 의문이 있었다.

1973년 국민연금법 제정은 그 동기가 무엇인가에 대해서는 보기에 따라 다르다. 하나는 박정희 대통령의 정치적 이념의 표현으로 보는 것이다(이두호 외, 1992; 박정호, 1995; 조영재, 2008에서 재인용). 다른 하나는 지금까지는 다수가 채택하고 있는 견해로서 정치적 정통성과 정당성을 결여한 군부세력이 정당성을 확보하려는 시도라고 보는 것이다(손준규, 1981; 김연명, 1989; 강명세, 2006).

김기태(2004)는 1973년 제정된 국민복지연금법이 사회복지를 목적으로 한 것이 아니고 자본축적에 그 목적이 있다고 주장한다. 1973년 우리나라의 65세 이상 노인인구는 3.3%로 다른 선진 산업국의 노인 인구 보다 상대적으로 훨씬 적었다. 노후를 대비하기 위한 국민연금을 도입했던 시기 선진 산업국의 노인인구 비율을 보면, 독일이 5.1%(1890), 영국 5.2%(1911), 미국 5.4%(1930)로 당시 우리나라는 '젊은'국가였다(국민연금관리공단, 1998; 양재진, 2007).

즉, 노인인구가 상대적으로 많지 않아 연금이라는 사회보험제도를 실시해야 할 필요성이 크지 않음에도 불구하고 도입을 서두른 이유는 그 목적이 다른데 있다고 추론할 수 있다. 거기다 그 당시에는 근로기준법에 의해 퇴직금 제도가 운영되고 있었고, 효도와 경로사상이라는 유교적 문화가 강했기 때문에 국가가 노인부양을 책임져야 한다는 사회적 기대도 크지 않았다(이혜경, 1992: 381).

많은 학자들이 박정희 정부의 사회복지도입의 목적은 자본축적에 있었다고 주장한다(양재진, 2007; 김기태 외, 2004). 1972년 유신체제가 출범한 이후 정부는 중화학공업 건설에 초점을 맞춘 조선공업 육성방안(1972), 일반기계공업 육성방안(1972), 호남화학공업단지계획(1972), 정밀기계공업 육성방안(1973), 전자공업 장기육성방안(1973) 등등 야심찬 경제성장계획을 발표하였다. 이 계획을 추진하기 위해서는 재원을 마련해야 했는데 당시 중화학공업기획단 단장이었던 오원철의 기억은 다음과 같다.

'중화학공업 건설추진을 위한' 브리핑이 끝나자 박대통령은 "중화학공업 건설에 소요되는 자금은 얼마나 되지"라고 질문했다. "내외자 합해 약 100억 달러가 소요됩니다"라는 답을 받은 대통령은 동석했던 남덕우 재무부장관에게 "돈을 댈 수 있소?"라고 했다. 남 재무는 "액수가 너무 커서...."라며 말을 잇지 못했다. 그러자 대통령은 "내가 전쟁을 하자는 것도 아니지 않느냐, 이 정도의 사업에 협조를 안 해주어서야 되나"라며 최종단안을 내렸다(오원철, 1999: 37, 양재진 2008에서 재인용).

이러한 대통령의 지시에 부응하기 위하여 재무부는 각 부처에 나뉘어 있는 기금을 통합하는 작업을 극비리에 추진하였다(양재진, 2008; 108). 제 부처는 여러 가지 재원조달 경쟁적으로 마련하고 이를 추진했으며 재무부에서는 부가가치세의 도입을 준비했다. 1972년 11월 경제기획원의 연기금 동원전략은 당시 한국경제개발원 원장이었던 김만제 박사가 '사회보장연금제도를 위한 방안'으로 이름붙인 비밀 보고서를 작성하면서 그 모습이 드러나기 시작하였다. 당시 김만제는 청와대에서 박정희대통령과 경제정관들에게 연금제도 도입의 필요성을 설명하였는데 그는 사회보장연금제도의 도입이 국내저축의 제고뿐만 아니라 국가재정을 휘한 투자재원의 조달에 크게 기여할 수 있다고 보고 하였다. 보고를 매우 긍정적으로 검토한 박대통령은 국민복지연금 제도도입을 결심하게 되고 1973년 1월 연두기자회견에서 직접 연금제도의 도입을 천명하게 된다(양재진, 2008: 108; 국민연금관리공단, 1998; 전남진, 1992).

물론 박정희 정부가 중화학공업의 육성을 위해서만 국민복지연금제도를 도입한 것은 아니다. 이미 1960년대 초부터 보건사회부는 그 산하단체인 사회보장심의위원회를 통하여 4대 사회보험에 대한 연구를 시작하였다. 1963년 11월 사회보장에 관한 법률제정 공포와 더불어 '양노연금사업'을 위한 조사와 연구가 시작되었다. 그 외 노인과 장애인을 위한 복지법이 구상되었다는 견해도 있다(양재진, 2007: 108).

그런데 이 때 박정희 정부는 국민연금제도의 도입을 위한 국민복지연금법 도입을 발표하면서 중화학공업육성계획을 발표하였다. 1977년에 의료보험이 본격적으로 시행되기 전까지 사회복지는 늘 명목적인 사업에 그치는 경우가 많았는데 그 이유는 사회복지가 정책우선순위에서 밀린데다 필요한 예산을 확보하지 못했기 때문이라는 것을 쉽게 알 수 있다. 충분한 예산이나 전문인력과 전달체계는 구축하지 않고 '선 가정보호 후 사회복지'란 논리를 통해서 복지에 대한 국가의 책임을 미룬 것이다.

4. 경제에 종속된 복지

4.1 불균형 성장전략

박정희는 왜 이렇게 낮은 수준의 사회복지정책밖에는 할 수 없었을까? 물론 낮은 수준의 경제력이 가장 큰 이유였을 것이다. 1963년 1인당 국민소득 100달러에 불과한 나라에서 사회복지에 쏟을 여력이 얼마나 있었을까?

앞서 말한 바와 같이, 박정희 시대에 복지가 발달할 수 없는 근본원인은 불균형성장이라는 경제성장 전략 자체에 내재해 있다. 그것은 사회 모든 부분을 균형적으로 동시에 발전시키는 전략이 아니라 사회의 기간 산업부분을 성장시키기 위하여 다른 부분을 희생시키는 매우 불공정한 성장전략으로 기간산업 분야에 속하는 사람들은 좋을지 몰라도, 그 외의 산업분야에 속하는 대부분의 사람들은 매우 힘든 세월을 보내야 했다. 소위 말하는 낙수효과를 통한 성장전략을 말한다.

박정희 시대의 경제개발계획은 노동자들의 저임금과 장시간노동을 기초로 한 것이었다. 그것은 자원 부족과 후진 기술력을 보완하기 위해 노동자에게 주는 임금은 최소한으로 줄이고 노동시간을 늘려 싼값으로 상품을 수출하는 수출주도형 성장정책을 위주로 하고 있었다. 노동자들은 항상 최저생계비에도 못 미치는 낮은 임금으로 살아야 했고, 그 배경에는 농촌을 떠난 농민들은 도시로 몰려들어 노동력 과잉공급이 있었다. 노동자들은 경제성장의 열매를 거의 나누어 받지 못하며 열악한 작업환경 속에서 겨우 생존을 유지하며 생활했다.

경제성장의 결과로 분배된 노동자 몫(노동소득분배율)은 1959년 38.2%에서 1964년 28.4%까지 하락했는데, 1969년에 이르러서야 1959년 수준을 회복하였다. 노동소득분배율이 낮은 것은 노동자의 실질임금이 노동생산성 증가분을 크게 밑도는 데 기인한다. 1960-69년간 제조업 노동자의 명목임금은 연평균 17.4%나 상승했는데 소비자물가가 13.4% 상승했기 때문에 실질임금은 연평균 3.4% 증가한 것이다. 이는 같은 기간 연평균 경제성장률 8.6%의 절반에도 크게 못 미치는 수준이고, 당시 노동생산성이 연평균 12.6%인 것을 감안하면 노동자들은 철저히 소외되었다고 말 할 수 있다(이원보, 2004: 92).

박정희 정부시절 노동자의 생활 상태를 나타내는 지수는 여러 가지가 있다. 그중 저임금은 노동자들의 열악한 생활 상태를 잘 보여주고 있다. 당시 도시 노동자의 생계유지를 위한 소비지출 중 음식물 비용의 비중을 나타내는 엥겔지수는 1960년 이후 계속 증가했고 1964년에는 60.5%라는 절대 빈곤 수준이었으며, 1971년까지도 41.4%였다(이원보, 2004: 94).

저임금에 시달리는 노동자들은 가족 전부가 동원돼 일하는 수밖에 없었다. 산업인력이라 불리는 과잉노동인력이 대기하고 있는 상황에서 여성과 소녀소년노동자들은 낮은 임금이라도 받고 일해야 했고, 낮은 임금을 보충하기 위해서는 장시간 노동을 해야만 생활을 영위할 수밖에 없었다. 야근, 잔업, 특근은 다반사였다.

결과적으로 한국 제조업 노동자들의 주당 노동시간은 1963년 50.3시간에서 매년 증가하여 1969년에는 56.3시간을 기록한다. 이는 당시 유럽 선진국들의 주당 42시간에 비하면 무려 10-16시간 긴 것이었고, 필리핀, 싱가포르, 태국 등 동남아시아 노동자들에 비해서도 10시간 정도 긴 것이었다.

4.2 대통령의 가치관

1976년 10월 7일 박정희는 하루 전에 일어났던 태국의 군사 쿠데타를 보고 일기에 이렇게 적었다.

10월 6일 오후 3시 태국에서 무혈 쿠데타가 발생. 1973년 10월 학생들에 의해 군정이 붕괴되고 그 후 불안과 혼미를 거듭하면서 민정의 출범을 보았으나 결국은 민정이 붕괴되고 군정으로 되돌아가고 말았다. 개발도상국에 있어서 서구식 민주주의가 활착(活着)을 하자면 얼마나 힘이 들고 지난(至難)하다는 것을 또한번 실증한 셈이다. 그 나라의 실정을 무시한 형식만의 모방은 십중팔구 실패한다는 것을 우리들은 누구보다도 뼈저린 체험을 했고 또 다른 나라의 예를 수없이 보아왔다. 특히 공산주의의 위협이 있는 나라에서는 서구식 민주주의의 성장이 불가능하다. 우리의 유신체제는 이러한 귀중한 교훈에서 우러난 '한국적 민주주의'라는 것을 재인식해야 할 것이다(조갑제 닷컴, 박정희의 한국적 민주주의, 2005.08.02.).

박정희는 1972년 유신을 선포하면서 자유민주주의가 우리 몸에 맞지 않는 옷이라면서 '한국적 민주주의'를 천명한다. 한반도에 있어서 자유와 인권은 공산주의 위협으로부터 국가와 민족의 생존이 보장되고 나서 민주주의를 발전시킨 연후에 실현이 가능한 제도로 보았다. '한국적 민주주의'를 이 땅에 뿌리내려 민족의 자유와 평화, 그리고 통일을 앞당기기 위한 것이라며 민주주의에 제한을 가할 것임을 분명히 하였다.

박정희는 한국이 서구식 민주주의를 그대로 수용할 수 없는 이유를 두 가지로 보았다. 첫째는 역사발전 단계상 전근대적 봉건시대의 잔재가 남아 있고 둘째 공산주의자들의 침투가 계속되는 비상사태임으로 현실에 맞는 민주주의를 해야 한다는 것이었다. 그는 국가의 수호를 민주주의의 수호보다 위에 놓은 것이다. 생존의 문제가 자유의 문제보다 우선한다고 보았다.

박정희는 빈곤에 대해서 전형적으로 반복지적 태도를 견지하고 있었다. 그는 새마을운동을 시작하면서 다음과 같이 말한다.

"빈곤을 자기의 운명이라 한탄하면서 정부가 뒤를 밀어주지 않아 빈곤 속에 있다고 자기의 빈곤이 타인의 책임인 것처럼 불평을 늘어 놓는 농민은 몇 백년이 걸려도 일어설 수 없다. 의욕없는 사람을 지원하는 것은 돈 낭비이다. 게으른 사람은 나라도 도울 수 없다"(김정렬, 1997).

'옛날 우리 나라 속담에 '가난은 나라도 구하지 못한다'는 말이 있습니다. 나는 그 말을 바꾸어서 부지런하지 않은 사람은 나라도 도울 수가 없다고 하겠습니다. 부지런한 농민은 정부도 도울 수 있고 이웃도 도와줄 수 있지만, 부지런하지 못하고 스스로를 돕겠다는 자조 정신이 강하지 못한 농민은 아무도 도울 수가 없고 또 아무도 도와줄 사람이 없습니다'(1970. 6.10. 제22회 권농일 치사).

정부 지원의 혜택은 근면하고 자조 정신이 강한 주민에게 우선적으로 돌아가도록 해야 하겠습니다. 게으르거나 자조 정신이 결핍되어 정부에만 의존하려는 사람은 아무리 도와 주어도 자립하지 못합니다. 재원만 낭비하게 되고, 오히려 의뢰심을 더욱 조장하여 영영 자립할 수 없게 만드는 결과를 가져올 뿐입니다(1971.7.30., 지방장관회의 유시).

남들은 잘 하는데 왜 우리는 못하느냐 하는 것을 반성해 봐야 하겠으며, 못하는 것이 결코 남의 잘못이 아니라 나 자신이나 우리들의 책임이라는 것을 깊이 명심해야 하겠습니다.

언뜻보면 일리 있는 말이지만, 당시 광범위한 빈곤이 국가보다는 개인의 책임이 더 크다는 것을 말하고 있다. 유신 말기 사회보험, 입법을 통해 박정희가 추구했던 것은 한편으로는 빈민들로부터 초래될 사회적 불안정을 완화·예방하고, 다른 한편으로는 최소한의 복지 혜택만을 제공함으로써 노동의 상품화를 촉진하여 수출주도형 산업화에 기여하게 하는 것이었다.

이 기간은 경제 사회 문화 정치 등 모든 측면에서 사회복지정책이 활발하게 일어날 시기는 아니었다(김기태 외, 2004: 114). 1963년 1인당 국민소득은 100달러였는데 이는 사회복지 입법을 할 만큼의 충분한 소득은 아니었다고 말 할 수 있다. Collier and Messick(1975)의 연구에 의하면 1인당 국민소득이 100달러 이하일 때 사회보험을 도입한 국가는 조사대상 36개국 중 9개국으로 25퍼센트에 지나지 않았다(김기태 외, 2004: 114에서 재인용).

박정희 시대 사회복지 저발달에 큰 요인은 대통령의 개인적 가치관 내지 철학일 것이다. 아무리 없는 집안 살림이지만 우애가 조금이라도 있다면 형제가 굶는데 못 본 척 하지는 않는다. 박정희는 3자 정신에서 자조정신이 없는 국민은 아무리 해도 안 된다고 강조한다. 당시 유행하던 구호는 '하늘은 스스로 돕는 자를 돕는다'였다. 이를 위해 국민들이 자조정신을 갖도록 만들어야 한다고 주장한다(조갑제, 31).

좌승희(2006)는 박정희 리더십은 차별화를 그 가장 중요한 속성으로 보았다. 그는 당시 개발연대 패러다임이 성공할 수 있었던 요인으로 그 내부에 철저한 차별화 전략을 지목하고 있다. 수출을 진흥하고 산업정책을 추진함에 있어서도 잘하는 기업을 더 지원하고 새마을운동에서도 잘하는 농촌을 더 우대했으며, 심지어 원호대상자들을 지원할 때도 차별화 전략을 채택하였다.

박정희는 사회정책을 실행할 때도 차별화원리를 적용했다. 원호대상자들을 지원하는데도 자립 자활의지가 있는 대상자만을 지원한다는 원칙을 내세웠다.

'원호대상자들도 자조 자립정신, 즉 국가가 이만큼 도와주는데 자기도 노력해서 빨리 자립하겠다는 생각을 가져야 한다. 언제까지나 정부에 의지하겠다는 생각을 가지면 자립 자활을 할 수 없다. 그리고 성공한 사람들에게는 오히려 더 많은 지원을 하여 다를 사람에게 자극이 되도록 한다. 그렇지 않으면 원호대상자는 매년 이런 정도의 재원은 자동적으로 나오는 것이라는 관념이 있어 노력하지 않는다(조갑제 외, 2003. 266).

5. 박정희 정부와 노동조합과의 관계-국가조합주의[3)]

박정희 정부의 반복지적 정책은 그 정부와 노동조합과의 관계를 보면 잘 알 수 있다. 박정부의 노동정책은 조직노동자의 정치적 배제 및 탈정치화 그리고 경제적 동원이라는 두 가지 원칙 아래서 철저한 노동통제에 그 목적이 있었다. 노동조합을 국가권력의 의지에 따라 위로부터 통제가 가능한 조직으로 만들었는데 이는 노동자들이 자신들의 권리를 위해 투쟁하는 것을 원천적으로 봉쇄한다는 의미였다. 물론 그 통제의 목적은 노조의 간섭이나 견제로부터 기업의 경제활동을 최대한으로 보장하고 그들이 최고의 수익을 올리는데 있었다.

---

3) 현대 한국의 정부와 노동의 관계에 대한 연구로는 이원보 박사의 〈한국노동운동사 100년의 기록〉 개정증보판. 한국노동사회연구소. 연구가 기념비적이다.

1961년 5월 16일 군사 쿠데타를 성공시킨 직후, 박정희 군사정권은 포고령 제6호에 의해 노동법의 효력을 정지시키고 노조를 해산하였다. 포고령은 직장이탈과 노동쟁의의 금지, 임금의 동결을 명령하였다. 특히 교원노조 간부들을 대거 검거 구속하였는데 이는 교육분야의 반복지 이데올로기는 가치중립이라는 이름 아래 이때부터 본격화된 것이다.

박정희 군사정권은 처음부터 노조의 재건을 주도하였다. 1961년 8월 '근로자의 단체활동에 관한 임시조치법'을 공포하여 노동조합을 위로부터 재편성하도록 강제하였다. 군사정권은 노조의 허가주의를 규정한 후 군사혁명정부가 직접 각 산별노조의 조직책임자를 지명하고 한국노동단체재건 조직위원회를 발족한다. 그에 따라 15개 산별노조를 건설하고 한국노동조합총연맹(한국노총)을 설립한다. 1962년 12월 26일 개정된 헌법은 근로자의 이익규점권 조항을 삭제하고 공무원의 단결권, 단체교섭권, 단체행동권을 제한하였다.

박정희 정부의 억압적 노동통제정책은 두 가지 방향으로 전개되었다. 하나는 정부가 노조에 대한 통제를 더 쉽게 하기 위하여 기존의 노동조합을 해산하고 재조직하였다. 박정희 정부는 노동조합 해산명령을 내리고 자신들이 지명한 노조 간부들을 중심으로 산업별 노조를 만들도록 강제하였다. 이는 밑으로부터 노동자들의 자주적 독립적 참여는 철저히 배제되었고 경쟁적인 노조조직은 일체 불허하였다. 또, 반공주의와 정치적 중립원칙을 기본원칙으로 처음부터 위로부터의 획일적 통제와 복종을 기본 원칙으로 하였다. 그리고 밑으로부터의 저항을 조직적으로 통제하고 봉쇄하기 위하여 또 다른 노동자를 사용하는 '노동자에 의한 노동자의 통제'라는 국가주의적 조합주의방식을 채택하였다.

국가에 의한 노동통제는 집단적 노동관계법 개정을 통해 구체화된다. 1963년 4월과 12월에 걸쳐 박정희 정부는 〈표 6-1〉과 같이 노동조합법 노동쟁의조정법 노동위원회법을 개정한다. 개정된 법이 노동운동과 노사관계의 발전을 위해 긍정적 조항도 들어 있으나, 그 주요 목적은 노조 조직과 운영에 관한 국가 권력의 개입과 통제를 위한 것이었다(이원보, 2004: 72-73).

〈표 6-1〉 1963년도 집단적 노동관계법의 주요 개정내용

		1953년 제정	1963년 4월 개정	1963년 12월 개정
	냉각기간	알선 조정기간(일반사업 3주, 공익사업 6주 이내)	쟁의발생신고 후 일반사업 20일, 공익사업 30일	노동위원회 적법판정 후 좌동
	중재시 쟁의행위	규정 없음	냉각기간 종료 후 20일 간 금지	좌동
	긴급조정시 쟁의행위	규정 없음	30일 간 중지	좌동
	공익사업의 범위	운수체신수도전기가스의료 공중위생사업, 기타 국회 동의를 얻어 1년 이내의 기간에 한하여 지정	전매조폐, 국가에 그 손익이 직접 귀속하는 유류사업, 증권거래소 은행사업 추가	좌동
노동쟁의 조정	알선의 주체	행정관청	노동위원회	좌동
	알선의 개시	쟁의발생신고 즉시	당사자 요청이 있을 때. 단 공익사업은 알선 없음.	좌동
	조정의 주체	지방노동위원회, 특별노동위원회 조정 후 당사자행정관청 직권에 의해 중앙노동위원회가 조정	노동위원회 (중앙노동위원회 2차조정 삭제)	좌동
	중재의 주체	노동위원회	노동위원회 내 3인의 중재위원회 구성 (공익대표 중 위원장이 지명)	좌동
	긴급조정	규정 없음	신설	좌동
노동위원회	3자 구성 비율	노사공익대표 각3인	노사대표 각3인과 공익대표 3~5인	좌동
	상임위원제도	규정 없음	공익위원 중 2인 임명 가능	중노위 2인, 지노위에 2인 이내 강행규정
	공익위원의 권한	위원 2/3출석, 출석위원 2/3 찬성으로 의결한 사항에 대해서는 공익위원만이 참여할 수 있음	근로기준법, 노동조합법상의 특정조문과 관련된 판정 명령 결정에 관해서는 공익위원만 참여	관련규정의 확대
기타	노사협의회	규정 없음	설치 의무화	좌동

그러나 어용노조를 설립하려는 군사정권에 반대하는 노동자들은 전국노동단체 재조직연락위원회를 구성해 민주노조의 재건을 시도했다. 1963년 노동자들은 한국노총결성대회 무효소송을 제기하고 한국노동조합총연합회(한국노련) 결성준비위원회를 설립해 저항했다. 그러나 박정희 정부는 1963년 개정 노동조합법에

따라 주요 인물을 모두 체포하고 탄압했다.

1964 개정된 노동관계법은 노조활동을 통제 억압하기 위한 새로운 조항을 신설한다-이에 따라 노동조합의 설립은 정부의 승인이 필요하게 되었으며, 정부는 노동조합 해산 및 결의의 취소 변경 명령권을 보유하게 되었고, 노동조합의 정치활동은 금지되었다. 또 정부가 승인한 노조 외에 다른 노조는 설립할 수 없는 복수노조 설립을 금지하는 조항을 신설하였으며, 노동쟁의가 발생할 때는 사전에 그 적법성이 인정되어야하고, 정부는 노동쟁의에 관한 긴급조정권 등을 법적으로 보유하게 되었다.

60년대 말이 되자, 박정희 정부의 노동통제는 더욱 강화되었다. 그 동안 경제성장에서 주요한 역할을 해왔던 외국차관과 수출증대가 위기에 봉착하자 노동자들의 기본권을 금지하였다. 1970년 1월에는 '외국인투자기업의 노동조합 및 노동쟁의조정에 관한 임시특례법'이 제정되었는데 이 법은 외국인투자기업에서의 노동조합 설립과 노동쟁의 발생 신고는 노동청장에게 하도록 규정하였다. 그리고 노동쟁의의 조정은 외국인투자기업체 노동쟁의조정위원회에서 하도록 되어있고, 조정이 이루어지지 못할 경우 중앙노동위원회의 중재에 회부하도록 되어있다. 이로써 외국인투자업체에 있어서 노조활동은 사실상 어렵게 되었고, 노동쟁의는 정부의 강제 조정을 받게 되어 노동자들의 권리를 추구하는 것은 불가능하게 되었다(이원보, 2020: 184).

이렇게 노동자에게 절대적으로 불리한 제도적 기반 위에, 박정희 정부는 행정적으로 노조를 탄압하였다. 그 행정적 조치는 노동쟁의 또는 노동조합운영과 관련하여 공권력을 투입하는 방식과 노동쟁의 조정에 대해 비공식적으로 개입하는 방식 등 다양하게 이루어졌는데. 노동자에게 매우 불리하게 작용하였다. 먼저 국가권력은 사용자의 불법행위에 대해서는 매우 관대하였지만 노조에 대해서는 극히 엄격하였다. 〈표 6-2〉를 보면, 박정부가 얼마나 사용자에 유리하고 노조에는 불리하게 행정처분을 했는지 알 수 있다(박기호, 1979: 이원보, 2004: 77).

〈표 6-2〉 경찰이 노사관계에 간섭한 사례

연월일	해당사례	개입내용
1963.2.14	미왕산업 쟁의	조합원 7명을 포고령 위반 및 업무방해 혐의로 체포
2.26	부산럭키화학노조 결성	열성조합원 19명 연행
4.26	〃	시위대 행진 저지
6.12	근신산업 쟁의	신규채용 저지농성 제지
6.15	〃	분회장 등 5명 연행, 3일간 구류
7.3	삼화제분 인천공장 쟁의	파업가담자 30여 명 연행
7.22	미태평양건축회사 쟁의	가두시위 행진제지
1964.9.21	마산방직 쟁의	마산결찰서장 중재개입
11.23	조선방직 쟁의	경찰투입, 난투극
1965.5.9	한국판유리 쟁의	미대사관 앞 시위 강제해산
6.19	외기노조 주유종탄 반대투쟁	경기도 경찰국장 인천시장 중재개입
1966.2.7	강화도 심도직물 쟁의	파주경찰서장 파업중지 종용
1967.12.28	광산노조 주유종탄 반대투쟁	국회의사당 앞 시위 강제 해산, 30여 명 간부연행
1968.1.7	강화도 심도직물 쟁의	집회 강제해산, 노조간부 5명 연행
1.20	광산노조 주유종탄 반대투쟁	황지읍 시위 강제해산, 노동자 5명 부상, 10명 연행
1969.9.24	대한조선공사 쟁의	조합원 비조합원 언쟁중 조합원 3명 연행
10.2	〃	회사고발 의거 노조간부 11명 구속
1970.2.21	한국화이자 노조결성	농성중 경찰 출동
11.13	서울 평화시장 노동자시위	항의 농성 시위 제지, 연행
1971.5.2	부산 조선방직 휴폐업 반대	시위 중 100여 여공 연행
9.15	한진상사 파월노동자 시위	경찰 출동, 시위진압, 연행 구속

여기서 중요한 것은 박정희 정권은 노동쟁의조정법에 규정된 공식기구를 통하여 노사분규를 조정한 것이 아니라, 행정관청이 직접 개입한 것이다. 1966-70년에 일어난 노동쟁의의 70%는 시청·도청·경찰서 그리고 중앙정보부 등 행정관청의 비공식 조정에 의해서 해결되었는데 이들은 노조가 요구 조건을 당초보다 훨씬 후퇴하는 선에서 타협하도록 압박하였다. 단지 30.4%의 노동쟁의가 노동쟁의조정법상 주무기관인 노동위원회가 알선 조정 중재를 통해 해결되었을

뿐이며 이것도 노조에 유리한 조정을 했다는 의미는 아니다(노동청, 1972). 기업들은 노동조합 결성을 방해하고 단체교섭을 거부하며 애초부터 노동조합을 인정하지 않으려는 의도를 노골적으로 나타냈다. 노조에 가입한 노동자들을 해고 전출 매수 직장폐쇄 등 수단과 방법을 안 가리고 제거했다.

그 결과는 노동의 대가로 노동자에 지급되는 임금이 형편없이 낮다는 것이다. 1968년 당시 소위 '공돌이 공순이'라 불리는 노동자가 급속히 서울로 몰려들었다. 국내 일류메이커인 B방적의 4,500여명, H제과의 3,000여명, L제과의 2,000여명, K방적의 3,000여명 등 대 중소기업에 취업하고 있는 여공은 서울에만도 5만을 넘는 것으로 추산된다. 그런데 이들이 받는 초임은 일당 100원선, 6개월이 지나면 120원 정도였다.

노동자의 저임금 실태가 얼마나 심각했는가는 1968년 6월 당시 관영신문인 서울신문이 보도하고 있다. 특히 여성노동자의 임금은 생존을 위협하는 수준이었다.

〈일당 100원 여공백서〉

여직공은 고달프다. 요즘 영등포 공장지대엔 여직공들의 가난을 비관한 자살이 잇따랐다. 지난 25일 하오 6시쯤 서울 영등포구 양화돌산 높이 30미터의 절벽 바위 위에는 때묻은 고무신 두 켤레가 나란히 놓여 있었다. L제과 여직공 윤예순(20)양과 김니지(20)양이 생활고를 비관, 절벽 위에서 함께 투신, 윤 양은 현장에서 숨지고 김양은 중상을 입은 것이다. 이들 두 여공이 자취를 하던 영등포구 당산동 6가 최씨집 다락방에는 꾸겨진 백지에 120원을 수 없이 써 놓은 낙서 3장이 남았을 뿐 아무 말을 남기지 않았다.

충남 청양이 고향인 윤양과 충남 당진이 고향인 김양은 다같이 지난 2월1일 L제과에 취직이 됐었다. 그들이 받은 일당 120원의 급료는 월세 600원짜리 싸구려 다락방에서 자취를 했어도 흔해빠진 기성화 한 켤레 살 수 없었다.

월 3,500원을 받는 H제과의 송모양(19)의 말을 들어보면 월간 최소한의 숙식비가 약 3,000원, 옷가지라도 사입고 몇 백원씩이라도 저축을 하려면 야근 특근을 해야 한다. 그래서 하루 평균 10-16시간의 격무를 치르다보니 여공 대부분의 건강은 말이 아니라는 것이다(서울신문, 1968.6.28.).

6. 전태일분신과 노조탄압

1970년대 발생한 청계천 평화시장에서 일했던 전태일 분신사건과 동일방직 사건을 보면 당시 박정희 정부가 얼마나 친기업적, 반노동적, 반복지적이었나를 쉽게 알 수 있다. 형식상 노조가 있었으나 이 노조는 근로자를 위해 일하는 것이 아니라 기업과 정부 편에서 노조를 억압하는데 앞장섰다. 경찰과 검찰, 그리고 중앙정보부란 비밀경찰까지 동원한 박정희 정권의 무자비하고 가혹한 탄압으로 노동조합이 제 역할을 할 수가 없었던 것이다.

당시 근로자의 노동환경은 한마디로 열악했다. 노조가 정부에 포획된 국가주의적 조합주의가 당시 우리 나라 노동자의 사회정치적 현실이었으며 이런 환경에서 사회복지가 발달하는 것을 기대한다는 것은 무리였다.

6.1 전태일 분신 사건

박정희 정부 기간 동안 노동자의 실태를 상징적으로 보여주는 사건이 1970년 발생한 전태일 분신 사건이다. 청계천 평화시장에서 일했던 전태일이 처한 상황을 보면 박정희 정부의 사회복지정책이 얼마나 친기업적이고 반노동적이었나를 쉽게 알 수 있다. 구글에서 검색한 '전태일'을 전재한다.

> 전태일은 대구에서 태어났으나 서울로 옮겨와 생활이 어려워 겨우 초등학교 4학년을 중퇴하고, 17세 때인 1965년 아버지에게 배운 재봉 기술로 서울 청계천 평화시장의 피복점보조로 취업해 14시간 노동을 하며 당시 차 한잔 값이던 50원을 일당으로 받았다.
>
> 당시 한국의 중소기업은 노동집약적인 섬유, 봉제, 가발 산업이 성하던 시대였다. 청계천변에 자리 잡은 평화시장 역시 소상인과 소규모의 기업이 모여 있는 곳이었다. 그가 근무하던 봉제공장은 그런대로 규모가 있는 회사였다. 그러나 당시 우리나라는 나이 어린 노동자들을 값싸게 채용하여 수익을 올리는 사례가 많았고, 정부의 근로기준법이 있었으나 이를 어겨가며 이익을 추구하는 회사가 많았다. 전태일은 직원이 2만여 명이나 되는 봉제공장의 재단사로 일하면서, 주변에서 나이어린 소녀들이 열악한 환경 속에서 중노동에 박봉의 생활을 하는 것을

목격하고 의분을 느꼈다. 그는 동료 재단사들과 '바보회'를 만들어 평화시장의 노동조건 실태를 조사하기도 하였다.

그가 〈대통령에게 보낸 편지〉의 내용에서 근로 환경을 고발한 내용에 의하면, 2만 명이 넘는 직원의 90% 이상인 봉제공의 평균 나이가 18세이며 하루 근무시간은 15시간이고, 견습공의 평균 연령은 15세이며 하루 16시간을 일한다고 적고 있다. 하루 종일 햇볕을 보지 못하고 환기되지 않는 공기로 안질, 폐결핵 등에 걸리기 십상이었다. 한 달 휴무일은 고작 2일이며, 건강검진은 형식적이었는데 필름 없이 X레이 촬영을 하는 것을 보고 분노하였다

그는 자신의 불행보다는 공장 내 나이 어린 여공들의 생활환경에 더욱 동정심이 갔고, 이의 해결을 위한 의분이 발동했다. 대통령에게 보낸 서한에서 나이 어린 소녀들이 안질, 신경통, 위장병, 폐결핵 등에 고생하고 있으며, 성장기에 한 번 고생하면 평생 고칠 수 없게 된다고 하소연하며 근로환경을 개선해줄 것을 애절하게 호소하였다.

모든 것이 요구대로 개선되지 않자, '삼동친목회'를 조직하고 근로조건 개선 시위를 도모하였다. 그리고 한국의 근로기준법이 있으나 형식적이며, 감독관청도 전혀 이를 지키려 하지 않자, 더욱 비애를 느끼고 죽음을 택하였다. 그는 정의심이 불타는 22세의 젊은 나이에 사회의 비정함과 무관심 미래가 없는 삶에 대한 회의를 느끼며, 이 사회에서 형식에 불과한 '「근로기준법」 화형식'을 갖고 자신도 그 불에 함께 타들어가 생을 마감하였다(1970. 11. 13).

6.2 동일방직 사건

서중석 · 김덕련(2005)의 현대사 이야기 속에 나와 있는 동일방직사건 등을 읽어보면 당시 노동자들이 처한 열악한 환경과 그들을 대변해야 할 노동조합이 어떠한 상황에서 활동했는가가 잘 나타나 있다.

동일방직 여성 노동자들은 솜먼지가 흩날리는 공장에서 눈에 수북이 쌓인 먼지를 스펀지로 털어내면서 매일 작업복이 땀에 흠뻑 젖을 정도로 일해야 했다고 한다. 이들은 한겨울에도 25~26도를 오르내리는 한증막 같은 더위도, 귀청 떨어질 것 같은 기계들의 소음도 하루하루 견뎌내며 경제 성장에도 크게 기여했다. 그렇지만 민주 노조를 중심으로 노동자 의식과 인간으로서 자존감을 고양하는 순간 이들은 정권과 자본, 그리고 일부 못난 남성 노동자들로부터 불순분자 또는 용서받지 못할 '계집애들'로 낙인찍혔다.

1978년 동일방직의 근로자들이 근무조건의 개선을 주장하며 항의 시위를 하자 이른바 '똥물사건'이 터진다. 회사측의 부당한 노동조건에 항의하는 근로자에게 똥물을 뒤집어 씌운 것이다.

똥물 사건이 터지자 상급 노조인 섬유노조 측은 즉시 동일방직 지부를 사고 지부로 규정하고 집행부를 즉각 해산 조치하도록 했다. 섬유노조 위원장 김영태는 "산업선교회는 빨갱이 단체이며 동일방직 노조 집행부는 개새끼", "조화순이와 관련이 있는 자, 신부와 관련이 있는 연놈들은 박살을 내겠다"며 동일방직 노조 집행부 전원을 제명 처분했다.

그러나 동일방직 노동자들은 굴복하지 않았다. 1978년 3월 10일 근로자의 날에 다시 투쟁을 벌였다. 이때는 5월 1일을 노동절, 메이데이로 한 게 아니라 대한노총 창립일인 3월 10일을 근로자의 날이라고 했다. 이승만 정권 때 3월 10일을 근로자의 날로 지정해 놓고 계속 그날 행사를 열고 있었다. 이것도 정말 어이없는 일인데, 노동자라는 말도 함부로 쓸 수 없었다. 근로자 또는 종업원이라고 불러야 했다.

1978년 3월 10일 근로자의 날 행사가 장충체육관에서 열렸다. 최규하 총리가 참석한 가운데 정동호 한국노총 위원장이 개회사를 읽고 있을 때 동일방직 여성 노동자들이 현수막을 높이 쳐들고 "섬유노조 위원장 김영태는 물러가라", "우리는 똥을 먹고 살 수 없다"는 구호를 외쳤다. 한국노총 행동대가 여성 노동자들에게 막 발길질을 하고 머리채를 잡아 밖으로 끌고 나갔다. 그런 와중에 기념식이 3분간 중단됐고 생방송되던 것이 3번이나 끊겼다. 여성 노동자 31명이 경찰서로 연행돼 구류 25일 등의 처분을 받았다. 그 자리에서 쫓겨난 노동자들은 바로 명동성당으로 달려갔다. 저녁 미사를 올리는 자리에서 김수환 추기경에게 '지오세'와 산업선교회가 빨갱이인지 아닌지 공식적으로 밝혀달라고 요구하면서 농성에 들어갔다. 그렇지만 어떤 언론사도 이 사건을 제대로 보도하지 않았다. 침묵으로만 대응했을 뿐이다.

섬유노조와 한국노총, 그리고 언론사들의 그러한 모습은 유신 권력의 태도와 떼어놓고 생각하기 어렵다. 대통령 직속 기관인 중앙정보부를 중심으로 한 국가권력은 은밀히 조종하는 수준을 넘어 동일방직 문제에 직접 개입했다.

당시 중앙정보부 경기지부 요원으로서 노사 문제를 담당했던 최종선(그는 1973년 중앙정보부에서 억울하게 목숨을 잃은 최종길 교수의 동생이다)의 증언에 따르면 섬유노조가 중앙정보부 경기지부 차원이 아니라 서울의 본부 차원에서 지시와 조종을 받아 동일방직 노조를 탄압했다고 한다(2001년 증언). 이와 관련, 한겨레 2013년 7월 21일 자에 따르면 1978년 2월 초 인천의 한 뒷골목 여관에 들락거리는 수상한 자들에게 최종선이 정체를 묻자 "정말 우리가 누군지 몰라서 묻소? 위(중앙정보부 제2국)에서 다 알고 있는데, 우리는 동일방직 노조를 깨부수러 왔소이다"라는 답이 돌아왔다고 한다. '중앙정보부에서 직접 관여하지 않는 것이 좋겠다'는 보고를 올렸으나 상부에서는 '경기지부는 빠져라'라는 답이 내려왔고 그 직후 똥물 사건이 발생했다고 최종선은 증언했다.

진실·화해를 위한 과거사 정리 위원회(진실화해위)도 2010년 "동일방직 똥물 테러 사건의 배후에는 중앙정보부(현 국가정보원)가 깊숙이 개입해 있었다"고 밝혔다. 그에 앞서 '국가정보원 과거사 진실 규명을 통한 발전 위원회'의 진실 규명 과정에서 동일방직 노조 간부 이 총각이 대의원 대회 회의록을 인쇄한 업체 대표와 나눈 대화 내용을 중앙정보부 요원이 정리해 보고한 문건이 공개되기도 했다.

이처럼 개별 기업의 노사 문제에 정권 차원에서 깊이 개입한 것은 이 시대가 어떤 시대였는지를 꾸밈없이 보여준다. 그러나 동일방직 여성 노동자들의 투쟁은 끝이 없었다. 동일방직, 방림방적, 원풍모방 등 5개 업체의 여성 노동자 6명은 1978년 3월 26일 여의도에서 열린 부활절 연합 예배 때 단상을 점거하고 "우리는 똥은 먹고 살 수 없다", "우리도 인간이다", "노동 3권 보장하라" 등의 구호를 외치다가 구속됐다.

당시 많은 회사들은 '블랙리스트'라는 것을 작성하여 서로 정보를 공유하고 직원을 새로 채용할 때 활용하였다. 동일방직 사측은 4월 1일자로 126명의 노동자를 해고했다. 4월 1일의 해고 조치에 맞춰 섬유노조 위원장 김영태는 전국 사업장에 공문을 보냈다. 해고 노동자 126명의 명단, 주민등록번호, 본적 등을 기재해 통보하고 '이 사람들을 일절 받아주지 말라'고 한 것이다. 이것 때문에 해고 노동자 중 한 사람은 어떤 병원 식당에서 막일을 하다가 바로 해고됐다.

그전에도 블랙리스트 비슷한 게 있긴 했지만, 해고 노동자들의 밥줄을 끊는 블랙리스트가 본격적으로 나타난 것은 바로 이 동일방직 사건 때부터라고 이야기한다. 1983~1984년에 가면 이런 블랙리스트가 또다시 대거 나오게 된다. 블랙리스트 문제도 중앙정보부와 깊은 관련을 맺고 있었다. 2010년 진실화해위는 "1970~1980년대 블랙리스트의 광범위한 작성과 취합, 배포에 경찰, 노동부, 중앙정보부 및 국가안전기획부 등이 개입했음을 확인했다"고 밝혔다. 블랙리스트는 오랫동안 해고자들을 괴롭혔다. 예컨대 동일방직 출신이라고 밝히면 면접에서 단번에 떨어졌고, 동일방직 출신임을 밝히지 않아도 한두 달이면 블랙리스트로 인해 이력이 드러나 해고됐으며, 때로는 빨갱이라는 욕설을 들으며 질질 끌려 나오는 일도 겪어야 했다(서중석·김덕련, 2015).

박정희 정권은 노동자 통제를 강화할 목적으로 모든 합법적 불법적 수단을 총 동원했다. 처음에는 경찰과 관료제를 통한 합법적 통제로 노조를 억압했지만 이것이 더 이상 가능하지 않게 되자 중앙정보부 등 비밀경찰을 동원했고, 노조 조직을 해체해 산별노조를 만들었다가 이 역시 통제가 여의치 않게 되자 기업별노조로 전환한다.

그러는 사이에도 노동자들의 힘은 점점 더 세져만 갔다. 3공화국 출범과 함께 진행된 급속한 산업화와 함께 노동자의 수가 증가는 노동법개악과 지속적 노동탄압에도 불구하고 노동쟁의가 확산되기 시작했다. 1964년 철도노조 쟁의, 1965년 외기노조, 동신화학, 1967년 광산노조, 전남제사, 심도직물, 동양기계, 1968년 대한조선공사, 1969년 대한조선공사 쟁의 등이 발생했다.

이러한 박정희 정부의 노동탄압은 1971년 12월 비상사태 선언과 국가보위에 관한 특별조치법, 그리고 1972년 10월 유신헌법 공포에 이르러 그 클라이맥스를 향해 달려간다. 1972년 유신체제를 선포한 박정희정권은 노조활동을 더욱 통제하고 억압하기 시작하였다. 유신체제는 '공익사업 노동자'의 범위를 확대하고 이에 종사하는 노동3권을 심각하게 제약했다. 또 종래의 산별노조제도를 포기하고 기업별노조제도로 전환하였는데 이는 박정희 정권이 노동자 전체가 하나로 연대하여 정부에 대항할 수 있는 잠재적 위협세력으로 보고 있었던 증거이다.

결론적으로, 경제적 측면 하나로만 본다면 박정희 정부는 '한강의 기적'을 시작한 정부, 무에서 유를 창조한 정부, 크게 성공한 정부라고 말할 수 있다. 하지만 빈민 등 사회적 약자계층에 대한 배려를 통한 사회 평등과 통합, 그리고 인간존엄성 증진을 중시하는 사회복지라는 측면에서 보면 박정희 정부는 결코 높이 평가할 수 없는 정부가 분명하다. 아무리 경제가 중요하다고 하지만 문명사회에서 박정희 정부가 자행했던 노동자와 사회적 약자계층에 대한 무지막지한 탄압은 그 무엇으로도 정당화하기 힘들다. 당시 서구 산업선진국에서 한창 진행되던 소득재분배를 통한 사회적 평등 제고와 사회통합은 오직 선진국에서만 가능한 일로 치부해버렸다.

박정희 정부 들어 본격적으로 시작된 산업화, 도시화, 핵가족화의 진전과 함께 발생하는 여러 사회문제는 반드시 해결해야만 하는 숙제였고, 사회보험의 도입과 확산, 공공부조의 확충, 그리고 사회복지서비스의 다양화는 피할 수 없는 시대적 조류이었다. 그러나 박정희 정부는 이것을 좌파세력의 불순한 정치공세로 치부하면서 비밀경찰과 군대를 동원해 무자비하게 억압했으며 막고 있었다.

그러나 박정희 정부의 가장 큰 문제는 정권의 민주적 정통성과 박정희의 과거 개인적 이력이었다. 좌파세력은 박정희의 과거 만주군 전력, 남로당 전력 등을 거론하면서 인권유린과 유신독재에 저항했는데 유신체제는 결국 1979년 김재규의 저격으로 막을 내리고 말았다. 박정희의 죽음은 군사독재를 통하여 아무리 이 나라의 경제가 성장했더라도 결코 경제성장 과정에서 희생당한 국민들의 원망과 분노가 쌓인다면 민심의 심판을 피할 수 없다는 것을 증언하고 있다.

Ⅱ. 전두환 정부의 사회복지(1980-87)

1. 들어가면서

12·12 군사쿠데타로 헌정질서를 무너뜨리고 5·18 광주민주항쟁을 탄압한 원죄를 짓고 태어난 5공화국 전두환 정권은 어떤 사회복지를 했을까? 지금도 사회 일각에서는 전두환 때가 좋았다고 하는 목소리가 들리는데 그것은 어디까지가 진실일까? 흥미롭게도 전두환 정부는 정의사회구현, 복지사회건설, 선진조국창조 등을 슬로건으로 내세웠다.

전두환 정부는 기본적으로 박정희 정부를 계승했다. 이 때부터 한국은 고도의 경제성장으로 후진국에서 벗어나 중진국 혹은 개발도상국으로 싱가포르, 홍콩, 대만과 함께 동아시아의 '4룡'으로서 불리기 시작했다. 국민소득 수준이 증대하였고, 시장개방 확대로 삶의 질적 수준이 높아졌다(최병호, 2014).

전두환 정권 기간 중 우리 나라는 81년(7.2%), 82년(8.3%), 85년(7.8%)을 제외하고 매년 10% 이상의 높은 경제 성장률을 보였다. 이를 놓고 1980년대 3저(低)(저달러·저유가·저금리) 영향 덕분이라는 분석이 있지만 경제는 좋았다.

대통령 재임 기간 1인당 GDP는 1980년 1,714.1 달러에서 1988년 4,754.5 달러로 2.8배로 늘었고, 만성적 무역적자도 흑자 구조로 바뀌었다. 한국 경제는 지속 성장궤도로 접어들었고, 중산층도 두터워졌다. 부가가치가 높은 자동차, 전자, 반도체 같은 첨단산업이 세계적인 경쟁력을 갖추기 시작했다. 기본적으로 국민이 먹고 살 물질을 생산하는 데는 상당한 성과를 거둔 정권이었다. 경제적 성과에 더해, 전두환 정부는 1980년 기업들의 독과점을 막고 시장경제 질서를 확립하기 위한 공정거래법을 제정했는데 이는 기업집단인 이른바 재벌에 의한 경제자원 및 활동의 지배력 집중현상을 막으려는 목적에서 제정된 것으로 시장경제가 활성화되는 데 기여했다(행정안전부 대통령 기록관, 전두환 정부; 위키백과, '전두환 정부').

그러나 군사쿠데타와 광주항쟁탄압이라는 원죄를 짓고 태어난 전두환 정권은 임기 내내 정치적 정당성 정통성 문제로 시달렸으며 박종철 고문치사 사건 등 수많은 인권탄압과 권력형 비리로 그 경제적 성과는 퇴색할 수밖에 없었다. 사실 그보다 더 중요한 것은 전두환 정부 들어 본격적으로 계층 간 분배 갈등이 생겨나기 시작한 것이다. 부동산 및 증권 투기가 심각한 사회문제로 부상하면서 상대적 빈곤감이 사회에 깊이 만연되기 시작했다. 내 집 마련 꿈의 좌절, 부의 분배격차 확대 등에 따라 서민들이 저축보다는 소비에 더 기우는 큰 행태를 보이기 시작했다. 성장에서 상대적으로 소외된 계층의 빈곤감 혹은 상대적 박탈감이 나타났고, 노동자 파업은 물론 이익단체의 시민운동 등 각종 사회문제가 초래되었다. 허쉬만의 터널효과라 불리는—경제발전 초기에 성장의 과실이 일정 시기가 지나면 자신에게 돌아오리라는 기대가 성장 뒤에도 실현되지 않을 때 사회적 불만과 갈등이 표출되는—현상이 나타나기 시작했다(최병호, 2014).

2. 전두환 정부의 사회복지정책

사실 사회복지 확대는 전두환 정권의 치명적 약점을 보완하는 수단이었다. 재미있는 것은, 전두환은 집권 초반 복지국가 건설을 국정목표로 내세웠다. 그리고 그는 복지예산을 대폭 확대시켰다. 1982년에는 전년 대비 무려 31.78%가

증가했으며, 1983년에는 21.0% 증가시켰다. 그 후는 점진적이고 소극적인 정책 기조를 이어갔다.

전두환 정부는 그때까지 이름뿐인 의료보험제도의 적용범위를 점차로 확대시켰는데 1981년 의료보험을 100인 이상 사업장으로 확대적용하고 1986년에는 5인 이상 사업장으로 확대하였다. 1986년 산재보험도 5인 이상 전 사업장으로 확대하여 업종별 규모별로 점진적으로 확대 적용하였다. 산업재해보상보험법을 개정하여 도급 및 건설공사를 일괄적용하고, 7일 이상의 요양을 요하는 질병 또는 부상을 4일 이상으로 확대하였다. 1981 노인복지법, 아동복지법, 아동복지법, 장애인복지법이 제정되었다(행정안전부 대통령기록관, 전두환 정부).

전두환 정부는 박정희 정부가 추진한 경제성장 제일주의라는 복지패러다임 틀 안에서 노인과 장애인 등 특수 복지수요를 충족시키는 데 힘 썼다. 전두환 정부 기간, 1981년부터 1987년, 7년은 복지투자가 본격적으로 진행되기 시작한 시기였다. 이 기간 동안 건강보험제도가 확대되었고, 국민연금의 도입기반이 마련되었으며(1986년 12월 「국민연금법」 전부개정), 국방과 경제사업 비중이 축소되었고, 교육세가 신설되었다(1982년). 최저임금제법도 1986년 2월 법이 제정되었다.

실제로 교육환경이 크게 개선되었다. 전체 예산 가운데 교육이 차지하는 비중이 1980년 17.1%에서 1986년 20.1%로 증가했다. 이에 따라 과밀학급 문제가 완화되었는데 동 기간 동안 학급당 인원수가 초등학교는 66명서 60명으로, 중학교는 72명에서 60명으로 줄어들었다.

전두환 정부의 복지제도 확대로 1980년대 초반 정부 총지출에서 차지하는 복지지출 비중이 급격하게 성장하였다. 동 기간 정부 복지지출 비중은 10.7~13.0% 수준을 기록하였다. 의료보장으로 수혜를 받는 인구는 30.1%에서 56.3%로 증가했다. 1988년 10인 이상 사업체의 피용자를 대상으로 국민연금이 본격 시행되었고, 이후 대상을 꾸준히 확대하여 1992년에는 5인 이상 사업체의 피용자에게까지 적용되었다. 1986년에는 국민연금제도, 의료보험제도 전국민 확대, 최저임금제 등 3대 복지정책의 실시를 발표하였으며 이는 대부분 노태우 정부 기간 동안에 실시되었다(행정안전부 대통령기록관, 전두환 정부).

2.1 전두환 정부의 반노동 성격

이처럼 사회복지 법과 제도상으로 사회복지는 큰 폭으로 팽창했다. 하지만, 그 정도로는 당시 분출하는 대중의 욕구를 충족시키기에는 턱없이 부족했다. 무엇보다 심각한 것은 노동자를 비롯한 사회적 약자 계층에 대한 억압과 탄압은 오히려 더욱 가중 되었다. 정부와 노동조합 관계 측면에서, 전두환 정권은 박정희의 유신정권을 그대로 이어받았다. 박정희정권과 마찬가지로 헌법상 보장되어 있는 노동자의 권리의 하나인 노조활동을 정권안보 위협으로 간주하였으며, 무지막지한 탄압을 가했다.

1980년 봄, 노동자들은 폭발적인 투쟁 속에서 노동기본권을 쟁취해가고 있었다. 사북동원탄좌, 동국제강, 인천제철 등 노동자들은 집단행동을 넘어 지역점거, 경찰력과 대결 등 적극적인 투쟁에 나섰다. 하지만 12·12로 권력을 장악한 전두환 군부집단은 노동조합운동을 전면 금지시키고 전면적인 탄압에 나섰다. 그 목적은 기존 어용노조의 간부 청산과 민주노조의 파괴 그리고 노동관계법 개악을 통한 철권적 통제 강화였다. 군부집단은 노동청을 통해 노동조합 정화사업에 착수했는데 여기에는 12명의 산별 위원장 즉시 사퇴와 지역지부 폐지 등이 있었다. 그 결과 1980년 9월까지 노동조합원은 105개의 지역지부가 해산됐고, 조합원은 14만명이나 감소했다. 군부집단은 12월에 노동관계법을 전면 개정하고 노사협의회법을 제정 공포하여 민주노조들을 합법적으로 파괴하기 시작했다. 청계피복노조와 원풍모방 노조는 끝까지 저항했으나, 회사측과 합세한 공권력을 당해내지는 못했다.

전두환 정부 동안 노동자 등 사회적 약자 집단을 둘러싼 복지 본질이 어떠했는가에 대해서 잘 알고 싶으면 먼저 전두환 정부가 출범하기 전 일어났던 사북사태에 대해서 살펴보아야 한다. 사북사태는 박정희 정권 동안 이루어진 상당한 경제성장에도 불구하고 그 성장의 과실을 전혀 나누어받지 못한 저소득계층은 계속되는 열악한 삶의 조건과 근로환경의 개선을 요구하며 일어난 민중봉기였다. 그리고 그것을 총과 탱크로 무자비하게 억압한 세력이 있었고 그 중심에 있던 사람이 전두환이었다.

3공화국과 유신체제 기간 동안 박정희는 중앙정보부와 경찰 등 억압 기구를 사용하여 노조 등 시민사회를 매우 효과적으로 억압하였다. 그 결과 대다수 노동자와 대중의 삶은 경제성장의 과실을 전혀 돌려받지 못하고 있었다. 앞서 본 바와 같이 박정희 정권 말기에 노동자들은 더 이상 참지 못하고 거리로 뛰어나갔다. 그러던 중 박정희 대통령이 김재규 중앙정보부장의 총에 맞고 권력의 공백이 발생하자 일어난 사건이 사북사태였다.

2.2 사북사태

전두환 정권이 출범하기 전 당시에 소외된 노동자 대중이 어떠한 삶을 이어가고 있었는지를 단적으로 말해 주는 사건이 하나 터졌다. 바로 지금은 강원랜드가 들어서 스키장과 카지노가 들어서 있는 강원도 사북에서 탄광광부들이 중심이 되어 대규모 민중봉기가 일어난 것이다. 2000년 정선지역발전연구소가 펴낸 자료는 사북사태를 다음과 같이 기술하고 있다.

> 사북사태는 1980년 4월 21일부터 24일까지 국내 최대의 민영탄광인 동원탄좌 사북영업소에서 어용노조와 임금 소폭 인상에 항의해 광부들이 일으킨 노동항쟁이다. 동원탄좌 사북영업소의 광부들은 1970년대 정부의 노동3권 탄압 등으로 인해 기본권이 제약된 노동환경에 처해 있었고, 경영주의 부당한 임금 책정과 노조지배에 대한 불만이 누적되어 있었다. 또한 지역 경찰, 정보기관 등 공권력은 회사 측과 유착하여 노조활동에 부당하게 개입하고 있었다. 노동조합은 1979년 4월부터 6대 노조지부장선거 부정의혹을 둘러싸고 1년여 동안 노조 운영이 파행사태를 겪고 있었다.
>
> 사북사태는 독재정권과 어용노조 하에서 노동자들의 누적된 불만이 박정희 대통령 사망 직후 민주화의 시대적 흐름 하에서 촉발된 사건이었다. 특히 광산노동은 노동조건이 매우 열악한 부분이었으므로 운동의 양상도 과격하게 전개되었다. 이 사건은 1980년대 노동운동의 본격적인 출발점이 되었다.
>
> 광부들은 스스로를 '막장인생'이라 했다. 인생의 마지막 종착역인 탄광에서 일하는 그들에게 한 밑천 잡아보겠다는 욕심은 애초 없었다. 갈 곳 없어 밀려난 인생들이라는 자조가 그들 스스로를 막장인생으로 내 몰았다. 동원탄좌는 타 업체에 비해 정년도 빨랐다. 정년 45세로 묶여있는 동원탄좌에서 밀려나면 그들은 하청 탄광으로 몸을 옮겼다. 그들이 선택할 수 있는 일이란 게 탄을 캐고 나르는 일 밖에 없었다.

> 일을 그만두라고 할까 싶어 진폐증에 걸렸어도 애써 병증을 숨기며 일을 했다. 살아남는 일이 절박한 시절. 대형 탄광인 동원탄좌에 다니는 것만 해도 영광이라 여겼다. 그런 이유로 목욕탕 시설은 언감생심, 먹을 물도 나오지 않는 성냥갑 같은 사택에서 견뎌냈다. 언제 죽을지 모르는 극한의 상황 속에서도 광부들은 미래를 품고 살아갔다. 그러던 탄광노동자들이 떨쳐 일어났다. 1980년 4월 21일이었고, 신군부의 총칼이 서늘하게 빛나던 봄날이었다. 이른바 '사북사태'다. 세상 사람들에게 각인된 '사북사태'의 배경엔 억눌린 노동자들의 분노가 있었다(〈1980년 4월 사북〉, 정선지역발전연구소 편, 2000).

당시의 노조는 노동자의 이익을 위해 일하는 단체가 아니었다. 노동조합이 그 구성원인 노동자의 이익을 위해서 일을 안 하니 노동자의 사회복지가 잘 될 수는 없었다.

'사북항쟁'을 연구한 박철한(2001)과 민주화운동기념사업회의 서명균(2008)의 보고서에 의하면, 당시 사북의 탄광노동자가 처한 열악한 사회복지 환경은 노동조합이 제 역할을 못하고 있기 때문이라고 말할 수 있다.

> 어느 회사를 막론하고 당시만 해도 어용노조가 판을 치고 있었다. 어용노조는 회사와 권력의 비호아래 노동자들 위에 군림했다. 노동자들 편에 서야 할 노조는 회사와 권력의 편에 있었다. 신군부인 합동수사본부도 그들을 용인했다. 사북사태는 계엄상황에서 터졌다. 서울의 봄은 왔다지만 모두들 숨죽이고 있던 때였다. 해발 700m가 넘는 사북에도 봄이 오고 있었다. 날은 포근했고 비도 오지 않았다. 따스한 봄날 광부들이 채탄을 거부하고 경찰과 마주쳤다. 사건의 발단은 동원탄좌 노조지부장인 이재기씨로부터 시작되었다. 그는 이미 광부들의 지지를 얻지 못하는 어용노조의 지부장이었다. 광부들은 사북사태 이전부터 노조 지부장 이재기의 사퇴를 촉구했다.
>
> 작업은 3교대에 의해 하루 여덟 시간, 그러나 그들은 똑바로 설 수도 없는 갱속을 4,000m 이상 들어가, 햇빛 한 줄기 들어오지 않는 암흑 속에서 곡괭이질을 한다(중략). 언제 어떻게 닥쳐올지 모르는 죽음의 공포를 안고 작업장에 들어가는 광부의 표정은 우울하며, 일과가 끝나면 오늘도 살았다는 안도감에 술집을 찾는다.
>
> 그리고 사북사태는 광부들의 우발적인 '폭동'이 아닌 '항거'라는 점을 명확히 하였다. 전국 각지의 농촌에서 살다 살다 죽지 못해 정든 고향을 버리고 입에 풀

칠이라도 하기 위해 광산촌에 모여든 광부들은 그동안 대기업과 어용노조에 의해 이중의 착취를 당하면서도 못 가지고, 못 배운 것을 죄로 생각하면서 참아야만 했다. 보고서는 그렇게 인내하며 살아왔던 광부들이 왜 곡괭이와 몽둥이를 들고 사북의 거리로 나설 수밖에 없었는지를 사건의 전개과정과 함께 상세히 설명하고 있다. 이와 함께 당시 공권력이 부재했던 4일 동안 사북은 일반에 알려진 것처럼 결코 '무법천지'가 아니었음을 강조하고 있다.

그들은 오로지 방어 목적과 최후수단으로서만 무기와 화약을 필요로 하였으며, 실제로 군이 투입되지 않은 상태에서도 오히려 무기와 화약의 악용을 막고 보호하는 역할을 하였다.(중략) 방송이나 언론에서 표현하는 '무법천지', '난동', '유혈폭동'처럼 그들은 결코 난동을 부리거나 무법천지를 만든 것이 아니었다. (박철한, 2001 ; 민주화운동기념사업회. 서명균. '사북사태의 진실, 동원탄좌 시위 조사보고서.' 2008-12-22.[4])

3. 전두환 정부의 반복지 성격

전두환 정부는 출범 초기에는 오히려 더 노조에 대한 통제와 억압을 강화함으로써 정권의 반인권 성향을 여지없이 드러냈다. 1980 '노동조합 정화조치'와 노동관계법 개정으로 노동운동에 대한 탄압은 더욱 심해졌다(이원보 2005, 272-273). 노조정화조치는 그때까지 어용노조라고 비난받아 오던 한국노총과 산별노조 지도부에 대한 일대 탄압에 돌입해 노조간부들을 해고하고 지역지부를 해체해버렸다. 물론 1970년대 노조운동을 주도해온 민주노조들은 강제 해산되었다. 노동법을 한층 강화해 기업별체계를 유일한 합법적인 노동조합으로 인정하고, 제3자 개입을 금지하며, 조합설립에 필요한 최소인원수를 강화하고, 노조임원의 자격을 제한하는 등 노조설립을 훨씬 어렵게 하였으며 임금가이드라

4) 편향된 언론과는 달리 한국교회사회선교협의회(KCAO)에서는 사북사태의 진실에 사실적으로 접근하고자 하였다. 이를 위해 한국교회사회선교협의회는 두 차례에 걸쳐 사북에 조사단을 파견하였다. 조사단은 현지에 머물면서 동원탄좌 광부들과 광범위한 대화를 통해 사건의 경위를 조사, 발표하였다.

사북의 실상을 세상에 알린 '동원탄좌 시위 조사보고서'는 먼저 그동안 언론에서 다루지 않았던 광부들의 비참한 삶을 세상에 알리고자 하였다. 이른바 '문둥이 다음이 광부'라는 표현처럼 6~70년대 경제개발논리 속에서 철저히 소외되었던 광부들의 생활이 고스란히 드러난 '동원탄좌 시위 조사보고서'는 사북의 진실을 알리는 소중한 자료가 되었다.

인을 도입했다. 또 노사협의회법을 제정하여 모든 직장에 노사협의회와 노동대책회의 설치를 강제하고 블랙리스트를 활용해 노조활동가들의 취업을 금지시켰다(강기희, 2007).

전두환의 5공화국 내내, 노동조합운동은 전국적 수준이나 산별노조 차원에서 거의 이루어지지 못했다. 전두환의 철권통치는 단체교섭과 노동쟁의를 기업별 수준으로 묶어놓았고 그 외의 모든 활동은 철저히 탄압하였다. 그러나 민주노조운동은 성장을 멈추고 있는 게 아니었다. 1984년 한국노동자복지협의회가 결성되어 노동운동의 주체성과 통일성 및 연대성을 위한 새로운 노동운동기구로 주목받았다. 1985년 노동운동탄압저지투쟁위원회, 구로지역노조민주화추진연합, 서울노동자연대투쟁연합, 안양지역 노동3권쟁취위원회, 성남노동자생존권확보투쟁위원회, 인천노동3권쟁위원회가 설립되었다. 이들은 서로 연대하여 서울노동운동연합(서노련)을 결성했고, 인천에서는 인천지역노동자연맹(인노련)이 결성되었다.

박정희 전두환 시기에 우리나라 사회복지 현실을 단적으로 말해 주는 사건이 있었는데 그 참상은 이미 언론을 통해 알려져 있다. 바로 형제복지원 사건과 선감학원 사건이다. 친사회복지 국가를 판별하는 기준이 '한 사회에서 가장 열악한 위치에 놓여 있는 사회집단을 어떻게 대우하는가?'이라면 박정희 전두환 정부는 아무리 사회복지예산을 증액시켰어도 형제복지원 사건은 이 두 정부가 복지국가를 건설하려 했다는 말을 할 수 없게 만든다.

형제복지원 사건은 1975년부터 1987년까지 12년 동안 당시 전국 최대 규모의 부랑인 수용시설이었던 부산 형제복지원에서 일어난 인권유린, 국가폭력, 학살 사건을 말한다. 이 사건은 대한민국 정부 수립 이후 최악의 학살 사건 중 하나로 꼽히며 6월 민주화항쟁이 있던 1987년이 돼서야 종말을 맞이했다. 특히 1986 서울 아시안게임과 1988 서울올림픽 개최를 전후로 전두환 정권은 사회 최약계층인 장애인, 부랑자 집단에 대한 강제수용, 강제노역, 폭행, 강간, 살인 등 각종 인권유린을 자행했다.

2022년 8월 진실화해위원회 조사 결과에 따라 형제복지원 사건 공식 사망자는 657명으로 늘었다. 수천 명의 원생들 중 70%가 일반인이었으며 형제복지원

직원들에 의해 납치, 구금되었다. 2022년 진실화해위원회 조사에 따르면 형제복지원은 전두환 정부의 비호를 받았다. 당시 형제복지원은 부산시청과 부산 경찰의 적극적 협조 덕분에 수용자들은 탈출해도 경찰에 의해 다시 잡혀 들어갔다. 당시 전두환 대통령은 형제복지원 원장에 대해 "박○○ 원장은 훌륭한 사람이오. 박원장 같은 사람 덕분에 거리에 거지도 없고 좋지 않소"라고 말한 것으로 알려져 있다. 전두환이 형제복지원의 박원장이 구속되었다는 소식을 듣고 그에 대해 한 말이다.

2022년 2기 진실화해를위한과거사정리위원회(진실화해위)가 형제복지원 사건을 국가폭력에 의한 인권침해 사건으로 판단했다. 특히 당시 최고 책임자인 전두환이 내린 구체적인 지시와 여러 국가기관의 조직적인 강제수용 등 인권침해를 확인하면서 일개 사회복지법인의 일탈로 볼 수 없다는 사실도 드러났다. 1982년 8월 강 아무개씨는 자신의 형이 형제복지원에 수용돼 인권침해를 당한 사실을 수사해 달라며 정부 기관과 경찰에 진정서를 냈다. 박원장은 강씨를 무고죄로 고소했고 1982년 10월 강씨가 구속기소됐다[5](장슬기, 2022; '형제복지원 첫 진상규명, 전두환 강제수용 지시까지 확인', 〈미디어 오늘〉, 2022.08.24).

5) 1987년 3월 35명이 집단 탈출하면서 그 실체가 세상에 알려졌다. 부랑아 선도를 명목으로 길거리나 역에서 노숙자, 행려병자들, 고아들은 물론 심지어 멀쩡한 사람들(남녀노소 가리지 않고 통금 시간 이후에 돌아다니는 사람)까지 무차별적으로 끌고 가서 불법적으로 감금 및 강제 노역을 시켰다. 원생들을 중대나 소대별로 나누어 관리하고 원장-부원장-총무-중대장-소대장-조장-조원 순으로 수직적으로 통제하는 군대식 구조를 지녔다. 시설 측은 탈출을 막기 위해 경비원 13명과 경비견 13마리를 풀어 24시간 감시했으며 축사 주위에 철조망 및 초소 2개도 설치했다. 시체는 암매장 또는 근처 의과대학에 해부용으로 돈을 받고 팔았기 때문에 정확히 몇 명이 죽었는지 확인이 불가능하다. 1979년에 형제원에서 '형제복지원'으로 명칭을 바꿨으며 1983년부터 부랑아/부랑인 직업보도 업무를 개시했고 이듬해에는 정신요양원을 열었다. 기관지로는 월간 〈새마음〉이 있었다. 형제복지원은 1965년에 사회복지법인화하고 부산시로부터 아동복지시설 인가를 받았으며 정부지원을 받았다. 1971년에는 기존 목적이던 유아보호시설에서 부랑아 보호시설로 변경했고 박정희 정부가 대대적인 부랑아 단속을 위해 발표한 1975년 내무부훈령에 근거하여 부산시 부산진구에 토지를 사서 이듬해에 준공했다.

4. 나가면서

많은 논란이 있지만, 박정희 전두환 정부 기간 동안 경제적 성과는 실로 대단했다. 두 군사독재정부 동안 이루어내 경제성장를 바탕으로 대한민국은 21세기 초반에 선진국 대열에 합류하는데 성공한다. 하지만 당 시대를 살아야 했던 많은 사람들, 특히 노동자와 사회적 약자와 소외 계층에게는 끔찍한 시대였다. 기적과 같은 경제성장이었지만 당시의 많은 사람들은 최소한의 인간다운 생활을 보장받을 수 없었으며, 자유와 평등을 누리지 못했다. 박정희 전두환 정부 기간 동안 경제성장은 그에 부합하는 사회복지정책의 확대로 이어지지 않았을 뿐만 아니라, 그 성장의 원동력이었던 노동자 농민 등 소외계층의 눈에서 피눈물을 흘리게 했다.

물론 장기적인 관점에서 당시 경제성장의 과실이 골고루 각계각층에 나누어지고 사회적으로 확산되었지만, 그것은 훗날 일이었다. 박정희 전두환 정부는 고속경제성장의 비용을 사회 약자층과 소외집단에게 일방적으로 집중시킴으로써 그들의 희생을 강요했다. 복지국가로 가는 길에는 자원의 분배는 물론 고통의 분배도 중요하며 그렇지 않은 사회는 불공정하고 부정의한 야만 사회일 뿐이다. 당연히 사회적 평등과 통합을 위한 물질과 고통의 재분배는 복지국가의 절대적 기준이다. 당시 그 집단에 속하는 사람들이 흘린 눈물과 겪은 고통, 사회적 불평등과 분열갈등은 무엇으로도 보상받을 수 없었다.

성경륭과 김태성은(2014) 박정희 전두환 정부(1961~1985년) 기간의 사회복지정책에 대해 몇 가지 결론을 도출하고 있다. 첫째, 억압적 발전국가는 자본가 계급과 매우 폐쇄적인 지배연합을 형성하여 노동집약적 수출주도 산업화를 추진하면서 노동계급을 위해서는 실효성 있는 복지정책을 전혀 실시하지 않는다. 둘째, 국가로부터 사회보장이 제공되지 않는 노동계급은 이중적 고통을 당하게 되었다. 셋째, 빈민과 노동계급에 대한 국가의 사회정책은 노동의 상품화와 프롤레타리아화를 촉진하기 위해 철저한 열등수급과 비보호의 원칙을 견지함으로써 내적 일관성을 지니고 있었고, 이런 점에서 발전국가에 의한 반복지 전략은 의도적이고 계획적이었다.

참고문헌

권문일(1989). '1960년대의 사회보험', 〈한국사회복지사론〉, 하상락 편저, 박영사.
국민연금관리공단(1998). 〈국민연금 10년사〉, 국민연금관리공단.
김기태 · 박병현 · 최송식(2004). 〈사회복지의 이해〉, 제3판, 박영사.
김영순 · 권순미(2008). '공공부조제도', 〈한국의 복지정책 결정과정: 역사와 자료〉, 나남.
김태성 · 성경륭(2014). 〈복지국가론〉, 개정2판, 나남.
박철한(2001). '사북항쟁연구', 〈서강대 정치외교학과 석사학위논문〉.
서명균(2008). '사북사태의 진실, 동원탄좌 시위 조사보고서.' 민주화운동기념사업회. 2008.12.22.
서중석 · 김덕련(2015). 〈서중석의 현대사 이야기: 5 · 16쿠데타 제3공화국 편〉, 오월의 봄.
손창규(1961). '국가재건을 위한 전제와 사회문화정책의 방향', 〈최고회의보〉, 국가재건최고회의.
우명숙(2008). '산재보험제도', 〈한국의 복지정책 결정과정: 역사와 자료〉, 나남.
양재진(2008). '국민연금제도', 〈한국의 복지정책 결정과정: 역사와 자료〉, 나남.
우명숙(2008). '산재보험제도', 〈한국의 복지정책 결정과정: 역사와 자료〉, 나남.
이원보(2004). 〈한국노동운동사-경제개발기의 노동운동〉, 지식마당.
______(2020). 〈한국노동운동사 100년의 기록〉, 개정증보판, 한국노동사회연구소.
이혜경(1992). '권위주의적 자본주의 사회에서의 복지국가의 발달: 한국의 경험,' 한국사회복지학회 국제학술대회 자료집.
장슬기(2022). '형제복지원 첫 진상규명, 전두환 강제수용 지시까지 확인', 〈미디어 오늘〉, 2022.08.24.
전국경제인연합회(1986). 〈한국경제정책 40년사〉.
정선지역발전연구소(2000). 〈1980년 4월 사북〉.
좌승희(2006). 〈신국부론: 차별화와 발전의 경제학〉, 굿인포메이션.
조영재(2008). '건강보험제도', 〈한국의 복지정책 결정과정: 역사와 자료〉, 나남.
조갑제(2005). 조갑제 닷컴, 〈박정희의 한국적 민주주의〉, 2005.08.02.
정흥모(2008). '고용보험제도', 〈한국의 복지정책 결정과정: 역사와 자료〉, 나남.
최병호(2014). '우리나라 복지정책의 변천과 과제', 〈예산정책연구〉, 제3권 제1호, 2014.5, 89-129.
한국군사혁명사편찬위원회(1963). 〈박정희장군 담화문집〉.
행정안전부 대통령 기록관, '박정희 정부, 전두환정부'(www.pa.go.kr).

제 7 장

노태우 김영삼 정부의 사회복지

'보통사람'의 노태우 정부와 '군정종식'과 '문민정부'를 내세운 김영삼 정부는 어떤 사회복지정책을 했을까?

Ⅰ. 노태우 정부의 사회복지(1987-92)

1. 들어가면서

6월 항쟁의 결과로 출범한 새로 출발한 6공화국 1대 정부인 노태우 대통령은 정말 그의 말대로 '보통사람들의 시대'를 열었을까. 모든 사람에게 최소한의 인간다운 생활을 보장하기 위하여, 그에 필요한 물질을 생산하고, 재분배정책을 실시하여 빈민을 구제하고, 계층 간의 사회경제적 격차를 해소하여 사회적 평등과 통합에 힘썼나?

노태우 정부 기간은 군사정권에서 민주정부로의 정치세력 교체와 세계적으로는 냉전 종식과 소련의 해체 등 역사적 격변기였다. 군부출신 대통령이었지만 노태우 정부는 적극적으로 북방외교를 추진했다. 적대국이었던 중국, 소련, 베트남, 수교를 했고 냉전 시절 내내 대한민국과 미수교 상태에 있었던 헝가리, 폴란드, 체코슬로바키아, 유고슬라비아, 불가리아, 루마니아, 알바니아 등 옛 공산주의 진영이었던 동유럽의 국가들과도 수교를 맺었다. 북한과의 관계도 1991년 남북 기본 합의서 체결, 유엔 동시 가입 등이 이루어졌다. 이 북방외교는 한국

사회가 냉전적 사고를 극복하고 국제사회에서 당당한 일원으로 등장하는 계기가 되었으며, 이어지는 '한강의 기적'이 본격적으로 시작되었음을 알렸다(위키백과, 행정안전부 국가기록원, '노태우 정부').

노태우 정부는 국민이 단순히 생존을 위해 먹고 살아갈 물질을 생산하는데 그치지 않고 번영을 구가하는 시대를 열었다. 1989년에 정부는 인천국제공항 건설과 경부고속철도 건설을 2대 국책 사업으로 지정하고 본격적으로 추진하기 시작했다. 노태우 정부 기간 동안 경제는 3저 호황 속에 폭발적인 생산력 증가로 연평균 8.5%라는 고속성장을 누렸고, 1988년 올림픽이 서울에서 개최되었다. 최저임금제가 신설되어 매년 임금수준이 급속히 향상되었고 1가구 1자가용 시대가 열렸으며 해외여행도 이 시기부터 자유화되었다. 지니계수도 동아시아 국가 중에서는 낮은 편이었고, 1997년 외환 위기 전까지는 소득 분배가 선진국 수준이었다. 아울러 서해안고속도로와 새만금 건설사업을 시작했다. 분당신도시, 일산신도시 등 1기 신도시 건설도 이 시기에 이루어졌다(행정안전부 국가기록원, '노태우 정부').

노태우 정부는 이 시기에 종합토지세, 택지소유상한제·토지초과이득세, 개발이익 환수에 관한 법률 등 토지 공개념 3법을 도입하여 부동산 투기를 억제하고자 했다. 곧이어 주택 보급 확대와 주택 가격 안정을 위해 주택 200만호 건설 계획을 발표하여 분당신도시, 일산신도시 등 1기 신도시를 기획, 건설하였다. 공시지가제도(1989년)를 도입하였고, 노후 아파트 재건축 사업을 처음으로 승인하는 등의 일련의 정책으로 부동산 폭등을 적극적으로 억제하는데 주력을 했고, 본격적으로 신도시 아파트가 대량 공급되기 시작한 1991년부터 부동산 가격의 상승세가 꺾였다.

2. 노태우 정부의 사회복지정책

1987년 6월 항쟁으로 만들어진 6공화국 헌법은 저 유명한 경제민주화 조항을 포함함으로써 대한민국이 서구의 복지국가모델을 지향하고 있다는 것을 명시하고 있다. 즉, 헌법 제119조 2항에서 "국가는 균형있는 국민경제의 성장 및 안정과 적정한 소득의 분배를 유지하고, 시장의 지배와 경제력의 남용을 방지하며, 경제주체 간의 조화를 통한 경제의 민주화를 위하여 경제에 관한 규제와 조정을 할 수 있다"고 규정함으로써 6공화국이 사회복지국가를 지향할 것임을 명시하고 있다.

헌법이 명시한 대로, 6공화국은 사회복지에 큰 변화를 가져왔다. 보통 사람을 자임한 노태우 대통령은 제6공화국의 대통령에 취임하여 "중용(中庸)을 근간으로 화합과 화해의 정치를 실천하고 이를 바탕으로 계층간·지역간의 반목을 해소하면서 새 시대를 민주 발전과 민족 자본의 시대로 만들겠다"는 정치 이념을 피력하였다. 노태우 정부 초기는 노동자의 권리가 대폭 신장되고 부분적으로 사회복지가 폭발한 기간이었다.

새로 채택된 6공화국 헌법은 제84조에서 "대한민국의 경제 질서는 모든 국민에게 생활의 기본적 수요를 충족할 수 있게 하는 사회정의의 실현과 균형 있는 국민경제의 발전을 기함을 기본으로 삼는다. 각인의 경제상 자유는 이 한계 내에서 보장된다"고 명시하고 있다. 이에 따라 노태우 정부는 사회정의 실현의 국가적 과제를 다음과 같이 설정했다. 첫째, 적정한 소득의 분배를 유지한다. 둘째, 시장의 지배와 경제력의 남용을 방지한다. 셋째, 경제 주체간의 조화를 통한 경제의 민주화를 위하여 규제와 조정을 한다(제119조 2항). 이 중 적정한 소득의 분배를 위한 국가적 과제는 넓게 해석하면 노동시장에서의 1차 소득의 분배만이 아니라 2차 소득의 분배를 통하여 1차 소득에서의 불균형이 지속되는 것을 방지한다는 의미였다(전광석, 2019: 72).

노태우 정부 시절 대통령비서실 경제수석비서관들-박승·문희갑·김종인·이진설-은 모두 개혁적인 정책을 펼쳤다. 1980년대 중반 고도 경제성장 및 세계적인 거품 경제의 여파로 부동산 시장이 폭등하여 사회적인 논란이 되고 있었다. 문희갑은 정치권, 보수단체로부터 '빨갱이'라는 비난이 쏟아질 때마다 "6공의 운명을 걸고 '토지공개념' 제도 도입을 실현하겠다"며 굽히지 않았다.

헌법의 국가적 과제를 실현하기 위해서 노동자와 여성 등 사회적 약자계층을 위한 정책들이 도입되었다. 첫째, 최저임금제도가 예정되었다. 둘째, 고용에서 여성의 지위가 보장되었다. 즉 여성이 고용, 임금 및 근로조건에 있어서 부당한 차별을 받지 않도록 되었다. 셋째, 노동자의 기본권인 노동단결권에 대한 법률 유보가 삭제되어 노동자의 권리가 대폭 신장되었다. 이전 헌법에서 부정되었던 공무원의 노동3권이 개정된 헌법에서는 법률이 정하는 경우 노동 3권을 보장받았다. 또 단결권이 부정되는 대상을 법률이 정하는 방위산업체 종사자로 제한하였다.

1963년 도입된 산재보험법은 그동안 매우 제한적으로 적용되어왔으나 1987년 5인 이상 근로자를 고용하는 작업장으로 확대되었다. 1989년에는 산재 장해등급 1-3급에 해당하는 재해근로자에 대해서는 연금 지급을 의무화하는 법개정이 있었다. 1987 헌법에는 범죄 피해로 인하여 발생한 희생에 대한 보상을 청구권이 신설되었다(제30조). 이는 국가의 불법행위로 인한 피해(국가배상) 혹은 공공의 필요로 인한 희생(수용보상) 이외에 범죄로 인한 피해에 대해서도 국가의 책임을 인정하였다(전광석, 2019).

노태우 정부는 전두환 정부가 실시를 약속하긴 했지만 사실상 유명무실했던 국민연금제도, 의료보험제도가 획기적으로 발전하였다. 국민연금법은 1987년 8월에 시행령 및 시행규칙을 제정하고 1988년 1월 전격 실시되었다.

의료보험제도는 1979년부터 300인 이상, 1981년부터 100이상, 1986년부터 16인 이상 사업장에 대해서 강제 적용되었는데, 87년 6월 항쟁 이후 1988년 7월에는 5인 이상 사업장에 대해서 당연적용 범위를 확대해 나갔다. 1988년 1월 1일부터는 농어촌 주민에게도, 1989년 7월부터는 도시지역 자영업자에게도 의료보험이 확대 적용되기 시작하여 우리나라는 전국민 의료보험시대가 열렸다. 그리고 비록 노태우대통령의 거부권행사로 실시되지는 못했지만 통합의료보험법이 야당이 다수당이었던 국회를 통과하였다.

1986년 12월 제정된 최저임금법은 1987년 7월 시행령과 시행규칙이 제정되어 시행에 들어갔다. 이 법은 일차적으로는 노동에 대한 최소한의 대가를 확보하는데 목적이 있지만 그 이 외에도 생활보호법 등 사회보장법의 급여수준을 결정하는 기준으로 작용하여 사회보장법 제정의 근거를 제공하였다. 1989년에는 근로기준법이 개정되어 4인 이하 사업장에도 적용될 수 있는 법적 근거가 마련되었다.

1987년부터는 공공부조를 전담하는 사회복지전문요원제도가 도입된다. 그 이전에는 생활보호대상자 선정업무를 비전문가인 동사무소 직원들이 담당하였는데 이때부터 생활보호자대상자 선정 과정이 전문화되기 시작하였다. 1990년 이후에는 근로자주택 25만호 공급계획이 발표 시행된다. 이에 더하여 사내근로복지기금법(1991), 장애인고용촉진법(1990), 영유아보육법(1991), 고령자고용촉진법(1991) 등이 제정 또는 시행되었다.

이와 같이 6월 항쟁 이후 사회복지정책의 확대에 따라 우리나라 국가 복지비 지출은 급격히 증가한다. 정부의 사회복지를 위한 예산은 과거 2% 수준에 못 미치는 수준이었으나 6월 항쟁 이후는 꾸준히 증가하여 1990년에는 5%, 1991년에는 7.0%로 급증했다.

1987년 6월 항쟁은 곧이어 7-9월 노동자 대투쟁으로 이어졌다. 이는 국가 자본 노동관계를 변화시켰다. 이에 대응하여 노태우 정부는 권위주의적 노동통제 정책에서 탄압장치를 폐지하거나 임금억제시책을 포기하는 등 유화정책으로 전환할 수밖에 없었다. 물론 노태우 정부는 1989년 노동법 개정안에 대한 거부권을 행사하고 공안정국을 조성함으로써 야당과 노동운동을 억압하려했지만 성공하지 못했다.

그 결과 노태우 정부는 사회복지 정책을 급하게 발전시킬 수밖에 없었다. 민주화항쟁으로 촉발된 민중부분의 활성화는 먼저 노동운동의 폭발적 분출로 나타났으며 이는 궁극적으로 노동조합이 크게 활성화되어 노동자의 권리신장으로 이어졌다.

이 기간 중 가장 큰 변화는 노동조합의 양적증가이다. 1987년 6월 2,742개이던 단위노조에 조합원은 약 105만 명이었던 것이 6월 항쟁을 경험하고 난 87년 말에는 4,103 단위노조에 조합원은 약 126만 명으로 증가하였고, 1989년에는 7,883개 조합에 193만 명에 달하였다. 노조전임자 숫자도 급증하였다. 1990년 전임노조간부가 있는 노조가 약 70%에 달하며, 조합간부 1인당 조합원 수도 220명으로 대폭 확대되었다(한국노동연구원, 1996; 김정한, 1993; 김영래, 1997에서 재인용).

노동조합은 질적으로 확대되었다. 과거 단순한 제조업에만 있던 노조는 이제 전문직 사무직과 공공부문에도 조직되기 시작하였다. 6월항쟁 이후 5달이 지난 87년 11월에는 노동법을 개정하여 한국노총 산하에 체신, 택시, 고무, 보험, 금속과 같은 산별노조가 결성되었다. 노조설립과 파업의 자유가 인정되고 최저임금제의 도입 등 근로조건의 기준이 강화되었다. 결과적으로 연대활동을 강화하여 노동운동의 폭과 강도를 높였다.

이 시기 노동조합의 질적 변화에서 가장 중요한 것은 재야노조의 활동강화인데, 이는 전국노동조합협의회라는 거대한 정상조직(peak association)을 탄생시킨 것이다. 이는 그때까지 합법적으로 인정받은 단체는 아니며 주로 비공식적으로 지하에서 활동해왔다. 그러나 6월 민주항쟁 이후에 노동운동을 주도했다. 그 이외에도 전국업종별노동조합회의와 연대를 위한 대기업노조회 등이 결성되어 주로 재야단체와 협력하여 노동운동을 전개하고 있었는데 이들은 전노대를 구성하여 재야노동운동을 주도하였으며 민주노총으로 통합 발전되었다(김영래, 1997).

그러나 노동법개정은 제3자 개입 금지조항, 공익사업의 직권중재 조항 등 위헌 시비가 있었던 쟁점조항들을 해결하지 못하고 복수노조 금지조항은 오히려 강화되었다. 그 결과 노동문제 개혁과 노사간의 새로운 관계설정은 민주화 이후에도 해결되어야할 과제로 남게 되었다.

3. 노태우 정부의 한계

물론, 노태우 정부의 국정운영이 정부가 의도한 대로만 흘러가는 것은 아니었다. 사회평등과 연대라는 사회복지의 가치를 위협하는 현상들이 본격적으로 나타나기 시작했다. 이런 위협은 과거 박정희 전두환 정부 때처럼 국가부문에서 오는 것이 아니라 사회부문에서 오는 것이었다. 노태우 정부가 수많은 사회복지법을 통과시켰지만 제대로 지켜지는 법은 거의 없었다.

게다가 경제 상황은 사회복지를 실시하는 데 필요한 물적 토대를 위협하고 있었다. 바로 3저 호황기에 벌어들인 막대한 이윤이 생산적 투자가 아닌 부동산 및 주식투기로 집중되면서 엄청난 부작용이 발생한 것이다. 예컨대 1989년의 경우 국민소득에서 자산가 계층이 부동산, 주식투자에서 얻은 불로소득이 77.3%에 이르렀고, 그해 한 해 땅값이 올라 얻은 불로소득만도 85조원이 되어 당시 전체 노동자 임금인상 총액인 9조 100억원의 9배를 넘었다. 그 결과, 수출 경쟁력이 급속도로 둔화되면서 수출이 침체되고 경상수지 적자가 재현되는 등 1990년 이후 우리 경제는 다시 침체에 빠졌다.

6월 항쟁이라는 시민혁명의 결과로 탄생한 정부였음에도 불구하고, 노태우 정부가 기본적으로 보수정권이며 반평등 정권임을 상징적으로 보여주는 사건이 범민중부문과 노동계에서 제안한 국민건강보험통합안을 거부한 사건이다.

1989년 전국민 의료보험을 시작할 때만해도 우리나라 건강보험은 수백 개의 조합으로 쪼개져 있었다. 그래서 소위 강남구처럼 부자조합은 돈이 남고, 철원군처럼 가난한 조합은 늘 적자에 시달렸다. 조합은 낙하산 인사와 각종 부패의 온상이기도 했다. 이에 모든 조합을 하나로 합치자는 운동이 전개되었다. 1988년 농민들의 보험료 거부운동에서 시작한 의료보험 통합운동은 많은 시민, 노동단체의 연대 활동으로 성공을 눈앞에 두고 있었지만 노태우대통령의 거부권 행사로 실패하고 만다. (이는 우여곡절을 겪은 끝에 김대중 정부 때인 2000년 통합을 이루어냈다.)

1989년 노태우 대통령은 야 3당 주도로 국회를 통화한 의료보험통합법안을 거부한다. 1988년 총선으로 국회는 야3당이 다수의석을 차지하여 여소야대를 이루었다. 야 3당은 의료보험통합 일원화를 내용으로 하는 국민의료보험법안을 국회에 제출했는데 그 내용은 첫째, 의료보험과 의료보호를 일원화하여 전국민이 국민의료보험법에 가입한다. 둘째, 보험료 산정기초를 표준소득으로 통일하고 고소득자에 대해서는 누진율을 적용한다. 셋째, 종전 의료보험연합회, 의료보험관리공단, 직장조합, 지역 및 직종 조합을 해산하고 의료보험을 통합관리하는 국민의료보험관리공단을 설립한다. 이 의료보험통합안은 김대중 정부에 가서야 통과되었는데 두 정부의 차이를 선명하게 보여주는 사례이다.

즉, 조합주의방식에 따라 분산된 의료조합체제에서는 소속 조합에 따라 보험료 산정방법이 상이하여 보험료 부담의 불형평성 존재하고, 따라서 작은 규모의 조합단위로 관리·운영됨으로써 여유 있는 사람이 어려운 사람을, 젊고 건강한 사람이 늙고 병든 사람을 도울 수 있도록 하는 위험분산 및 사회연대성 제고 기능 제약하고 있었다. 즉, 조합구성원의 경제적 능력 등 조합형편에 따라 재정 격차가 발생하고 있었다.

건강(의료)보험통합운동은 1988년 2월부터 본격화된 농민단체와 대한의약협회 및 대한병원협회 등 진보의료단체와 시민단체 등이 주도하여 진행되었다. 먼저, 건강보험통합정책으로의 진전이 없자 가톨릭농민회, 전국농민협회, 기독교농민회총연합회, 교회빈민의료협의회, 기독교청년의료인회, 건강사회실현약사협의회 등 농민단체와 진보의료단체 등은 국민통합과 소득재분배 등을 내세우며 1988년 2월부터 시정운동에 본격적으로 돌입하게 된다. 특히, 이들은 서울 종로성당에서 농어민 건강권 확보를 위한 대토론회를 공동으로 개최하여 농어민에 대한 보험료의 과중부담, 보험료 산정기준의 비합리성, 진료권 설정의 비형평성, 그리고 조합방식의 비효율성 등을 제기하며, 건강보험의 통합운영 등을 정부에 강하게 요구하게 된다(1988.04).

더 나아가, 이들의 활동은 1988년 6월 결성된 전국의료보험대책위원회로 구체화된다. 이 단체는 결성 직후인 7월부터 전국 차원의 100만인 서명운동을 전개하는 등 통합에 적극적인 입장을 보인다. 또한 건강보험의 조직 및 재정의 완전통합, 의료보호의 건강보험으로의 흡수, 그리고 보험료 누진제 등의 내용을 담은 국민의료보장법안을 만들어 국회에 전달하기도 하였다(1988.12). 이러한 전략은 당시 야당인 평민당과 민주당에 연결되어, 이들의 주도로 건보통합을 골자로 하는 국민의료보험법 개정안이 국회에서 가결된 것이다(1989.03). 이는 1980년부터 20년 가까이 이어져 온 건강보험 통합 논쟁이 마무리되는 전환적 사건이 될 뻔 했으나, 노태우 대통령이 공공안녕질서와 국가안위를 위태롭게 하는 법안이라는 근거 등을 내세워 거부권을 행사함으로써 건보통합은 무산되고 말았다(참여연대, 2010).

노태우 정부는 경총의 편을 들어주면서 건강보험통합에 거부권을 행사했는데, 그 근거는; 첫째, 기존의 조합을 해산하고 조합의 권리, 의무를 신설 공단으로 이전하면 다른 조합원의 재산이 조합원이 아닌 자의 의료비로 사용되어 불합리하다. 둘째, 이는 기존 조합원의 재산권을 침해한다는 것이었다. 노태우 정부가

6월 항쟁으로 탄생한 정권이지만 기본적으로 보수정권임을 말해주는 상징적 사건이었다.

4. 3당 합당, 보수대연합의 탄생

이미 예고되었듯이, 6월 항쟁으로 1987년부터 시작된 사회복지의 가파른 확대정책은 오래 가지 못해 막을 내리고 다시 반노동 반복지라는 보수의 바람이 거세게 몰아친다. 1990년 당시 노태우대통령은 보수 여당이었던 민정당이 충청도에 기반을 두고 있는 또 다른 보수당인 김종필의 공화당과 지역적으로는 부산과 경남에 기반을 두고 있던 민주진보세력인 김영삼의 민주당과 통합하면서 '3당 통합'을 이루어내었다.

제5공화국의 후신세력인 민주정의당 세력은 노태우 대선 후보를 내세워 6월 항쟁이라는 정치적 위기 속에서도 정권을 잡았으나, 계속되는 국민의 민주화 요구와 군사정권 청산요구는 이들에게 위협이 되고 있었다. 이러한 국민적 요구에 1988년에 실시되었던 제13대 국회의원 총선거에서 민주정의당이 과반수 의석 확보에 실패하자, 노태우 정권은 여소야대 정국을 타개하기 위해 이른바 '보수대연합'을 비밀리에 추진하여 1990년 내각제 개헌 밀약을 조건으로 '구국의 결단'이라는 명분을 내세우며 3당 합당을 이끌어내 거대여당을 탄생시켰다. 그 결과로 국회는 보수적인 국회로 돌변하게 되고 보수적 사회경제정책을 추진한다.[1)]

3당 합당 후, 노태우 정부는 적극적이고 효율적인 노동통제를 행할 수 있는 정치적 조건을 마련하게 되었다. 이에 따라 노태우 정부는 임금가이드라인의 재도입과 임금결정기구 구성, 노조에 대한 업무조사권 발동, 무노동 무임금과 '경영 인사권'의 준수, 행정조치에 의한 불법 쟁의행위 유형 규정 등의 방법을 동원해 노동을 더욱 합법적으로 통제할 수 있었다. 노태우 정부는 3당 합당과 같은 날 결성된 '전국노동조합협의회'(전노협)에 대한 강경탄압을 자신감을 가지

1) 3당합당의 여파로 노태우 대통령이 출범한지 2년 만에 80%에 육박하는 높은 수치의 지지율을 기록한 적도 있었다.

고 시작하였다(김금수, 2004:65).

이 3당 합당은 정치와 사회복지가 얼마나 밀접하게 서로 연결되어 있는가를 말해주는 좋은 사례이다. 3당 합당으로 이루어진 보수정파의 정치적 기반 확대는 사회복지정책의 발달을 가로막았다. 시행이 임박한 것으로 보이던 고용보험은 연기되었고, 계속 확대될 것으로 보였던 복지프로그램 대신에 '일 더하기 운동'이 등장했다. 1989년 통합의료보험법이 국회를 통화하였지만 노태우대통령은 거부권을 행사하여 실시되지 못했다. 결과적으로 1987년부터 시작되었던 복지의 가파른 팽창은 정부예산 중 보건사회부 예산비율은 1990년 5.02%를 기점으로 1991년부터 계속 감소하기 시작했다.

4.1 일 더하기 운동

노태우 정부의 반노동적인 속성을 보여주는 단적인 사례가 '일 더하기 운동'이다. 1990년 3당 합당으로 자본가, 정부, 언론 사이에 동맹이 형성되어 헤게모니를 장악한 지배연합은 다시 노동을 쥐어짜기 시작했다. 노태우 정부와 경제계는 당시 제기된 경제위기의 원인을 노동자들의 과도한 임금인상 요구와 이로 인한 노사대립, 노동자들의 불성실과 이로 인한 생산성 저하 등에서 주로 찾으려 했다. 실상은 명목상의 임금상승에도 불구하고 당시 노동자들의 생활은 잔업을 하지 않고는 한달 생활하기가 어려웠다. 인금인상은 해마다 오르는 물가와 전 월세값의 폭등을 따라 갈 수 없었다.

1991년 11월, 새마을운동중앙협의회가 '30분 일 더하기 운동'을 제창한 이후, 같은 달 21일 정부의 '30분 일 더하기, 10% 씀씀이 줄이기 운동', 다음 달 대한상공회의소 등 경제5단체의 '5대 10% 더하기 운동' 결의 등을 통해 범국민적 캠페인으로 등장했다. 당시 '일 더하기 운동'의 배경이 무엇인지, 그 운동이 어떤 결과를 낳았는지, 그 사회복지적 의미가 무엇이었나를 잘 말해 주는 일화를 소개한다.

> .... '노동자들이 힘든 일, 위험하고 궂은 일을 싫어하는 3D 현상으로 생산현장이 심각한 인력난을 겪고 있고 임금은 대폭 오른 반면 생산성은 이에 미치지 못해 국제경쟁력이 갈수록 떨어지고 있으며, 이대로 가다가는 아시아의 용이 지렁

이로 전락하게 될 것'이라며 노동 측을 압박하기 시작했다.

노총은 이 운동이 당시의 경제위기에 대한 책임을 노동자에게 전가시키고 있으며, 주당 근로시간을 46시간에서 44시간으로 단축시킨 근로기준법 정신에 위배되고, 관변 단체 주도로 시작됐다는 점 등을 들어 무시한다는 입장이다. 전노협도 "이번 일 더하기 운동은 정부가 선거국면을 앞두고 경제 실정의 책임을 노동자에게 떠넘기려는 것"이라며 "이번 운동은 뼈가 휘도록 열심히 일하고도 살기가 더욱 어려워 허덕이는 많은 노동자들에게 분노와 배신감을 안겨주는 처사"라고 비난했다.

노동계는 집값, 땅값, 물가는 하늘 높은 줄 모르고 치솟고, 투기꾼들은 엄청난 불로소득을 거둬 흥청망청 써대고, 기업인들은 경영합리화나 기술개발은 뒷전으로 돌리고 개인 주머니만 채우는 상황에서 오히려 가장 큰 피해자인 노동자가 정신차려야 할 주 대상이 되고 있었다. 세계에서 가장 긴 노동시간과 최고의 산재율, 40대 사망률이 세계 1위인 당시 상황에서 노동자들이 일을 안해 경제위기를 맞고 있다고 주장하는 것이다.

(출처: 중앙일보, 뿌리깊은 노사불신 해소돼야 일 더하기 운동 알찬 결실, 92.1.1)

〈그림 7-1〉 일 더하기 운동

이 '일 더하기 운동'은 기어이 끔찍한 결과를 만들어 내고 말았는데 23살의 꽃다운 처녀를 희생시키고 만다. 초등학교만 졸업하고 가방공장 신발공장 등을 옮겨다니며 살려고 발버둥치던 권미경은 끝없이 이어지는 작업에 더 견디지 못하고 옥상에서 투신하고 만다. 다음은 부산지역 노동자연합단체인 노동운동협의회가 발간하는 소식지에 실린 기사이다.

'일 더하기 운동'이 꽃다운 젊음, 미경이를 죽였다!

김인옥(부산노동자연합)-노운협기관지 '노동운동' 92년 1월호-

평소 세심하고 다정다감한 성격으로 주위 동료들로부터 사랑과 신뢰를 받아온 성실하고 꿋꿋한 노동자. 나이 어린 학생들이 밤이면 공부하고 낮에는 생산량을 맞추기 위해 애쓰다 불량이라도 하나 내며는 거침없이 쏟아지는 관리자들의 폭언을 들을 때 자신이 당하는 것처럼 가슴 아파하고 괴로워했던 가녀린 스물 세 살의 여성노동자. '뼈에 사무치는 가난의 아픔을 끝내야 한다'며 '더 이상 서러운 통곡소리가 이 산하에 존재하지 않게끔 이 한목숨 바치고 재가 돈이다면 그 재 또한 불사르리라'고 다짐하던 꽃다운 스물 세 살. '기다려라 이 개자식들아! 자본가들아. 내 아버지의, 내 어머니의 피맺힌 한을 너희 아가리에 처넣어 줄 날이 멀지 않았음을 알아라!'라며 노동운동을 하는 모든 이와 자기 삶을 함께 하고 싶어 했던 스물 세 살의 여성 노동자가 이제는 싸늘한 시신이 되어 우리 앞에 누워 있다. 피눈물로 아로새긴 글을 미싱으로 달구어진 노동자의 팔뚝에다 남기고, 지난 12월 6일 권미경 양이 높이 30미터가 되는 작업장 옥상에서 피를 토하며 죽었다. 그러나 권양의 죽음은 단순한 죽음이 아니다. 왜냐하면 신발공장을 중심으로 진행된 광란적인 '구사운동' '30분 일 더하기'가 우려의 차원을 넘어서 끝내는 23세의 권미경 양을 죽음으로 내몰았기 때문이다. 허울 좋은 '구사운동'이 '인명살상운동'이 되었던 것이다.

(주)대봉의 미싱사로 근무한 권미경양은 12월 6일 투신하여 사망하기까지 국민학교 졸업 이후 가방공장으로 옮겨다니며 억척스럽게 살아왔다. 그 결과 10년간의 미싱경력으로 일당 9,400원으로 잔업, 연근수당까지 다 포함하여 약 34만원 가량의 월급을 받고 있었다. 일당 9,400원짜리 여성노동자, 권미경양이 인간다운 삶을 추구하다 결국 죽음으로 몰릴 수밖에 없었던 신발공장의 현실과 '구사운동'의 참 모습은 어떤 것이었을까?

"목표량 달성 못하면 함께 죽자"고 강요한 (주)대봉의 숨 막히는 작업현장

(주)대봉은 부산지역 대부분의 신발사업장과 마찬가지로 경영위기를 노동강도 강화 및 노동통제 강화를 통하여 탈피하고자 지난 11월 1일부터 노동조합에서 제안하여[책임완수, 결근방지]라는 깃을 달고 '30분 일 더하기'식의 노동강도 강화정책을 펼쳐왔다.

권미경 양이 근무했던 재봉 3조 동료들의 증언에 따르면 목표량 달성을 재촉하는 회사관리자들의 폭언과 욕설이 현장에서 끊이지 않았다고 한다. 휴식시간과 점심시간에도 일하는 분위기가 형성되어 있고 생산량이 제대로 나오지 않을 경우 점심시간과 작업시간 후에도 집합을 시켜놓고 훈시하는 경우가 자주 있었다. 한 라인의 경우는 칠판에 관리자가 "목표량 달성 못하면 함께 죽자"고 크게 써 놓고 작업을 해왔고, 반장이 예사로 "생산을 그만큼 해놓고 밥이 아가리에 처 들어가느냐"는 폭언을 서슴지 않았다고 한다.

권미경 양이 사망한 12월 6일, 10일전부터 '아디다스'라는 새로운 제품을 생산하는 라인이 만들어져 600족의 목표달성을 다그쳐 왔다. 이 과정에서 권미경 양은 인간 이하의 모욕적인 '공순이'의 아픔을 느껴야만 했다.

관리자들은 초시계를 동원하여 1인이 1족을 뽑는 속도를 계속해서 1시간 간격으로 체크하여 노동속도를 높일 것을 강요해ㅑ왔다. 특히 권미경양은 속도가 느려서 관리자에게 꾸지람을 많이 들었다. 꾸지람으로 끝나지 않았다. 느린 작업속도를 도와준다면서 과장이 권양 사망 4일 전부터 권미경양 옆에서 함께 작업을 하면서 정신적 압박을 가해 왔다. 급기야는 12월 3,4일 양일에 걸쳐 목표량이 제대로 나오지 않자 작업종료 후 정신교육을 15분~20분 정도 실시하는 바람에 통근버스를 타지 못한 채 귀가해야 했다고 한다. 특히 4일에는 권미경 양 등 6명이 관리자의 훈시를 듣느라고 저녁식사를 하지 못하고 잔업을 하였는데, 잔업시간 중에 배가 고파서 한 여성노동자가 가지고 있던 밀감을 먹다가 과장인 전홍규(40세)에게 들켜서 제대로 먹지도 못한 채 작업을 계속 해야 했다. 사망 당일인 12월 6일에도 외국 바이어가 불량이 많이 나왔다는 이유로 라인관리자를 질책하였고, 이 때문에 반장이 산업체야간학교에 다니던 여성노동자인 최미숙(19, 동원여상 3년) 양을 심하게 나무라자 최양이 엉엉 우는 사건이 발생하여 현장분위기가 매우 침울한 상태였다는 것이다(이상은, 「고무노동자 고 권미경열사 사인진상규명 대책위원회」의 조사결과 밝혀진 내용이다).

오로지 일만 하는 기계로, 이윤을 낳는 기계 부속품으로만 살 것을 강요하는 숨막힌 현장이야말로 '사실이냐 아니냐'의 논의가 필요 없는 살인자였고, 이 살인자를 배후조종했던 자가 바로 현 정부와 자본가이다. 왜냐하면 고무노동자 권미경양의 꽃다운 청춘의 황금기, 그 가장 아름다워야 할 10여년의 세월동안 피땀 흘린 대가가 '지금 현재의 경제위기는 모두 노동자 때문'이라며 '원가절감' '결근방지' '30분 일 더하기 운동'등으로 되돌려지는 이 모순된 현실이 초래한 명백한 타살이기 때문이다. 인간답게 살기를 간절히 원했던 한 여성노동자가 마지막으로 취할 수밖에 없었던 강요된 선택이었던 것이다.

4.2 구사대(求社隊) 어용노조의 등장

6월 항쟁으로 국민이 직접 투표하여 대통령을 뽑는 직선제가 부활하였고 중앙정보부나 보안사 등 비밀경찰제가 폐지되었다. 이제 국가가 노동조합을 직접적으로 탄압하는 시대는 지났으나 그렇다고 노조의 활동이 자유로운 것은 아니었다. 사회적 반동이 시작된 것이다. 사회 곳곳에서 반노동 반복지의 퇴행이 시작되었다. 대기업 중소기업 등으로 대표되는 자본은 보수언론을 앞세워 민중 노동부문에 대한 억압을 다시 시작했다. 6월 항쟁의 결과로 법적으로 노조활동을 억압할 수 없던 자본세력은 구사대라는 불법적 단체를 동원하여 노조를 통제하려고 했다.

구사대는 '일 더하기 운동'과 거의 동시에 출현했는데, 이것은 지배연합의 하위 행동프로그램으로 자신들의 권익을 보호하기 위해 노동자들이 만든 조직활동을 방해하고 와해시키려는 목적으로 만들어졌다. 구사대가 세상에 등장하게 된 것은, 1987년 노동자 대투쟁 이후 노동자들이 노동조합 건설이나 어용 노조 민주화 투쟁 등 자주적인 조직 활동을 하면서부터였다. 구사대는 주로 회사 측 인사 노무 담당 부서의 중간 관리자들로 구성되었는데, 인원이 부족할 경우에는 외부 인원을 임시로 고용하기까지 했고, 심지어는 경찰의 협조를 받아 전투 경찰을 구사대로 위장하여 배치하기도 하였다(부산역사문화대전 '구사대'). 회사측은 '구사대'라는 이름의 용역깡패들을 동원해 파업에 나선 노동자들을 테러하고 노동조합을 파괴하는 일이 잦았다. 정부는 구사대를 규제하기는커녕 오히려 그들을 묵인하고 협력하는 일도 잦았다.

1987년 7월, 8월, 9월 노동자 대투쟁 당시에도 회사 측은 노동자의 단합을 방해하기 위하여 구사대를 조직하여 폭력과 협박을 자행하는 만행을 저질렀다.

특히 1987년 9월경부터 본격적으로 나서면서 쇠파이프, 각목 등의 흉기를 휘둘렀다. 경찰은 이러한 구사대를 지원하기 위해 구사대의 폭력 만행에는 수수방관하면서, 농성 노동자를 향해서는 최루탄을 쏘며 주동자들을 연행하여 구속하기까지 하였다. 아래는 당시 구사대의 활동을 요약해 놓은 것이다.

- 1987년 7월 28일부터 국제상사 2,000여 명의 노동자들이 농성 투쟁을 시작하자, 7월 30일 회사 측은 600여 명의 구사대를 농성장에 난입시켰다. 구사대는 망치, 쇠파이프, 각목 등으로 농성 노동자들을 구타하고 소방 호스로 물을 뿌려대며 돌멩이를 무차별적으로 던졌다. 그 결과 48명의 노동자들이 부상을 당했는데, 이 가운데 3명은 치명상을 입었고, 90여 명의 여성 노동자들이 지하 강당에 감금당하기도 하였다.
- 1987년 8월 14일 신발업체 (주)풍영의 노동자 11명이 노조민주화투쟁위원회를 발족하고 농성 투쟁에 돌입하자, 회사 측은 60여 명의 관리자를 동원하여 폭력을 자행하고 노동자들을 감금하였다. 이 과정에서 생산2부 준비과 유만종이 신경 근육 2개와 동맥이 끊어지는 중상을 입기도 하였다.
- 1987년 8월 5일 (주)화성에서는 노조 결성을 마친 후 9월 1일 회사 측에 조합원 교육을 통보하기 위해 방문한 노조 간부를 관리자를 동원하여 온갖 폭력을 자행하였다. 콜라병을 무기로 하는 구타와 발길질로 화성의 조합장은 귀 고막이 터져 병원으로 실려 갔다. 이들은 다른 노조 간부에게도 쇠파이프, 그라인더 등으로 위협하고 얼굴과 입술을 강타하면서 강제 사직을 강요하기까지 하였다.
- 1987년 8월 17일 유진화학 600여 명의 노동자들이 농성 투쟁을 전개하자, 8월 18일 회사 측은 관리자 60여 명으로 구사대를 조직하여 쇠파이프로 폭행을 자행하였다. 8월 20일에는 쇠파이프와 각목을 무차별적으로 휘둘러대며 옥상에서 화분을 던지기까지 하였다. 이 일로 유진화학 노동자들은 2주에서 16주에 이르는 심한 부상을 입기도 하였다.
- 1987년 9월 7일 태양사에서는 정부의 탄압 국면을 이용해 관리자들이 노조 조합원 50~60여 명을 집단 폭행하였다. 이로 인해 노조 간부는 코뼈가 부러지거나 전치 10일의 부상을 입었고, 대의원들은 회사 출근길에 집단 폭행을 당하였다.

이처럼 8월말까지 부산 지역에서 부당 해고, 강제 사직당한 노동자 수가 125명에 달하였다(한국향토문화전자대전, '구사대' https://busan.grandculture.net/).

당시 노동자들의 투쟁이 일어나는 곳에서는 어디든지 이러한 구사대가 만들어졌고 노동자들은 목숨을 걸고 이들과 투쟁을 벌였다. 그러나 여성 노동자들의 투쟁이나 조직력이 약한 사업장에서 투쟁이 일어날 경우, 구사대에 의해 자행되는 폭력은 처참할 정도로 노동자들에게 상처를 주는 것이었다. 이러한 구사대 폭력은 시대를 지나면서 그 모습을 바꾸어가며 계속되었다.

구사대 활동은 시작되자마자 언론의 적극적 협력을 얻으며 급속히 확산되어 나갔다. 부산지역 신발제조업체인 태광화성에서 시작된 구사운동은 부산, 국제 등 지역신문만 아니라 중앙의 일간지에도 보도되었고 대전의 대영전자, 구미의 흥명공업과 함께 새로운 노사관계의 모범으로 치장되면서 하나의 캠페인으로 전개되었다. 기업들은 부도, 폐업으로 '부산지역 경제가 곧 죽게 생겼다'는 위기감의 조성과 함께 시작된 신발공장 살리기 운동은 약 한달 남짓한 기간 동안 정부의 후원과 관제 어용단체, 관제언론의 적극적인 도움을 받으며 부산지역 신발공장을 휩쓸었다. 태광화성 '구사운동'이 시작되자, 기업과 언론은 이것이 새로운 노사협조의 새로운 모범이라며 대전의 대영전자, 구미의 흥명공업과 아울러 중앙경제신문을 포함한 일간신문에서 기다렸다는 듯이 대서특필하였다(부산역사문화대전 '구사대').

부산지역의 신발공장은 '저임금, 장시간, 강제노동의 대명사'라 할 만큼 노동조건이 열악하기로 소문난 곳이다. 일제 때부터 어린 여공들의 고통을 기반으로 하여 유지되었던 곳이 신발공장이고, 해방 이후에도 일제 때의 전근대적인 노무관계가 그대로 남아 무리한 생산량을 책정해 놓고 이를 못해낼 경우 관리자들의 욕설과 구타가 끊이지 않았던 곳이다. 87년 대투쟁 이전 노동운동이 거의 전무했던 부산지역에도 새바람이 불었다(부산역사문화대전 '구사대')..

구사대의 불법적 노동탄압과 함께, 89년 이후부터 기업들은 생산성 향상의 수단으로 PQM이란 것을 개발했다. PQM은 그 어떤 기계설비의 개선이나 투자도 없이 오로지 노동자의 작업강화에 의해서만 생산성 향상을 목표로 한 경영합리화 기술로서 이는 자본이 인간을 소외시키고 착취하는 새로운 장을 연 것이라 말할 수 있다. PQM은 한꺼번에 회사 전체에 실시하는 것이 아니다. 우선 PQM시범라인을 선정하여 이 부서에 PQM의 프로그램을 적용하여 생산량을 늘리고, 이 최고의 생산량을 점차 모든 부서로 확산시켜 나간다. 시범라인으로 선정된 현장에는 PQM 담당 직원, 부서과장, 회사의 간부 30~40명이 둘러싸서 작업을 직접 지켜본다. 예를 들면 재봉의 경우에 신발 한 족을 박는데 필요한 시간이 얼마인지를 초시계로 재고 있다. 심지어 실이 끊어졌을 때 북실에 실을 꿰는 시간이 얼마인지를 초시계로 재고, 화장실 가는 시간은 얼마나 걸리는 지도 초시계로 계산한다. 이렇게 해서 최종적으로 신발 한 쪽 박는 데 걸리는 시간을 산출하여 하루 목표량을 계산하여 모든 부서에 적용하는 것이 PQM 방식이다. PQM 도입으로 한 기업이 엄청난 이익을 올리자 모든 기업으로 번져나갔다.

또한, 노태우 정부 기간 출현한 것이 있으니 이른바 '어용노조'이다. 어용노조란 노동조합이 노동자를 위해서 일하는 것이 아니고 기업측의 이익을 위해 일하는 노동조합을 말한다. 어용노조가 바로 6공화국의 본질을 상징적으로 말해주고 있다. 노태우 정부는 국가기관이 과거처럼 국가권력을 사용하여 노동자의 권리를 짓밟지는 않지만, 그리고 겉으로는 노동자의 기본권을 존중하고 향상시킨다고 말하지만 실제로는 기업들이 어용노조를 동원해 노조활동을 방해하고 있는 것을 방관함으로써 기업 편을 들고 있었다. 어떤 어용노조는 '구사운동'이 시작되면서 정문에 노조명의의 '원가절감, 생산성 향상, 결근방지'라는 플래카드를 내걸고 출퇴근 시 노동자들에게 '구사운동'에 동참할 것을 요구했다. 또한 노동조합 위원장 명의로 '신발공장이 부도폐업으로 어려움에 처해 있고 이의 타개를 위해서는 노동자들이 더욱 열심히 일해야 한다'는 내용의 공고문을 현장에다 게시할 정도였다. 또 다른 어용노조의 경우 지역에서는 소위 '중간노조'라는 이름으로 체육대회, 야유회 등에 수 백 명의 조합원을 조직하고 기존의 노조와 회사의 중간에서 활동하면서 회사측의 이익을 위해 봉사했다. 주로 여전히 간선으로 위원장을 선출하는데 여기에는 회사 측의 입김이 작용하는 것은 물론이며, 노동자들의 한결같은 요구인 임금인상을 외면해 버렸다.

5. 나가면서

노태우 대통령은 군부 출신이었지만 분명 전임 전두환과는 다른 길을 걸었다. 전두환이 국가권력을 사용하여 노동운동을 억압하고 노동자를 착취하는 데 집중했다면, 노태우는 더 이상 국가권력을 그런데 사용하지 않았다. 민주화 이후 일어난 노동탄압과 착취는 사회 책임인 것이다.

이제 국가는 경제성장을 넘어 노동자와 사회적 약자계층을 보호해야 하는 적극적 역할을 할 의무가 더 중요해졌다. 그러나 노태우 정부는 그 의무를 다하지 못했으며 오히려 회피하는 듯한 태도를 보임으로써 그 한계를 노정하고 말았다.

Ⅱ. 김영삼 정부의 사회복지

1. 들어가면서

비록, 김영삼의 문민정부는 6공 두 번째 정부로 출범했지만, 김영삼 대통령은 그 뿌리를 민주개혁 세력에 두고 있어 그 기대치가 높았다. 김영삼 정부는 군부 출신의 대통령이 아닌 민간인의 최초의 정부라는 의미로 스스로를 '문민정부'로 칭했다. 김영삼 정부는 전임 노태우 정부와 3가지 점에서 뚜렷이 차별된다.

첫째, 김영삼 정부는 수십 년 동안 민주화를 위하여 투쟁해온 정치세력들로 구성된 정부였기 때문에 훨씬 높은 수준의 민주적 정당성을 가지고 있었고, 그런 이유로 민주주의를 정착 확대시키는 데 강한 의지를 갖고 있었다. 둘째, 김영삼 정부는 과거 국가-자본의 폐쇄적 지배연합 구조를 완전히 개혁해서 노동자와 일반국민의 요구와 이익을 반영하는 개방적 정치체제를 구축하려 하였다. 셋째, 이는 국민에 대한 복지정책의 확대를 의미했고, 복지국가로 전환하려는 움직임을 보였다(김태성 · 성경륭, 2000: 416).

이러한 문민정부의 사회복지는 과연 어떠했을까? 정부는 과연 국민을 위하여 물질을 생산하고, 사회적 약자를 위하여 소득재분배정책을 실시하고, 노동자들을 대우해 주었을까?

2. 문민정부의 성장정책

문민정부는 대다수 국민이 먹고 살 물질을 생산하기 위하여 새로운 경제성장 모델을 채택했다. 이른바 '신경제 5개년 계획'이 그것이다. 저임금과 노동착취, 수출기업에 대한 특혜금융 등으로 대표되는 발전국가 모델로는 더 이상 국제경쟁에서 살아남을 수 없다고 판단한 김영삼 정부는 우리 성장전략에도 변화가 필요하다는 생각이었다. 신경제 5개년 계획은 금융 · 부동산 실명제를 비롯한 충격적인 구조개혁과 성장잠재력 확충을 동시에 진행했다. 세부적으로 재정 금융 행정규제 경제의식 등 4대 개혁을 단행하고 산업구조조정을 가속화하는 동시에 성장잠재력을 확충하기로 했다. 1997년 선진경제권에 진입하며 1998년에는 연평균 7%의 경제성장과 1인당 국민소득 1만4,000달러, 소비자물가 3%대 안정이라는 목표를 세웠다(행정안전부 국가기록원, '김영삼 정부').

비록 1997년 말 국제통화기금(IMF) 구제금융이라는 전대미문의 경제위기로 이어졌지만 신경제 5개년 계획으로 경제의 양적팽창은 이뤄졌다. 일단 취임 후 2년 후인 1995년 사상 처음으로 1인당 국민소득이 1만달러를 넘어섰다. 경제성장률 역시 1992년 6.2%에 머물렀지만, 1993년 6.8%, 1994년 9.2%, 1995년 9.6%, 1996년 7.6%를 기록 고도성장을 지속했다. 물가도 1994년 6%대로 잠시 올랐지만 이후 4%대를 유지하며 당시로서는 비교적 안정적인 흐름을 이어갔다. 국민을 위한 문민정부의 먹거리 장만은 계속되었다고 볼 수 있다(행정안전부 국가기록원, '김영삼 정부').

1993년 12월 정부는 수년 간 끌어오던 '우루과이 라운드' 협정을 타결지었다. 보호무역주의의 철폐를 골자로 하는 이 협정은 상품, 금융, 건설, 유통, 서비스 등 모든 분야에서 외국에 문호를 열어 놓게 되었다. 정부는 시장개방정책을 더욱 강화하기 위해 1996년 9월 12일 서방 선진국의 경제협력개발기구(OECD)에 가입하였다. 그리고 시장개방정책에 맞추어 낙후된 분야의 경쟁력을 높이기 위해 '세계화'를 강조하고 1995년 1월 '세계화추진위원회'를 공식 출범시켰다. 한국경제는 1995년 10월 현재 수출사상 처음으로 1천억불을 돌파하고, 1996년 말 현재 1인당 국민소득이 1만불을 돌파하여 선진국을 바짝 뒤쫓는 수준에 올라섰다(행정안전부 국가기록원, '김영삼 정부')..

1993년 전격적으로 단행된 '금융실명제'는 정치와 경제의 선진화를 이룬 획기적으로 개선한 개혁으로 평가될 수 있다. 이는 당시 많은 기업과 부자들이 재산을 타인의 이름으로 숨겨놓고 세금을 피하고 있었는데, 김영삼 정부는 이를 금지하는 금융실명제가 실시되지 않고는 이 땅에 부정부패를 원천적으로 봉쇄할 수가 없고, 정치와 경제의 검은 유착을 근원적으로 단절할 수가 없었다고 판단한 것이다. 즉, 금융 실명거래의 정착이 없이는 이 땅에 진정한 분배 정의를 구현할 수가 없으며 우리 사회의 도덕성을 세울 수가 없었다고 본 것이다. 금융실명제가 소득재분배 효과를 목표로 했음은 두 말할 필요가 없다. 이는 장기적으로 경제개혁의 기초를 닦았다는 점에서 국민들의 환영을 받았다.

김영삼 정부는 '신노동정책'이란 전향적 노사관계를 들고 나왔다. 이는 노동자에 대한 직접 통제를 포기하고 민간의 자율교섭과 사회적 합의를 바탕으로 노사관계개혁위원회(노개위) 사업 등을 시도했다. 김영삼 정부의 '신노사관계 구상'은 '참여와 협력의 새로운 노사관계로의 대전환'을 목표로 다섯 가지 '원칙'을 제시했다. 즉 '공동선의 극대화', '참여와 협력', '노사자율과 책임', '교육중시와 인간존중', '제도와 의식의 세계화' 등이 그것이다. 이 '신노사관계 구상'은 김영삼 정권이 출범 초기부터 '세계화'로 표방된 개방정책과 국가경쟁력 논리의 연장선에 있는 것이다. 이에 입각하여 청와대 직속 자문기구로 '노사관계 개혁 위원회'(이하 노개위)가 설치되었고, 노개위는 1차적인 '개혁' 과제로서 노동관계법의 개정작업에 착수하였다. 이는 김영삼 정부가 노동자들을 좀더 우대하여 우리나라를 선진국으로 만드는 방향으로 향하겠다는 의지를 표명한 것으로 보인다(이정식, 1993).

하지만 문민정부의 결정적인 실책은 대통령 임기 말기에 터졌다. 6·25 전쟁 이후 대한민국이 맞이한 최대의 국난이라 불리는 외환위기를 당하고 말았다. 1997년 대한민국 기업의 무분별한 과잉투자와 이를 방조한 국가의 금융정책, 외국 단기자본의 공격으로 일어난 대규모 국가부도위기를 말한다. 이 때 파산 일보 직전까지 갔던 대한민국 경제는 10년간 호황 경기 시절 동안 쌓았던 자본이 거의 사라졌고, 대규모 실직과 무더기 부동산 매각으로 인해 중산층의 비율은 줄어들었다. 이 위기를 극복하기 위해 뼈를 깎으며 감행한 구조조정의 결과 전체적으로 자산양극화와 노동양극화가 극심해져 경제적 양극화와 사회적 불평등의 길로 들어서게 된다.

3. 문민정부의 사회복지정책

기본적으로 김영삼 정부는 노태우 정부의 복지정책을 계승하고 있다(양재진, 2008). 사회보험을 점진적으로 실행했는데 1995년 고용보험을 시행하고, 국민연금법을 개정하여 농어촌연금을 시행하였다.

김영삼 대통령은 임기 중반은 1995년부터 세계화와 국가경쟁력 강화를 국정지표로 채택하였다. 이를 위하여 '삶의 질 세계화'를 위한 국민복지기획단을 출범시키고, 국민최저생활 수준의 보장, 4대 사회보험의 전체 근로자에게 적용확대, 사회적 취약계층에 대한 지원확대 등 사회복지에 관심을 보였다.

그러나 김영삼 정부의 국민복지 구상은 '최저생계비 완전보장'을 제외하고는 사회복지를 경제에 종속시키는 전통적 경제성장제일주의 패러다임을 벗어나지 못하고 있다고 보아야 한다. 단지 1997년 공무원 교원 의료보험조합과 지역의료보험조합을 통합하는 '국민건강보험법'이 제정되고, 민간복지의 활성화를 위한 '사회복지공동모금법'이 만들어졌다.

문민정부는 '삶의 질 세계화'를 위한 국민복지기획단의 출범을 출범시켰는데 이는 한국판 비버리지 보고서라 할 만하다. 전 국민을 대상으로 한 사회보장제도의 확립과 저소득층의 최저생활 보장을 골격으로 하는 이 기본구상안이 제2차 세계대전 중인 1942년 '요람에서 무덤까지'라는 복지국가의 모델을 마련한 영국의 비버리지보고서와 비슷한 비전을 제시하고 있어서이다.

청사진의 골격 중 하나인 사회보장제도의 확립방안은 의료보험 산재보험 고용보험 등의 대상을 확대하고 전 국민연금의 조기 정착을 강조하고 있다. 또 최저생활보장대책은 최저생계비의 완전보장과 의료 및 교육보호의 내실화를 제시하고 있다. 장애인 노인 등을 위한 사회복지서비스의 확충도 함께 담고 있다. 한마디로 21세기 한국인의 '기본 삶'을 제도적으로 제시하고 있다.

국민복지기획단은 이 구상안이 제대로 실행되면 세계 32위에 머물고 있는 한국인의 삶의 질이 2000년 초에는 15위, 2010년에는 11위로 뛰어오를 수 있다고 전망했다. 경제지표로 볼 때, 이러한 전망은 예상보다는 늦었지만 그로부터 10년 후인 2020년 문재인 정부 때 실현되었다.

문민정부가 도입한 농어민연금제도는 세계화로 인한 사회경제적 손실이 그들에게 집중되는 경우에 대비하기 위한 국가적 노력으로 볼 수 있다. 특히, 실업보험을 도입하여 우리나라는 선진복지국가들에서 운영되고 있는 4대 사회보험을 모두 갖추게 되었다. 이는 한국 사회복지체계의 발달과정에서 새로운 전환점이 되었다고 할 수 있다.

그럼에도 불구하고, 김영상 정부의 사회복지 개혁은 미진했다. 김영삼 정부의 '세계화 선언'은 국가의 모든 정책결정과정을 지배하였고, 당연히 사회복지정책에도 중대한 영향을 주었다. 임기 내내 낮은 사회복지 지출 수준을 유지했으며, 사회복지 공급에 대한 국가의 책임을 강조하기보다는 비국가부분, 즉 가족 시장 비영리집단 등의 역할 증대를 강조했다. 이른바'한국형 복지사회모델'이라는 것이다. 정부는 국민최저생활수준의 보장이라는 목표를 내세웠지만, 당시 대표적 공공부조제도인 생활보호대상자의 수는 1992년과 1996년 사이 전체 인구 대비 5%에서 3.3%로 감소하여 무려 25%가 감소했다. 그 사이 그들의 소득이 갑자기 증가했다고 볼 증거는 없다. 또, 실업보험 개혁, 국민연금 개혁안, 개인연금 도입 등은 사회복지 과제들을 기업과 시장에 내맡긴 것으로 볼 수 있다(신동면, 2001:79).

4. 김영삼 정부의 '신노동정책', 무산된 선진복지국가의 꿈

김영삼 정부는 집권 초반기에 '문민개혁'의 일환으로 노동정책에서도 민주화와 개혁정책을 실시할 것임을 표방하였다. 김영삼은 문민정부답게 과거 군사정권의 노동정책과는 달리 '노조활동의 자율성 보장', '국가의 중립성'을 축으로 하여 이른바 '신노동정책'을 내걸었다. 이 초기의 '신노동정책'은 당시 불법화하고 있었던 민주노조운동 진영, 특히 '전국노동조합협의회'(전노협)을 대화파트너로서 인정했다. 또한 그때까지 핵심적인 노동통제 정책이었던 3자개입금지 및 경영인사권 관련 쟁의행위 금지, 그리고 노조활동 관련 해고자 양산, 무노동무임금 등 각종 정부의 노사관계에 대한 친사용자적인 개입정책을 개혁함으로써, 정부의 지나친 개입과 그로 인한 노조활동의 자율성 침해가 가져온 파행적 노사관계를 '정상화'시킬 수 있는 방향을 취하고 있었다(이은숙, 1997).

이은숙(1997)은 김영삼 정부 초기의 '신노동정책'은 1987년 이후 노동조합운동의 활성화와 그에 따른 민주노조운동의 성장발전을 세 가지 요인으로 설명했다. ① 더 이상 정부 차원에서 물리적으로 억압하는 것은 불가능, ② 친사용자적으로 개입하는 정책이 오히려 노사관계의 '안정'을 저해한다는 상황인식, ③ 그리고 '문민 개혁정부'임을 자처하면서 과거 군사정권과는 차별성을 가진 '민주적' 정권임을 내외에 과시하고자 한 것 등 몇 가지 요소가 작용한 결과하고 볼 수 있다.

그러나 김영삼 정부는 자본의 반발이 거세게 일자 노동부문 개혁을 유보한 채, 고통분담론, 국제경재력 강화, 세계화 이데올로기를 앞세워 노동통제 강화로 방향을 선회한다. 아폴로산업, 서울지하철 등 파업현장에 대한 연이은 공권력 투입과 현대자동차파업에 대한 긴급조정권 발동이 그 대표적 사례들이다.

김영삼 정부의 '신노동정책'의 한계는 정책이 시행되기도 전에 곧바로 드러났다. 1993년 7월 시작된 현대그룹노동조합총연합(현총련)의 연대파업을 계기로, 자본측은 '무노동무임금', '경영·인사권 문제'에 대해 집중적인 공세를 제도언론을 동원하여 퍼부었고, 정부 내에서도 경제부처를 중심으로 '신노동정책'이 오히려 노사분규를 조장하고 있다고 반발하기에 이르렀다. 이러한 자본측의 공세에 의해 김영삼 정권은 '긴급조정권'을 현대자동차 노조 파업에 대해 발동함으로써 개혁을 포기하고 말았다.

김영삼 정권이 개혁적 노동정책을 포기하고 자본에 투항했다는 것을 집약적으로 보여주는 사건이 1996년 4월 김영삼 대통령이 발표한 이른바 '신노사관계 구상'이다. 이는 94년 이후의 모색기를 거쳐 96년 들어 그 모습을 드러냈는데 이른바 '신자유주의'에 바탕을 두고 있다.

'신노사관계 구상'이 배경으로 하고 있는 것은 이미 80년대부터 미국과 서구 유럽 국가에서 나타난 '신보수주의 · 신자유주의'이다. 미국의 레이건 정권 및 영국의 대처 정권, 그리고 일본의 나카소네 정권의 사회복지예산 삭감과 노동에 대한 공격으로 상징되는 신자유주의는 세계자본주의의 시장경쟁 격화와 이에 따른 축적위기에 대응하는 자본 측의 대응전략이다. 이러한 신자유주의 정책의 핵심은, 자본에게는 이윤추구의 무한한 자유 보장하고 있다. 이러한 세계 자본주의의 흐름 속에서 김영삼 정권은 '세계화'를 내걸고, OECD에 가입하면서 본격적인 자본간 경쟁 속에 우리나라를 편입시키게 된다.

이러한 '신노사관계 구상'에 의해 청와대 직속 자문기관으로 설치된 노개위는, 그런 점에서 당초부터 '국가경쟁력 강화론'에 입각하여 노동 측으로 하여금 자본에 협조하도록 구상되어졌고 따라서 그 활동은 처음부터 자본의 편을 들어주고 있다. 즉 '참여와 협력'이라는 것은 사실상 자본운동에의 무조건적 참여와 협조를 의미하는 것이었다. 이와 같은 사정을 잘 보여주는 것은 노개위와 정부의 노동관계법 개정 과정이다. 1996년 개정된 노동관계법은 노동조건의 대폭적인 개악과 노동조합운동을 억압할 수 있는 족쇄로 가득 차 있다. 변형근로시간제 및 정리해고제의 입법화, 파업요건의 강화, '무노동무임금' 법제화, 전임자 임금 지급 금지 등이 모두 포함되었던 것이다(이은숙, 1997).

김영삼 정권의 노동정책은 결국 96년 12월에 걸쳐 노동자들의 총파업투쟁을 불러왔다. 김영삼 정권의 노동정책의 성격이 무엇이었는지를 노동관계법 개정보다 더 정확하게 보여준 것은 없었다. 김영삼 정부의 노동정책의 한계는 1996년 12월 노동관계법 개정(정부)안을 신한국당이 단독으로 날치기 통과시킨 데서 분명하게 드러났다. 이 사태는 곧바로 노동자들의 '예상치 못한' 완강하고도 거센 총파업투쟁으로 이어졌고, 결국 철회되지 않을 수 없었다. 그러나 정부와 기업은 2월 이후 노동자 총파업 투쟁이 조정기를 갖는 동안 국회에서의 재개정이라는 수순을 밟아 그 본래의 의도를 관철시키게 된다.

김영삼 정부가 채택했던 개정노동법은, 철저히 자본 측의 요구를 수용한 개악법이었다. 특히 정리해고제 및 변형시간제로 대표되는 정부와 자본의 '탄력적' 노동시장 정책과, 노동조합 활동에 대한 새로운 규제정책들(무노동무임금, 전임자 임금지급금지, 삶괭이파업금지 등등)이 법제화됨으로써, 자본 측의 '신자유주의'적 공세는 법적 정당성을 얻었다. 또한 개정노동법은 김영삼 정권의 반(反)개혁적인 노동정책을 집약적으로 보여준 것이었다. 노동자의 총파업투쟁은 이와 같은 자본 측의 '신자유주의' 공세에 대한 대항투쟁이라는 성격을 가지고 있었고 그 때문에 전 세계 노동자들에게 주목을 받았다(이은숙, 1997).

이상에서 살펴본 김영삼 정권의 노동정책이 갖는 특징을 크게 두 가지로 정리하면 다음과 같이 될 수 있다. 첫째로, 김영삼 정부는 국내외적 경제 상황에 따라 적응해야만 했고 끝내 독점자본의 이해를 대변하고 말았다는 점이다. 93년의 정권 출범 초 의욕적으로 추진했던 진보적 '신노동정책'이 자본 측의 반발로 좌초되고 말았고, 96년 정권 말기가 되자 보수화되고 말았고, 그때 나온 '신노사관계 구상'은 대자본 위주의 '경쟁력 강화'론을 전적으로 수용하여 노동법을 개악한 데서도 이러한 성격은 분명히 드러난다. 둘째로, 과거 군사독재정권 시절의 노동정책을 끝내 벗어나지 못했으며 기업의 입장을 대변하는 정치사회 조건을 법적·제도적으로 조성해 나가는 과정에서 노동자를 철저히 자본의 이해에 종속시키고 있다. 노동법 개정 때는 포함되지 않았으나, 노개위가 제2차 '개혁'과제로 설정하고 있는 '근로자 파견제' 도입 등을 포함하여 정리해고제, 변형시간제 등 '탄력적' 노동시장 정책과 노조운동에 대한 더 많은 제약들이 법제화된 것은 이를 반증한다.

이와 관련하여, 신동면(2001)은 김영삼 정부 하에서 이루어진 사회복지제도의 변화과정을 세계화와 관련하여 조망한다. 김영삼 정부 하에서 세계화는 우루과이 협상의 타결로 인한 무역시장의 전면개방을 통하여 추진되었다. 그러나 이와 동시에 김영삼 대통령의 '세계화 선언'을 계기로 세계화는 국가의 모든 정책 결정과정을 지배하는 정책 아이디어로서의 역할을 수행하였다. 그리하여 권위주의 군사정권을 종식시키고 출범한 문민정부를 자임했음에도 불구하고, 김영삼 정부는 여전히 군사정권 시대 낮은 사회복지비 지출 수준을 유지하였으며, 사회복지의 공급에 대한 국가의 역할과 책임을 강화하기보다는 '한국형 복지사회모델'이라는 이름하에 비국가부문, 즉 가족, 시장, 지역사회, 비영리집단 등의 역할 증대를 강조하였다. 사회보장제도의 개혁과 관련하여, 농어민연금제도의 도입은 세계화로 인한 사회경제적 손실이 특정집단에게 집중되는 경우에 사회통합을 위한 수단으로 사회복지제도가 도입될 수 있음을 보여 준다. 그러나 실업보험의 개혁, 국민연금 개혁안, 개인연금의 도입 들은 정부가 사회복지정책에서 기업친화적 또는 시장순응적 성격을 강화하고자 했음을 보여준다. 세계화라는 정책 아이디어의 영향 속에서 사회복지정책이 경쟁력 강화의 요구를 수용한 결과라고 주장한다.

5. 나가면서

이 장에서는 6공화국 노태우 김영삼 정부의 사회복지에 대해서 살펴보았다.

6월 항쟁으로 탄생한 노태우정권은 노동자와 민중의 염원을 외면할 수 없었고, 이에 부응한 개혁을 시도해 큰 성과를 이루어낸다. 노태우 정부 초기는 물질생산이 확대되었을 뿐만 아니라, 토지공개념, 최저임금제, 노동3권 보장 등 사회평등을 위한 소득재분배를 위한 제도가 도입되고, 노동자의 권리가 대폭 신장되고 부분적으로 사회복지가 폭발한 시기였다. 하지만 후기로 갈수록 3당 합당, 국민건강보험통합실패, 일 더하기 운동, 어용노조, 등 일련의 사례에서 보듯이 진정 국민통합과 사회평등이라는 길과는 곧바로 갈라섰다.

김영삼 정부는 출범 초기 주로 정치개혁에 큰 성과를 내었으며, 사회복지 확대를 위해서도 큰 관심을 기울였다. 그러나 역시 '신노사관계' 정책에서 보듯이 독점자본에 투항하고 말았다. 김영삼 대통령은 나름대로 자유주의 진영 개혁세력과 일부 민중부문의 지지를 받았지만 궁극적으로 군부독재 시대부터 이어져 내려온 대기업과 고위관료 등 자본이 외치는 '국가경쟁력 강화' 논리를 받아들이는 방향으로 선회하였던 것이다.

물론, 노태우 김영삼 정부의 국정운영이 정부가 의도한 대로만 흘러가는 것은 아니었다. 사회평등과 연대라는 사회복지의 가치를 위협하는 현상들이 본격적으로 나타나기 시작했다. 이런 위협은 과거 박정희 전두환 정부 때처럼 국가부문에서 오는 것이 아니라 사회부문에서 오는 것이었다. 노태우 김영삼 정부가 수많은 사회복지법을 통과시켰지만 제대로 지켜지는 법은 거의 없었다. 대기업을 중심으로 하는 산업부문은 기꺼이 과거 발전국가의 노사관계와 사회적 약자 계층에 대한 억압을 지속했다.

게다가 경제 상황은 사회복지를 실시하는 데 필요한 물적 토대를 위협하고 있었는데 이 때 다가올 선거를 의식할 수밖에 없는 정부는 지난 선거에서 공약한 복지정책을 철회하는 데 그리 오랜 시간을 기다리지는 않았다.

참고문헌

강기희(2007). '어용노조와 회사가 광부들 분노케 해.' 오마이뉴스, 07.4.21.

김금수(2004). 〈한국노동운동사: 민주화이행기의 노동운동/ 1987-1997〉 고려대노동문제연구소, 지식마당.

김인옥(1992). '일 더하기 운동'이 꽃다운 젊음, 미경이를 죽였다! 노운협기관지 '노동운동' 92년 1월호.

신동면 (2001). '김영삼 정부의 사회복지정책' 〈한국사회복지조사연구〉, 7권, 79-103.

이용재(2004). "건강보험 재정통합에서의 의회역할", 〈사회복지정책〉, 19.

이은숙(1997). '김영삼 정권의 노동정책과 노동자 총파업 투쟁'동국대 교지 〈시림〉. 1997.7.28. http://kilsp.jinbo.net/

이정식(1993). '특별기획 / 김영삼 정부의 신노동정책 : 김영삼 정부의 93년 신노동정책' 사회평론 1993.01. 월간 길을 찾는 사람들 93권 1호 170-174.

전광석(2019). 〈한국사회보장법론〉, 집현채.

정사성(2003). "의료보험 정책결정 참여자의 역할과 영향에 관한 연구", 경기대학교 석사학위논문.

제 8 장

김대중 노무현 정부의 사회복지

역사상 최초로 선거를 통해 여야 간 평화적 정권 교체를 이룩한 정권, 평생 노동자와 서민을 위하고, 분단 후 처음으로 남북화해와 교류를 이루어 노벨평화상을 받은 평화의 전도사 김대중 대통령은 사회복지는 어떻게 했을까? 반칙없는 세상, 상식이 통하는 세상을 꿈꾸던 노무현 대통령은?

Ⅰ. 김대중 정부의 사회복지(1997.5-2003.5)

1. 들어가는 말

윤홍식(2021: 112)과 그 동료교수들은 김대중 노무현 민주당 정부 10년 간을 자유주의 정부라고 규정지었다. 김대중 노무현 정부가 자유주의 정부라니? 김대중 노무현이 사회주의자 혹은 공산주의자라는 말은 들어봤어도 자유주의자라니, 대체 이게 무슨 말인가? 자유주의는 자본주의 태동과 함께 출현한 정치이념으로써 봉건제를 붕괴시키는 사상적 기반이 되었으며, 그 이후에는 모든 권위주의 독재체제에 대항하는 철학사상이다. 자유주의는 산업혁명 후 선진 산업자본주의 국가를 발전시킨 중심 이념으로 신체 양심 표현 종교의 자유 등 기본권 사상과 국가권력으로부터 사유재산권을 보호하고 이익추구를 보장하기 위한 사적자치의 자유, 계약의 자유에 기반한 제한정부론을 중심으로 한다.

바로 이런 측면에서, 김대중 노무현 정부는 이전 정부와 본질적으로 달랐다.

이전 정부 국가 관료가 중심이 된 권위주의적 억압과 사회통제에서 벗어나서 시민의 자유와 창의성을 중시했기 때문이다. 과거 박정희 전두환 정부 시기 횡행했던 극심한 노동탄압, 수출산업을 중심으로 대기업을 육성시키기 위한 사회자원 동원과 관치금융, 시민사회를 억누르던 사상과 표현의 자유에 대한 억압과 속박, 권위주의 정권유지를 위한 사회동원 정치동원 등이 사라졌거나 대폭 줄어들었기 때문이다. 대신에 김대중 노무현 정부는 노사정위원회를 가동하는 등 상대적으로 노동을 중시하기 시작하였고, 외환위기를 끝난 이후에서 자유시장경제 원리에 입각한 경제성장에 국가역량을 집중했다.

김대중 대통령은 노벨평화상을 받을 만큼 평생 한반도 평화를 위해 애썼고, 노동자와 서민을 위한 경제정의를 슬로건으로 살아온 정치인이다. 그러면 경제는 어떠했을까? 그는 과연 대다수 국민이 먹고 살 물질을 생산하고, 가난한 사람 힘없는 노동자 서민을 위한 분배정책을 실시하였을까?

김영삼 정부 말기에 터진 외환위기를 수습해야 할 임무를 띠고 출발한 김대중 정부는 2년도 안 되 위기를 극복하고 경제회복을 위해 최선을 다했다. 위기로 붕괴 직전의 국가경제와 산업 생산력을 회복하며, 노동자 서민을 위해서도 나름 애를 쓴 것은 사실이다.

국민의 삶에 토대가 될 물질생산과 지속적 경제성장을 위해 김대중 정부가 진행했던 여러 가지 정책 가운데서 IT 정책은 햇볕정책과 더불어 대표적 성과로 꼽힌다. 특히 우리나라가 오늘날 반도체 강국 인터넷 강국으로 우뚝 설 수 있었던 것은 김대중 정부의 인터넷에 대한 투자가 큰 역할을 했다고 할 수 있다. 김대중 정부는 출범 당시 '창조적 지식기반 국가의 미래상'을 만들어간다는 큰 틀을 짜고 정보통신부를 적극 활용해 성과를 내기 시작했다. 이를 위해 정부 '사이버코리아 21'이라는 정보화추진 2차 계획을 수립하여 정보통신 인프라 확충, DB 확보, 산업을 육성했다. 특히 인프라를 지식정보화 사회의 기반으로 인식하고 정보통신망의 고속화 · 고도화를 적극 추진했다. 1998년에는 외환위기의 영향으로 경제성장률이 -5.5%를 기록했지만, 바로 다음 해인 1999년에는 무려 11.3%를 기록했다. 2001년 8월 약 4년 만에 IMF 외환위기가 공식 종료되어 경제주권을 되찾고, 세계은행이 추산한 고소득 국가 재진입했고, IMF 후유증을 뒤로해 경제가 회복되기 시작한 2002년부터 본격적으로 신흥공업국에서 벗어나 선진국으로 발돋움하기 시작했다(위키백과, '김대중 정부').

또한, 김대중 정부의 업적은 과학기술 체제 전반에 대한 변혁을 일으키고, 현재의 국가과학기술체제를 수립한 공적이 크다. 김대중은 위기의 시절에도 단순히 경제회복'만을 생각하지는 않았다. 그는 항공우주 등 기초과학 분야에 대한 큰 지원을 했는데, 1999년 한국항공우주산업(KAI)을 출범시킨다. KAI는 현재 한국의 항공우주 산업 전반에서 중요한 역할을 차지하고 있다. T-50 고등훈련기 개발하는 등 국내 항공, 항공우주산업발전에 일익을 담당해 왔다. 2001년 12월 김대중 대통령이 직접 국가과학기술위원회 위원장을 맡아 '6T 정책'—IT, BT, NT 이외에 ET(환경공학기술), CT(문화콘텐츠기술), ST(우주항공기술)—을 추진했다. 이런 결과 나로우주센터와 나로호(KSLV-1) 사업은 모두 국민의 정부 시절 추진됐다. 대통령이 직접 위원장을 맡는 국가과학기술위원회를 출범한 것도 이 무렵이다. 당시 국과위 간사는 과기부 장관이 맡았는데, 이 시스템이 참여정부로 이어지면서 과학기술부 부총리 제도로 발전하기도 했다. 김대중 정부는 국내 대학 이공계 인력들을 지원해 온 BK21사업도 시작됐다. BK21의 성과로 1997년 세계 과학기술순위 28위에서 2002년엔 10~12위까지 급등했다. 그 결과 한국은 IT 강국으로 진입했다(동아사이언스, https://m.dongascience.com/).

"한국이 미래의 디지털을 좌우 할 것이다." 2004년 미국의 경제 전문지 포춘은 한국의 정보통신산업의 미래를 이같이 전망했다. 당시 포춘은 '지식강국으로 재탄생시킨다는 목표를 세운 김대중 대통령은 한편으로는 과감한 규제완화와 다른 한편으로는 적극적인 재정 지원을 통해, 또 다른 한편으론 인터넷과 통신 분야 기업의 투자를 촉진해 IT시장의 선순환 구조를 이끌어 냈다고 분석했다. 김대중 대통령은 재임 시절 "컴퓨터를 가장 잘 쓰는 나라를 만들겠다"는 목표를 밝힌 바 있는데 이는 오늘날 현실이 되었다. 이를 뒷받침하기 위하여 김대중 대통령은 취임과 동시에 무려 2만개에 달하는 벤처기업 육성을 시작했다. 흔히 DJ노믹스라 부르는 경제정책의 핵심 코드가 IT와 벤처기업 육성이었다. NHN이나 엔씨소프트, 티맥스소프트 등 IT 대표 기업이 모두 이 당시 창업했다. 이런 결과 김대중 정권 초기 163만명에 불과했던 인터넷 이용자는 5년만에

2,600만명을 돌파했다. 700만명이 안 되던 이동전화 가입자도 3,200만명을 넘었다(동아사이언스, https://m.dongascience.com/).

대한민국 역사상 최초로 여야간 수평적 정권교체를 달성했던 정부, 국민주권의 원리를 강조하여 스스로 '국민의 정부'라 불렀던 김대중 정부는 대한민국이 세계로 도약해 나가는 무역통상국을 지향했다. 이는 대기업을 중심으로 하는 경제성장정책을 계속하겠다는 의미였으며 이는 많은 기업구조조정, 정리해고, 대량실업 등 수많은 사회문제를 낳았다.

김대중 정부는 우리 나라가 냉엄한 국제질서 속에서 살아남기 위해서는 현실적으로 신자유주의 전략을 선택할 수밖에 없었다고 보았다. 하지만, 아무리 외환위기라는 국가부도 위기라도 노동자와 서민들의 입장에서는 큰 아쉬움이 있는 것은 사실이다. 위기극복 과정에서 국민들은 고통 속에서 처참한 경험을 해야 했다. 김대중 정부는 외환위기 극복을 위해서는 기업회생이 우선이고, 이는 대규모 기업구제금융과 동시에 구조조정을 단행이 필요하다고 판단했다. 이에 따라 정부는 부실기업 퇴출과 대규모 정리해고를 도입했다. 회사에서 정리해고를 당한 노동자가 110만 명에 달했고, 길거리에는 노숙자가 넘쳐났다. 3만 개 이상의 기업들이 도산했고, 30대 재벌 중에서 16개가 사라졌거나 공중분해를 당했다. 자영업자 도산은 통계에도 잡히지 않았고, 가정파탄도 마찬가지였다. 수많은 노숙자들이 지하차도를 점령하기도 했다.

김대중 정부는 그에 따르는 문제점을 공공복지의 확대를 통해 완화하려고 하였다. 김대중과 이를 계승한 노무현의 민주당 정부는 사회복지지출을 대폭적으로 증가시키고 사회보장제도의 보편성을 확대했다. 1995년 750만명이었던 국민연금 가입자 수는 2006년 1,770만명으로 증가했다(보건사회연구원, 2017). GDP 대비 사회복지지출은 비약적으로 증가해서 1997년 3.5%에서 노무현 정부 마지막 해인 2007년에는 7.1%로 불과 10년 만에 두 배 이상 증가했다.

사회복지학 측면에서 1997년 말 김대중 정권의 등장은 한국 복지국가의 기반을 마련한 것으로 평가된다. 김대중 정부는 '생산적 복지'를 국정 이념으로 삼고 '공정한 시장질서의 확립,' '국가에 의한 재분배복지,' '자활을 위한 사회적 투자'를 추진전략으로 설정했다.

김대중 정부는 잇따른 대기업의 도산과 기업구조조정에 따른 대량실업과 빈곤층 증가에 대한 대책을 마련해야 했다. 이는 평범한 기존 사회복지제도의 틀로는 효과를 볼 수 없다는 의미였다. 그래서 나온 것이 '생산적 복지'이다. 소극적으로 복지 대상자에게 복지혜택을 주는 것이라기보다 사회경제활동에 적극 참여하여 자립하도록 하는 것'을 말한다(삶의질향상기획단, 2002). 이는 시장경제와 사회적 평등을 조화시키는 데 초점을 맞추고 있는데, 사회복지를 소비가 아니라 생산성을 높이는 인적투자로 본다. 생산적 복지는 복지지출이 경제성장에 해가 되는 것이 아니고 인간개발 역량강화를 통하여 오히려 경제성장에 기여하는 순기능적인 측면을 강조한다.

생산적 복지라는 개념은 '인권과 시민권으로서의 복지, 일을 통한 복지, 사회적 연대로서의 복지 등 세 가지 철학적 배경을 갖고 있다. 이를 실천할 정책 방향으로는 국민기본생활보장, 일을 통한 복지구현, 삶의 질 향상 기반구축 등을 설정했다. 생산적 복지는 과거 유럽의 사회복지모델(소비적 복지)과는 대조적으로 복지를 노동의무와 결합하는 새로운 개념의 복지모델로서 미국식 근로복지(workfare)에 그 기원이 있는데, 이는 '일자리가 최고의 복지'라는 사회복지 격언과 부합하는 개념으로 '신자유주의적 경제조치'라는 평가가 있지만 보다 현실적이고 실용적 복지라 평가할 수 있다(고세훈 2007: 62).

2. 김대중 정부의 복지확대와 그 원인

김대중 정부의 복지정책은 '신자유주의적 경제조치'라는 평가에도 불구하고 (조영훈, 2002) 대통령 임기 중 이루었던 사회복지정책의 성과는 사실 부인하기는 어렵다. 첫째, 4대 사회보험이 대폭 확대되고 통합 운영되기 시작하였다. 고용보험은 1998년부터 1인 이상의 근로자를 고용하는 사업장까지 확대되었고, 국민연금은 1999년부터 전 국민으로 확대되었으며, 산재보험은 2000년부터 1인 이상을 고용하는 전사업장으로 확대되었다. 의료보험은 1999년 '국민건강보험법'에 따라 공무원 교원 의료보험과 지역의료보험이 통합한데 이어 직장의료보험까지를 포함한 모든 조합이 국민건강보험공단으로 통합되었다. 둘째, 공공부조제도가 대폭 확충되었다. 1999년 9월 '국민기초생활보장법'을 제정하여 자력으로 생계유지가 곤란한 모든 국민에게 국가의 지원을 사회적 권리로 인정하여, 공적부조 제도를 특정집단이 아니라 모든 국민에게 적용하는 보편적인 복지제도로 전환하였다. 셋째, 사회적 취약계층(노인, 장애인, 여성, 편부모 가정)에 대한 지원이 확대되었다. 몇 가지 예로, 1998년 7월부터 국민연금을 받지 않는 65세 이상의 저소득 노인에게 경로연금(2-5만원) 지원되기 시작하였고, 2000년부터 장애인의 범주를 만성신장, 심장질환, 만성중증정신질환, 자폐증까지 확대하여 국가의 보호를 확대하고 장애수당(월 4-5만원)을 확대하였고, 1999년 하반기부터 농어촌지역 저소득층 자녀를 위한 무상 보육사업을 2002년까지 전국적으로 확대하여 만 5세 미만의 저소득층 자녀를 위해 보육료를 지원하기 시작하였다(차흥봉, 1999; 보건복지부, 1999).

〈표 8-1〉 국민의 정부 복지정책 성과

연 도	사회보장 예산비율	보건복지부 예산비율	복지정책상의 주요 변화
1998	6.05	4.12	-고용보험 1인 사업장까지 확대 -실직자복지대책 수립 및 시행 -공무원-교원 의료보험 및 지역의료보험 통합 -4대 사회보험통합기획단 구성 -사회복지공동모금회법 제정
1999	7.30	4.97	-국민건강보험법 제정 -전국민 연금실시 -국민기초생활보장법 제정 -소비자생활협동조합법 제정 -교원노조 합법화, 민주노총 합법화
2000	7.27	5.23	-산재보험 1인 사업장으로 확대 -국민기초생활보장법 시행 -의료보험 통합운영 -의료보험급여의 365일 연중 실시

이러한 복지정책의 확대는 복지예산의 증가로 나타났는데 2000년의 경우 일반회계 예산 중 사회보장 예산과 보건복지 예산의 비중이 각각 7.27%와

5.23%로서 국가복지의 수준이 국민의 정부에서 사상 최고 수준에 도달한 것을 알 수 있다. 또 이전 정부와 비교해 보면 국민의 정부가 얼마나 복지를 이끌어 올리기 위해 힘썼는지 분명해진다. 아래 표를 보면 외환위기 직후 인 1998년과 1999년도를 제외하고라도 2000년도의 경우 사회복지비율을 이전 문민정부보다 거의 배에 달하는 수준이다.

〈표 8-2〉 사회복지 지출(경상 GDP 대비) 연도별 변화

노태우	1991	4.02
	1992	4.39
김영삼	1993	4.48
	1994	4.68
	1995	5.05
	1996	5.29
	1997	6.46
김대중	1998	10.68
	1999	9.77
	2000	9.13
	2001	8.70
	2002	9.50

자료: 한국보건사회연구원, 한국의 사회복지 지출 추계(1990-2001).

이에 대하여 성경륭(2002)은 '대공황기의 미국과 2차 대전 후반기의 영국에서 이루어진 복지개혁에 맞먹는 개혁'이라는 높은 평가를 내리고 있다.

그렇다면 김대중 정부의 획기적인 복지정책 확대는 어떻게 가능하게 되었을까? 이에 대해서는 이미 많은 연구가 이루어졌는데 이를 요약하면 다음과 같다(성경륭, 2002). 첫째는, 외환위기 시 공황이 초래한 상황적 절박성이 국가자율성을 대폭 확대하였다. 둘째, 민주화의 확대에 따른 노동조직과 시민사회의 조직적 노력이 있었다. 셋째, 국민의 정부가 지닌 친복지적 개혁적 성향이다. 이런 성향을 바탕으로 국민의 정부는 노동조직과 시민단체의 요구를 전향적으로 수용하는 결단을 내렸다. 이 연구는 그 '국민의 정부가 지닌 친복지적이고 개혁적 성향'을 찾아내는 데 있다. 과연 무엇이 국민의 정부를 친복지적이고 개혁적이

게 했을까? 그것은 무엇보다도 대통령의 정치적 신념과 가치관에 달려있다. 물론 당시의 복지정책 확대 과정을 정부, 관료, 시민단체, 학계, 그리고 비영리 조직 등과 연계를 강조한 거버넌스 이론으로 설명할 수 도 있지만 그 중 가장 중요한 것이 대통령의 의지였다.

김대중 정부의 사회복지 개혁이 긍정적 평가를 받는 것은 부족한 자원과 권위에도 불구하고 대통령을 비롯한 개혁주도세력이 시민단체와 학계 등과 연합하여 사회복지 레짐을 결성하고 그들의 정책의제를 관철시키기 위하여 적절한 통치전략을 구사한 결과라고 볼 수 있다. 그러나 그 가운데서도 친복지적 정치적 신념을 갖고 있던 대통령의 역할이 결정적 이었다(김대중은 우리 나라 대통령 중 거의 예외적이라고 할 수 있을 정도로 상당한 저술과 연설문을 남겼는데 이는 이 연구의 소중한 자료가 된다).

3. 김대중 대통령의 경험과 가치관

우리나라의 박정희 전두환 두 대통령은 가난한 소년기를 보냈기 때문에 경제성장에 치중한 정치이념을 갖고 있었다. 이 두 대통령은 조상전래의 보릿고개와 춘궁기를 없애기 위해서 혼신의 노력을 기울였다(조선일보사, 1993). 그리고 경제성장에 최우선 순위를 두고 정부정책을 실현해 나왔기 때문에 자연히 복지나 소득재분배에는 등한시하였다.

박정희 전두환 대통령과 비슷하게 김대중 대통령도 매우 가난한 소년시절을 보낸 것 같다. 그러나 김대중 대통령은 특별하게도 전형적인 사회적 소외계층 출신으로 그들에 대한 지극한 애정을 갖고 성장하였다. 김대중은 전남 신안군 하의도의 소작농 부모를 두고 어렵게 성장하였다. 하의도는 일제 때부터 '반항의 고장'으로 불릴 만큼 억압과 수탈이 극심했으며 이에 대한 주민의 반발도 거세었다. 목포에서 뱃길로 약 2시간 걸리는 하의도는 구한말 덕혜옹주가 시집갈 때 일본에게 팔아넘겨져, 섬 전체가 일본의 동양척식회사로 넘어가는 바람에 주민들이 일시에 소작으로 전락해 버린 비극의 섬이다. 이 때문에 주민들은 왕실과 일제에 대한 원망이 높았으며 따라서 동학교가 번창했으며 일제에 항거하는 소작쟁의가 끊이지 않았다. 해방 직후에는 미군정에 대항해서 식량폭동을 일어나기도 하였다(김대중, 1987: 306). 이러한 역사적 사건과 경험은 이 후에 나타난 새로운 권력자에 대한 저항의식으로 이어졌으며 어린 김대중의 의식에도 큰 영향을 미친 것으로 보인다. 고난에 찬 그의 정치적 역정–5차례의 죽을 고비와 10년에 걸친 수형생활–은 그가 태어난 고장의 비극적 역사와 결코 분리될 수 없다. 김대중 자신도 '내가 태어난 이러한 토양이 민중과 같이 불의에 항거하는 힘을 주었다'고 고백하고 있다(김대중, 1987: 306).

김대중은 어릴 적부터 공부 잘 하는 수재였지만 학력은 상고를 졸업하였고 정규대학은 진학하지 못했다. 나이 20세 때 8·15 광복을 맞이한 김대중은 상선회사에 취직했으나 정치로 눈을 돌려 여운형이 주도하는 건국준비위원회에 참여하였고 신민당에도 가입했다. 이 건준과 신민당은 좌경색채가 강한 정치집단이었는데 이 때의 선택이 훗날 두고두고 김대중의 사상에 멍에로 작용한다. 비록 김대중이 사회주의자일지는 모르지만 그가 억압과 착취당하는 민중에 대해 커다란 애정을 갖고 있었던 것은 사실인 것 같다. 그리고 성장보다는 분배에 일찍 눈을 뜬 것으로 보인다. 김대중이 미국 망명시절 저술한 '대중참여경제론'(1985) 제15장 '분배적 정의와 사회복지'편에는 이런 대목이 적혀있다. "현재 우리나라에서 분배문제의 핵심은 노사간의 소득분배보다는 토지가격 폭등으로 인한 불로소득에 있다. 땅값과 주거비용이 폭등하기 때문에 노사갈등이 심화되고 기술개발이 늦어지고 수출이 안되는 것이다."

김대중의 대선공약 중에는 그가 평생을 통하여 주창하여 온 사회적 약자와 관련된 부분들이 많다. 그는 '우리 국민 어느 누구도 나라로부터 버림받았다는 좌절감을 느끼지 않도록 할 것'이라며 특히 '일할 능력과 의욕이 있는 노인과 장애인들에게도 고용의 기회를 보장하겠다'(한국경제신문, 김대중 당선자 기자회견, 1997.12.20)고 말한다.

실제로 김대중 대통령은 재임시 노동계층과 서민을 위해서 상당히 노력했다는 것이 어느 정도 인정된다. 예컨대 정리해고를 도입할 때도 근로자의 해고보다는 생산성 향상을 통한 경쟁력 강화를 방안으로 제시한다. 선거 전에 김대중은 '해고근로자에 대한 사회보장제도가 마련돼야 하고, 해고 이전에 생산성 제고와 일자리를 늘리는 정책을 펴야 한다'면서 '정리해고제는 예정대로 2년간 유예돼야 한다'(중앙일보, 97.11.29)고 공언했을 정도다. 이는 기업과 노동자의 이해가 엇갈리는 민감한 사안에서 과감하게 약자의 편을 들어주고 있다.

사회복지 정책과정에서 김대중 대통령의 역할은 국민기초생활보장법 제정과정을 연구한 안병영(2000)의 연구에서 여실히 증명되었다. 1999년 6월 김대중 대통령의 '울산발언'이 나오자 그동안 국민기초생활보장법 입법을 둘러싸고 관련 당사자 사이에 교착상태에 머물고 있던 상황은 급변한다. 보건복지부를 비롯한 관련자들은 법 제정을 당연하게 받아들이기 시작하였다. 비록 김대중 정부 정책결정과정의 특징을 시민단체가 중심이 된 거버넌스 패러다임으로 이해할 수 있지만 대통령의 역할은 결정적이었다. 참여연대나 연대회의 측의 인사 중 누구도 '울산발언' 이전에 김대중 대통령을 직접 만나 설득을 한 적이 없었다. 그 후 시간의 경과에 따라 법제정이 흐지부지되려하자 김 대통령은 조속히 해결해야 할 개혁과제 목록에 국민기초생활보장법을 포함시켜 법 통과에 강한 추동력을 실어주었다. 법이 통과된 이 후 법 실행을 위한 재원조달 문제가 되자 김 대통령은 예비비와 추경예산을 동원해서라도 법을 살리려는 의지를 보였다.

즉, 기초생활보장법은 이해집단이 그들의 이익을 추구하려고 정부 측에 법제정을 요구한 투입된 정책투입의 결과가 아니라 대통령 자신의 아젠다였다. 잘 알려진 것처럼 김대중 대통령은 누구보다도 진보적 정치인으로 평가받고 있다. 이 연구는 이것을 문헌을 통해 살펴보려고 한다.

3.1 정의·정치의 개념

김대중 대통령의 친복지적 정책성향을 그가 가진 정의의 개념에서 출발한다. 그는 정의를 "누구나 정당한 자기 몫을 갖는 것"으로 보았다. 그런데 만일 이것이 제대로 안된다면 정의가 실현되지 않고 사회안정을 해친다고 보았다. 그가 1987년에 쓴 책 〈민족의 새벽을 바라보며〉에서 다음과 같이 쓰고 있다.

> 정의라고 하는 것은, 독일의 신학자 에밀 부르너가 말하고 있습니다만, 각 사람이 자기의 당연한 몫을 가지는 것이 정의입니다. 어른은 밥 한 그릇을 먹는 것이 정의이고 어린이는 그 반을 먹는 것이 정의입니다. 자본가는 자본가의 몫을

받고, 노동자는 노동자의 몫을 받으면 거기에 정의는 성립되는 것입니다. 그렇게 하면 안정이 있습니다. 그러나 노동자가, 자기가 번 것의 반 이상을 자본가에게 빼앗겼다고 생각할 때에 거기에는 이미 정의가 없습니다. 정의가 없는 곳에 안정은 없습니다(김대중, 1987: 240).

김대중은 정치를 사회적 약자를 위한 기술이며 강자를 회개하게 하는 예술이라고 보았다. 그가 감옥에서 쓴 〈옥중수기〉에는 다음과 같은 구절이 있다.

진정한 정치가 할 일은 억압받는 자와 가난한 자의 권리와 생활을 보장하고 그들을 정치의 주체로서 참여케 하는 것이다. 그러나 이러한 과정에서 억압하던 자와 빼앗던 자들도 그들의 죄로부터 해방시켜서 대열에 참여케 해야 한다. 그 점에서 정치는 예술이 된다(2000, 389).

3.2 빈부격차에 대한 인식

김대중은 일찍부터 사회적 경제적 불평등에 대한 문제점을 지속적으로 제기하여 온 대표적인 정치가였다. 경제적 불평등은 사회적 불평등을 낳고 결국에는 심각한 사회 정치 불안요인이 된다는 것이다. 그는 그의 저서에서 여러 번에 걸쳐 이 문제의 심각성을 제기하였다.

부자들은 국민학생 자녀를 수백만 원 들여 해외 여행시키는데, 한편에서는 끼니를 거르는 결식아동도 있다. 부잣집에서는 한 달에 수백만 원, 일 년에 수천만 원씩이나 들여 비싼 과외를 시키는데, 가난한 가정에서는 주부가 돈 몇 푼을 벌기 위해 파출부나 공장일로 나가기 때문에 자녀들을 제대로 돌보지 못한다. 전세값으로 고민하여 자살하는 가장이 있고, 아이를 맡길 탁아소가 없어 젖먹이를 방안에 가두고 일터로 나가야 하는 가정주부도 있다. 우리 사회에는 이러한 빈부격차 때문에 상대적 빈곤감을 느끼는 사람이 많다(김대중, 1995: 254).

불과 5%도 안 되는 국민이 우리 국토의 60%를 소유하고, 임야를 80% 가까이 가지고 있습니다. 이래가지고 그 사람들의 일년의 불로소득, 손가락에 물 한번 안 묻히고 번 소득이 작년에 68조원이라고 나와 있습니다. 이것은 모든 근로자들의 월급보다고 더 많습니다. 농민들의 1년 산출보다도 약 4-5배가 됩니다. 이런 상황에서 3천만원짜리 이태리 침대니, 무슨 몇 억짜리 자동차니, 부인 옷 한 벌이 천만원이니, 넥타이 한 개에 15만원짜리니 이런 식으로 과소비 풍조가 조장되고 있습니다(김대중, 1995: 192).

지금 우리 사회를 볼 때 가장 위험하다고 생각하는 것은 국민들의 감정, 의식 구조가 상당히 양극화되어 있는 것입니다.... 이 절망적인 사람들은 하늘과 땅이 맞닿아서 싹 갈라 버렸으면 좋겠다. 우리들을 수탈해 가지고 잘 사는 놈들 꼴보기 싫으니까 세상이 뒤집혔으면 좋겠다. 그래도 내게 손해될 게 뭐 있느냐(김대중, 1995: 192).

김대중은 빈부격차의 원인을 정치적 구조에서 찾고 있다. 정치권력과 경제권력이 결탁하여 부와 권력을 독점하는 정치체제 아래서 사회적 약자들의 정당한 요구와 마땅히 받아야 할 몫은 억압당한다고 보았다. 그가 일찍이 쓴 〈대중경제론(1986)〉에서 그는 다음과 같이 말하고 있다.

박정희 전두환 정권하의 한국경제는 귀중한 자원의 비효율적인 배분으로 피해를 입어왔다. 이러한 비효율성은 정부가 가격결정 여신배분 산업위치결정 및 노사관계를 포함한 시장기능의 거의 모든 국면에 간섭함으로써 초래된 것이다(1986: 25). 소수 특권층과 재벌에 온갖 정부 특혜를 집중시키고 특권층이나 특정지역에 부당한 혜택을 주기 위해 금융기관의 여신 배분기능을 불공평하게 간섭하는 것은 경제발전의 목적을 배반하는 것이다(1986: 26).

즉, 김대중에 의하면 경제발전의 궁극적 목적은 가난한 사람을 도와서 모두가 살기 좋은 사회를 만드는 것이지 잘사는 사람을 위한 부의 불균형분배 구조를 유지하기 위한 것이 아니다. 그에 의하면 당시 우리나라는 가진 자들이 권력자와 결탁하여 그들의 부를 지키기 위하여 가난한 자를 억누르고 있으며 그 억누르는 구실이 안정과 반공이라는 것이다.

3.3 성장과 분배간의 균형

김대중은 케인즈주의 또는 국가개입주의를 적극 수용한다. 즉 자본주의는 최선의 경제체제가 분명하지만 공정하고도 효율적으로 기능하기 위해서는 적절한 규제와 통제가 필요하다는 것이다. 또 성장과 분배가 균형을 이루어야 한다고 보았다. 분배는 성장에 걸림돌이 되지 않으며 오히려 경제활성화의 촉진제가 된다는 케인즈주의를 신봉하고 있다.

박정희 정권 이래 우리나라의 경제정책을 볼 때 가장 두드러진 현상은 균형의 파괴이다. 경제가 건전하게 발전하려면 성장과 안정과 분배간의 균형이 있어야만 한다. 그러나 우리 경제는 오랫동안 안정과 분배의 희생 아래 성장만을 추구함으로써 국민을 인플레이션의 제물로 희생시키고 또 안정을 추구한다 하여 근로자와 농민을 저임금과 저곡가의 희생 제물로 만들어 왔다(1987: 158)

부의 공정분배는 단순히 사회정의의 관점에서만이 아니라 분배된 부가 구매력으로 두터운 시장을 형성함으로써 자본주의 경제발전의 핵심인 확대 재생산을 위한 기여를 아주 효과적으로 수행하고 있습니다(2000: 313).

3.4 소득재분배의 필요성

김대중이 갖고 있던 우리 나라의 빈부격차에 대한 인식과 케인즈주의적 경제관은 소득재분배의 필요성을 주장하는 논리적 근거가 된다. 이러한 불공정한 빈부격차는 불균형 경제성장 전략에 근 근본적 원인이 있다고 보았다.

경제발전의 열매와 발전정책의 성공적 수행에 필요로 하는 희생은 현세대 국민들 사이에 그리고 현세대와 후세대 사이에 공평하게 분배돼야 한다. 소수 특권층에게 온갖 특혜를 집중시키고, 그러한 목적으로 금융기관의 여신 배분기능에 불공평하게 간섭하는 것은 경제발전의 목적을 배반하는 것이다.

이와 관련해 주목할 것은 우리 사회의 심각한 빈부 간 및 지역 간 격차를 가까운 장래에 시정하지 않으면 오히려 사회불안이 지속적인 성장 자체를 불가능하게 할 것이라는 점이다.... 물론 경제발전의 혜택과 그에 따르는 희생의 완전무결한 공평배분을 기대한다는 것은 비현실적이고도 무리한 일이다. 나의 목표는 정도의 차이는 있더라도 기업가, 노동자, 농민 등을 포함한 '모든' 사람들이 경제발전의 열매를 향유하는 데에 참여토록 보장해 주고, 또한 어느 한 개인 혹은 집단, 어느 한 지역 혹은 어느 한 세대가 다른 사람들을 위해서 불공평하게 무거운 부담을 지도록 강요당하는 일이 없도록 하는 데 있다(김대중, 1995:31).

소득재분배에 대한 김대중 대통령의 신념은 정치인으로서 그의 연설에 여러 번에 걸쳐 반복되어진다.

대한민국에서 제일 잘못된 것을 택하라 하면 분배가 잘못된 것이라고 얘기할 정도입니다...빈부의 격차, 도시와 농촌의 격차, 대기업과 중소기업의 격차, 산업 간의 격차 혹은 지역 간의 격차, 이런 격차가 우리 사회를 괴롭히고 있고 국민의 공동 합의 혹은 협력체제를 깨고 있습니다(1989년 도산아카데미연구원 초청 세미나, 김대중연설문집, 1990: 190).

3.5 사회보장에 대한 견해

김대중 대통령은 소득재분배의 한 방법으로 사회보장 제도의 확충을 제안한다. '이전소득으로서 사회보장 제경비의 국가에 의한 지출은 소득재분배 과정에서 중요한 역할을 담당하게 된다'고 말하고 있다. 이를 위하여 실업수당, 양로연금, 의료보험 제도가 광범위하게 도입될 것이다. 세제상에 있어서는 상속세율을 높이고 고소득계층 및 자산소득에 대하여 다단계적인 누진율을 적용하고, 근로자 계층의 근로소득에 대하여는 조세부담의 완화를 제안한다. 또 부유세 특별행위세 등에 의한 사회보장 기금의 조성을 제안하고 있다(김대중, 1995: 418).

김대중은 국민의 생존권보장이 국가와 사회의 의무라고 규정한다. 그리고 사회가 가난을 극복할 만큼 생산력이 증대한 만큼 국가에 의한 사회보장제도의 운영이 더 이상 먼 나라 이야기가 아닌 실현 가능한 일이라고 규정함으로써 그가 집권 시 사회보장제도를 확대할 것을 강력히 시사한다.

국민의 생존권보장은 국가와 사회의 의무입니다. 가난은 나라도 구제 못한다는 말은 옛날 이야기이고 이제는 가난을 나라가 구제할 수 있습니다. 지금은 우리의 생산능력이 그만큼 늘었습니다(김대중, 1990, 192).

우리나라의 사회보장 지출은 국제수준에 비춰 보더라도 적정수준에 크게 미달하고 있으므로 사회보장 제도를 확충하는 것이 우선적 정책과제이다. 사회보장 정책의 기본방향은 소극적인 단순한 소득 재분배적 복지정책이 아니라 그 원인을 제거하고 발생을 예방하는 적극적인 복지정책이어야 한다(1995: 262).

김대중은 사회복지의 필요성이 경제발전에 따른 공동체 사회의 파괴와 완전고용이 근본적으로 힘든 자본주의의 약점에 기인한다는 점을 잘 인식하고 있으며 그 약점을 보완하는 길이 사회복지라는 논리적인 전개를 하고 있다. 그리고 공정한 경쟁을 할 수 있는 기본 요건을 갖추지 못한 사람들을 배려해 주는 것이 윤리적이라는 생각을 갖고 있다.

최근 사회보장의 내실 있는 확충에 대한 사회적 요구가 점증하고 있다. 그것은 급속한 산업화 과정에서 혈연 및 지연에 기초한 봉건적인 사회부조 체제가 빠른 속도로 와해되고 있고, 노동 및 생활환경에 있어서 위험이 다발화하고, 경제발전에 따라 고용이 불안정해지는 우리 경제사회의 구조 변화를 반영한 것이다. 그리고 소득수준의 향상에 따라 '인간다운 삶'에 대한 국민의 인식이 확산되는 가운데 상대적 소득격차에 대한 불만이 고조되고 있기 때문이다(김대중, 1995: 262).

우리는 하루 속히 도덕적 가치가 강조되는 새로운 인도주의 사회를 이룩해야 한다. 그러기 위해서는 도덕적인 개인만 가지고는 부족하고 사회의 도덕화가 이루어져야 한다.

어느 한 집단이라도 경제성장의 열매를 분배받지 못한다면 결함이 있는 경제발전이 된다. 따라서 모든 집단이 충분히 참여할 수 있는 균등한 기회를 보장받기 위해서는 기본생활을 독자적으로 확보할 수 없는 사람들(장애인, 노약자, 실업자 등)에게 그것을 공급해 줄 사회적 의무가 있다(김대중, 1995: 261).

3.6 사회보장의 청사진

김대중의 사회복지는 절대적 평등을 목표로 하는 사회주의적 무상복지나 중앙정부 중심의 관료주의 복지와는 거리가 멀었다. 김대중 사회복지 구상은 한마디로 신자유주의적 복지다원주의에 가깝다고 볼 수 있다.

이와 같은 사회복지 제도의 확충에 있어서 종교단체 및 각종 사회단체 등의 적극적인 참여를 유도하여야 하며, 지방에 따라 그 지역 실정에 맞는 사회복지 제도를 정착시킬 수 있도록 지방자치 단체의 자율권을 강화하여 중앙정부의 일방적이고 강제적인 운영을 탈피해야 한다(김대중, 1995: 263).

다만 저희 당은 경제에서 자유경제를 지향하는 당이기 때문에 복지위주 일변도로 생각하고 있지는 않습니다. 저희 당은 절대로 영국병이 일어는 것을 원치 않고 있습니다. 우리는 국가의 도움을 어쩔 수 없이 필요로 하는 사람들, 가령 실업을 했다든가 병이 들어서 수입을 얻을 수 없다든가 노령이 됐다든가 혹은 불구자라든가 부모없는 어린애들, 이런 사람들을 돕자는 것이지 그냥 국민을 나태하게 만들고 국가에서 주는 복지 후생지원이나 받아먹고 직장에서 일하지 않는 그런 사람을 만들자는 것이 아닙니다(김대중, 1990: 193).

4. 대통령의 정치적 이념의 한계

그러면 과연 김대중 대통령의 복지지향적 정치적 신념은 얼마만큼 정책에 반영되었을까? 이 질문에 대답하려면 먼저 김대중의 복지지향적 정치적 신념이 정확히 무엇이었나, 또는 얼마만큼의 사회복지를 원하고 있었나를 밝혀내야 할 것이다. 앞서 논의한 것처럼 그의 복지 지향적 정치적 신념은 당시 빈부격차가 정의롭지 못하다는 인식 아래, 성장과 분배의 균형이 중요하며, 소외계층에 대한 사회보장이 절실하며, 동시에 복지다원주의를 선호하며 영국병을 경계하는 언급을 한 것과 복지 수급자의 '사회적 의무'를 언급하였다.

외견상 나타난 것으로 볼 때, 김대중 대통령의 친복지적 정치적 신념은 상당한 정도로 정책에 반영되었고 성과도 크다고 볼 수 있다. 분명히 김 대통령은 이 사회의 보호가 필요한 모든 사람들에게 가능한 최대한의 복지 혜택을 줄 것을 희망했을 것이다. 그러나 대통령이 원하는 모든 정책 아젠다가 그대로 정책에 반영된 것은 아니다. 거기에는 분명히 괴리 혹은 한계가 있었다. 결론적으로 말하면 김대중 대통령의 신념은 다소 변색되어 구체적 정책으로 나타날 때는 복지보다는 시장경제 쪽으로 기우는 듯한 인상을 주고 있는 것이 사실이다(김연명, 1992: 52).

김대중 정부의 친시장경제적 요소는 당시 정치적 표어들만 살펴보아도 분명하게 드러난다(김연명, 2002). 당시 정부의 주요 경제정책기조는 '시장의 정상화', '시장경제의 활성화'를 강조하고 있고 이를 위해 '공정한 경쟁'과 '시장을 통한 보상', '기회의 균등과 절차의 공정 투명성'을 강조한다(대한민국정부, 1998: 69). 이러한 표어는 IMF외환위기의 주요 원인이 정경유착이나 관치경제와 같은 정치적 요인에 의해 시장이 왜곡되었다고 진단하였기 때문이었다. 그러나 문제는 이러한 시장경제의 회복이 대통령이 구상하는 복지국가의 건설과 상충한다는 것이었다.

구체적으로 좀더 자세히 살펴보면, 김대중 정부의 복지정책은 '균형적 복지국가', 성장과 복지가 균형된 사회로 표현된다. 이 '균형적 복지국가'의 의미는 대략 두 가지로 나누어 볼 수 있는데 하나는 당시 낙후된 복지수준을 끌어올려 경제성장 수준과 균형을 맞추어야 한다는 의미와, 다른 하나는 복지의 확대가 성장 기조를 발목잡을 것이라는 우려를 표명한 것으로 볼 수 있다. 김연명(1992: 53)의 견해로는 이 균형이 사실상 '복지가 성장에 저해가 되어서는 안 된다는 이분법적인, 과거의 성장 이데올로기를 그대로 견지하고 있다'고 보았다.

김대중 정부의 복지정책의 특징을 잘 보여주는 표어가 '생산적 복지'이다. 생산적 복지는 스웨덴 복지모델에서 나왔는데 그 의미는 스웨덴의 복지정책의 기조가 직업안정을 강조하는 적극적 노동시장정책을 통해 근로자들의 인적자원을 개발하여 생산과 복지가 균형을 이루는 데 있다(Esping-Anderson, 1992). 이러한 생산복지 이념 아래서는 정부는 완전고용을 목표로, 체계적인 직업 훈련과 직업안정서비스, 그리고 여성과 노인의 사회참여를 위해 충분한 가족 복지서비스(탁아, 출산, 노인복지 등)를 제공한다.

그러나 김연명(2002)의 견해에 따르면 김대중 정부의 '생산적 복지'는 지극히 신자유주의적 이념을 바탕으로 하고 있다. 즉 복지제도의 운영이 근로동기를 해치지 않는 수준에서 제공되면서 자활의 의지를 키우는 방향으로 이루어져야 한다는 의미로 사용되고 있다는 것이다. 이는 생산적 복지의 본질적 개념과는 상당한 거리가 있으며 근로복지(workfare)를 강조하기 위한 또 다른 표현에 불과하다는 것이다.

더 나아가 조영훈(2002)은 김대중 정부의 '복지다원주의'를 통렬히 비판한다. 김대중 정부는 사회복지 제공자로서 국가뿐만 아니라 시민단체나 비영리조직, 지역사회 혹은 기업의 역할을 강조한다. 그 이유는 기존의 국가 중심 복지체계는 경제효율성 약화 등 문제가 많기 때문인데 복지다원주의는 '국가, 시장, 시민사회의 모든 주체가 참여하는 '사회연대에 기초한 참여형 복지체제'를 지향한다(청사진, 27). 서구 복지국가의 경우 국가 주도적 복지체계가 확립된 후 과도한 복지비 지출을 절약하기 위해 복지다원주의를 도입한 반면에 우리나라는 아직 복지체계가 확립되지도 않은 상태에서 복지의 민영화는 사회복지의 책임을 민간에게 떠넘기는 구실에 불과하다는 것이다. 따라서 김대중 정부의 복지다원주의는 자유주의적 복지국가의 특징이며 신자유주의적 경제조치의 일환으로 볼 수 있다.

통계수치를 본다면 이러한 비평가의 비판이 어느 정도 타당성이 있다는 것을 알 수 있다. 얄궂게도 김대중 정부 들어 빈부격차는 오히려 증가하였다. 지니계수가 전에는 0.291 수준이었던 것이 김대중 정부 들어 0.312에서 0.320 수준으로 증가하였다. 그러나 경제협력개발기구(OECD) 기준을 적용할 경우 0.298에서 0.358로 빈부격차의 정도는 훨씬 심하다(유경준, 2003).[1] 이것은 미국 영국과 같은 신자유주의 국가들보다 더 심한 수준이다. 전체가구 중 중위소득의 40% 이하 가구의 비율을 의미하는 상대빈곤지수는 1996년 7.65에서 2000년 11.53%로 증가하였고 전체가구 중 최저생계비 이하의 가구비율을 의미하는 절대빈곤율은 1996년 5.91%에서 2000년 11.46%로 거의 2배 수준으로 증가하였다(유경준, 2003). 같은 기간 비정규직의 비율도 김대중 정부 들어 과거에 45%수준에서 52%% 수준으로 상승하였다. 그런데 통계청이 2000년 8월에 발표한 통계는 58.4%로 이보다 훨씬 높다(통계청, 2005).

사회보장의 측면에서도 문제는 크다. 국민연금은 도시지역 가입자의 44%인 450만명이 납부예외자로 남았고, 5인 미만 영세사업장을 직장가입자로 편입시키는데 실패하였다. 산재보험과 고용보험도 영세사업장 근로자나 비정규직 근로자의 관리 문제로 어려움이 컷다. 경제위기 이후 노동시장 유연화가 진행되면서 임시 일용 시간제 파견근로자 등 비정규직 근로자가 급증했기 때문이다.

이러한 결과들은 국민의 기대와는 다른 것이고 김대중 정부가 의도하고 추구했던 정책 방향과도 거리가 먼 것이다. 외환위기 극복 과정에서 외국자본과 외세의 힘이 꼭 필요하다고 판단했던 김대중 정부가 어느 정도 예상했지만 피할 수 없었다고 보인다. 김대중 대통령과 정부가 서민, 노동자계층, 그리고 사회적 약자집단에 대해서 연민을 가지고 있었던 것은 사실이지만 그것이 정글과 같은 자본주의라는 현실에 부딪쳤을 때 그 연민은 마치 신기루처럼 흔적도 없이 사라진 것이다.

---

1) OECD 기준은 도시근로자가구 만을 대상으로 하는 일반 지니계수와는 달리 국제비교를 위해 1인 가구 및 자영업가구의 가처분소득을 통계에 포함시킨 것으로 보다 현실적인 불평등지수이다.

김대중 정부가 채택한 사회보험 중심의 복지확대에도 문제가 있었다. 즉, 사회보험의 주 대상인 정규직 노동자와 사회보험으로부터 배제된 비정규직 노동자와 자영업자 간에 불평등은 확대되었다. 김대중 노무현 정부가 자유주의정부라고 불리는 데는 집권 10년 동안 사회경제적 불평등이 심각해지고 '성장을 통한 분배'라는 발전국가복지체제가 계속되었기 때문이었다(윤홍식 외, 2021).

4.1 구조조정과 정리해고

보수진영의 평가와는 달리, 김대중 정부 시기의 정부-노조관계를 보는 노동운동진영의 평가는 매우 부정적이다. 그것은 김대중 대통령이 평생 노동자들 편에 서서 살아왔고 그 자신도 억압을 많이 받아왔기 때문에, 김대중 정부가 노동자의 편에 서서 노동정책을 펼 것으로 기대했던 것이다. 당연히 그 사람들은 실망하지 않을 수 없었다.

적어도 외형적으로는, 김대중 정부는 노사관계의 민주화와 실업대책 및 노동개혁을 추진하는 등 노동자를 위해 일하는 정부라는 노력을 보인 측면이 있었다. 실제로 김대중 정부는 노동자들의 대변인 격이었던 전교조와 민주노총의 합법화를 승인하였고, 공무원노조를 인정하였다. 실업대책을 위해 막대한 예산이 투입되었고, 주5일 근무제 도입에도 강한 의욕을 보였다. 또 모든 서구 여러 복지선진국에서 제도화되어 있는 노사정위원회를 도입하여 노동자들을 국정운영의 주요한 파트너로 간주하였다. 실업대책은 많은 문제를 드러냈지만 경기회복과 함께 실업률이 줄어들면서 나름대로 성과를 거둔 것으로 평가되었다.

불행히도, 김대중 정권은 IMF 경제위기를 떠안고 출범하였다. 김대중 정권은 IMF가 요구한 재정긴축과 구조조정 프로그램을 그대로 수용하였고, 이를 추진하는 과정에서 노동계를 설득하고 위기 극복에 동참시킨다는 명분 아래 노사정위원회를 통해 정리해고를 도입하였다. 김대중 정부는 노사정위원회를 통한 전면적인 개혁 조치를 약속하는 한편 대대적인 구조조정을 일방적으로 밀어부쳤다. 노동의 유연화라는 이름 아래, 구조조정은 인원감축에 집중되었고, 공공부문에서 민간부문으로 급속하게 확산되었다. 노동조건이 파괴되고 대량 실업사태가 발생하였으며, 비정규직의 급증 등 노동자의 희생을 요구하였다.

정부가 약속했던 개혁 조치들은 대부분 미진하였고, 합의 내용이 제대로 이행되지 않았다. 노동조합은 정부의 구조조정이 신자유주의 정책이라고 강하게 반발하였고, 특히 민주노총은 노사정위원회를 나가버렸다.

외환위기 극복을 지상과제로 안고 등장한 김대중 정부는 IMF의 신자유주의 구조조정 프로그램을 '개혁'이라는 이름으로 충실히 추진하였다. 그 과정에서 거대재벌과 기득권세력의 거센 반발에 직면하였고, 노동 쪽으로부터도 세찬 저항에 부딪쳤다. 정치적 소수정권으로서 '원조 보수'라고 자처하는 자민련과 연합한 김대중 정부는 끝내 재벌개혁에 대하여 절충과 타협으로 후퇴할 수밖에 없었고, 노동 쪽에 대해서는 강경한 대응으로 일관하였다.

김대중 정부는 처음부터 신자유주의 구조조정 정책과 노동시장 유연화 정책을 추구하는 한편, 노사정위원회를 구성하는 등 노동계를 포용하는 서로 양립할 수 없는 정책을 추진하였다. 신자유주의 구조조정은 대량 실업자를 양산하였고, 노동조합 진영의 반발은 거세졌다. 한국노총마저 정책연합을 포기하는 사태까지 일어났다. 노동조합운동 내부에는 구조조정 대응을 둘러싸고 심각한 혼란이 발생했다(김유선, 2007).

김대중 정부는 집권 후반기로 올수록 노동운동은 격화되었는데 이는 노동계가 정부가 외환위기를 벗어났다고 판단하면서도 노동자들을 버리고 계속하여 기업 편만 들어준다고 보았기 때문이다. 노동조합의 저항에 대해 김대중 정부는 포섭과 배제, 사탕과 채찍의 분리 전략을 교묘하게 구사하였다. 노사정위원회에서는 한국노총만을 파트너로 하여 주 5일 근무제와 같은 중대한 개혁과제를 논의하였고, 노사정위원회를 뛰쳐나가 정면대결 태세로 대항하는 민주노총에 대해서는 가차 없이 법치의 잣대를 적용하였다. 그 결과 인권정부라고 자처하는 김대중 정부에서 김영삼 정부보다 훨씬 많은 노조간부들이 구속·수배되었다(김유선, 2007).

4.2 노동 유연화와 비정규직 확산

김대중 정부의 노동정책은 구조조정과 서로 모순됨으로써 처음부터 그 한계가 분명했다. 김대중 정부는 구조조정과 노동시장 유연화로 실업자를 양산하면서, 다른 한편으로 그로부터 발생하는 실업자 문제를 해결하려 했다. 김대중 정부가 내세웠던 노사관계는 구조조정과 고용조정에 따른 실업의 발생은 불가피한 것으로 보고, 신속한 구조조정과 노동시장의 유연화를 통하여 경제를 성장시키고 이를 통해 고용 창출을 촉진해 복지를 증진시킨다는 논리에 서 있었다.

신자유주의 구조조정은 정리해고를 도입했다. 비정규직은 김영삼 정부의 노동시장 유연화 정책에 따라 증가하기 시작했는데, 외환위기 이후인 1999년부터는 50퍼센트를 넘어섰고, 2000년 8월 전체 노동자 중 58.4퍼센트(758만명)라는 최고의 비중을 보인 이래 지속적으로 50퍼센트를 넘고 있다. 비정규직들은 정규직에 비해 절반 정도의 임금을 받으면서 언제든지 직장을 잃을 수 있는 불안한 처지에 놓여 있으며, 사회보험 적용에서도 대부분 배제되어 있다. 한 사회에 살고 있으면서도 이방인과 같은 존재로 추방된 것이다. 2007년 비정규직의 사회보험 적용률은 32-35 퍼센트였고, 퇴직금 상여금 시간외수당 유급휴가는 15-22%만 적용받고 있었다.

이러한 비정규직의 증가는 외환위기라는 경제위기 속에서 반드시 일어나야만 하는 현상은 아니라는 시각도 분명 있다. 그것은 정부의 노동시장 유연화정책, 기업의 인사관리전략 변화, 노조의 조직률 하락 등에 그 원인이 있다고 보는 것이 타당할 것이다. 보수진영에서 제기하듯 노조가 정규직을 과보호했기 때문은 아닌 것으로 보인다(김유선, 2005: 63-4).

근로시간은 1998년 주당 45.9시간에서 2007년 43.5시간으로 10년 사이에 2.4시간이 줄었으나, 초과노동시간이 거의 줄지 않았다. 따라서 법상으로는 2004년 7월부터 단계적으로 주 40시간제가 시행되었음에도, 연간 노동시간은 2천 시간을 훨씬 넘어 세계 최장 노동시간을 기록하게 되었다.

세계 최고의 노동시간과 열악한 노동조건은 대한민국을 높은 산업재해국으로 만들었다. 아래 도표에서 보이듯이, 산업재해자는 1990년 13만 2천여 명에서 1998년 5만 1천 명으로 급감한다. 즉 노동자의 인권을 존중하는 진보정권이 들어선 것은 산업현장에서도 긍정적 영향을 미쳐 노동자들이 보다 안전하고 건강에 유익한 작업환경에서 일할 수 있는 정치적 환경을 마련해 주었다고 볼 수 있으며 이것은 결과적으로 산업재해를 큰 폭으로 줄이는 데 기여했다.

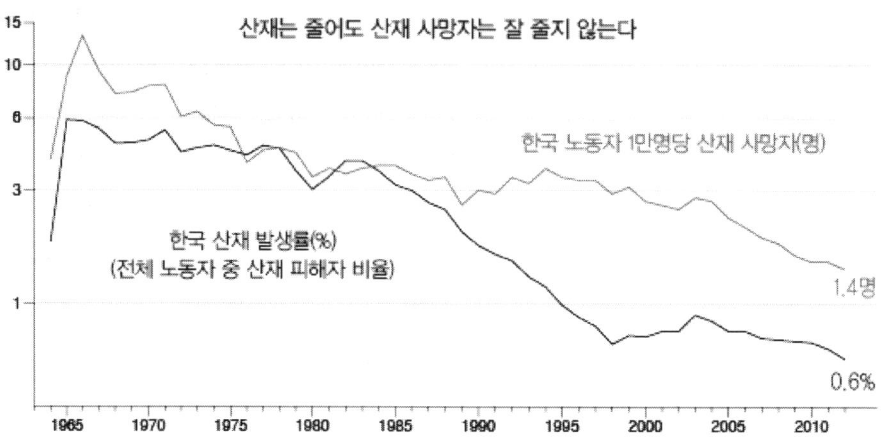

자료 출처: 고용노동부, 2012년 산업재해 현황분석
https://www.hani.co.kr/arti/society/society_general/635146.html

〈그림 8-1〉 1965년 이후 한국 산재 발생률과 산재 사망자

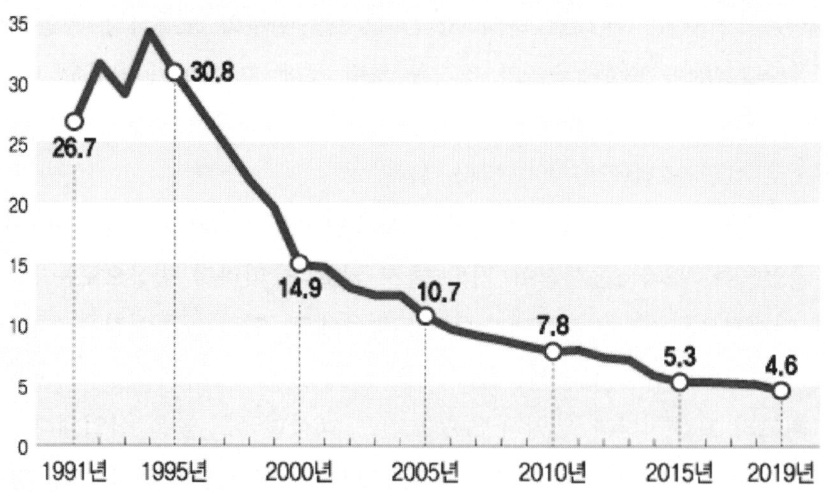

자료출처: 29년간의 한국 10만인 치명율 추이. 관련 링크
https://kosis.kr/statHtml/statHtml.do?orgId=101&tblId=DT_2KAA308_OECD

〈그림 8-2〉 한국 산재사망률의 변화

산업현장에서 사망을 당한 노동자의 수도 비슷한 추세를 보이고 있는데 1994년 이후 급격히 줄어들었다. 한국 10만인 산재 사망률은 지속적으로 하락했는데 통계청이 정리한 ILO 통계에 따르면 우리나라 10만 명당 치명률은 1994년 34.1명으로 고점을 찍은 후 문민정부를 내걸은 김영삼 정부 중반 이후 지속적으로 하락했다. 그 후 김대중 정부 출범 이후인 1999년에는 19.6명으로 10명대로 내려왔고 다시 2006년엔 9.6명으로 한 자리수 대로 떨어졌다. 치명률은 지속적으로 하락해 2014년 5.8명에서 2019년에는 4.6명까지 내려와 25년간 86.5% 하락했다. 1987년 민주화 이후 노동조합이 급격히 증가하고 노동자의 힘이 강해짐에 따라, 노동현장에서 안전조치가 강화된 결과라고 볼 수 있다.

4.3 노동운동의 조건과 상태

김대중 정부는 외환위기 극복과 경제회복이 제일 국정목표로 설정한 만큼, 외국자본의 유치를 국가경제 부흥의 필수조건으로 간주되었다. 이는 기업을 먼저 살리고 노동자는 나중이라는 말이었고, 노동자의 양보와 희생은 불가피하다고 보았다. 따라서 노동정책은 경제정책의 하위 체계에서 한 걸음도 벗어날 수 없었고, 이에 대한 노동자의 저항은 제 밥그릇만 챙기는 집단이기주의의 발로로 간주되었다(김유선, 2005).

비록 진보적 정권이 들어섰지만, 기업들은 노동자들을 위한 노동조건은 별로 나아지는 것이 없었다. 주 5일 근무제가 도입되는 대신, 기업 측은 생리휴가, 연월차휴가를 폐지 또는 축소했다. 또 각종 부당노동행위가 여전히 기승을 부리고 업무방해라는 사유를 들어 노조간부들에 대한 고소고발이 빈발했다. 막대한 금액의 손해배상청구가 노조탄압의 새로운 수단으로 등장하였다. 노란봉투법 제정의 필요성은 이때부터 제기되었다(김유선, 2005).

따라서, 노동운동은 김대중 정부 5년 내내 치열하게 전개되었다. 노조는 임금인상을 위한 단체 투쟁(임단투)에서 '총파업을 포함한 총력투쟁'을 전개하였다. 특히 민주노총은 일체의 교섭이나 타협을 거부한 채 더욱 완강한 저항의 모습을 보였다. 사업장별로 또는 업종에 따라서는 전투적 조합주의에 걸맞은 치열한 투쟁을 펼쳤고, 민주노총은 정권퇴진으로까지 전선을 확대했다. 그 과정에서 더

러는 구조조정의 속도를 늦추기도 하고, 때로는 깎였던 임금 및 노동조건을 회복시키기도 했다.

김대중 정부 기간 내내, 노동 진영은 위기 국면을 돌파 극복하기 위한 전략으로 기업별노조의 극복과 산별노조의 건설, 운동이념의 정립, 조직운영의 혁신, 정치세력화 등을 채택하고 최대한의 노력을 기울였다. 이를 위하여 민주노총은 '노동운동발전전략위원회'를 한국노총은 '21세기위원회'를 설립하였다. 한국노총의 경우, 개혁특별위원회를 구성하여 활동하였고, 독자적인 정당으로서 '민주사회당'을 발족시키기도 했다. 조직 형태와 관련해서는 산별노조 건설운동이 활발하게 전개되어 보건의료노조, 대학노조, 택시노조, 금융노조, 금속노조 등이 출범하였다. 특히 교원노조는 법률상의 산별노조로 인정받게 되었고, 대부분의 산별연맹들이 산별노조 전환을 최대의 과제로 설정하였다.

한편 정치적으로는 민주노동당이 2002년 6월 지자체선거에서 133만 9천표(정당지지율 8.1%)를 받아 제3당으로 부상함으로써 노동자를 중심으로 한 진보정당의 가능성을 다시 한번 확인하였다. 그 여세를 몰아 대선에서는 민주당과 한나라당 후보와 어깨를 나란히 하였다. 이와 같이 노동자 진영은 권력과 자본의 도전에 대응하여 나름대로 열심히 싸워왔다.

하지만 노조 조직률은 12%대에 정체되어 노동자계급의 세력확장은 한계에 봉착했다. 이 때문에 기업별 노조체계가 지속됐고, 노동조합은 중소영세기업 노동자와 비정규직 노동자들을 소외시킨 채 공공부문과 대기업·정규직 노동자만을 주인공으로 섬김으로써 '노동귀족'이란 새로운 개념이 등장했다. 산별노조 건설운동은 여전히 기업별노조의 틀과 관성에서 벗어나지 못한 채 새로운 전환점을 찾느라고 방황했다. 게다가 조직 내부에는 다양하고 복잡한 정파 또는 파벌간의 대립과 갈등이 조직의 결합력과 집중성을 약화시켰다.

5. 김대중 정부의 사회복지 평가

복지정책이라는 측면에서 보면 김대중 정부의 성과는 외환위기 극복과정에 발생한 현실적 필요성과 동시에 대통령의 복지 지향적 정치적 이념의 한 결과라고 제시하였다. 그의 복지 지향적 정치적 이념은 그의 출생과 성장배경에 바탕을 두고 있으며 여러 저술과 연설 속에서 확인할 수 있다. 이 연구에서 우리는 김대중 개인의 정치적 신념을 정치의 개념, 빈부격차에 대한 인식, 성장과 분배간의 균형인식, 소득재분배의 필요성에 대한 인식, 그리고 사회보장에 대한 인식과 청사진으로 나누어 보았다. 그러나 그의 복지에 관한 정책 아젠다는 현실 정치 속에서 상당부분 실현되지 못하고 말았다.

극심한 경제위기 상황에서 출범한 김대중 정부는 민간기업의 대규모 구조 조정, 공기업 민영화, 노동시장 유연화로 난국을 돌파하고자 했다. 정리해고제와 근로자파견제를 도입하는 조건으로 교원과 공무원의 노조 결성, 노조의 정치활동 보장, 고용안정 재원의 확충, 노조 전임자 임금지급 등 노동계의 요구를 대폭 수용한 '정치적 교환'이 이루어졌다(박동, 2001). 국민기초생활보장법의 시행(2000년 10월 시행), 4대 보험의 보장성강화 등 외부자를 보호하기 위한 사회안전망도 확충되었다. 그러나 이런 보호 조치들은 급격한 유연화전략에 따른 이중화 효과를 상쇄할 만큼 충분하지 못했다.

외환위기 수습이라는 특수한 환경에도 불구하고 복지국가의 기초를 놓은 김대중 정부, 하지만 말기에 이르러 경제위기로 실업률이 급등함에 따라 사회불평등- 지니계수와 소득5분위 배율(하위 20%의 소득 대비 상위 20%의 소득 배율)이 모두 위기 이전에 비해 급등시킨 정부를 어떻게 평가해야 할까.

평생 5번이나 죽을 고비를 넘기면서 노동자와 서민을 위한 대통령, 분단 후 처음으로 남북화해와 교류를 이루어 노벨평화상을 받은 평화의 전도사 김대중 대통령이 기업구조조정과 정리해고를 도입하면서 노동자와 서민을 희생시킨 대가로 나라를 구한 결정은 결코 쉬운 일이 아니었을 것이다.

김대중 정부는 '민주주의와 시장경제의 병행 발전'을 내걸고 복지와 경제가 동등한 비중을 두는 듯했으나 결과적으로 친경제 쪽으로 기울고 말았다.

당시 보수진영에서는 김대중을 사회주의자라고 비난했지만, 김대중 정부가 갔던 길은 사회주의가 아니라, 오히려 자유주의에 가까운 길이었다. 김대중 정부의 사례는 국가는 결국 자본의 이익을 위하여 봉사할 수밖에 없으며 누가 정권을 장악하든지 별 차이가 없다는 마르크스주의 비판이론이 상당한 설득력이 있음을 강력히 시사하고 있다.

Ⅱ. 노무현 정부의 사회복지(2003.5-2008.5)

1. 들어가면서

노무현 대통령과 그가 수반으로 있는 참여정부는 모든 국민이 차별받지 않고 인간답게 살아가는 세상, 반칙과 특권이 없는 세상을 만들기 위해 온 힘을 기울였다. 또 그러한 세상을 건설하기 위한 기반인 지속가능한 경제성장을 위한 정책을 적극 추진하였다. 온 국민의 참여를 통하여 모두가 잘 사는 나라를 만들겠다는 의미로 참여정부라 이름붙인 노무현 정부는 대다수 국민의 먹고 살 먹거리 준비와 그 먹거리를 골고루 나누는 데 심혈을 기울였다.

노무현 대통령은 국토는 작고 자원이 부족한 나라가 살 길은 무역통상의 길로 나아가는 수밖에 없다고 결론내리고 그를 강력하게 지지했던 사람들의 반대에도 굽히지 않았다. 그리하여 우리 경제 성장의 버팀목인 수출의 지속적 증대와 글로벌 시대의 국내 산업 경쟁력 강화를 위해 능동적이고 준비된 개방 정책을 실시하였다. 미국 등 세계 주요 시장과 자유무역협정(FTA)을 체결하는 한편, 우리나라를 동북아 금융허브로 만들어가기 위한 금융 선진화 정책을 적극 추진하였다. 과학기술에 대한 적극적인 투자와 정보・통신분야의 신산업 육성을 통해 미래성장동력 확충에도 힘을 기울였다.

이로 인해 참여정부는 좌측 깜빡이를 켜고 우회전을 한다는 이른바 '좌파 신자유주의' 정책을 추진했다는 비판을 받는다. 한미 자유무역협정(FTA) 추진으로 촉발된 이러한 논란은 다수의 참여정부 지지자들을 돌아서게 만들었고 노무현은 좌파・우파 모두로부터 거센 비판을 받았다. 노무현 정부라는 진보정권 하에서도 시간이 흐름에 따라 신자유주의의 바람이 세게 불었고 노동자와 그들의 권익을 대변하는 노동조합 발달에 중대한 제약이 가해졌다.

참여정부 역시 매우 어려운 여건 속에서 출범하였다고 할 수 있다. 참여정부가 들어선 2003년 2월, 그 당시에는 가계부채, 신용불량자 급증 등으로 민간소비가 위축되어 있었고, 고용 없는 성장이 시작된 시기였다. 아무리 경제가 성장하더라도 일자리는 늘어나지 않고 소득재분배는 개선되지 않았다. 경제 양극화가 본격적으로 나타나기 시작한 것이다. 경제적 사회적 불평등이라는 김대중 정부의 유산을 물려받고 출발한 참여정부는 계층간 소득격차를 줄이고 사회통합을 위하여 모든 국가행정과 정책 역량을 총 동원했다.

이 뿐만 아니라 출산율의 지속적인 하락과 함께 급속한 고령화가 동시에 진행되고 있던 시기였다. 이렇게 볼 때 참여정부는 빈곤문제라는 과거의 사회위험(구 사회위험) 요소뿐만 아니라, 일을 해도 가난한 근로빈곤층이 점점 많이 등장하게 되어 나타난 신 빈곤문제와 저출산 고령화에 따른 새로운 사회위험(신 사회위험) 요소까지 겹쳐 나타난 시기였다(조흥식, 2008).

2. 노무현 정부의 사회복지정책

크게 보아, 참여정부의 복지정책은 사회적 배제와 차별을 해소하기 위한 '사회통합정책'과 노후소득보장, 저출산대책, 노인요양보험제도 등 '저출산·고령사회 복지정책'으로 구분할 수 있다. 그리고 복지와 고용, 복지와 교육을 연계한 정책들이 실시되었다. 2006년 8월에는 선진복지국가를 위한 비전과 전략으로 '사회비전 2030'을 제시했다(한국노동사회연구소, http://klsi.org/content).

김대중 정부를 계승한 참여정부는 전 정부보다 높은 차원에서 차별없는 세상, 보다 평등한 사회를 만들려고 무진애를 썼다. 김대중 정부가 외환위기 극복에 혼신을 다하는 가운데 여러 사회문제를 남겨둔 채로 막을 내렸다면 참여정부는 '사회통합'을 사회정책의 기조로 삼았고 그의 실현을 위해 '빈부격차 완화'와 '차별시정'을 목표로 하여 여러 가지 정책들을 제시했다.

참여정부는 빈부격차 완화를 위한 정책으로 부동산문제, 주거복지, 빈곤아동문제, 일을 통한 빈곤탈출이 제시되었고, 차별시정 정책의 달성을 위해서는 여성, 장애인, 비정규직, 이주노동자, 연령(노인), 학력 등 '6대 차별 해소'를 주요

과제로 선정하였다(한국노동사회연구소, http://klsi.org/content).

먼저 빈부격차 완화와 관련해서. 참여정부는 종합부동산세를 도입하는 등 부자들의 과다한 부동산 소유를 규제함으로써 소득의 재분배를 달성하려고 하였다. 당시 정부가 제시한 대로, 부동산 가격의 비정상적 상승은 서민들의 주거 마련에 장애물로 대두됐고, 많은 사람들이 상대적 박탈감을 갖게 만들었다.

참여정부는 임대주택 150만호 건설로 요약되는 주거복지정책도 저소득층 주거문제 해결에 상당한 성과를 낸 것으로 판단된다. 또한 빈곤의 대물림을 차단하는 정책으로 보육의 사회화와 빈곤아동을 위한 교육-복지-문화 통합 서비스 제공 등이 다루어졌다. 그리고 기존의 사회복지서비스와 일자리를 연계한 '일을 통한 빈곤탈출 정책'으로, 자활사업의 보완, 사회적 일자리사업의 확대, 사회서비스 일자리정책을 추진했다.

2006년 참여정부는 저소득층 지원을 위해서 근로장려세제(earned income tax credit, EITC)를 입법해 했는데 이는 아시아 최초다. 이는 사회보험이나 국민기초생활보장제도의 혜택을 받지 못하는 저소득 근로자에게 정부가 생계비 등을 보조해주는 세금 제도로 매우 성숙한 복지제도라고 평가되는 제도이다. 세금을 걷는 것이 아니라 반대로 지원해 주기 때문에 마이너스 소득세라고도 한다. 국민기초생활보장제도의 혜택을 받지 못하는 저소득층 가정이 대상이고, 이들을 국가적 차원에서 사회적으로 보호하는 역할을 한다. 또한 근로자 가정을 지원하는 제도이기 때문에 복지제도가 가져오는 근로의욕 저해 문제에서 비교적 자유롭다(위키백과, 국가기록원, '근로장려세제', 김용하).[2)]

기대만큼의 성과는 거두기 못했으나 노무현 정부는 차별시정을 위한 정책에도 관심을 기울였다. 참여정부 출범과 함께 장애인차별금지법 제정이 추진되었다. 여성차별의 경우는 호주제의 폐지를 위한 민법개정에서는 성과가 있었으나,

2) 근로장려세제의 지원요건과 지원금액은 다음과 같다. 지원요건: 거주자를 포함한 1세대의 가구원 구성에 따라 정한 부부합산 총급여액 등을 기준으로 지급됨. 2021년 기준, 단독가구는 총소득기준금액 2,000만원 미만, 홑벌이가구는 총소득기준금액 3,000만원 미만, 맞벌이가구는 총소득기준금액 3,600만원 미만이어야 지급가능. 추가적으로 2020년 6월 1일 기준으로 가구원 모두가 소유하고 있는 재산합계액이 2억원 미만이어야 지급 가능함. 재산합계액이 1억 4천만원 이상 2억원 미만일 경우, 장려금의 50%만 지급함.

지원금액: 2021년 기준으로 단독가구는 최대 150만원, 홑벌이가구는 최대 260만원, 맞벌이가구는 최대 300만원까지 지급함.

고용과 성매매방지의 경우 차별시정을 위한 노력을 경주했다.

노무현 정부는 2005년 민법을 개정함으로써 호주제를 폐지한다. 그때까지 호주제 수호론과 국가의 미온적인 태도 등으로 호주제를 폐지하는 것은 '산을 옮기는 것'과 같이 험난한 과업이었다. 호주제 폐지는 50여 년간 이루어진 대한민국의 대표적인 여성주의 법 개혁 운동이자 법을 통한 시민운동으로 탈식민을 향한 여성주의 법 운동이라는 커다란 의의를 지닌다.

호주제 폐지는 크게 사회운동적, 사법적, 입법적인 세 측면을 통해서 달성된 전면적 법 개정이다. 대한민국의 가족법 개정 운동의 역사에서 호주제도 폐지는 가장 중요한 의제였으나 1990년대까지도 호주제도는 지속되었다. 2000년 초 법률가 및 학자들을 중심으로 '호주제 위헌제청'을 제기하였고, 여성시민단체에서는 호주제 폐지 운동을 활발하게 펼쳐 왔으나 노무현의 참여정부에 이르러서야 실천되었다.

2005년 우여곡절 끝에 노무현 정부는 부동산 보유로 불로소득을 올리는 일부 부유층에게 세금을 걷어 사회적 취약계층을 위해 사용한다는 취지 아래 종합부동산세를 신설한다. 따라서 종부세는 전형적인 소득재분배 정책이라 볼 수 있다.[3] 노대통령은 공식 취임 전 인수위원회 시기부터 보유세 강화 정책을 준비했다. '세금폭탄론'과 맞물려 대통령 지지율은 바닥으로 내려앉았으나, 보유세 강화 장기 로드맵에 따라 정책을 시행했다. 참여정부의 보유세 강화 정책 효과가 나타난 2008년, GDP 대비 보유세 비율은 역대 최고치(0.95%)를 기록했다. 노무현의 개혁정책은 처음부터 야당을 비롯한 보수세력으로부터 격렬한 저항에 부딪쳤으며, 결국 헌법재판소에서 부결되기는 했으나 국회에서 발의한 노무현 대통령 탄핵 소추의 한 원인이 되었다.

종부세는 지난한 과정을 통과하며 겨우 입법되었다. 입법이 얼마 남지 않은 2004년 7월 재정경제부 세제실은 건설경기 침체와 집값 진정세를 이유로 종부세 도입을 미루자고 했다. 노무현 대통령이 "지연시키면 정책 자체가 사라질 우려가 있다"라고 상황을 정리했다. 당시 행정자치부와 국세청은 서로 종부세를

3) 종부세는 보유세의 일종이다. 보유세란 주택이나 토지를 보유할 때 내는 세금이다. 한국은 외국에 비해 보유세 비중은 낮은 반면 주택 거래로 물게 되는 취득세 등 거래세는 높은 구조다.

징수하지 않겠다며 상대방에게 떠넘기기도 했다. 이후 행정부와 여당 간에 세 차례에 걸친 당정 협의가 열렸는데, 여당 의원들 중 일부는 부동산 경기 침체를 명분으로 종부세를 그리 달가워하지 않았다.

참여정부 마지막 해인 2007년 종부세 대상자는 48만6천여 명으로 전국 세대의 2%만이 과세 대상이었다. 주택분 종부세를 내는 개인은 37만9천여 명으로 2채 이상을 가진 다주택 보유자가 전체의 61.3%인 23만2천 명, 전체 세액 중 다주택 보유자의 점유율은 71.6%였다. 기본적으로 종부세를 내는 이들은 고소득층에 속한 사람들이었다. 하지만 참여정부의 종부세는 '세금폭탄' '현대판 가렴주구' '징벌적 세금' 등 저주에 가까운 비판에 시달렸다(이승준, 2020, https://h21.hani.co.kr/arti/).

노무현 정부 부동산정책의 다른 한 축인 '공공임대주택'도 종부세와 비슷한 입법과정을 거쳤다. 노무현 정부는 2003년 '국민임대주택 건설 등에 관한 특별조치법'을 통해 장기공공임대주택 보급 확대를 추진했다. 경제정의실천시민연합(경실련)에 따르면 참여정부에서 공급한 국민임대는 47만호(사업 승인 기준)에 달한다. 역대 정권 가운데 가장 높은 수치다. 그러나 공공임대주택 건설 계획이 처음 발표되었을 때도 보수단체와 언론, 그리고 심지어 자신이 속해 있던 민주당 국회의원 사이에서도 반대 목소리가 컸다.

노무현 정부는 적극적인 노인복지정책을 펼쳤다. 노인빈곤 해소를 위해 기초노령연금제도를 도입했고, 일하고 싶은 노인을 위해 노인일자리 사업을 활성화했다. 그리고 간병이 필요한 노인을 위해 '모형 구체화', '시범사업 추진', '법 제정' 등 단계를 거치며 노인장기요양보험 출발시켰다. 노무현 정부는 5대 사회보험(국민연금 · 건강보험 · 고용보험 · 산재보험 · 노인장기요양보험) 시대를 열었다. 여러 진통 끝에 제정된 노인장기요양보험법은 2008년 7월 국민 앞에 등장했다. 김대중 정부 시기 요양보험의 '탄생'은 예고됐지만 그 기틀을 마련한 건 노무현 정부다.[4)]

4) 노인장기요양보험을 도입할 때 쓴 구호가 "가족들의 힘만으로는 감당하기 어려운 치매 · 중풍노인은 국가가 책임지고 돌봐 드리도록 하겠습니다"인데 이는 상당한 효과가 있었던 것으로 보인다(최연지, 2023). 대상자는 65세 이상 어르신 또는 65세 미만자 중 치매, 뇌졸중, 파킨슨병 등 노인성 질병으로 6개월 이상의 기간 동안 혼자서 일상생활을 수행하기

이처럼 참여정부는 출범 초기부터 사회복지정책에 대한 열정을 갖고 있었다. 사회복지 정책의 중점과제로 기초보장체계의 보완, 고령사회에 대비한 대책, 보육정책의 전향적 추진, 노인 장기요양보험제도의 도입, 사회적 일자리를 통한 사회서비스의 확충, 복지의 지방분권 추진, 복지예산의 증대 등이 선택되었다.

조흥식(2008) 교수는 노무현 참여정부 사회복지정책의 성과를 매우 잘 정리했다.

첫째, 신 사회위험 요소들에 대응하기 위하여 기존의 선성장·후분배 발전전략을 성장과 복지가 함께 가는 동반성장 패러다임으로 전환한 점을 들 수 있다. 특히, 경제정책과 사회정책을 인적 자본에 대한 투자 위주로 재편성하는 것을 골자로 하는 사회적 투자 패러다임은 사회정책을 경제정책과 더불어 국가운영의 한 축을 담당하는 중요한 국가정책의 목표로 인식되었다.

둘째, 참여정부는 출범 이후 신·구 사회위험 요소 등을 망라한 장기적이고 구조적인 문제를 해결하기 위한 논의를 본격적으로 시작하여 '함께 가는 희망한국 비전 2030'(비전 2030)을 제시했다. 혁신적이고 활력 있는 경제, 안전하고 기회가 보장되는 사회, 안정되고 품격 있는 국가 등 3대 목표를 수립하고, 인적자원 고도화, 사회복지 선진화, 사회적 자본 확충 등 사회복지서비스의 강화와 사회보장제도의 내실화 등 복지정책의 발전을 추진하였다.

셋째, 참여정부는 신 사회위험 요소들에 주목하고 근로빈곤층과 사회배제를 드러내는 신 빈곤문제와 급속한 저출산 문제, 고령화 문제 등을 정확히 짚어내어 이를 토대로 하여 각종 복지정책 프로그램들을 제도화하였다.

넷째, 기본적인 사회복지 인프라의 구축과 관련하여 법적 장치를 만드는 데 많은 노력을 기울인 점이다. '사회복지사업법' 개정(2003)을 통해, 지역복지 중심의 서비스 신청주의를 도입했고 또한 지역사회복지협의체를 구성하게 하였으며, 연이어 사회복지 지방이양 실시(2005), 사회복지 전담공무원의 증원(2005), 사회복지사무소 시범사업 실시(2005-2007), 주민생활지원서비스 체계 구축(2007) 등을 통해 지역복지의 활성화를 도모케 하였다. 그리고 새로운 '사회적기업지원법' 제정(2006), '기초노령연금법' 제정(2006), '노인장기요양보험법' 제

어려우신 분으로, 등급판정기준에 따라 장기요양 1등급~5등급을 인정받는 자이다.

정(2007), '장애인차별금지법' 제정(2007) 등을 통해 사회복지서비스의 확대에 기여하였다.

다섯째, 참여정부는 복지지출 예산을 꾸준히 증액했는데, 참여정부 5년간 복지지출을 연평균 20% 수준으로 확대시켜 왔다. 이에 따라 2005년부터는 복지지출 비중이 경제개발 지출을 상회하게 하였다. 구체적으로 복지지출 내용을 보면 2002년에 26조 1천억원에서 2006년에는 54조 2천억원으로 대폭 증가하였다. 이를 통합재정 결산 기준으로 하여 통합재정 대비 복지지출 비중을 보면, 2002년에는 19.9%, 2003년 20.2%, 2004년 24.5%, 2005년 26.7%, 2006년 27.9%로 계속 증가하였다.

여섯째, 참여정부는 국민들에게 다양한 사회복지서비스를 편리하게 한 곳(ONE-STOP)에서 제공하기 위해 일선 행정기관의 조직을 개편하고 민·관협력 체제를 유도하였으며, 건강보험, 국민연금, 산재보험, 고용보험 등의 4대 보험료 통합징수로 소득 파악을 더 정밀하게 하는 방안을 추진하였다.

3. 참여정부 복지정책의 한계

이와 같이 참여정부가 국민의 복지향상을 위해 큰 노력을 한 것은 사실이지만 몇 가지 부족한 점도 있다.

참여정부는 사회적 양극화 해소를 위한 다양한 정책들이 전개됐음에도 산업·기업·계층 사이 양극화 현상은 완화되지 않았다. 자동차, 조선, 철강, IT 등 일부 업종만 호조를 보이며 가구소득의 불평등 역시 날로 심해졌다. 자산의 불평등도 심각한 수준이었다. 부동산이나 주식 등 자산 불평등의 심화는 소득격차를 더욱 격화시켰으며, 서민들의 심리적 박탈감을 초래하여 사회통합을 저해했다. 비정규직 문제 역시 노동계, 기업 그리고 정부의 입장 차이를 해소하지 못했다. 그러나 이렇듯 소득과 자산의 불평등이 심화되었음에도 다른 경제개발기구(OECD) 국가들에 비해 너무 낮은 국내총소득(GDP) 대비 사회보장 지출이 문제해결을 어렵게 하였다(한국노동사회연구소, http://klsi.org/content).

복지국가를 지향하는 사회투자전략은 그 자체로 많은 한계를 갖고 있다. 먼저,

중산층에까지 보편적으로 현금을 지급하는 프로그램 등의 사회안전망이 갖춰진 서구 복지국가에서 시도하는 사회투자 프로그램들이 기본적 사회안전망이 취약한 한국 사회에서 그대로 적용하기는 어렵다는 것이다. 그리고, 사회투자정책에 드는 재정을 어떻게 조달할 것인가, 일자리를 충분히 제공할 수 있는가, 경제, 산업, 노동 구조 전체의 급격한 변화에 따른 거시적 이행전략은 적절한가, 혹시 사회투자정책이 오히려 계층 간 격차를 더욱 심화시키는 결과를 초래할 가능성은 없는가 등 한계가 있다(조흥식, http://www.peoplepower21.org/Welfare).

참여정부는 역대 정권 중 복지재정 지출을 가장 많이 확대했지만 복지 예산 집행의 비효율적인 요인과 사회복지 전달체계 상 효과성이 떨어지는 문제를 노정시켰다. 대표적인 게 지역복지를 활성화한다는 명분으로 정부는 2005년부터 사회복지서비스를 포함한 각종 복지관련 사업을 지방자치단체가 책임지고 운영하도록 하는 '국가보조금 정비방안'을 시행하여 사회복지 지출 비용의 상당 부분을 지방에 이양하였다. 전국적으로 볼 때, 지방재정 자립도가 극히 낮고, 지방자치단체장의 복지 마인드가 결핍한 대부분의 지방에서는 사회복지서비스의 수준을 저하시키는 결과를 초래하였다. 지방자치단체 주민들인 모든 노인, 장애인, 여성 등에게 사회복지서비스를 직접 제공하는 사회복지시설 종사자들이 지방으로 이양된 사회복지 지출 예산을 다시 중앙으로 가져가라는 호소와 주장들이 나오기도 했다. 사회보험의 경우 사회안전망의 사각지대를 방치한 채 복지재원만 투입하는 것으로 사회보험제도의 효과성을 제대로 달성하지 못했으며, 공공부조의 경우도 빈곤층의 고착화 문제에 대응하는 복지 대책이 빈곤탈출에 제대로 기여하지 못하는 것으로 나타난다. 예로서 자활사업 등 일자리 창출과 관련하여 정부는 많은 예산을 투입하여 단기적인 일자리만 늘리는데 급급했고, 또한 보여주기 행정식의 부실한 사업구성의 문제로 인해 제대로 정책의 효과를 거두지 못했던 것이다(조흥식, http://www.peoplepower21.org/Welfare).

4. 구사대의 재등장

노무현 정부 정권 말기가 되어 정부의 힘이 빠지자 구사대란 것이 다시 등장한다. 6월 항쟁 이후 거의 20년 만이다. 과거 군사독재정부가 자본을 대신해 노조를 탄압했다면 이제는 기업에 의한 직접적인 노조탄압이 다시 시작되었다. 당시 한 신문 사설이 당시 노동운동이 처한 새로운, 그러나 그렇게 오래 되지 않아 낯설지 않은 사회정치 환경을 잘 보여주고 있다.

> 이랜드 노사 충돌이 최악의 상황으로 치닫고 있다. 마침내 대낮에 폭력이 난무하는 상황까지 빚어졌다. 민주노총은 어제 기자회견에서 "9일 뉴코아 강남점에서 구사대와 용역깡패들이 집회에 참가한 노동자들에게 폭력을 행사해 많은 여성 노동자들이 다쳤다"고 밝혔다. 그제는 이랜드노조의 윤송단 여성국장이 "4일 아울렛 불광점에서 30~40명의 구사대가 유인물을 나눠주는 노동자들에게 집기를 휘둘렀고, 그 자리에서 넘어져 발길질 당했다"고 밝혔다. 그러나 "경찰은 지켜만 봤다"는 게 그의 주장이다.
>
> 한 언론매체가 찍어 인터넷에 올린 영상을 보면, 9일 뉴코아 강남점 앞의 시간은 20여년 전쯤으로 되돌아간 듯했다. 경찰이 보는 앞에서 흰색 모자에 입마개와 장갑을 낀, 똑같은 차림의 무리가 노조원들에게 욕설을 퍼붓고 물병을 던지는 모습이 생생하다. 노조 쪽은 이 일로 6명의 노동자가 중상을 입었다고 밝혔다. 회사쪽은 "노조 쪽이 폭력을 유발해 빚어진 일"이라고 해명했다.
>
> 문제가 심각한 것은 이런 폭력사태가 비단 이랜드만의 현상이 아니라는 점이다. 지난 7월 지엠대우 부평공장에서도 구사대의 폭력이 논란이 됐고, 지난달 24일에도 광명시 광명6동 철거민들을 한 건설회사 용역직들이 폭행하는 일이 발생했다.
>
> 이런 사태의 배경에는 불행하게도 사업주들의 전근대적 노사관이 깔려 있다. '기업의 사회적 책임'이 강조되는 21세기에 노조를 인정하지 않거나 폭력을 동원해서라도 굴복시키겠다는 태도를 갖고는 지속 가능한 경영이 불가능하다. 문제 해결의 실마리는 폭력이 아닌 소통이다. 적극적이고 성의있는 자세로 대화에 임할 때 타협과 해결의 가능성이 열릴 수 있다. 이랜드를 비롯해 사업주들은 이 점을 분명히 직시해야 한다.
>
> 사태 악화에는 정부의 무책임한 태도도 한몫하고 있다. '구사대와 용역깡패'가

폭력을 휘두르는 현장에서 경찰은 그저 보고만 있었다고 한다. 경찰은 노동자를 탄압하는 기업주를 보호하고자 존재하는 조직이 아니다. 당국은 폭력사태를 보고도 본연의 임무를 방기한 경찰 책임자를 문책하고, 폭력사태를 일으킨 사업주들은 물론, 직접 폭력을 휘두른 구사대와 용역직들에게 엄정한 법적 책임을 물어야 한다.

폭력은 결코 갈등 해결의 방책일 수 없다. 모든 당사자들은 '민주화'의 시계를 거꾸로 되돌리는 일을 즉각 중단해야 한다(한겨레 사설, 2007.9.11)

또 다른 신문기사다.

GM대우와 이랜드, 기아자동차 등 잃어버린 권리를 찾기 위해 일어선 비정규직 노동자들에게 '조폭'을 능가하는 구사대의 폭력이 연일 계속되고 있어 충격을 주고 있다.

10일 낮 12시 인천 부평구 GM대우 부평공장 식당 앞에 금속노조 GM대우차 비정규직지회 조합원과 정규직 활동가 30여 명이 모여 있었다. 이들은 식당에서 식사를 하는 정규직과 비정규직 노동자들에게 비정규직 노조 결성 소식을 알리기 위해 1천부의 홍보물을 나눠줄 계획이었다.

이 과정에서 구사대들은 여성노동자들에게 얼음물병과 유리병, 돌 등을 집어던졌고, 일부 구사대는 뾰족한 흉기를 수건으로 감싼 채 휘둘렀다. 민주노총과 이랜드-뉴코아 노조는 "구사대들은 조합원들을 향해 '오늘 여기에서 나갈 생각하지 말라, 다 죽인다'고 위협하고, 손망치 등을 휘둘렀다"며 "현장을 취재하던 기자들도 신변의 위협에 시달렸다"고 전했다.

10일 오전 뉴코아-이랜드 공동대책위는 경찰청 앞에서 기자회견을 열어 "구사대 폭력이 이토록 기승을 부리게 된 배경에는 경찰의 수수방관에 힘입은 것"이라며 "상습적인 경찰의 폭력과 구사대 난동 방조의 책임을 물어 경찰청장 이택순의 퇴진과 관련 책임자들의 처벌, 폭력 재발 방지를 위한 이랜드 구사대 관계자들과 박성수 회장의 구속·처벌을 강력히 촉구한다"고 밝혔다(레디앙 2007.9.10).

노무현 정부 기간은 고용불안과 직장내 평등문제가 본격적으로 사회이슈가 된 시기였다. 어느 날 갑자기 일자리를 잃게 된 사람들이 생존권을 지키기 위해 몸부림쳤다. 정규직과 똑같이 일하고도 맨날 최저임금에 허덕이고 미래도 보장되지 않는 비정규직들이 정규직화를 요구했다.

이태수(2014)는 김대중 노무현 정부를 민주정부라 칭하고 민주정부에서 복지정책의 대폭 확대에도 성공적이라고만 평가할 수 없는 이유로 첫째, 이중전략 또는 능동화전략의 구사, 둘째, 종합적 청사진 및 전략의 부재, 셋째, 복지국가를 추진할 핵심집단의 부재 등 내부요인에 주목하였다.

무엇보다 근본적인 비판은 김대중 노무현 정권의 정치적 민주화와 신자유주의 세계화를 무분별하게 수용했다는 평가다. 그 결과 무자비한 기업구조조정과 노동유연화가 노동자에게 무자비했다는 것이다. 정규직노동자들은 고용불안과 근로조건 저하에 시달려야 했고, 노동조합은 양보교섭으로 임금 및 근로조건의 후퇴를 감내하는 대신 고용안정을 요구했지만, 정부와 자본은 더욱 더 가혹한 희생을 요구했다. 전체 노동자의 절반을 넘은 비정규직노동자들은 고용불안과 함께 극도의 저임금과 차별 및 사회복지의 사각지대에 방치돼 있었다(이원보, 2016: 358-359).

5. 나가면서

아쉬움도 크지만, 외환위기 극복을 국가적 과제로 실천하면서 출범한 김대중 정부와 그를 이은 노무현 정부는 국민의 삶을 이어갈 물질 생산에 힘쓰고, 재분배정책을 통해 빈곤층과 사회적 약자집단에 대한 배려와 사회적 평등 제고에 애를 쓴 정부였다.

국민의정부 참여정부 10년 동안 우리 경제는 한국전쟁 이후 최대의 국난이었던 외환위기를 헤쳐 나오는 등 대내외적 어려움을 극복하고 잠재성장률 수준의 안정 성장을 이루었다. 정보통신, 자동차, 조선 등 산업 등이 급속히 발전하여 GDP, 1인당 소득, 수출, 대외신인도 등 경제의 규모와 내용·체질면에서 선진국의 문턱에 도달했다. 1인당 국민소득도 김대중 정부가 출범한 첫 해인 1998년 외환위기 속에서 기록한 7,989달러에서 2007년 노무현 정부가 끝나던 22,992달러로 세 배 가까이 증가했다(국가통계포털, kosis.kr)

그러나 앞서 본대로, 김대중 노무현 정부는 좌측 깜박이를 켜고 우회전을 한

'좌파 신자유주의'시대라는 별명을 얻었다. 남북화해시대가 열리고, 노동자의 권리와 시민권이 개선 확대되었지만, 빈부격차는 더 심해지고 사회적 불평등이 크게 개선되지 못했다는 평가가 내려진다.

그러면 왜 김대중 노무현 정부는 복지국가가 지향하는 평등사회로 나아가지 못하고 오히려 불평등한 사회로 나아가게 되었을까? 거기에는 여러 가지 원인이 있을 수 있지만 분명한 것은 외환위기와 경제침체에 당면한 정부는 기업의 회생과 성장을 통한 경제활성화가 필요했고, 기업들의 요구를 들어줄 수밖에 없었고, 그러다 보니 불평등이 증가할 수밖에 없었던 것이다.

마르크스 이론에 의하면 국가는 단순히 시장에 개입하는 데 그치지 않는다. 국가는 본질적으로 특정 사회계층을 선호하는 계층 선호성을 갖는다. 마르크스주의 정치이론의 가장 중심적인 주장은 자본주의하의 모든 정부는 사회적 부를 소유한 사람들, 즉 자본가들의 핵심적 요구를 존중하고 보호해야 한다는 것이다. 따라서 자본가들의 이익을 침해할 수 있는 복지제도의 확장은 강력한 반대에 부딪치게 된다.

자본가들은 사실상 공적 권력을 부여받았으며 이 권력은 어떠한 공식적 제도들도 거역할 수 없다(Luxemburg, 1970). 국민주권의 원리에 의해 국민들이 아무리 이 사회의 정치적 주인이라고 해도, 또 대통령과 국회가 국민으로부터 권력을 위임받고 통치권을 행사한다고 해도 모든 국가권력의 행사와 정책결정 과정은 자본의 공적권력에 의해 제한된다. 그리고 어떠한 정치세력이 국가기구를 통제하든지 이 같은 상황을 변화시키지는 못한다.

이와 관련하여 Offe(1975)는 두 가지 개념을 사용하여 대통령이 그가 원하는 정책을 반드시 실현하는 것은 아니라는 것을 설명하고 있다. 하나는 대통령이 일단 당선되고 나면 변한다는 설명이다. 정치지도자는 자신의 '제도적 이기심' 때문에 축적을 촉진하고 정당화를 확보하지 않을 수 없다. 국가 기구상 높은 지위에 있는 사람들은 스스로 지배계급에 귀속되고자 하거나 교육 사회관계 내지 생활방식에서 그들만의 특권을 누리고자 하는 경향이 있다는 것이다. 그 결과로 욕망에 공통적인 태도와 시각이 나타난다. 둘은 자본주의하에서 국가는 스스로 생산할 수 없고 자신의 목적을 달성하기 위해서는 그들에게 지속적으로 자원을 공급해 주는 시장에서 생산이 필요하기 때문에 시장의 사적 의사결정자들의 이익을 만족시켜 주어야만 한다. 자본주의란 제도는 경제 성격을 변화시킬 수 있는 어떠한 행위도 할 수 없도록 조직화되어 있다. 정치체제는 사적 영역에 대해서 권고내지 설득만을 할 수 있을 뿐이다. 만일 이 설득이 받아들여지지 않을 때는 그 지도자는 헛수고를 하는 것이고 받아들여진다면 그 지도자는 그 자율성의 일부를 상실한다. 왜냐하면 국가는 스스로 생산할 수 없고 또 자신의 목적을 달성하기 위해서는 생산이 필요하기 때문에 사적 영역의 이익을 만족시켜 주어야만 한다.

구조적 종속이론은 생산적 자산의 사적 소유가 구속력이 매우 큰 제약들을 부과하기 때문에 어떠한 정부도 그들의 정체성이 무엇이든지 상관없이 자본가들의 이익에 역행하는 정책을 추진할 수 없다고 주장한다. Offe(1975)는 자본주의 국가에서 전략적 위치를 점유하고 있는 집단들은 자본을 소유한 사람들이다. 이 사람들은 기본적으로 교환될 물건의 양, 교환장소, 시간 그리고 물건의 종류에 대해 결정권을 갖고 있다. 이런 의미에서 자본가 계급의 정치권력은 그 구성원들이 정치영역에서 하는 일－국가적 정책결정에 힘과 영향력을 행사하는 등등－에서 나오는 것이 아니라, 그 구성원들이 경제영역에서 할 일을 거부할 수 있다는 것, 즉 투자를 거부할 수 있다는 것으로부터 나온다고 보았다 .

더 나아가 Miliband(1969)는 정부가 자본가와 자본주의를 위해 일하는 것은 자본가들이 국가제도를 통제할 뿐만 아니라 국가제도를 자신들의 이익실현을 위한 도구로 이용하기 때문이라고 주장한다(국가도구설). 모든 자본주의 사회에서는 소수집단이 부의 대부분을 독점하고 그로부터 다양한 특권을 누리고 있다. 소수의 특권계층－동일한 엘리트교육을 받고, 동질의 가치를 공유하고－이 정부, 기업, 학계, 정계에서 국가의 전략적 정책결정 기구를 장악하고 있다고 보았다. 요컨대 자본주의 사회가 단일한 '지배계급'에 의해서 지배되고 있다는 것이다. 이 지배계급은 주로 재계 출신이거나 전문직 중간계급 출신이 주류를 이루고 있다. 결국 국가경영자들은 자본가들과 동일한 목표를 채택한다.

지배계급은 정치적 경쟁에서 계속해서 승리하게 마련이고 그들은 공직을 독점한다. 그러나 때때로 좌파가 선거에서 승리하여 정권을 쟁취하기도 한다. 하지만 사회주의 정당들의 집권은 지배계급의 이익을 훼손하지는 못한다. 그것은 좌파 지도자들이 지배계급에 포섭되기 때문이다.

결국, 자본주의 정치체제 아래서는 정치지도자가 누구인지 그들이 무엇을 원하고 누구의 지지를 얻어 집권했는가는 중요하지 않다. 국가가 어떻게 조직화되는지 그리고 어떤 정책적 이슈를 갖고 있는지는 별 문제가 안 된다고 본다. 종종 정치지도자들이 기업가나 전문직 출신이 아니고 근로계층이나 일반대중 계층 중에서 충원되는데 그들은 잠시 일반 대중의 편에서 정치를 펴는가 하지만 이내 기업을 위한 정책으로 선회하는 것을 본다. 그가 출신이 어떻고 개인적 정치철학이 무엇인가에 상관없이 대통령은 당선되고 나면 결과적으로 국가기관의 직책을 차지하고 있는 개인, 즉 대통령을 비롯한 정치인 공직자들은 자본주의의 재생산에 필요한 요건들을 충족시키기 위한 일을 한다.

그럼에도 불구하고 사회복지 확대에 기여한 김대중 노무현 정부의 성과와 노동자와 민중을 향한 개인적 정치철학은 결코 과소평가하거나 폄하해서는 안 될 것이다. 김대중 노무현 정부가 추구했던 복지사회건설은 사회과학 통계학이 아무리 발달해도 단순히 숫자로 잡히지 않는다. 이것은 국민 행복 수준이 단순히 GNP, GDP 등 숫자로 나타낼 수 없는 것과 같은 이치이다.

앞으로 민주화된 우리 사회에서 대통령에 대한 평가 기준은 단순히 높은 경제성장률이나 국민소득증가율 등 경제적이고 물질적인 성과뿐만 아니라 좀더 정신적 사회적 문화적 차원의 기준이 제시되어야 할 것이다. 즉 경제와 사회운영에서 적절한 정부역할, 사회계층이나 이익집단들 간의 갈등을 해소할 수 있는 능력, 그리고 민심과 여론을 반영한 정책의 결정과 성공적 집행을 위한 각 사회계층이나 집단들 간의 효과적인 소통능력이 되어야 한다.

참고문헌

김기태 · 박병현 · 최송식(2003). 〈사회복지의 이해〉, 제3판, 박영사.
김대중(1986). 〈대중경제론〉, 청사.
______(1987). 〈민족의 새벽을 바라보며〉, 일원서각.
______(1990). 〈김대중 연설문집: 민족의 내일을 생각하며〉, 학민사.
______(1995). 〈후광김대중전집〉, 제2권, 중심서원.

______(2000). 〈김대중 옥중서신〉, 한울.
김연명(2002). '김대중 정부의 사회복지정책: 신자유주의를 넘어서' 김연명 편, 〈한국복지국가 성격논쟁〉, 인간과 복지.
김유선(2006). '참여정부 3년, 노동정책 평가: 노사관계를 중심으로.' 〈노동사회〉, 1월호, 14-39.
김유선(2007). 〈한국의 노동 2007〉, 한국노동사회연구소.
삶의질향상기획단(2002).
성경륭(2002). '민주주의의 공고화와 복지국가의 발전: 문민정부와 국민의 정부 비교', 김연명 편, 〈한국 복지국가 성격논쟁〉, 인간과 복지.
송근원(1998). '재분배정책 과정에의 참여자 분석', 〈한국사회복지학〉, 36권, 175-197.
아담 쉐보르스키. 〈자본주의사회의 국가와 경제〉, 박동/이종선 역, 일신사.
안병만(1992). '역대 통치자의 자질과 정책성향 연구', 한국행정학회 춘계학술 심포지엄.
______(1998). '역대 통치자의 리더십 연구', 한국행정학회 세미나.
안병영(2000). '국민기초생활보장법의 제정과정에 관한 연구', 〈행정논총〉, 38권 1호, 1-50.
유경준(2003). '소득분배 국제비교를 통한 복지정책의 방향', KDI정책포럼, 167호, 2003년 5월.
윤홍식·남찬섭·김교성·주은선(2021). 〈사회복지정책론〉, 사회평론아카데미.
이승준(2018). '누가 종부세를 혐오했는가', 한겨레21, 2018-10-26. https://h21.hani.co.kr/arti/cover
이원보(2016). 〈한국노동운동사: 100년의 기록〉 한국노동사회연구소.
이태수(2014). '보편적 복지국가로 가는 길에서의 민주정부 10년의 복지정책', 〈비판사회정책〉, 제43호, 236 - 274
조선일보사(1993). 〈비록 한국의 대통령〉, 월간조선 신년호, 별책부록.
정정길(1992). '대통령의 정책관리 스타일', 한국행정학회 춘계학술 심포지엄.
______(1995). 〈대통령의 경제리더십〉, 매일경제신문사.
조영훈(2002). '생산적 복지론과 한국복지국가의 미래', 김연명 편, 〈한국 복지국가 성격논쟁〉.
조흥식(2008). http://www.peoplepower21.org/Welfare.
최연지(2023). '[복지인물iN] 막연했던 노인장기요양보험, 현실로 만든 노무현', 〈요양뉴스〉, 2023.2.28. (https://www.yoyangnews.co.kr).
통계청(2003). 〈한국의 사회지표〉.
한국노동사회연구소, http://klsi.org/content.
동아사이언스, '역사가 된 과학대통령 김대중의 업적', https://m.dongascience.com/

Link, Arthur(1954). 'Woodrow Wilson: The Philosophy, Methods and Impact of Leadership' in Arthur Dudden ed. *Woodrow Wilosn and the World of*

Today. University of Pennsylvania Press.

Lindblom, C. E(1977). *Politics and Markets: The World's Political-Economic Systems*. New York: Basic Books.

Lowi, T.(1969). *The End of Liberalism*. New York: Norton.

Luxemburg, Rosa(1970). *Reform or Revolution*, New York: Pathfinder Press.

Miliband, Ralph(1969). *The State in Capitalist Society*, New York: Basic Books.

Murray, Robin(1971). 'Ihe Internationalization of Capital and the Nation State' New Left Review 67: 84-109.

Offe, Claus(1974). 'Structural Problems of the Capitalist State,' *German Political Studies*, 1: 31-57.

______'The Theory of the Capitalist State and the Problem of Policy Formation.' *Stress and Contradiction in Modern Capitalism*, Lexington: Lexington Books.

Ripley, Randall and Franklin Grace(1976). *Congress, the Bureaucracy and Public Policy*, The Corsey Press.

Seymour, Charles M.(1958). 'Woodrow Wilson in Perspective.' in Latham(ed.) *The Philosophy and Policies of Woodrow Wilson*, Chicago: The University of Chicago Press.

제 9 장

이명박 박근혜 정부의 사회복지

자칭 '경제대통령'은 이명박 대통령은 어떤 사회복지정책을 펼쳤을까? 복지국가를 꿈꾸었던 박정희 대통령의 딸은 어떤 복지정책을 펼쳤을까?

1. 들어가면서

이명박 박근혜 정부는 이승만 박정희 전두환 권위주의 정부를 지지했던 보수세력의 지지로 탄생한 정부이다. 대한민국의 보수주의자들은 자유민주주의, 시장경제, 사유재산권, 국가안보, 반공주의, 법치주의, 점진적 개혁을 핵심적인 가치로 여긴다. 보수주의는 대외적으로 미국과 군사동맹을 안보의 핵심축으로 믿으며, 재벌기업을 비롯한 대기업과 토지를 소유하고 있는 지주계층, 그리고 사회상층부를 장악하고 있는 지배층의 이익에 봉사하는 기능을 하고 있는 이데올로기라 볼 수 있다(위키백과, '보수주의').

이명박 박근혜 정부는 감세와 규제완화로 대기업·고소득자에게 혜택을 주면 경제가 성장하고 그 혜택이 중소기업·저소득층에게도 흘러내려 전체적으로 사회적 부가 크게 증가할 것이라고 주장했지만, 그 주장은 실현되지 못했다. 그러면 사회복지 지출은? 이 질문에 대한 대답은 부정적으로 예상할 수 있다. 보수정부에게 사회복지의 기본 가치인 사회적 평등이나 통합보다는 법과 질서의 확립, 시장원리에 충실하는 것이 보다 중요한 가치이기 때문이다. 하지만 흥미롭게도 박근혜 정부 기간 동안 사회복지는 의미있는 팽창을 했다.

이명박 정부는 김대중 노무현 민주당 정권이 지나고 등장한 보수정부로서 과거 박정희 전두환 정부가 그랬던 것처럼 철저히 성장을 통한 사회복지를 주장한다. 과연 이명박 정부는 그들이 주장했던 것처럼 경제를 성장시켜 물질생산을 증대하고 사회복지를 확대했을까? 또 노동자와 같은 사회적 약자 계층에 대해서는 어떠한 태도를 보였을까?

보수정부의 사회복지정책은 경제가 성장하면 저절로 재분배가 이루어진다는 이른바 낙수효과(trickle down effect)를 철저히 신봉한다. 낙수효과(落水效果)는 '물이 넘쳐흘러 바닥을 적신다'는 뜻으로 상층의 부가 충분히 축적되면 아래 계층으로 자연스럽게 혜택이 돌아가는 것을 의미로 대기업, 재벌, 고소득층 등 선도 부문의 성과가 늘어나면, 연관 산업을 이용해 후발·낙후 부문에 유입되는 효과를 의미한다. 컵을 피라미드같이 층층히 쌓아 놓고 맨 꼭대기의 컵에 물을 부으면, 제일 위의 컵부터 흘러들어간 물이 다 찬 뒤에야 넘쳐서 아래로 자연스럽게 내려간다는 이론이다. 이 이론은 국부의 증대에 초점이 맞춰진 것으로 분배보다는 성장을, 형평성보다는 효율성을 우선시한다는 전제로부터 나온 것이지만, 이를 뒷받침할 실증적 증거는 부족하다(두산백과, '낙수효과').

낙수효과는 미국 레이건과 조지 부시 대통령이 실행한 경제정책이다. 공화당이 집권하고 있던 보수주의 행정부가 투자 증대를 통해 경제를 성장시킬 수 있다고 주장하면서 대기업과 부유층에 대한 대대적 감세정책과 규제완화를 실행했었다.

레이건 부시 행정부 동안 미국은 극심한 빈부격차와 양극화가 진행되었다고 혹평한다. 레이건 정부에서 시작되었던 세계적 금융 위기, 중산층과 서민의 몰락, 양극화의 확대 등은 모두 신자유주의의 산물이다.

신자유주의는 국가권력에 의한 현대 복지국가의 경향에 대하여 경제적 자유방임주의 원리로 회귀를 지향하는 사상적 경향이다. 고전적 자유주의가 국가개입의 전면적 철폐를 주장하는 데 비해, 신자유주의는 강한 정부를 배후로 시장경쟁의 질서를 권력적으로 확정하는 방법을 취한다. 신자유주의는 1980년대의 미국 레이건 정부와 영국 대처 정부에서 보는 것처럼 권력기구를 강화하여 치안과 시장 규율의 유지를 보장하는 '작고도 강한 정부'를 추구한다. 특히 레이건 정부는 부자감세, 규제 완화, 복지 예산 삭감, 공기업 민영화 등 철저하게 부유층과 대기업을 대변했고, 이는 저축대부조합 구제금융 사태, 엔론 사태, 서브프라임 담보 대출 파문 등 중산층을 파괴하고 불평등을 심화시켰으며, 저소득층을 비롯한 사회적 약자 집단의 파괴와 희생을 대가로 막을 내렸다(두산백과, '신자유주의').

이를 사회복지정책의 시각에 맞추어 보면 경제가 크게 성장하면 대부분 국민들이 쓸 수 있는 물질생산과 소득이 높아지고 일자리가 늘어나게 되어 자연히 복지수준이 높아진다는 주장이다. 이것이 소위 말하는 신자유주의식 복지국가모델이다.

이명박 정부는 그 자체로 형용모순인 '신자유주의식 발전국가'를 지향하였다. 시장경제원리를 근간으로 하면서도 정부가 적극적 역할을 하여 경제성장을 이루고 낙수효과로 사회복지를 강화한다는 의도로 과거 박정희식 발전국가를 지향하였다. 자신이 '경제대통령'이 될 것이라고 공언하며, 자신이 취임식 날 코스피 지수가 3000으로 뛸 것이며, 퇴임 날까지 5000을 기록할 것이라고 호언장담하며 공약으로 '경제성장률 7%, 국민소득 4만불, 세계7위 경제강국'을 내세웠던 이명박 정부나, 아버지의 꿈인 복지국가를 이루겠다는 박근혜 정부는 어떠한 성적을 거두었을까?

이명박 정부는 스스로를 '경제대통령'이 되겠다고 선언했지만, 사실 경제성장보다는 경제관리에 치중한 정부라고 평가될만하다. 2008년 9월, 미국발 글로벌 금융위기가 발생하자 미국과 일본, 유럽 선진국들의 GDP 성장률이 일제히 마이너스로 돌아섰다. 10월 한 달 동안 아이슬란드, 파키스탄, 우크라이나, 헝가리, 벨로루시 등 5개국이 외환위기를 맞아 IMF 구제금융을 신청했다. 이 때 우리나라도 매우 위험했는데, 한국의 대외신인도를 나타내는 신용부도스와프(CDF) 프리미엄이 급등하는 등 한국의 부도위험은 사상 최고수준으로 치솟았다(김현석, 2008). 이에 대내적으로는 미국, 일본, 중국 등과 통화스와프 체결, 확장적 재정정책 등을 통한 위기극복에 나섰고, 대외적으로는 G20 정상회의 의장국으로서 글로벌 금융위기 극복을 위한 국제공조를 이끌어 냈다. 그 결과 한국은 OECD 국가 중 가장 성공적으로 글로벌 금융위기를 극복하며 '위기 통제에 만점을 받아 교과서적인 경제회복을 이루어낸 국가'라는 평가를 외신으로부터 받왔다.

2010년 4월에는 유럽발 재정위기가 발생하면서 또 한 번 세계경제는 대침체에 빠졌다. 또한 2011년 8월에는 S&P에 의해 미국의 국가신용등급이 강등되면서 세계 경제는 또 한 번의 충격에 빠졌다. 이에 정부는 중국, 일본과 맺은 통화스와프를 확대하고 균형재정을 선언하는 등 위기극복에 나섰다. 그 결과 한국은 2012년 8월 무디스, 피치, S&P 등 3대 신용평가사로부터 사상 최고의 국가신용등급을 받았고, 특히 피치로부터 받은 국가신용등급은 사상 처음으로 중국과 일본을 앞섰다(이두걸 · 김양진, 2012).

낙수효과를 철저히 신봉하는 이명박 박근혜 보수정부는 분배보다는 성장이 먼저이며 이를 위해서는 대기업 등 부유층의 부를 증대시키는 데 집중했다. 과거 박정희 정부 발전국가 시대에 낳고 교육받은 그들은 그 때를 그리워하며 일단 성장만 이루고 나면 분배는 저절로 이루어질 것이라는 발전국가복지 모델을 다시 채택하고 그 실현을 위해 박차를 가하였다.

이명박 정부는 과거 박정희 정부가 그랬던 것처럼, 경제성장으로 파이가 커지면 모든 것이 해결된다는 신념을 가지고 있던 정부였다. 경제적 토대가 인간 삶의 모든 조건을 구성한다는 지극히 유물론적 사고의 연장이었다. 그래서 친기업적 정부를 표방했고, 사회문제의 해결에 있어서는 사회정책적 수단보다는 시장원리를 중시했다. 이명박 대통령 스스로도 아래와 같이 주장하였다. "임기 중 국민소득 3만 달러 만들 수 있으면 지역 간, 세대간, 이념 간 갈등을 해소할 수 있다. 잘 살게 되면 모든 갈등을 해소할 수 있다"(오마이 뉴스, 여수상공회의소 특강, 2011.02.23.). 이에 따라 이명박 정부는 복지정책에서도 민영화를 비롯한 신자유주의적 전환을 시도했고, 따라서 1998년 이후 한국에서 구축되기 시작한 복지국가는 본격적으로 시작도 하기 전에 그 종말을 맞게 될 것이라는 우려가 제기되었다.

이명박 정부는 출범하자마자 고환율 정책 등 친기업적 색깔을 드러냈다. 정부는 높은 물가상승률을 바탕으로 대기업 위주 수출산업을 적극적으로 지원하는 고환율 정책을 통해 경제 성장률을 높이려 했다. 하지만 이명박 정부 기간 동안 연평균 성장률은 3%에도 미치지 못했다. 이명박 박근혜 정부 보수정부 9년 동안 경제성장률은 김대중 노무현의 자유주의 정부 시기보다도 더 낮았고, 일자리도 크게 늘지 않았다. 월평균 신규취업자 수는 31.6만명에 그쳤는데 외환위기 직후를 제외한 자유주의 정부 9년(1999-2007) 동안 40.3만명의 신규 취업자가 늘어난 것과 비교하면 무려 10여 만명이 감소한 것이다(통계청, 2018; 윤홍식, 2021:116).

이명박 정부 기간 중, 가장 논란이 된 것은 4대강 사업으로 환경파괴, 부실공사, 공기업, 부실재정, 유지보수비용, 기업의 입찰담합 등이 문제가 되었다. 그러나 2015년에 대법원은 한강, 낙동강, 금강 영산강에서 진행된 4대강 사업 모두 적법 판결을 내렸으며 4대강 보의 물을 가뭄지역에 공급하는 사업이 추진되기도 하였다.

2. 이명박 정부의 사회복지(2008.2-2013.2)

2008년 이명박 정부는 집권하자마자 부자들에게 혜택이 가장 큰 소득세와 법인세 최고세율 인하를 단행한다. 법인세 최고구간 세율을 25%에서 22%로 낮추면서 '법인세율이 1%p 내려가면 국내 투자가 2.8% 증가하고 고용은 4만 명 늘어난다'고 했다. 또, 노무현 정부에서 도입되었던 종합부동산세 과세 대상을 공시지가 기준 6억원에서 9억원으로 상향 조정함으로써 종부세를 무력화시켰다. 이명박 정부의 종부세 무력화로 인해서 참여정부 내내 증가세를 유지하던 보유세 실효세율은 다시 하락했고, GDP 대비 부동산세 비율과 부동산세에서 보유세가 차지하는 비중도 떨어졌다. 한마디로 이명박 정부 하에서 부동산 세제는 선진화가 아니라 후진화한 것이다(토지+자유연구소, 2020).

2010년 국세청이 자료에 따르면 2008년 시행된 정부의 부자감세로 인한 혜택이 매출액 5000억을 초과하는 대기업과 소득 상위 10%에 해당되는 고소득자에게 집중된 것으로 드러났다. 정부의 감세정책이 결국 '부자들을 위한 정책'이라는 시민사회와 전문가들의 지적이 사실이었음이 확인된 것이다. 2008년 기업의 세금 감면액은 6조 6,988억원으로 전년에 비해 1조 1,103억원 증가했다. 이중에서 전체의 60% 이상인 7,037억원이 매출액 5,000억을 초과하는 대기업에게 집중되었다. 더불어 근로소득자의 경우에도, 조세감면은 상위 10%에게 집중되었으며, 하위 10%는 오히려 1억 원의 세금을 더 낸 것으로 드러났다. 2008년 9월 정부가 부자감세 내용이 포함된 세제개편안을 발표했을 당시 참여연대 조세개혁센터는 토론회를 열어 법인세는 소수 대기업이 전체 법인세 감세 혜택의 65.8%를 가져가며 소득세의 경우에도 전체인원의 3.6%에 지나지 않은 고소득자가 소득세 감세혜택의 58.5%를 가져가게 되어 정부의 감세정책이 부자들을 위한 것임을 지적했다. 이는 그때까지 진행된 양도세·종부세 인하 등의 효과이며 당시 이명박 정부는 법인세·소득세 최고세율 인하 방침을 유예하고 있었다(참여연대, 2010).

이명박 정부는 금융위기 경제위기 극복과정에서 이른바 대기업·고소득자에게 혜택을 주면 경제가 살아나 그 혜택이 중소기업·저소득층에게도 흘러내려 전체적으로 사회적 부가 증가할 것이라고 주장했다. 소득세 법인세 최고세율 인하는 그 혜택이 고소득층과 대기업에게 집중되는 것으로 소득세의 경우 한계소비성향이 낮은 고소득층은 감세를 통해 가처분소득이 늘어나더라도 그것이 소비로 이어질 가능성은 매우 낮다. 법인세의 경우에도 이미 초과이윤을 누리고 있는 대기업에게 세 감면 혜택을 더 주는 정책은 기업의 투자로 이어지기 어렵다. 2010년 OECD자료에 따르면 이미 우리나라의 법인세 최고 세율은 OECD 평균인 26.2%에 비해 4.2%가량 낮은 수준이었다.[1] 감세 정책으로 인해 세금수입이 부족해지면 결국 서민들이 그 부족해진 부분을 메워야 한다. 즉, 이명박 정부가 감세정책의 혜택이 결국 부자를 위해 서민을 희생시킨 것이라는 비판이 제기됐다(참여연대, 2010).

사실 이명박 정부에서 사회 평등이란 말을 듣는 것은 좀처럼 힘든 일이었다. 법인세 인하 이후 오히려 대기업 투자는 감소했고 기업 사내유보금만 쌓였다. 국회 예산정책처의 'MB정부 감세정책에 따른 세수효과 및 귀착효과' 보고서를 보면 2009년부터 2012년까지 4년간 기업들이 절감한 법인세는 총 26조 7,000억원에 달한다(내일신문, 2022). 정부 기대와 달리 대기업의 투자확대는 없었

1) 또한 한국보다 법인세율이 낮은 홍콩·싱가포르 등은 "인구 천만도 되지 않는 소도시국가로 정책적으로 과세를 하지 않거나 낮은 세율을 유지하고 있는 Tax Shelter 국가"로서 한국과 비교대상으로 보기는 어렵다(민주당 이용섭 의원실).

다. 기업의 설비투자, 건설투자 등 투자 규모를 보여주는 총고정자본형성(민간부문) 통계를 보면 투자 규모는 2009년~2012년 4년간 23조 1,000억원 늘어나는 데 그쳤다. 이는 직전 4년(2005년~2008년)의 투자 증가 규모인 33조 5,000억원보다 오히려 10조원 이상 감소한 수치다. 고용 효과도 눈에 띄지 않는다. 고용률은 2009년(58.6%) 2010년(58.7%) 2011년(59.1%) 내내 제자리걸음을 하다가 2012년(59.4%) 약간 올랐지만 여전히 2007년(59.8%), 2008년(59.5%) 보다 낮았다. 반면 기업 사내유보금(이익잉여금)의 전년 대비 증가액은 2009년 72조 4,000억원에서 2010년 94조 4,000억원, 2011년 165조 3,000억원으로 3년 연속 큰 폭으로 늘었다. 법인세 인하에 따른 세금 감면액이 투자나 고용으로 이어지는 대신 기업의 배만 불린 셈이다(내일신문, 2022).

실제 박근혜 정부 시절인 2015년 국세청 국세통계연보 자료를 분석한 결과를 토대로 "MB정부에서 법인세 최고세율이 25%에서 22%로 3%p 줄어든 이후 법인세 실효세율은 3.58%p 감소한 반면 근로소득세 실효세율은 0.46%p 증가한 것으로 나타났다"고 밝힌 바 있다(내일신문, 2022).

3. 능동적 복지정책

이명박 정부가 지향한 '능동적 복지'는 빈곤과 질병 등 사회적 위험을 사전에 예방하고, 위험에 처한 사람들이 일을 통해 재기할 수 있도록 돕고, 경제성장과 함께하는 복지로 정의하였다(보건복지부, 2008). 이는 사실 복지를 경제에 부속물로 본 것이다. 대표적 복지공약으로 꼽을 수 있는 것은 '5대 서민생활비 부담 경감'으로 서민생활과 밀접한 유류비, 통신요금, 통행요금, 전기요금, 사교육비 등의 서민생활비 부담 경감을 말한다. 복지혜택을 직접 제공하는 것보다 서민과 영세자영업자들의 부담을 덜어 주는 생활복지를 강조하였다.

이처럼, 이명박 정부의 국정목표에서 복지는 국정지표에 포함되어 있긴 하지만, 경제성장 목표에 비해 현저히 소홀히 취급되고 있는 점이다. 5대 국정과제 중 복지목표는 능동적 복지 하나로 축소되어 있고 나머지 목표들 모두 사실상 경제성장을 뒷받침하기 위한 목표이다. 또한 국정목표의 달성을 위해 설정된 43

개 핵심 국정과제 중 사회정책에 직접적으로 관련된 과제는 국민연금·기초노령연금 통합, 지속가능한 의료보장체제 구축, 저소득층 자녀 지원을 위한 드림스타트 사업, 금융소외자 신용회복지원의 네 가지 뿐이다(김원섭, 2012).

이명박 정부의 최대 화두는 경제성장과 효율성 강화를 위한 공공부분의 민영화였다. 이를 위하여 의료서비스의 규제 완화, 즉 영리의료법인 도입, 민간의료보험 활성화, 경쟁을 제한하는 진입규제 및 영업규제 정비 등을 통한 의료서비스의 국제경쟁력을 강화하고자 했다. 해외환자 유치 활성화를 위한 제도개선, 타겟 국가별 의료관광 상품의 개발, 인프라 구축 등을 추진하였다.

이명박 정부는 10년 만에 보수정부로 회귀하였기 때문에 보수적 성향의 복지정책으로 개편되리라 예상하였다. 그러나 복지 확대의 기조는 그대로 유지되었다. 정부 출범 초기 사회복지 학자들과 전문가들은 이명박 정부의 '능동적 복지'가 시장기능을 확대하고 민간 중심의 복지를 지향하고 있기 때문에 궁극적으로 사회복지의 공공성과 보편성이 훼손되거나 약화될 것으로 전망하였다(이태수, 2008; 김진수 2008; 김종건 2008). 시장기능의 확대는 다름 아닌 효율성을 중시한다는 의미인데 이는 국가의 역할을 축소한다는 의미이기도 하였다. 따라서 사회복지의 측면에서는 보편적 복지보다는 선별적 잔여적 복지를 강조하는 경향이 있다.

하지만, 이명박 정부 하에서도 GDP 대비 복지지출은 지속적으로 상승하는 추세를 보인다. 이러한 복지지출을 이전 정부인 노무현 정부의 복지지출과 비교해보면 이명박 정부에서 복지지출의 특징이 보다 분명해진다. 비교에 따르면 노무현 정부의 복지지출액의 평균 증가율이 9.9%, GDP 대비 복지지출의 비율의 평균증가율이 3.35%인데 비해, 이명박 정부의 평균적 복지지출은 8.7%, GDP 대비 복지지출 비율의 평균증가율은 3.26%로 그 차이는 크지 않다. 복지지출의 확대 속도는 상당히 느려졌지만 양적인 측면에서 이명박 정부 하에서 복지지출의 증가추세는 유지되었다(김원섭, 2012).

이명박 정부에서도 복지지출이 계속 확대된 원인은 대체로 세 가지로 요약된다(김원섭, 2012). 우선 복지지출에서 비중이 높은 사회보험 부문에서 증가가 지속되었는데, 전체 복지지출의 35%를 차지하는 공적연금 중 국민연금은 1988

년 도입 이후 2008년부터 본격적으로 완전노령연금 수급자가 발생하였고 그 수는 빠른 속도로 증가하고 있다. 이는 이명박 정부의 정치적 선택과 무관한 제도 성숙에 따른 자연증가라 할 수 있다.

둘째, 복지정책의 세부 부문 중 증가율이 가장 높은 부문은 노인·청소년 부문인데, 이는 주로 기초노령연금에 대한 지출증가에 기인하는 것이다. 노무현 정부가 2007년 도입한 기초노령연금은, 도입 당시에는 65세 이상 노인의 60%에게 국민연금의 가입자 평균소득의 5%의 수준의 급여를 지급하였는데 이명박 정부는 2008년부터 노인의 70%까지 범위를 확대하였다. 이와 비슷한 현상이 장기요양보험에도 발생하는데, 이는 노무현 정부에 의해 2007년 입안되었지만 실행은 2008년 이명박 정부에 의해 이루어졌다. 임기 말기 BBK 사건 등 대통령 주변의 각종 비리로 대통령 국정 지지율 하락에 시달리는 정부로서는 지출을 확대할 수밖에 없었다고 봐야 한다.

셋째, 복지지출의 증가는 또한 적극적인 정치적 결정에 의해서도 이루어졌다. 2009년에 사회지출이 큰 폭으로 증가한 것은 이명박 정부가 금융위기에 대처하여 적극적인 경기부양대책과 민생대책을 실시하였기 때문인데, 이명박 정부는 노무현 정부에 의해 시작된 저출산·고령사회 대책에서도 적극적으로 정책을 실시하였다.

이명박 정부는 복지정책에서 민간부문에 크게 의존하였다. 복지정책의 목표에서 일중심의 복지를 천명함으로써 노동시장에 공급을 단기적으로 축소하는 효과를 가진 탈상품화보다는 노동공급을 최대한 촉진하는 상품화를 지향하였다. 경제적으로 사회적으로 심각한 부작용이 예상되던 금융위기에 대처하여서도 장기적으로 노동시장 밖에서 소득과 일자리를 보장하는 노동·복지정책의 제도적 개선은 이루지지 않았다. 대신 단기적으로 노동수요를 증가시키고 노동력의 질을 개선하여 노동력의 상품화를 촉진하는 적극적 노동시장정책 중심의 대응이 이루어졌다. 소득보장영역에서는 단기적 소득효과를 지향하는 긴급구호정책이 광범위하게 실시되었다. 또한, 저출산 정책의 핵심 분야인 보육정책에 대한 지원도 확대되었으나, 보육바우처의 도입으로 정부의 규제보다는 시장원리를 중시하는 정책이 이루어졌다. 그리고 보육정책의 실시에서 억지로 떠밀려 실시하던 전면적 보편적 육아지원 정책도 결국 예산상의 이유로 후퇴했다(김원섭, 2012).

이명박 정부 5년 동안 노무현 정부에서 추진한 복지프로그램은 계속 확대되었다. 노무현 정부에서 만들어졌던 근로장려세제, 노인장기요양보험, 사회서비스 바우처사업 등이 실행됐고, 보육료 지원대상을 확대하고, 취약계층에 대한 아동양육수당이 새로 도입됐다. 기초노령연금 지급대상을 확대하고, 가난의 대물림 방지 및 균등한 기회보장을 위해 저소득 아동에게 통합서비스를 제공하는 드림스타트사업을 추진하고 장기요양이 필요한 어르신들을 위한 장기요양보험제도를 2008년 7월에 시행하였다.

보육료지원 대상이 2007년 도시근로자 평균소득의 100% 가구까지 차등 지원하던 것을 2012년까지 고소득층 일부를 제외한 전 가구로 확대하였다. 기초노령연금 지급대상을 190만명(70세 이상 노인의 60%)에서 2009년 363만명(65세 이상 노인의 70%)까지 확대하였다. 보건의료산업을 신성장 동력산업으로 육성하기 위해 첨단 보건의료기술 개발의 기반을 구축하고, 의료와 관광·문화가 결합된 해외환자 유치 등을 통해 보건의료산업 강국으로 도약의 기반을 마련하였다. 세계적 수준의 신약·첨단의료기기 개발을 위한 첨단의료복합단지를 조성하였다. 장애인의 삶의 질 개선을 위한 종합대책으로 장애인 복지 5개년 계획을 수립하였고, 장애인차별금지법 시행에 따른 차별금지, 정당한 편의 제공 등 단계적 액션플랜을 수립하였으나 성과를 거두지 못했다.

이명박 정부는 경제를 크게 성장시키려 했으며, 경제성장을 통하여 대다수 국민들이 경제적 풍요를 누리는 세상을 만드는 데 큰 열정을 보인 것은 사실이다. 학자들은 이명박 정부는 이전 김대중 노무현 정부에서 도입된 제도를 성숙 발전시켰으며, 이는 과격한 복지축소를 지향하지 않고 오히려 신사민주의에 가까운 이념적 지향을 보였으며, 따라서 이명박 정부에서도 김대중 정부 이후 진행된 한국의 복지확대는 지속되었다고 평가하고 있다(김원섭·남윤철, 2011).

이명박 정부의 복지정책을 긍정적으로 평가하는 학자들은 이명박 정부가 한국 복지국가의 발전에 중요한 함의를 준다고 보고 있다. 친기업주의를 표방하는 보수주의 정권조차도 기본적으로 복지확대의 경로를 철회하지 못하였다는 것은 한국 복지국가의 발전의 안정성을 보여준다는 것이다. 보수정권인 이명박 정부에 의한 복지확대 정책은 현재 한국에서도 복지국가에 대한 정치적 합의가 형성되고 있음을 보여주고 있고, 이에 따라 한국은 복지국가로 진입을 위한 중요한 정치적 조건을 갖추어 가고 있다고 할 수 있다. 또한 복지국가에 대한 정치적 합의가 보수정부의 새로운 경로 창조에 의해서가 아니라, 지난 경로에 의존을 통해 형성되었다(김원섭, 2012).

하지만, 이명박 정부를 비판적으로 보는 학자들은 보수세력은 복지확대나 복지개혁에는 아무런 관심이 없는 세력이라고 진단한다. 이명박 정부는 성장과 분배의 관계를 고민하거나 양자를 한국사회의 개혁과제로 삼는 것 자체를 폐기해 버렸다고 봤다. 2008년 경제위기를 맞아 이명박 정부가 위기극복 조치를 하면서 복지지출을 확대한 것은 임시적 임기응변적인 대응이었을 뿐 제도화로 이어진 것은 아니라는 것이다. 집권 초기에 실시했던 유가보조금도 일시적인 보조였을 뿐 제도화는 아니었다. 이명박 정부 시기 통계 수치상으로 보이는 복지지출 증가와 지니계수로 측정한 재분배효과 개선은 이전 정부에서 도입되었거나 도입이 계획된 제도가 그대로 시행되었고 또 국민연금 등의 지출이 증가한 데서 상당부분 기인한다고 평가절하한다. 비평가들은 복지정책을—성장과 분배의 관계, 지구화·탈산업화에 대한 대응, 조세개혁, 저출산·고령화와 관련된 사회서비스의 확대라는—네 가지 측면에서 살펴보고 이명박 정부는 한국사회에 제기되고 있었던 문제를 부정하고 그 과제 해결 전망을 어둡게 하고 있다고 진단한다. 성장과 분배의 관계와 관련하여 민주정부가 갇혔던 이중전략의 한계는 방치되어 여전히 풀어야할 숙제로 남아 있고 지구화·탈산업화 경향을 대응해야 할 어떤 것이 아닌 숙명처럼 받아들여야 할 것으로 규정하고 FTA라는 악조건을 우리에게 남겨 주었다(남찬섭, 2012).

그런데 사실, 통계나 수치로 나타나는 것보다 더 중요한 것이 이명박 정부 기간 일어났던 대자본과 중소 상공업자 사이에 벌어진 용산참사나, 쌍용차 파업 사건에서 발생한 노사갈등에 대한 정부의 대응 태도나 방법이다. 용산참사는 대자본의 편을 든 정부의 무리한 공권력 투입으로 시민 5명이 사망한 사건이었다. 쌍용차 사태는 2009년 5월 22일부터 8월 6일까지 약 76일간 쌍용자동차 노조원들이 사측의 구조조정 단행에 반발해 쌍용자동차의 평택 공장을 점거하고 농성을 벌인 사건이다. 서브프라임 모기지 사태로 인한 여파로, 지속되는 판매부진과 경기 악화로 쌍용자동차의 유동성이 악화되고, 회사 경영이 위태롭게 되자 노조는 일자리를 지키기 위해서 자진해서 전 직원 임금삭감과 주택융자금·학비보조금 등 일체의 복지혜택을 사측에 반납하는 데 동의했다. 회사는 노동자의 해고를 최대한 자제하는 등 긴 협상 끝에 양측은 원만한 합의에 도달했다. 그러나 이제까지 유동성 공급을 약속하던 상하이차가 돌연 노조 측의 구조조정 거부를 명분으로 철수를 시사하면서 상황이 급작스럽게 악화되기 시작하였다. 유동성 공급을 위해 쌍용차 경영진은 2대 주주인 산업은행과 정부에 지원을 요청했으나, 산업은행과 정부는 이를 완강히 거부했다. 그러자 회사 측의 인력 감축안이 발표된 이후, 쌍용차 노조는 공장을 점거하고 총파업에 돌입했다. 이에 대응하여 회사 측이 쌍용차 평택공장의 직장 폐쇄를 감행한다. 경찰은 회사 측의 요청을 받아들여 공장을 점거 중이던 노조원들의 강제해산을 위해서 경찰특공대로 구성된 공권력을 투입했고, 이에 반발한 공장 내 노조원들은 과격한 무기사용으로 맞대응하고 경찰은 최루액과 테이저건 등 폭력적 방법으로 진압했다. 노조파업에 참여한 노동자들은 사태가 종결된 이후 10여 년간 약 60여명이 극단적 선택을 했으며 가족이 파괴되는 등 극심한 고통에 시달렸다. 당시 상황을 이해하기 위해서는 한국방송이 2009년 제작한 'KBS 스페셜, 함께 살자, 쌍용차 파업'을 참조하면 좋다.

용산참사와 쌍용차 사태는 당시 이명박 정부가 사회적 약자집단에 대해 어떠한 태도를 갖고 있는가를 잘 보여주고 있는데 이명박 정부는 노조파업에 대해서 무자비하게 대응함으로써 이 정부가 사회적 평등이나 통합에는 별 관심이 없다는 것을 여실히 보여주었다. 2017년 문재인 정부 출범 후 구성된 경찰진상조사위원회에서 쌍용차 사태와 관련된 재조사를 시작했는데, 이듬해 경찰의 과잉진압이었다는 조사 결과를 내놓았다. 진상조사위는 경찰이 사측의 공권력 투입 요청을 받아 압수수색 영장 발부나 단전·단수 등 공장 내 차단조치 등에 대한 계획을 상세히 세우는 등 사측과 긴밀한 협조를 거쳐 진압 계획을 수립됐던 것으로 판단했다. 또한 노조측과 대치하는 과정 및 진압 과정에서 대테러장비 사용과 최루액 혼합살수 등에 대해 경찰관 직무집행법 규정 범위를 넘어선 위법 사항이라고 판단하며, 경찰의 공식 사과와 당시 쌍용차 노조(금속노조 쌍용차지부)를 상대로 낸 정부의 손배소 및 가압류를 취하할 것을 권고했다. 2009년 쌍용자동차 파업 농성 진압작전이 당시 청와대 승인 아래 이뤄졌던 것으로 드러났다(김명지 · 김광일, 2018.08.28).

4. 박근혜 정부의 사회복지(2013.2-2017.3)

박근혜 정부는 지금까지의 국가 중심 발전모델에서 벗어나, 국민행복과 국가발전의 선순환을 지향했다. 한마디로 복지국가를 지향한 것이다. 국정운영 기조로 지속가능한 발전과 사회대통합을 위해 국가발전 패러다임의 전환을 제시했다. 국정중심을 국가에서 국민 개개인에게 맞추고, 경제성장 모델을 기존의 선진국 추격형에서 세계시장 선도형으로, 생산성 중심 질적 성장을 목표로 한다. 내수 · 서비스업 · 중소기업 균형성장과 원칙이 바로 선 자본주의를 목표로 한다. 성장과 복지의 순환관계를 인식하고 사회적 자본을 중시하며 안전을 우선한다. 정부운영방식 역시 민관협치 · 소통, 정책평가 중심, 부처 간 협력을 추구한다.

박근혜 대통령은 무엇보다 국민이 행복한 나라를 만드는데 관심이 많았다. 그녀는 아버지 박정희 대통령이 꿈꾸던 복지국가를 이루겠다는 의지를 갖고 있었다. 이를 위해 새로운 개념 '창조경제'를 통해 고용을 창출하고 국민들의 장래에 대한 불안감을 해소하며 공정한 시장경제질서를 확립하려 했다. 이는 경제 · 사회적 불평등을 보정하면서도 경제 · 복지 · 사회통합 · 정신문화 등 모든 부문에서 세계의 모범이 될 수 있는 성숙한 국가로 발전하고, 환경 · ODA 등 '지구촌 행복 시대'의 중추적 역할 담당한다는 것이다.

박근혜 정부는 국정운영 기조로 지속가능한 발전과 사회대통합을 위해 국가발전 패러다임의 전환을 제시했다. 국정중심을 국가에서 국민 개개인에게 맞추고, 경제성장 모델을 기존의 선진국 추격형에서 세계시장 선도형으로, 생산성 중심 질적 성장을 목표로 했다. 내수 · 서비스업 · 중소기업 균형성장과 원칙이 바로 선 자본주의를 목표로 했으며 성장과 복지의 순환관계를 인식하고 사회적 자본 중시하며 안전을 우선으로 했다. 정부운영방식 역시 민관협치 · 소통, 정책

평가 중심, 부처 간 협력을 추구했다(청와대, '국민과 함께하는 변화와 혁신, 도약의 길' 대한민국 정책브리핑. 2016.02.23).

박근혜 정부의 경제정책은 흔히 '줄푸세'로 요약된다. '줄푸세'란 세금을 줄이고, 규제는 풀고, 법질서는 세운다는 뜻으로 대통령 후보 시절 경제공약이다. 그녀에 의하면 '줄'에 해당하는 감세는 부자뿐만 아니라 중산층 이하 계층에도 혜택이 돌아가고, 불필요한 규제를 풀면 경제 활성화가 가능해지며, 이것이 경제 민주화의 기본"이라고 설명했다. 이러한 줄푸세 공약과 '경제민주화'가 큰 틀에서 박근혜 정부의 사회복지정책에 어정쩡하게 석여 있었다. 감세는 유지했지만 복지는 확대해 나갔다. 당연히 문제가 발생할 수밖에 없었다.

박근혜 정부는 기본적으로 이명박 정부를 계승한 보수정부이니 만큼 전 정부의 부자감세기조를 계속 유지했다. 당시 부자감세의 가장 큰 '효과'는 세수부족에서 확실히 나타났다. 이명박 정부 4년 차인 2012년에는 2조 8,000억원 적자가 났다. 2013년엔 -8.5조원, 2014년에는 -10조 9,000억원에 이를 정도였다.

결국 박근혜 정부 초기부터 세수 확보에 비상이 걸렸다. 이 때 등장한 해법이 근로소득세 증세와 담뱃세와 주민세 인상이었다. 근로소득세는 국민적인 조세저항을 불러, 당초 정부가 예정한 만큼 올리지 못했다. 결국 박근혜 정부는 '국민건강'을 명분으로 담뱃세를 한 갑당 2,000원씩 올렸다. 당시 담배가격이 한 갑에 2,500원이었음을 고려하면 '폭등' 수준이었다. 담배세로만 인상 첫해 5조 4,000억원의 세금을 더 걷었다. 전 국민이 부담하는 주민세 규모 역시 4년 만에 4.5배가 늘었다. 결국 법인세 인하 등 대기업과 부자들에게 줄인 세금을 전 국민들의 호주머니에서 고스란히 다시 걷어간 셈이다(내일신문, 2022).

5. 박근혜 정부의 복지확대 정책

그럼에도 불구하고, 박근혜 정부는 사회복지 확충에 소홀히 하지 않았다. 박근혜 정부의 사회복지는 특히 공공부조와 노인복지에 초점을 맞추고 있다.

맞춤형 고용 복지 추진전략을 중심으로 국가발전의 선순환을 지향했던 박근혜 정부는 이명박 정부에서 논쟁의 대상이 되었던 보편적 복지정책을 수용하여 국민행복 실현을 목표로 했다. 이를 위해 기초연금 도입, 고용·복지연계, 맞춤형 급여, 보육에 대한 국가책임 확충, 4대 중증질환 보장성강화 등 적극적인 복지 보편성 확대가 추진됨에 따라 복지예산 100조원 시대를 이루었다. 2017년 박근혜 정부가 편성한 사회복지총지출 규모는 약 120조원에 달한다. 전체 예산(401조원)의 30%나 된다.

2013년 박근혜 정부는 출범하자 사회복지예산이 급증했다. 총지출의 30%에 해당하는 106조원을 복지 분야에 투입하여, 국민이 행복한 희망의 새 시대를 위한 맞춤형 고용·복지 영역의 국정과제 이행에 역량을 집중한다. 특히 박근혜 정부의 핵심공약인 보건·복지·노동 부문은 11.3% 급증한 108조원으로 역대 처음으로 100조원을 넘어섰다. 기초노령연금 지원금 요구액은 당초 3조 2,000억원에서 5조 5,000억원, 행복주택은 무예산에서 1조 2,000억원, 4대연금이 27조원에서 29조 3,000억원으로 증액되는 등 복지 지출 요구가 예상보다 늘었다. 교육 예산요구액은 60조원에 육박한다. 두 분야의 예산이 총예산 요구액의 46%에 달한다(박선영, 2013).

박근혜 정부는 '국민이 행복한 사회'를 이루기 위한 사회보장 정책 방향으로 '생애주기별 맞춤형 복지'를 제시하고 이를 실현하기 위해 다양한 맞춤형 복지 정책을 도입·확대했다. '생애주기별 맞춤형 복지'는 빈곤층에 국한된 단순 생계보장이 아니라, 누구나 꿈을 이루고 행복을 누릴 수 있도록 도움이 필요한 개개인의 상황에 맞춰 세심하게 각종 대책을 지원하는 것으로 2013년 1월 시행된 '사회보장기본법'이 지향하는 목표 중 하나였다.

이를 위해 박근혜 정부는 영유아, 아동청소년기, 청년기, 중장년기, 노년기 등 생애주기에 따라 탄생의 순간부터 평생 동안 출산, 양육, 질병, 노후생활 안정 등에 필요한 각종 서비스를 제공하는 '평생 사회안전망'을 확충했다. 우선 0~5세(2014년 약 320만명) 보육 국가완전책임제 실현'을 핵심 국정과제로 제시하고 2013년 3월부터 부모의 소득수준에 관계없이 어린이집에 다니는 아동은 보육료를, 가정에서 양육하는 아동에게는 양육수당을 지원하였다. 기존에는 영유아의 나이 및 소득수준에 따라 다르게 지원했던 것을 계층에 상관없이 확대한 것으로 부모의 양육부담을 경감하고, 저출산 문제 극복에 기여하기 위한 대책이다

(대한민국 정책브리핑, www.korea.kr).

노후소득보장을 위해 박근혜 정부는 핵심 국정과제로 2014년 7월 기초연금제도를 도입하였다. 2015년 7월에는 총 441만명의 어르신들께 매월 안정적으로 연금이 지급되었으며, 이로 인해 노인가구의 소득이 증가하고 소득분배가 개선되었다. 또한 어르신들께 은퇴 후에도 다양한 사회활동에 참여하면서 소득을 얻을 수 있는 기회를 제공하기 위해 노인일자리를 지속적으로 확대(2012년 22만개, 7개월 → 2015년 34만개, 9~12개월)하였고, 사업유형도 다양화하여 참여대상자를 전 노인으로 확대했다(대한민국 정책브리핑, www.korea.kr). 기초연금은 기존의 기초노령연금과 장애연금을 기초연금으로 통합하고 65세 이상의 모든 노인과 중증장애인에게 20만 원의 무기여 연금을 지급하는 것을 말한다. 그러나 집권 후 박근혜 정부는 65세 이상의 노인 중 소득 하위 70%만을 대상으로 최대 월 20만 원을 국민연금 가입 년도에 따라 차등화해 지급하는 방식으로 기초연금 제도를 운영했다. 2015년의 경우, 4,495,183명의 노인에게 월평균 181,469원의 기초연금을 지급했다(최혜지, 2017).

박근혜 정부는 2015년 국민기초생활보장제도를 생계, 의료, 주거, 교육의 개별급여, 중위소득에 기초한 상대적 빈곤 개념의 도입하고, 부양의무자 기준을 완화하는 등 맞춤형 급여체계로 개편했다. 노인빈곤 개선의 제도적 장애요인으로 지적되어 온 부양의무자 기준을 완화했으나 부양의무자의 범위는 유지한 채 부양의무자 소득기준만을 소폭 완화하는 데 그쳤다. 아래 〈표 9-1〉이 보여주는 것처럼, 국민기초생활 수급노인은 2013년 376,112명에서 2015년 419,452명으로 43,340명이 증가했고, 전체 노인 수 대비 수급노인 수의 구성비는 6.01%에서 6.19%로 증가했다. 이처럼 기초생활보장제도의 개편과 함께 기초연금이 소득하위 70%의 노인에게 지급되고 급여액 또한 최대 20만 원으로 확대시켜 박근혜 정부는 노인복지를 강화했다. 실제로 노인가구의 연평균 소득은 2012년 1,224만 원에서 2016년 1,462만 원으로 19.4%, 중위소득 기준 20.2% 증가했다. 같은 기간, 소득분위별 노인가구 소득증가율은 소득 1분위 가구의 경우 678만 원에서 792만 원으로 18.4%, 소득 5분위 가구는 11,063만 원에서 11,757만 원으로 6.3% 증가해 저소득 가구의 소득 증가 폭이 큰 것으로 나타났다(최혜지, 2017).

〈표 9-1〉 박근혜 정부 국민기초생활보호자 증가와 기초생활 수급 노인 구성비

(단위: 명, %)

구 분	2013	2014	2015
노인수급자수	376,112	379,048	419,452
전체노인수	6,250,986	6,520,607	6,775,101
구성비	6.01	5.81	6.19

※자료: 통계청, 주민등록인구현황 및 국민기초생활보장수급자현황. 2018.

박근혜 정부 기간 동안 65세 이상 노인의 공적 연금 수혜율은 꾸준한 증가를 보였다. 2012년 정부 출범 전 국민연금, 공무원연금, 사학연금을 수혜하는 65세 이상 노인은 2,050,717명으로 전체 노인의 34.8%를 차지했다. 박근혜 정부 출범 이후 65세 이상 노인의 공적연금 수혜율은 37.6%(2013년), 38.7%(2014년), 40.4%(2015)로 매년 지속적으로 증가했다.

〈표 9-2〉 박근혜 정부 기간 노인 상대적 빈곤율

구 분	소득 기준	
	시장소득	가처분소득
2013	60.0	48.4
2014	59.8	48.4
2015	60.2	47.0
2016	61.7	46.9

※자료: 통계청, 가구금융·복지조사, 2018.

그 결과, 아래 〈표 9-2〉가 보여주는 것처럼, 박근혜 정부 기간 동안 노인의 상대적 빈곤율은 시장소득 기준으로 집권 초기인 2013년 60.0%에서 2016년 61.7%로 증가했으며 가처분소득 기준으로 같은 기간 48.4%에서 46.9%로 소폭 감소했다.[2] 〈표 9-3〉은 동 기간 동안, 평균 가구소득과 중앙값으로 나타낸 가구소득도 증가했음을 보여주고 있다.

〈표 9-3〉 박근혜 정부 기간 가구소득

(단위: 만원)

		가구소득(평균)	가구소득(중앙값)
2012	전체	4,233	3,360
	노인가구	1,224	779
2013	전체	4,479	3,600
	노인가구	1,304	780
2014	전체	4,658	3,800
	노인가구	1,353	804
2015	전체	4,770	3,924
	노인가구	1,397	862
2016	전체	4,883	4,000
	노인가구	1,462	938

※자료: 통계청, 가구특성별 가구소득, 2018.

6. 나가면서-보수정권의 의미

출범 당시 복지국가의 꿈을 꾸었던 박근혜 대통령은 임기도 다 채우지 못하고 탄핵으로 막을 내렸다. 정권의 무능력과 부패가 주요 원인이었지만, 자신의 아버지가 쌓아 놓은 구업과 냉혹한 정치현실을 이해하지 못한 채 대통령의 자리에 오르자마자 발생한 세월호 사태에 대한 대응이 아쉬운 시간이었다.

여러 논란에도 불구하고, 보수정부가 복지정책을 대폭 축소한다는 이론과 예상은 적어도 대한민국에서는 틀린 것으로 나타났다. 이명박 박근혜 정부는 김대중 노무현 자유주의 정부의 복지정책을 계승했고 확장했다. GDP 대비 사회지출을 보면 노무현 정부 마지막 해인 2007년 7.6%에서 박근혜 정부 마지막 해인 2016년은 10.4%로 2.8% 포인트 증가했다. 보수정부 9년 동안 GDP 대비 복지지출은 연평균 0.3% 포인트로 계속 증가했다(물론 이 기간 동안 자유주의

2) 그러나 이와 같은 개선에도 불구하고 우리나라의 노인 소득보장 수준은 여전히 참담하다. 노인의 상대적 빈곤율은 OECD 국가 중 가장 높고, 노인의 소득안정성 수준은 Global Age Watch Index(세계노인관측지수)의 평가 대상인 96개 국가 가운데 82위로 믿기 힘든 정도이다(최혜지, 2017)〈그림 2-1〉 공적 연금 수혜 노인 수

정부 시기의 증가율 0.4%보다는 낮다).

김대중 노무현 자유주의 정부에서 시작된 사회투자 정책들은 보수정권으로 교체된 이후에도 계속해서 확대되고, 특히 선별적 사회투자 프로그램에서 보편적인 정책으로 확대되었다. 진보정권 시기에 제안된 '사회투자전략'은 일종의 타협안으로서 정치적 우파 및 좌파 양측 모두에게 급변하는 인구구조 변화와 노동시장 불평등확대 문제에 효과적으로 대응하기 위해 좋은 정책으로 채택되었다. 이는 한국의 복지정책이 가시성이 매우 높고 긍정적 정책환류(policy feedback)를 거치게 되어 있는 구조를 갖고 있기 때문이다. 그리고 이러한 보육 관련 정책들은 한국의 소선거구 및 승자독식의 선거제도와 대통령중심의 정치제도가 가지는 제도조합에 영향을 받으며, 보수정권으로 교체된 후에 더욱 보편성을 가지며 확대되었다(이승윤, 2020).

흥미로운 것은 이명박 박근혜 보수정부 동안 불평등과 빈곤이 감소했다는 것이다. 1997 외환위기 이후 자유주의 정부 10년 동안 증가했던 불평등과 빈곤이 미세하지만 감소한 것이다. 물론 불평등 감소 현상에는 2008년 금융위기가 상대적으로 자산소득의 비중이 큰 소득 상위계층에 타격을 주었기 때문이지만, 동시에 증가된 복지지출이 긍정적 영향을 준 것으로 볼 수 있다. 복지프로그램은 소비를 촉진하고 소득이 낮은 계층에게 경제 활동을 지원함으로써 경제를 성장시킨다. 이승윤(2020)은 이명박 박근혜 보수 정부 9년 동안 계속 증가된 사회복지 지출은 성장과 복지의 선순환 관계를 보여준 전형적인 보수주의 복지팽창 사례로 보고 있다.

윤홍식(2018)은 이명박 박근혜 정부 9년 동안 한국 복지체체의 변화를 '확장성의 제약'과 '역진적 선별성'의 강화라는 두 가지 측면에서 설명하고 있다. 보수정부 9년 동안 복지가 확대된 것은 분명하지만, 이러한 확장이 미래의 복지지출을 축소시키는 '확장성의 제약'이 실현되는 과정이었다고 평가했다.

역진적 선별주의는 1987년 민주화 이후 한국 복지체제의 특성을 말하는 것이고, 확장성의 제약은 보수정부 시기 한국 복지체제의 고유한 특성을 말하고 있다. '역진적 선별주의'는 선별주의와 반대되는 개념이다. 선별주의가 보통 자산·소득조사를 통해 취약계층을 선별해 복지급여를 제공하는 원리라면(Titmuss, 1968[2006]),'역진적 선별주의'는 그 반대로 상대적으로 노동시장에서 안정적 지위에 있고, 소득수준이 높은 계층에게 복지가 집중되는 현상을 말한다(윤홍식, 2018: 168). 예를 들어, 고용보험의 경우를 보면 2017년 현재 정규직의 고용보험 가입률은 84.5%에 이르는 반면 비정규직의 가입률은 40.2%에 그치고 있다(김유선, 2017). 국민연금도 정규직 노동자의 가입률은 95.9%인 반면 비정규직은 32.5%에 그치고 있다. 또한 민간보험의 가입률도 상위 소득계층이 높은 것으로 나타나고 있다(최기춘·이현복, 2017; 장원석 외, 2014).

'확장성의 제약'은 보수정부 시기 나타난 복지확대를 설명하기 위한 개념으로 현재 시점에서 보면 복지지출이 증가하지만, 중장기적인 관점에서 보면 복지지출을 일정 수준에서 통제할 수 있는 장치를 정책과정에 제도화한 것을 말한다. 윤홍식 교수는 이 '확장성의 제약' 개념은 폴 피어슨(Pierson, 1998)이 말한 서구 복지국가에서 나타난 '복지축소의 정치'와 다르다고 말한다. 즉, 서구 복지국가에서 복지축소의 정치가 복지국가의 확대가 일정 수준에 이른 후에 '확장된' 복지국가를 양적으로 직접 축소하려는 시도인데 반해, 한국 보수정부 시기에 나타난 '확장성의 제약'은 복지지출이 증가면서 장래의 확장 가능성을 제약했다는 점에서 차이가 있다(윤홍식, 2018: 169). 예를 들어, 한국은 보수정부 시기 기초연금을 도입해 복지지출을 확대했지만, 기초연금을 국민연금과 연동시키는 방식으로 장래의 확장가능성을 제약했다. 반면 영국에서는 기초연금의 급여 증가율을 물가와 소득 증가율 중 더 높은 증가율과 연동시키던 것을 보수정부 집권 이후 물가에 연동시키는 방식으로 변경함으로써 기초연금의 실질가치를 직접 축소하는 전략을 폈다(Pierson, 1998; Jones, 2003[2000]).

복지국가 발달이라는 측면에서 우리나라는 유럽과 다르다. 한국은 복지국가가 확대되는 국면에 있는 반면 유럽 국가는 확대기를 지나 재편기에 들어섰기 때문이다. 서구 복지국가에서는 이미 확장된 복지국가를 축소하려한 데 반하여, 한국에서는 복지 확대와 미래의 축소와 동반되는 방식으로 나타난 것이다. 실제로 2008년 금융위기 이후 OECD 국가들의 GDP 대비 사회지출은 21.0% 수준에서 정체되어 있는데 반해 한국은 8.3%에서 10.4%로 증가했다(OECD. 2018). 인구노령화, 노동시장 유연화, 경제성장률의 둔화 등의 문제를 생각해

보면 사회지출 수준이 정체되어 있다는 것은 실제로는 복지국가가 축소되고 있다는 것을 의미한다(윤홍식, 2018: 170).

김대중 노무현 자유주의 정부 10년과 비슷하게, 이명박 박근혜 정부 9년 동안에도 사회보험 중심의 공적 복지가 확대되면서 한국 복지체제의 역진적 선별성이 강화되었다. 사회보험을 확대한다는 것 자체가 사회복지의 발달을 저해하는 것은 아니지만 그것만으로 충분한 것은 아니다. 우리나라는 재벌 등 대기업 발전이 중소기업 등 희생의 대가로 수출산업에 온갖 특혜를 받은 결과로 이루어졌고, 그 결과 노동시장은 대기업 중소기업, 정규직 비정규직 등 심하게 계급화 계층화되어 있으며(이것을 노동시장분절화라고도 한다), 이러한 조건에서 정규직 노동자를 기준으로 설계된 사회보험을 확대하는 것은 사회복지가 발전하는 방향과는 거리가 멀다고 볼 수밖에 없다(이승윤, 2020; 윤홍식, 2018).

이명박 박근혜 두 보수정부가 복지지출을 줄이지 못하는 데는 여러 가지 이유가 있지만 그중 제일 중요한 것은 정치적 이유다. 사회복지지출은 사회적 안정과 직결되는 것으로 지출을 감소시키는 것은 정치적으로 매우 민감한 부분이다. 특히 복지지출이 어려운 경제적 상황에서 사람들에게 필요한 지원을 제공하며, 이를 감소시키는 것은 사회적 불평등을 더욱 심화시킬 수 있는 만큼 이를 줄이는 것은 정치적으로 매우 부담스러운 것이다. 복지지출 감소로 복지혜택을 받던 사람들이 더 이상 그 혜택을 누리지 못하면 불만을 가지게 되고 그 불만은 현 정부에 대한 반발로 이어지게 된다(이승윤, 2020). 임기 초부터 BBK 사건 등 대통령 주변 각종 비리로 국정지지율이 곤두박질치던 이명박 정부는 예정했던 복지지출 삭감을 하지 못했다고 봐야 한다.

참고문헌

김명지 · 김광일(2018). '쌍용차 진압작전, MB 청와대가 최종승인'(종합). CBS노컷뉴스(2018.08.28.).

김원섭(2012). '이명박 정부의 복지지출과 복지이념: 평가와 함의', 〈월간복지동향〉, 2012.10.15, 참여연대.

김원섭 · 남윤철(2011). '이명박 정부 사회정책의 발전 : 한국 복지국가 확대의 끝?' 〈아세아연구〉, 통권, 143호. 2011.3: 119-152.

김유선(2017). 비정규직 규모와 실태: 통계청, 경제활동인구조사 부가조사(2017.8) 결과. KLSI Issue Paper, 14.
김종건(2008). '이명박 정부의 복지정책 바로읽기' 〈Issue Report〉. 민중복지연대.
김진수(2008). '이명박 정부 100일 평가 및 향후 국정 방향(사회복지 분야).' 경실련 이명박 정부 100일, 무엇이 문제인가 발표문.
김현석(2008). 한국 '부도위험' 사상 최고수준 치솟아 2008.10.24 - 한국경제신문. https://www.hankyung.com/.
남찬섭(2012). '이명박 정부 복지정책 평가'. 〈월간복지동향〉, 참여연대, 2012.10.15.
내일신문(2022). '부자감세했더니 기업투자는 못끌어내고 결국 서민증세', 〈서민 · 중산층 힘들어지는데 웬 부자감세〉, ③ 실패한 정책 - 마지막회, https://m.naeil.com/m__news__view
박병률(2017). '복지 예산 '119조' 다 어디 갔나요' 경향신문, 2017.04.27.
박선영(2013). 이코노미21(http://www.economy21.co.kr)
윤홍식(2018). '역진적 선별성의 지속과 확장성의 제약.
이명박 · 박근혜 정부시기 한국복지체제의 특성', 〈한국사회정책〉, 제25권 제4호, 163 - 198.
이두걸 · 김양진(2012) 3대 신평사 '신용 그랜드슬램'… 글로벌 불황 속 한국이 처음. 서울신문, 2012.09.15.
이승윤(2020). '진보정권의 사회투자전략은 왜 보수정권에서 확대되었는가?'-한국 정치제도의 정책환류 기능과 정책 가시성-, 〈사회복지정책〉, Vol. 47, No.1, 85-116.
이태수(2008). '이명박 정부의 복지정책 - 총평가.' 참여연대사회복지위원회, 〈월간 복지동향〉, 제113호, 2008.3, 17-22
이태수(2008). '1997… 그리고 2008.' 한겨레신문, 2008.10.29.
장원석 · 강성호 · 이상우(2014). 소득수준을 고려한 개인연금 세제 효율화 방안: 보험료 납입단계의 세제방식을 중심으로. 서울: 보험연구원.
참여연대(2010). '국세청도 인정한 이명박 정부 부자감세', 2010.11.6, https://www.peoplepower21.org/tax/
최기춘 · 이현복(2017). '국민건강보험과 민간의료 보험의 역할 정립을 위한 쟁점', 〈보건복지포럼〉, 2016년 6월호, 30-42. 36.
최혜지(2017). '노인복지 정책: 박근혜 정부의 노인복지 정책 실패', 〈월간복지동향〉, 참여연대, 2017.02.01.
토지+자유연구소 (2020). landliberty.or.kr

Pierson, P.(2006[1994]). 복지국가는 해체되는가. 박시종(역), *Dismantling the welfare state?*, 서울: 성균관대학교.
Titmuss, R.(1968[2006]). Universalism versus Selection. 40-47. in *The Welfare State Reader* (2nd ed.), edited by C. Pierson and F. Castles. London: Polity.

제 10 장

문재인 윤석열 정부의 사회복지

촛불집회로 전임 대통령을 탄핵시키고 적폐청산을 외치던 대통령은 어떤 사회복지를 했을까, 또한 법과 질서, 자유와 공정을 부르짖던 대통령은?

Ⅰ. 문재인 정부의 사회복지(2017.5-2022.5)

1. 들어가면서

2017년 헌정 사상 첫 대통령 탄핵 결정을 이끌어낸 촛불시민들은 문재인 정부를 출범시킨다. 시민들은 민주주의와 국민주권을 회복하고, 경제민주화와 복지국가를 실현하며, 한반도 평화와 시민이 안전한 사회를 만들 것을 요구하였다. 문재인 정부는 이른바 '촛불 정부'를 자임하며 탄핵 시기 분출한 사회 대개혁 요구를 국정과제로 추진할 것을 천명하였고 시민사회가 요구했던 개혁과제들을 다수 수용하였다. 이에 한국사회 질적 변화에 대한 시민사회의 기대감도 높았다. 문재인 정부는 정말 모든 사람에게 최소한의 인간다운 생활을 보장하기 위하여, 그에 필요한 물질을 생산하고, 재분배정책을 실시하여 빈민을 구제하고 사회적 약자 집단을 지원하며, 계층 간의 사회경제적 격차를 해소하여 사회적 평등과 통합에 힘썼나?

문재인 정부는 집권 초기 높은 지지율 속에서 적폐청산과 개혁과제 이행을 추진했다. 최저임금 16.4% 인상(2018), 법인세와 소득세 최고세율 인상, 남북·북미정상회담 성사 등 임기 초 구체적 성과는 괄목할 만했다. 박근혜 대통령 탄핵으로 갑자기 출범한 문재인 정부가 2019 불어닥친 코로나로 발생한 경기침체와 대량의 실업 등 사회문제 해결을 위하여 사회복지를 대폭 확대할 수밖에 없었다 하더라도 사회복지 확대는 주목할 만하다.

문재인 정부가 사회적 약자계층이 보다 살기 좋은 사회를 위해 물질생산을 확대하는 방법으로 앞세운 전략이 이른바 소득주도성장이었다.

소득주도성장론(Income-led growth)은 가계의 임금과 소득을 늘리면 소비도 늘어나 경제성장이 이루어진다는 이론이다. 이는 그동안 발전국가 시대에는 고속도로 경제성장을 이루었지만, 여전히 빈곤층과 사회적 약자계층은 큰 혜택을 받지 못했고, 세계적인 경제 침체와 불균형으로 수출주도 성장이 한계에 이르렀다는 주장이 제기되었다. 또한 세계적으로는 미국발 금융위기가 터지면서 정부개입 최소화, 규제 완화, 자유무역, 민영화 등 신자유주의적 정책에 대한 비판이 제기되었다. 따라서 이런 경제 침체와 성장 둔화의 원인을 총수요 요인 중 내수와 소비 부족, 소득분배 불균형 문제로 보고, 노동자들의 임금을 늘리고 소득을 분배해 총수요를 늘려 경제성장을 달성할 수 있다는 소득주도성장론이다.

문재인 정부는 소득주도성장론을 따라 고소득층 소득이 증대되면 경제가 성장해 저소득층에게도 혜택이 돌아간다는 '낙수효과'는 이미 실패한 이론으로 소득양극화와 중산층의 붕괴를 가져왔을 뿐이며, 따라서 부유층에 대한 세금을 늘리고 이를 저소득층을 위한 경제 복지정책에 투자하는 '분수효과'로 정책을 전환해야 한다고 주장한다(위키백과, '소득주도성장론').

2. 문재인 정부의 복지정책(2017.5-2022.5)

사회복지와 관련하여, 문재인 정부는 '내 삶을 책임지는 국가'와 '모두가 누리는 포용적 복지국가'의 비전을 제시했다. 이 포용적 복지국가의 비전 아래, 1) 국민의 기본생활을 보장하는 맞춤형 사회보장, 2) 고령사회 대비, 건강하고 품위 있는 노후생활 보장, 3) 건강보험 보장성 강화 및 예방 중심 건강관리 지원, 4) 의료 공공성 확보 및 환자 중심 의료서비스 제공, 5) 서민이 안심하고 사는 주거 환경 조성 등 정책 방향이 제시됐다. 문재인 정부는 저출산 고령화로 요약된 인구구조 등의 환경변화나 지방간 의료 격차, 소득에 따른 의료서비스 불평등을 감안할 때 건강보험의 보장성을 높이고 공공의료를 대폭 확충하는 것이 시급한 과제라고 판단했다. 이러한 현실과 문제의식을 바탕으로 정부는 사회안전망 사각지대 해소, 국가가 책임지는 돌봄, 국민의 건강권 보장 등을 정부의 국정과제로 채택했다.

문재인 정부는 포용국가에 도달하기 위한 전략으로 '국민전생애 기본생활보장 3개년 계획' 추진 계획을 밝혔는데, 이를 위해 사회통합 강화, 사회적 지속가능성 확보, 사회혁신능력 배양이라는 3대 비전을 제시했다. 이는 "지속가능한 사회를 위해 국민들의 삶을 전 생애주기에 걸쳐 국가가 책임"지겠다는 의미였다. 이를 다른 말로 하면 '모든 국민이 안심하고 살아갈 수 있어야 하고, 공정한 기회와 정의로운 결과 보장, 국민 단 한 명도 차별받지 않고 함께 잘 살아야 한다는 의미였다.'

그 중에서도 '혁신적 포용국가'의 모습은 대한민국이 선진산업국으로 자리매김하기에 손색이 없는 듯했다. 주 52시간제 도입을 통해 2016년 대비 2021년의 연간근로시간은 358시간 줄어들었고 국민 1인당 일평균 여가 시간도 0.6시간 증가했다. 대기업 대비 중소기업 임금 비중은 67.9%에서 74.4%로 상승했고 농가소득 4,500만원 시대도 열렸다. 또한 아동수당 최초 도입, 국공립 유치원 확충, 고교 무상교육을 통해 전 국민 누구나 누릴 수 있는 보편적 포용국가의 기틀을 마련했고 생애주기별 복지 대상을 늘려 온종일돌봄수혜 초등 아동이 2017년 대비 약 20만 명 증가했으며 노인 요양·돌봄 서비스의 혜택을 받는 분들도 120만 명을 넘어 전체 노인의 15.4%를 기록했다(출처 : 대한뉴스(http://www.dhns.co.kr).

문재인 정부가 집권한 2017년 이후 공공 사회지출액 수준은 가파르게 증가했다. 2017년 GDP 대비 10.1% 수준에서 2019년 12.2%로 2년 사이 2.1% 포인트 증가(통계청, 2021e)했다. 앞선 보수정권 집권 기간 10년 동안(2008~2017년) 공공 사회지출 비율 증가 수준(7.3%에 서 10.1%로 2.8% 포인트 증가)에 육박하는 수준이었다. 이는 가속화되는 저출생·고령화로 인해 사회서비스의 공공성 강화 요구가 높아지는 가운데 코로나19 발생 이후 돌봄이 국가가 그 책임을 떠맡을 수밖에 없게 되었다. 그간 사회서비스 영역은 대부분 민간이 맡아, 제대로 된 관리감독 없이 이루어진 탓에 질 낮은 서비스와 열악한 종사자 처우 문제가 지속되었기 때문이었다(김기태 외, 2022).

문재인 정부의 보건정책은 건강보장성 강화에 역점을 두고 있다. 문재인 케어(2017년 8월 9일 선포)라는 이름이 붙은 건강보험 급여 확대 프로그램은 70% 건강보험 보장률과 더불어 재난적 의료비 발생 감소를 목표로 꾸준히 추진하여 5년간 30.6조 원을 투자했고 3대 비급여 해소, MRI · 초음파 등 보험적용 확대, 의학적 비급여의 단계적 급여화를 추진하고, 취약계층 부담을 대폭 완화했다. 선택진료비가 폐지되고, 병원급 이상 2-3인실 건보가 적용됐으며, 간호간병통합서비스 확대되었다. 건강보험 보장률은 2017년 62.7%에서 65.3%로 상승. 문재인 케어에서 당초 제시했던 목표치에는 미달했으나 꾸준한 증가세를 보였다(국민건강보험공단, 2021). 비급여 부담률은 2016년 17.2%에서 2020년 15.2%로 감소했고, 암환자 비급여 본인부담률은 2017년 14.5%에서 11.2%로 감소했다.

문재인 정부는 기초생활보장을 위한 급여를 상향해서 기초 · 장애인 연금 및 기초생활보장 기준중위 소득을 대폭 인상했다. 4인 가구 기준 기준중위소득은 2021년 기준 487만 6,290원에서 2022년 512만 1,080원으로 5.02% 인상되었다.

또, 치매국가책임제를 도입하여 치매 노인에 대한 가족 부담을 줄이고, 기존 노인돌봄 사업을 삶터 중심으로 통합하고 응급안전, 쉼터 확충 등 지역사회 돌봄을 강화했다. 이를 위하여 256개 전체 시 · 군에 치매안심센터를 설치(256개), 치매전문병동(66개) 및 전담요양기관(293개) 설치 등으로 치매환자 50만여 명에 대해 맞춤형 서비스 제공 추진했다(관계부처합동, 2021). 아래 〈표 10-1〉은 문재인 정부 기간 중 치매안심센터 이용자수가 대폭 증가했다는 것을 보여주고 있다. 2018년 128.3만명에서 2012년 396.8만명으로 3배 이상 증가했다. 이제는 누구나 부담스럽던 노인치매를 국가가 돌보는 시대가 된 것이다.

〈표 10-1〉 치매안심센터 이용자 수(만 명)

2018	2019	2020	2021
128.3	340.5	368.6	396.8(7월)

자료: 관계부처합동(2021). 문재인 정부 경제분야 36대 성과. p. 164.

장애인에 대한 복지도 크게 증가하였다. 2019년 정부는 31년 만에 장애등급제를 폐지하고 장애인 활동지원 및 발달장애인 돌봄을 강화하여, 탈시설 자립지원 등 수요 중심 지원체계를 구축했다(보건복지부, 2022a). 장애등급(장애 정도) 폐지로 수급자도 크게 증가했다(김현지 외, 2021). 이에 따라 장애인 활동지원 수급자는 2016년 79,926명, 2017년 86,926명, 2018년 94,496명, 2019년 105,569명, 2020년 115,017명으로 해마다 크게 증가하였다.

문재인 정부는 2019년 불어닥친 코로나로 발생한 대량의 실업자를 위한 급여도 인상했다. 노동권과 쉴 권리 보장을 위해 실업급여를 확충했고, 국민취업지원제도를 도입하고 실업급여의 보장성 강화 및 지급 기간 연장으로 우리나라 노동복지를 OECD 주요국 수준으로 올려놨다. 2019년 10월부터 실업급여의 수준을 실업 직전 3개월 평균임금의 50%에서 60%로 인상했고, 실업급여의 지급 기간도 90~240일에서 120~270일로 연장했다. 국민취업지원제도의 도입을 통해서 고용보험의 사각지대에 있는 저소득구직자, 미취업 청년, 폐업한 영세자영업자 등 취업취약계층의 생계안정 도모 구직촉진수당 50만원도 지급했다.

문재인 정부 기간 저소득층의 교육비도 대폭 경감됐는데, 교육과 복지 영역의 선순환을 위해 교육 기회도 확대됐다(교육부, 2022). 2021년 고등학교 무상교육이 고교 전 학년 124만으로 확대되었다. 과거 돈이 없으면 초등학교도 못나오던 시대에서 이제는 고등학교까지 무상교육을 받는 시대가 된 것이다. 기초생활보장법상 명시되어있는 교육급여를 대폭 증액시켜, 저소득층 학부모의 학비부담을 완화했다. 초등학생은 2017년 4.1만원이었던 지원금이 2021년 28.6만원, 중학생은 같은 기간 95,000원에서 376,000만원으로 증가했다.

문재인 정부는 기초생활보장을 위한 급여를 상향시켰다. 기초생활보장 기준인 중위소득을 대폭 인상했다. 기초연금, 장애인 연금 기준액 단계적 인상해서

2017년 20만원이던 것이 2018년 25만원 2019년 30만원(20%), 2021년 30만원(70%)으로 인상됐고, 장애인연금도 2017년 20만원에서 2018년 25만원으로 , 2019년 생계·의료급여 수급자에 한해서 30만원에서 2021년 전체 30만원으로 인상했다. 아래 〈그림 10-1〉은 역대 정부와 비교해볼 때 문재인 정부가 사회복지에 훨씬 많은 재정을 투입했다는 것을 말해주고 있다. 문재인 정부는 2017년부터 2022년까지 연 1.05%의 지출을 증가시킴으로써 이전 이명박 박근혜 정부 지출 증가율의 3배 이상 기록하고 있다.

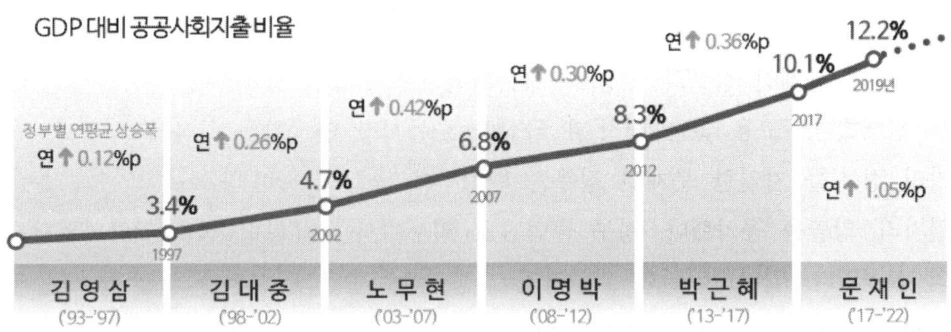

자료: OECD. (2022e). Social Expenditure Database (SOCX)를 참고하여 보건사회연구원 연구진 작성.

〈그림 10-1〉 GDP대비 공공사회지출비율

보건사회연구원(2022)에 의하면, 문재인 정부는 2017~2020년 사회보장 전 분야에서 대상자 확대, 급여 수준 인상, 공적 재원 조달의 확대 및 인프라 구축을 이끌어냈다. 이는 Palme(2021)가 제시한 복지국가의 4대 측면에 따른 성취로 볼 수 있다.

첫째, 사회복지대상의 보편성이 증가했다. 국민기초생활보장제도에서 부양의무자 기준 폐지, 전국민고용보험 시도, 상병수당 도입 결정, 기초연금 확장, 아동수당 및 영아수당 도입 등을 통해서 대상자의 보편성 확장했다.

둘째, 급여의 충분성의 높아졌다. 기초연금, 실업급여의 급여 수준 인상됐고 국민취업지원제도, 아동수당 도입으로 급여가 시작됐다.

셋째, 복지재정의 안정성이 증가했다. 지난 2017년 GDP 대비 10.1% 수준에서 12.2%로 증가됐고 대상자가 확대됨으로써, 급여 충분성 확보를 위한 재정적 기반 조성됐다.

넷째, 인프라의 공공성이 확대되었다. 사회서비스원 건립, 치매안심센터 256곳 개소, 지역사회통합돌봄 16개 선도시범 지역 선정, 아동돌봄 인프라 확충 등을 비롯, 실시간 소득파악시스템 구축 작업 등으로 복지국가 인프라가 형성됐다. 이를 통해서 복지국가의 외형적, 형식적 완성을 이뤘다고 평가했다.

3. 노동정책

2017년 문재인 정부의 국정기획자문위원회가 발표한 노동분야 국정과제는 매우 원대했다. '고용 없는 성장'과 극심한 노동시장 양극화를 극복하기 위해 '일자리 정부'를 자임한 문재인 정부는 단지 '더 많은 일자리'가 아니라, '더 좋은 일자리' 창출을 공약했다. 정부 출범 1호 업무지시는 대통령 직속 일자리위원회의 설치였다. 일자리위원회 위원장인 대통령은 "좋은 일자리를 늘리고, 노동시간과 비정규직은 줄이며, 고용의 질은 높이는 '늘리고, 줄이고, 높이고' 정책으로 일자리 문제를 해결하겠다"고 말했다(일자리위원회, 2017).

문재인 정부는 비정규직 보호를 위한 과감한 정책을 약속했다. 공약에는 역대 정부에 서 한 번도 시도한 적이 없었던 '상시・지속, 생명・안전업무'에 종사하는 비정규직에 대한 사용 사유 제한제도와 비정규직 과다 사용 대기업에 '비정규직 고용부담금 제도'를 도입한다는 내용이 포함되었다. 비정규직을 없애겠다는 강력한 의지의 표현이었다(행정안전부 대통령기록관). 또한 박근혜 정부가 시도했던 대표적인 유연화 정책인 '쉬운 해고' 지침(공식 명칭은 '공정인사 지침'), 취업규칙 불이익 변경 지침을 폐기했다. 한마디로 고용정책 공약은 보수 정부의 유연화정책을 뒤집는 것이었다. 반면에 외환위기 이후 노동계가 요구해 온 고용안정성에 대한 요구를 대폭 수용하였다.

문재인 정부는 실업자, 청년 구직자, 경력단절 여성 등을 직업훈련에 참여시켜 이들의 취업능력 및 생산성을 제고했다. 이는 4차 산업혁명에 대비하여 평생직업능력개발체계를 도입하여, 구직・전직・퇴직에 대비한 생애맞춤형 취업지원제도를 구축하는 데 그 목적이 있었다. 예를 들어, 고용보험에 가입하지 않은 미취업 청년들이 정부의 공공고용서비스에 참여하는 등 자기주도적 구직활동을 할 경우, 취업성공패키지 3단계 산재보험 적용도 하기로 했다. 여기에는 NEET족이 포함되어 있다.[1)]

아르바이트 현장에서 일하는 청소년 노동자들을 위한 '알바존중법'의 도입했다. 3개월 계속 근로를 제공하는 청년알바(초단시간 계약 포함, 근무기간 90일 이상)에게 실업급여를 확대적용하고 퇴직금을 지급한다는 내용이었다. 실로 열심히 살아가는 노동대중을 위한 마음이 엿보이는 대목이 아닐 수 없다.

이명박 박근혜 정부가 기업의 인사경영권을 보장하는 대신 노조 무력화에 힘을 쏟았다면, '노동존중 사회'를 표방한 문재인 정부는 노동기본권 신장과 노조교섭력 제고에 중점을 둔 포용적 노동정책을 지향했다. ILO 핵심협약 비준, 산별교섭 등 초기업단위 교섭체계 개선, 노동인권교육의 강화, 공공기관 노동이사제 도입 등이 그것이다. 이 공약들은 정규직만이 아니라 스스로를 보호하기 어려운 실업자와 해고자, 미조직 비정규직, 청소년 알바 등의 외부자들을 광범위하게 노조로 포괄하려는 목적을 갖고 있었다. 민주화에도 불구하고, 한국의 노사관계는 권위주의 체제 때와 마찬가지로 자본 우위성이 보장되는 '기울어진 마당'이었다. 2019년 8월 현재 정규직의 조직률은 17.6%이고, 비정규직의 조직률은 3.0%에 불과하다(통계청, 2019a).

낮은 조직률은 무엇보다 기업의 노조 배제전략에 기인한다. 비정규직은 한국사회에서 가장 보호를 필요로 하는 집단이지만, 스스로를 보호할 권력자원이 가장 적은 집단 중 하나이다(권순미, 2020). 이런 상황을 반영하여 문재인 정부의 노사관계정책은 외부자의 노조가입 비용을 낮춤으로써 노조 가입률과 교섭력을 제고하는 데에 초점이 맞추어졌다.

문재인 정부의 노동공약은 지난 20년간 국제 경쟁력 강화를 명분으로 경제

1) Not in Education, Employment or Training의 줄임말이다. 보통 15~34세 사이의 인구 가운데 미혼으로 학교에 다니지 않으면서 가사일도 하지 않는 사람을 가리키며 무업자(無業者)라고도 한다. 취업에 대한 의욕이 전혀 없기 때문에 일할 의지는 있지만 일자리를 구하지 못하는 실업자나 아르바이트로 생활하는 프리터족과 다르다[네이버 지식백과] 니트족 [NEET](두산백과 두피디아, 두산백과).

효율성, 노동 유연성, 진보적 노동운동 배제에 집중했던 보수정부의 노동정책을 역전시키는 '정책의 대전환'으로 볼 수 있다. 또한 과거 중도좌파정부들이 노동시장 유연화를 대가로 사회 안정성과 노동기본권 보장을 내세웠다면, 문재인 정부는 외환위기 이후 내부자와 외부자 모두에게 고용 안정, 사회보장, 노동기본권 보호를 동시에 약속한 최초의 정부였다고 말할 수 있다. 문재인 정부 이전의 노동시장정책은 유연화와 연성 이중화전략 사이를 오갔다. 보수정부는 유연화에, 중도좌파정권은 연성 이중화에 좀더 가까웠다(권순미, 2020).

4. 문재인 정부의 한계

하지만, 문재인 정부도 노동시장 불평등을 완화하는 데에는 성공하지 못했다. 참여연대 사회복지위원회는 문재인 정부는 포용복지국가의 기치 하에 전반적으로 필요하고 개혁적인 사회보장 정책과제들을 제시했으나, 결과적으로 미흡하게 추진됐거나 변질, 후퇴된 과제가 적지 않았다고 평가했다. 일부 대선공약은 시행하기도 전에 국정기획자문위원회의 '문재인 정부 국정운영 5개년 계획'에서 삭제되었다. 비정규직을 과다하게 사용하는 300인 이상 대기업에게 적용하려던 '비정규직 고용부담금 제도' 도입은 시작도 못해보고 사라졌다. 300인 이상 대기업에 종사하는 비정규직 규모가 작아 그 실행효과가 작을뿐더러 제도 도입을 위해서는 비정규직의 범위, 과다 채용기준, 고용부담금 수준 등에 대한 사회적 합의가 필요하나 이것이 현실적으로 용이하지 않다는 판단에 따른 것으로 보인다(권순미, 2020).

하지만, 현실적이고 정치적인 이유로 문재인 정부가 약속한 복지개혁을 달성하는데 미흡했더라도 그 의도와 노력을 높이 평가할 만하다. 오랜 숙원이었던 국민기초생활보장제도의 부양의무자기준 폐지를 단계적으로 추진함으로써 급여 총액 수급자 수가 증가한 것은 긍정적으로 봐야하고, 코로나19 유행 시기에 정부가 나서 전국민고용보험 도입을 천명하고, 국민취업지원제도를 법제화한 것은 의미있다.

문재인 정부 복지정책의 실효성을 두고 엇갈린 평가가 나왔다. 한국사회가 직면한 최대 문제 중 하나인 이중 노동시장(dual labor market)을 극복하기 위한 정부의 행보는 애초부터 그 실현 가능성을 자신할 수 없었다. 결국 문재인 정부 동안 양극화가 더 심화되고, 사회적 위험에 노출된 사람들이 급증하고 말았다.

"문재인 정부가 '일자리 정부'와 '노동 존중'을 내걸고 국정과제를 설정하고 상당수 정책을 추진하기도 한 것은 사실이지만 정책 집행의 성과는 미약했다. ... 정부 초기에 의욕적으로 추진하다 정책기조가 후퇴한 것을 보면 쟁점 정책이슈를 둘러싼 노동·국가·담론 정치공방을 효과적으로 대응하는 전략적 정책집행 역량이 미흡했던 것 같다고 했다. 일자리 정부를 자처했음에도 고용률이 2016년 60.6%에서 2020년 60.5%로 제자리에 머물고, 비정규직 비율이 32.8%에서 36.3%로 대폭 늘기도 했다(신다은, 2022).

문재인 정부 기간 상대적 빈곤율-중위소득 50% 이하에 속한 인구를 전체 인구수로 나눈 비율-은 2019년 16.3%로 완화되는 것처럼 보이나 경제적 불평등은 심화된 것으로 나타났다. 국제적으로 매우 높은 수준이다. 동시에 총자산 기준 상위 10%가 차지하는 비중은 2017년 41.10%, 2018년 41.49%, 2019년 42.36%, 2020년 42.54%으로 3년간 꾸준히 증가했다. 특히 코로나19 장기화로 소득 감소와 단절을 겪고 있거나 불안정 고용상태인 노동자들이 급격히 늘고, 양극화는 더욱 심화되었다. 이러한 상황은 고용보험 등 사회안전망의 광범위한 사각지대 해소와 소득보장 강화 요구로 이어졌다(신다은, 2022).

종합해 보면, 문재인 정부 복지분야 연평균 증가율은 10.9%로 정부 출범 당시 130조원에서 217조원으로, 무려 87조원이 증가해서 이전 정부와 비교시 양적으로 높은 수준이다. 이는 박근혜 정부 7.4%(97조원에서 130조원), 이명박 정부 7.6%(68조원에서 97조원)에 비해 양적으로 크게 팽창한 것이 사실이다.

질적으로도 기초생활보호 대상자 부양의무자 기준 폐지·완화, 아동수당 도입, 건보 보장성강화, 국민취업지원제도 도입, 실업급여 보장성 강화, 전국민 고용보험 로드맵, 반값등록금 완성 등 중요 사회복지분야 제도적 기반을 마련했다(기획재정부, 대한민국 정책브리핑(www.korea.kr), 2021.09.24.).

문재인 정부 기간 동안, 노동현장에서 사건이 발생할 때마다 부각되는 인권 현실은 참담했다. 과거에는 전혀 문제가 될 수 없는 일들이 새로운 사회 이슈로 등장했다.

언론에는 노동참사가 연이어 보도되었다. 패스트푸드점, 24시간 편의점, 주유소 등 일하는 청소년의 증가, 현장실습과 일·학습 병행제 등의 명목으로 노동현장에 투입되는 청년학생 노동자들의 증가 추세 속에서 "법과 인권의 사각지대"에 내몰려 산업재해와 자살 사건 등의 빈번하게 발생했다. 이에 더해 임금체불, 최저임금 위반, 살인적 장시간노동, 줄어들지 않는 부당노동행위 사건 등도 노동관련 범죄에 대한 사업주의 무감각과 사회적 의식수준이 심각한 사회적 문제로 대두되었다.

구의역 전철역 스크린도어 수리 사고는 박근혜 정부에서 일어난 일로서 문재인 정부가 책임 질 일은 아니었지만 문정부 기간 내내 사회적 이슈로 부각되었다. 이 사건은 당시 사회적 이슈로 등장한 노동인권의 주소를 단적으로 보여주는 상징적 사건이었다.

〈구의역 전철역 사건〉

외주화 만능주의의 볼모가 된 지하철 안전」, 한국일보, 2016년 5월 29일
2016년 5월 28일 오후 4시 58분: 서울메트로에 구의역 스크린도어 고장 신고가 접수되었으며, 이에 서울메트로는 스크린도어 유지관리 협력업체인 "은성PSD"에게 현장에 출동해 수리하도록 지시하였다.

2016년 5월 28일 오후 5시 52분: 은성PSD 직원 김모씨가 구의역에 도착했다. 두 회사가 맺은 계약에 따르면 은성PSD는 고장 접수 1시간 이내인 5시 58분까지 직원이 현장에 도착해야 하며, 제한 시간 6분 전에 도착했다.

2016년 5월 28일 오후 5시 57분: 김씨는 스크린도어 뒤편에서 혼자 수리를 진행하다 오후 5시 57분경 달려오던 열차와 스크린도어 사이에 끼어 변을 당했다. 당시 현장에는 스크린도어 유리가 깨져 있었다고 한다.

구의역 사건의 핵심은 외주화 또는 아웃소싱이다. 아웃소싱(outsourcing, outside resourcing)은 기업이나 조직에서 생산, 유통, 용역 등 업무의 일부 과정을 생산원가 절감을 위해 혹은 경영 효율의 극대화를 위해 외부의 제삼자에

게 위탁해 처리하는 것이다. 원래는 미국 기업에서 사용된 경영기법으로 제조업 분야에서 활용하기 시작했으며 경리, 인사, 신제품 개발, 영업 등 모든 분야로 확대되고 있다(위키피디아, '아웃소싱'). 외주화를 함으로써 기업은 핵심사업에만 집중하고 나머지 부수적인 부문은 외부기업에 하청을 줌으로써 생산성 향상을 극대화할 수 있지만 하청업체에 종사하는 노동자는 고용안정과 산업재해에 위험부담을 해야 한다. 외주화가 이뤄지면서 하청노동자가 가장 큰 위험에 노출됐는데, 외주화로 영세한 하청업체는 노동자들을 위한 작업장 안전에 소홀히 하는 경향이 있으며, 노동자들은 사고가 나도 손해배상을 청구한다 해도 보상받을 수 없으며 결국 아무도 책임지지 않는다는 것이다 .

문재인 정부 말기인 2020년에도 비슷한 일이 일어났다. 4월 20일 전국철도지하철노동조합협의회는 철도 산재사망 노동자 추모주간을 선포하는 기자회견을 열고 "1899년 철도, 1974년 지하철이 개통한 이래 시민의 발이라는 철도와 지하철 현장에서 2546명의 철도·지하철 노동자들이 생명을 잃었다"고 밝혔다. 단순 계산하면 2019년까지 120년간 한 해에 21명꼴로 목숨을 잃은 셈이다. 하지만 실제 산재 사망자 수는 이보다 훨씬 더 많을 것이 분명했다.[2] 철도청에서 철도공사로 전환한 2005년 이후 15년간은 산재 승인 통계를 이용했는데 사고·업무 관련 질병으로 목숨을 잃은 사람이 45명에 달했다. 각 지역 지하철노조 역시 산재 통계를 구할 수 있는 대로 집계한 숫자가 45명이었다.

이러한 문제들을 해결하기 위하여 노동계는 이전부터 중대재해법 제정을 요구하여 왔고, 이에 부응하여 문재인 정부와 민주당 등 진보진영은 국민힘과 보수언론 등 보수진영의 극렬한 반대에도 불구하고 우여곡절 끝에 법을 통과시켜 2022년 1월부터 시행에 들어갔다. 중대재해법이란 사업 또는 사업장에서 일하는 모든 사람의 안전 및 보건을 확보하도록 경영책임자에게 의무를 부과한 법이다. 경영책임자가 안전 및 보건 확보의무를 다하지 않아 중대산업재해가 발생하면 처벌받을 수 있다.

2) 철도노조는 과거 사고의 경우 산재 공식 통계 등을 이용할 수 없어 철도 순직자들의 위패가 모셔진 '이원성역'의 위패 숫자를 집계했다. 이 숫자가 2,546명이다. 그나마도 1899년부터 1945년까지 현장에서 사망한 철도 순직자는 6명만 위패가 남아 있었다(46년간 6명만 사망했다는 것인데 말이 안 된다).

〈표 10-2〉 산업재해현황

(단위 : 명, %, 퍼밀리어드)

	2015	2016	2017	2018	2019	2020	2021	2022
전체 재해율	0.50	0.49	0.48	0.54	0.58	0.57	0.63	0.65
전년대비 재해율 증감률	-5.7	-2.0	-2.0	12.5	7.4	-1.7	10.5	3.2
300인 미만 사업장 재해율	0.58	0.57	0.55	0.60	0.64	0.62	0.68	0.68
전년대비 300인 미만 사업장 재해율 증감률	-4.9	-1.7	-3.5	9.1	6.7	-3.1	9.7	0.0
사고성 사망만인율	0.53	0.53	0.52	0.51	0.46	0.46	0.43	0.43
전년대비 사고사망만인율 증감률	-8.6	0.0	-1.9	-1.9	-9.8	0.0	-6.5	0.0
사망자수	1,810	1,777	1,957	2,142	2,020	2,062	2,080	2,223
전년대비 사망자수 증감률	-2.2	-1.8	10.1	9.5	-5.7	2.1	0.9	6.9
업무상 질병자수	7,919	7,876	9,183	11,473	15,195	15,996	20,435	23,134
전년대비 질병자수 증감률	3.1	-0.5	16.6	24.9	32.4	5.3	27.8	13.2

출처 : 출처: 고용노동부, 〈산업재해 현황분석〉.

위 〈표 10-2〉에서 보이듯이, 문재인 정부 말기부터 산업재해율은 증가추세에 있다. 여기서 중요한 것은 사망자 수인데 윤석열 정부 출범 첫해, 전체 사망자수는 2022년 12월 말 현재 2,223명으로 전년 동기 대비 143명(6.9%) 증가했고 사고 사망자수는 2022년 12월 말 현재 874명으로 전년 동기 대비 46명(5.6%) 증가했다. 질병재해자수는 2022년 12월 말 현재 23,134명으로 전년 동기 대비 2,699명(13.2%) 증가했다. 보수로 회귀를 목표로 주 69시간 노동을 강조하면서 기업편을 적극적으로 든 윤석열 정부의 효과라고 보인다.

5. 나가면서

과거 박정희 전두환 정부가 국가권력을 사용하여 노동운동을 억압하고 기업의 노동착취를 도왔다면, 문재인 정부는 더 이상 국가권력을 그런데 사용하지 않았을 뿐만 아니라, 오히려 노동자들을 보호하는 듯한 태도를 보였다. 유럽의 여러 선진 산업복지국가처럼 문재인 정부는 경제성장을 넘어 노동자와 사회적 약자계층을 보호해야 하는 적극적 역할을 할 의무가 더 중요하다고 본 것이다.

특히, 공공일자리 창출에 대해 국민들에게 필요한 공공 서비스는 공공이 책임진다는 새로운 패러다임을 선보였고, 산업안전보건 분야에서 산업안전보건법 개정과 중대재해법이라는 두 개의 중요한 입법을 통해 안전보다 효율을 중시하던 그때까지의 문화를 바꾸었다(황덕순 노동연구원장). 국제노동기구 핵심 협약 비준에 따른 노동관계법 개정 역시 쉽지 않은 과제였으나 이를 해낸 점을 긍정적으로 평가할 만했다. 노동시간 단축은 주52시간 노동시간 상한제 도입 등으로 선진국 수준으로 진입하게 되었고, 최저임금의 경우 저임금노동자 비율이 크게 떨어지고 소득분배가 크게 개선되었다고 볼 수 있다(신다은, 2022). 문재인 정부는 포용복지국가의 기치 하에 전반적으로 필요하고 개혁적인 사회보장 정책과제들을 제시했고, 비록 결과적으로 충분하지 못했다 하더라도, 복지국가를 만들고야 말겠다는 그 진정성 하나는 인정해주어야 할 것 같다.

문재인 정부 기간 동안 막대한 복지예산이 투입되고 정부 차원의 노력이 있었지만, 문재인 정부 기간 복지 수준이 향상되고 있다고 느끼는 사람들은 드물다. 사실 이것은 이전의 보수, 진보 정부를 막론하고 공통된 사실이다. 그러면 왜 이런 일이 벌어질까. 민주화 이후 어느 정부를 막론하고 저소득층, 노인, 유아, 청소년 등 국민들이 체감할 수 있는 분야에 투입되는 복지 예산사업 지출은 사회복지총지출의 30%에 불과한 것으로 나타났다. 나머지 70%는 기금사업으로 국민연금·공무원연금 등 공적연금과 임대주택 등 주택부문 등에 주로 쓰인다. 이 중 주택 부문은 경제협력개발기구(OECD)에서 복지지출로 분류하지 않는다. 실제 체감할 수 있는 예산사업 지출은 제자리를 맴도는 반면 숫자로 표시되는 사회복지지출 총량만 늘어나면서 복지비용이 커 보이는 것 뿐이다.

Ⅱ. 윤석열 정부의 사회복지(2022.5-)

1. 들어가면서

자유, 공정, 법과 질서, 시장경제라는 깃발을 높이 들고, 한미일 가치동맹 군사동맹으로 북한, 중국과 러시아 등 사회주의 국가에 대항하는 자유주의 전선의 최전방 국가로서 역할을 다해야 한다며 목소리를 높이는 윤석열 정부는 과연 어떤 사회복지정책을 펼치고 있을까? 과연 윤석열 정부는 물질적 생산을 증대시켜 그것을 사회적 약자를 지원하고 보호하는데 힘쓰고, 사회적 불평등을 완화하고 나라를 통합시켜 모든 사람들의 자유를 신장시켜 오늘보다 내일이 사람살기 좋은 세상을 만들 노력을 기울이고 있는가? 윤석열 정부가 내세우는 '약자복지'모델은 이러한 사회복지의 목표를 달성하기에 적절하고도 충분한가?

윤석열 정부는 출범한 지 얼마 되지 않아 평가와 분석에 한계가 크다. 그럼에도 불구하고 지금까지 발생한 현상과 주어진 정보와 자료를 바탕으로 윤석열 정부의 사회복지를 분석 평가하려 한다.

윤석열 정부의 국정목표는 기본적으로 신자유주의적 성격을 가졌던 이명박 박근혜 정부와 유사하다고 볼 수 있다(김원섭·남윤철, 2011: 121-122). 즉, 이명박 박근혜 정부가 그랬던 것처럼, 윤석열 정부는 대내적으로는 자유민주주의, 자유경쟁, 시장 경제, 사유재산권, 법치주의 그리고 반공을 핵심적인 가치로 추구하며, 대외적으로는 미국과 군사동맹을 안보의 핵심축으로 삼고 있다. 그리고 그 핵심 지지층으로 재벌기업, 대자산가, 고소득자, 부동산 보유자들을 대상으로 윤석열 정부는 시장 친화적 정책과 규제 완화를 강조하고 있고 막대한 감세정책을 시행하고 있다.

2. 윤석열 정부의 사회복지 정책

윤석열 정부는 국민이 먹고 살아갈 물질을 생산하는데 있어 민간부분의 역동성을 중시한다. 민간부문을 중심으로 경제를 성장시킨다는 정책 기조 아래 대기업을 집중 지원한다는 계획이다. 이를 위해 세제 완화·투자세액공제 확대·경제 형벌 축소 등 재계 요구를 수용했다. 이어서 기업하기 좋은 환경을 만들기 위한 대규모 규제 완화책도 발표했다. 규제를 풀어 기업 투자가 늘면 고용 활성화로, 노동자 소득 확대로, 소비 회복으로, 그리고 투자 증대로 이어지는 선순환 구조가 만들어질 것이라 주장한다(기획재정부, https://www.moef.go.kr/).

윤석열 정부는 육성할 전략산업으로 반도체·인공지능(AI)·바이오 등과 함께 원자력을 꼽았다. 혁신형 소형원자로(SMR)와 4세대 원자로 등 미래 기술을 집중 개발하고, 원자력산업을 육성하겠다는 구상이다. 탈원전 정책으로 공사가 중단됐던 신한울 원전 3·4호기 건설을 재개하고, 운영 허가 만료를 앞둔 원전도 계속 운전하도록 했다(기획재정부, https://www.moef.go.kr/).

윤석열 정부의 국정과제 중 주요한 사회복지정책은 지속가능한 복지국가 개혁, 국민 맞춤형 기초보장강화, 안전하고 질 높은 양육환경 조성, 고용안전망 강화 및 지속가능성 제고 4가지이다(제20대 대통령직인수위원회, 2022, 81-100).

먼저 '지속가능한 복지국가 개혁'은 사회보험제도의 재정 안정성과 효율성 강화를 목표로 하였다. 구체적 실행과제로는 연금개혁위원회를 설치하여 국민연금제도의 재정적 지속가능성 제고를 위한 개혁과 사회보장위원회의 조정기능을 강화하여 사회보험통합관리체계 구축 등이다. 다음으로 '국민 맞춤형 기초보장강화'는 주로 국민기초생활보장제도, 근로장려금, 상병수당, 기초연금과 같은 취약계층을 위한 제도의 개선이다. 실행과제로 크게 두 가지가 있는데, 우선 저소득층 생계안정을 위해 국민기초생활보장제도의 생계급여 선정기준을 위한 중위소득 35% 단계적 인상과 근로장려금의 급여 인상이 있다. 다음으로 위기 시 소득지원을 강화하기 위해 상병수당 도입과 긴급생계지원금 인상이 있다. 이외에도 노후소득보장 강화를 위해 기초연금 급여를 40만 원으로 단계적 인상한다는 계획이다.

2023년 6월 '사회보장 전략회의'에서 윤석열 대통령은 '지속가능한 복지국가' 비전 아래 '약자 복지', '서비스 복지', '복지 재정 혁신'을 중점 추진하겠다는 복지국가 전략을 제시했다. '지속가능한 복지국가'를 만들기 위해 세 가지 키워드에 주력하고 있음을 알 수 있다. 바로 '시장화, 경쟁, 선별'이다. 복지정책의 시장화를 통해 경쟁을 유도하고, 현금은 약자를 '선별'해 지원하겠다는 뜻이다. 사회서비스 분야에서 정부의 역할을 관리자로 한정하고, 각종 규제 완화, 민간투자, 민간 지원 내용을 담은 '사회서비스 고도화 추진' 정책을 추진하겠다는 것이다(참여연대, 2023).

윤석열 정부의 사회복지 정책은 한마디로 '약자복지'모델로 요약할 수 있다. 약자복지는 윤석열 정부가 새롭게 창조한 것은 아니다. 이는 선별주의 모델과 '자생복지'의 전통을 따르고 있다. 선별주의는 복지 대상을 일정 기준에 따라 선별하여 집중적이고 배타적으로 지원하는 배분방식으로 비용효과성은 높으나 사회적 효과성은 낮은 방식이다. 자생복지는 잔여적 복지모델로 김영삼 정부가 복지모델로 개발하고 이명박 정부와 박근혜 정부가 시행한 보수적 복지모델의 이념적 기반이었다(Kim, et al., 2022; 김원섭 · 남윤철, 2011, 김원섭, 2022).

약자복지모델은 아래와 같은 요소로 구성된다(김원섭, 2022). 첫째, 복지제도의 지속가능성과 효율성을 강조한다. 이를 위해, 윤석열 정부는 사회보험제도 통합과 구직급여의 반복 수급 제한과 같은 통제장치를 도입하고자 한다. 또한 국민연금제도의 지속가능성을 높이기 위해서 보험료 인상과 같은 조치를 하고자 한다. 둘째, 기초보장을 강화하여 복지제도를 잔여적으로 재조정한다. 윤석열 정부는 기초연금의 급여 상향과 기초생활보장제도 개선과 같은 취약계층을 위한 복지는 유지하거나 확대하고자 한다. 셋째, 저출산 대응과 아동에 대한 예산은 확대하는 경향이 있다. 마지막으로 이 복지모델은 돌봄, 고용, 건강 사회서비스와 적극적 노동시장정책과 같은 서비스영역에서는 보편성을 강화하는 정책을 추진한다. 윤석열 정부의 약자복지 모델은 서비스체계의 확대를 국가기관보다는 민간기관의 힘을 빌려 달성하고자 하는 것이다. "첫 번째는 일을 할 수 없거나 일을 해도 소득이 불충분한 취약계층 위주로 내실화하는 것, 두 번째는 전 국민적인 욕구가 확인되는 돌봄·요양·교육·고용·건강 등 분야의 복지는 민간주도로 고도화한다는 점이다"(이성우, 복지타임즈 2022.09.19.).

'약자복지'라는 큰 그림 아래, 2024년 생계급여 선정기준은 '기준 중위소득의 35%까지 단계적으로 상향'이라는 국정과제 이행을 위하여 2017년 이후 7년 만에 기준 중위소득의 30%(2023년)에서 32%로 상향하였으며, 주거급여는 기준 중위소득의 47%(2023년)에서 48%로 상향하였다. 의료급여와 교육급여는 기존과 동일하게 각각 기준 중위소득의 40%, 50%를 유지하였다. 이에 따라, 생계급여 최대 급여액은 4인 가구 기준 2023년 162만 289원에서 2024년 183만 3,572원(13.16%)으로 1인 가구 기준 62만 3,368원에서 2024년 71만 3,102원(14.40%)으로 역대 최대 수준 인상하였다.(보건복지부 국립재활원 장애인 건강 및 재활포털, https://www.nrc.go.kr/

또한, '안전하고 질 높은 양육환경 조성' 과제는 가족에 대한 소득지원 개선을 위한 것이었다. 실행과제로 0세에서 11개월 영아를 위해 월 70만 원의 부모급여를 2023년에 신설하고, 2024년까지 100만 원으로 인상하였다. 부모급여는 기존의 같은 대상에 대해 월30만원을 지급하던 영아수당을 대체하게 된다. 이외에도 이 과제에는 아동보육서비스 개선을 위해 보육환경 질적 개선, 마을돌봄 확대, 산모아동 건강관리 체계화 등의 실행과제를 포함하였다.

나아가, '고용안전망 강화 및 지속가능성 제고' 과제는 고용보험의 개선을 위한 것이었다. 실행과제로서 소득기반 고용보험 추진으로 고용보험 적용대상을 확대하고, 국민취업지원제도의 취업지원을 강화할 계획이다. 이 과제에는 실업급여의 지속가능성 제고를 위해 구직급여 반복 수급을 방지하고, 수급 요건에서 취업 의무를 강화하는 내용도 포함하였다. 이와 함께 이 과제는 적극적 노동시장정책을 강화하는 다른 국정과제와 연계를 이루고 있었다. 대표적으로 '전 국민생애단계별 직업능력개발과 일터학습 지원'과 '중소기업 자영업자 맞춤형 직업훈련 지원강화'와 같은 국정과제들이 근로자들과 자영업자들의 직업훈련을 확대하기 위한 계획도 포함하고 있다.

3. '약자복지' 복지정책의 문제점

이러한 윤석열 정부의 정책이 어떠한 결과를 만들어낼지는 임기가 다 끝나봐야 최종적 판단을 할 수 있으나, 여러 선진국 사례에서 보듯이, 그 전망이 그리 밝지는 않다. 우리에겐 이미 미국 레이건 행정부, 영국 대처 내각이 실행했던 대규모 기업감세정책과 규제완화정책이 노동자와 저소득층의 고통으로 이어졌던 역사를 기억이 있다.

윤석열 정부는 사회복지의 핵심 개념인 소득재분배를 통한 사회평등과 통합 원칙을 정면으로 거스르고 있다. 윤석열 정부는 물질적 생산 증대를 달성하는 길은 오직 기업을 통해서만 가능하다고 믿고 있는 듯하다. 마치 이명박 정부가 낙수효과를 금과옥조의 원칙으로 믿고 기업성장을 통한 부국강병정책을 밀어부쳤던 것과 흡사하다.

윤석열 정부는 '2024년 세법 개정안'에서 부자 감세 본색을 확실하게 드러냈다. 정부가 내놓은 세법 개정안은 상속세율 인하를 비롯해 최대 주주 주식 할증평가 폐지와 가업상속공제 완화, 금융투자소득세 시행 백지화 등 대기업과 부자 감세안으로 가득 차있다. 역대 어느 정부도 이처럼 대놓고 부자 감세를 추진하지 않았다. 상속세 증여세의 최고 세율을 50%에서 40%로 인하하기로 한 것은 전임 문재인 정부 때인 2021년부터 소득재분배 확대를 위하여 소득세 최고 세율을 과표기준 10억 초과 구간에서 45%(지방세 4.5%를 더하면 49.5%)로 인상한 것을 되돌려 놓는 과거 회귀이다. 상속세 완화로 혜택을 보는 사람은 전체 국민 5000만 명 중에 8만 5000여명에 불과하고 그중에서 상속세 최고 세율을 하향해 세금을 덜 내는 초부자는 2,000여명 뿐이다. 정부가 출범 후 매해 수십 조 원의 세수 감소가 예상되는 데도 초부자만을 위한 상속·증여세를 대폭 내리기로 한 것이다. 이대로 상속세법이 개정된다면 불로소득인 상속세 최고 세율보다 소득세 최고 세율이 더 높아지는 퇴행적 현상이 발생한다. 부모로부터 물려받은 자산소득보다 개인의 노력으로 얻은 소득에 더 많은 세금을 부과한다면 누가 열심히 땀흘려 일하고 부를 축적하려 하겠는지 의문이다(장박원, 2024. 시민언론 민들레, https://www.mindlenews.com).

윤석열 정부는 이미 소득세법 종부세 등은 시행령 개정으로 세금수입이 대폭 축소되었다. 2023년 세수는 전년 대비 56조4,000억 원이나 줄었고, 2024년 국세 감면은 77조 원에 이른다. 세수감소 내역을 보면, 지난해 법인세 세수가 국세수입에서 차지하는 비중은 23.3%로 22년 대비 2.8%포인트 감소했다. 반면 소득세 세수의 전체 국세수입 대비 비중은 1.1%포인트 증가했다. 특히 근로소득세 세수가 국세수입에서 차지하는 비중은 17.2%에 달해 최근 10년간 가장 높은 수준이었다. 부자감세로 인한 세수감소를 근로소득세 증세로 메우고 있다.

윤석열 정부 약자복지모델이 전혀 성과가 없는 것은 아니다. 즉 선택적 복지모델이 장점이 있듯이 지금 당장의 시점에서 보면 별 문제가 없어 보일 수 있다. 문제는 장기적으로 선택적 복지모델이 정치적 지지획득이라는 측면에서 불리하다는 것이다. 복지 프로그램의 재원을 부담하는 사람과 혜택을 보는 사람이 분리되어 있는 경우 재원을 부담하는 사람들이 그 프로그램에 대한 정치적 지지를 철회할 가능성이 높기 때문에 제도의 정치적 안정성을 해치게 되어 지속할 수 없는 것이다.

이와 관련하여, Skocpol(1990)은 미국 사회복지 역사를 보면 선별주의적 사회복지 프로그램은 충분한 재정지원을 받지 못했으며 보편주의적 사회복지 프로그램이 보다 성공적이었다고 주장한다. 또한, 복지국가의 위기 시기에도 축소내지 약화 등 큰 타격을 입은 사회복지제도는 공공부조와 같은 선별주의적 제도였으며 영국이 NHS, 사회보험제도 등 보편주의적 제도들은 거의 타격이 없었다는 것이다(Mishra, 1990, 구인회 외, 2014, 170에서 재인용).

이론적으로는 이것을 '재분배의 역설'이라 한다. 빈곤층을 대상으로 한 선별적 복지가 모든 사람을 대상으로 한 보편적 복지보다 재분배 효과가 떨어진다는 이론이다. 그러니까 선별적 복지보다 보편적 복지가 재분배 달성에더 효과적이다는 이론이다. 1980~1990년대 보편적 복지와 선별적 복지 등 주요 복지 유형별 재분배 효과를 연구한 스웨덴 스톡홀름대학 사회정책연구소(SOFI) 발테르 코르피 교수와 스웨덴 웁살라대학 교수 요아킴 팔메가 1998년 내놓은 이론이다. 이들은 여러 자료를 분석한 결과 경제협력개발기구(OECD) 국가 중 보편주의를 채택한 핀란드 노르웨이 스웨덴 등이 선별주의를 채택한 미국·호주 등에 비해 불평등 정도가 낮다고 주장하면서 이런 현상에 '재분배의 역설'이라는 이름을 붙였다.

보편적 복지는 선별적 복지보다 재분배의 효과가 큰 것은 두 가지 이유에 근거하고 있다. 첫째, 선별주의적 정책은 제한적인 인구만을 대상으로 하고 있어 부자와 중산층이 자신들과 무관한 복지를 위해 세금 내는 것을 달가워하지 않기 때문에 광범위한 정치적 지지를 이끌어낼 수 없다. 둘째, 선별 주의적 정책에서는 복지 재원 자체가 적어 저소득층 개별 가구에 돌아가는 몫 역시 적을 수밖에 없지만, 보편주의적 정책에서는 고율의 누진적 조세 제도를 부과할 수 있기 때문에 재분배 예산의 규모를 키울 수 있어 저소득층 개별 가구에 돌아가는 몫도 커진다. 그러니까 '약한 복지'는 '약한 재정'의 악순환에 빠지지만 보편복지는 '강한 복지'와 '강한 재정'을 구축할 수 있다는 게 이들의 주장인 셈이다(이채정, 2019).

발테르 코르피는 2011년 『한겨레』와의 인터뷰에서 '재분배의 역설 현상은 여전히 유효한가?'라는 질문에 이렇게 답했다.

> "그렇다. 빈곤층을 대상으로 한 선별적 복지가 투자 예산 단위당 재분배 효과는 높을 수 있다. 그러나 복지 정책과 관련한 계층 간 연합이나 분배 예산 규모 등 다른 요인들 때문에 결국은 보편적 복지의 재분배 효과가 높게 된다. 선별적 복지는 고소득층과 중산층을 복지 혜택에서 배제하기 때문에 이들이 복지 정책과 관련해 빈곤층을 제외한 계층 연합을 형성하게 된다. 이것은 세금과 복지 국가 거부로 나타난다. 반면, 보편적 복지를 하면 대부분 계층이 혜택을 입기 때문에 저소득층과 중산층이 모두 복지 정책을 지지하게 된다. 이런 계층 연합은 정치적 차원에서 복지 예산 규모 자체를 키우게 된다"(한겨레신문, 2011.05.19).

참여연대 등 시민단체들은 이미 실패한 민간 주도 사회서비스 정책을 다시 하려는 윤정부를 이해할 수 없다고 비판한다. 우리나라는 사회서비스 도입 당시 공공인프라 확충 없이 제도의 운용을 민간에 맡겼는데 그로 인해 발생한 질 낮은 돌봄 서비스와 열악한 돌봄 노동자의 근로 환경은 수십 년간 사회서비스 분야의 고질적인 문제로 지적되어 왔다. 그런데 공공성을 강화해 돌봄 노동자의 처우를 개선하고 서비스 질을 제고해야 할 시점에 윤석열 정부가 다시 민간에게 사회서비스를 맡기려 하는 것은 국가가 책임지는 돌봄을 포기하겠다는 것과 다름없다는 지적이다. 시민사회는 민영화 정책을 계속해서 추진하는 윤석열 정부를 규탄하고 돌봄의 공공성 강화 위한 전략을 마련할 것을 촉구하고 있다(참여연대, 2023).

시민단체들은 윤석열 정부가 평등사회건설과 국민통합을 국가 책임을 포기했다고 보고 있다. 사실 소득의 양극화와 사회적 불평등이 심화되는 상황에서 국가가 저소득층과 취약계층의 고통을 덜어주기 위해 노력하기는커녕 지금보다 더 소외시킬 것이 분명한 윤석열 정부의 정책노선은 시대착오적이란 비판이다. 당면한 초저출산 초고령사회에 사회복지를 통한 사회적 취약계층 돌봄의 국가책임 강화가 아닌 복지 민영화를 추진하고 있다는 것이다. 시장이 복지 서비스를 제공하게 된다면 약자들은 복지 서비스에서 소외될 것은 자명한 이치이다(참여연대, 2023).

이것은 우리 나라의 사회서비스 질, 돌봄 노동자 처우가 최저 수준인 것을 고려하면 초고령사회에 대한 사회보장전략은 민간운영으로 엉망이 된 사회서비스의 후진적 제도를 개혁하고 국민의 삶의 질을 담보하기 위한 국가책임을 확대해야 함에도 불구하고 윤석열 정부는 그에 역행하고 있다는 비판이 제기되는 것은 당연하다.

윤석열 정부가 복지를 민간과 시장에 맡기겠다는 의지를 노골적으로 드러낸 이상 사회적 불평등과 양극화에 대한 해결 의지는 사실상 거의 없다고 해도 과언이 아니다. 서비스 복지 분야에서 ILO를 비롯한 국제기구가 주요 과제로 지적해온 젠더와 노동의 문제는 언급조차 되지 않고, 복지 재정 혁신은 사회보장제도의 축소로 이어질 것이라 우려하며 민간 확대와 규제 완화로 요약되는 정부의 전략은 기재부가 기획하는 산업 전략에 다름없다고 보는 시각이 설득력을 얻고 있다(참여연대 2023).

윤석열 정부의 '약자복지'는 여전히 개념 정의부터 모호하다는 비판이 제기된다. 약자복지는 두 가지 복선을 깔고 있는데, 복지를 '건전재정'의 하위 범주로 주변화하고 있다는 것이 그 하나며, 다른 하나는 '사회서비스의 시장화'다. 사회서비스투자펀드를 만들어 돌봄 관련 기업을 선별해 집중투자를 하거나, 민간보험사에 노인요양시설을 운용할 수 있는 길을 터주고 있다는 의심을 받고 있다. 지금의 '약자복지'와 '사회서비스 시장화', 무엇보다 건전재정의 틀에 갇힌 정책 방향으로는 돌봄, 주거, 교육, 건강 등에서 배제된 우리 사회의 숱한 약자의 인간다운 삶을 결코 보장할 수 없는 것으로 보인다. 윤석열 정부가 목표로 하는 '지속가능한 복지국가'는 더더욱 가능하지 않다는 비판이 일고 있다(이창곤, 2023).

2023년 사회복지 분야에서 예산은 전년보다 24조 원이 늘어났으나, 감소한 부분도 상당히 컸다는 말이다. 복지지출의 증가는 주로 공적연금 부문, 노인 부문, 기초생활 부문, 노동 부문에서 고령화로 인한 수급자 증가, 급여의 물가인상분 반영과 연금보험료 증가와 같은 법적 의무지출, 즉 경상부분에서 발생하였다. 반면 재량급여에서 지출은 상당히 감소하였다. 감액의 규모도 13조 원에 달하여 전체감액분의 25%에 해당하였다. 즉 복지비 지출은 전체적으로 증가했으나, 실질 내용을 보면 감소한 것이나 마찬가지다(이상민, 2022, 8).

결과적으로 복지지출의 낮은 증가율은 복지분야의 상당한 삭감을 의미한다. 기초보장과 가족지원제도의 유지 및 강화 약자복지모델의 다음 특징은 취약계층을 위한 현금복지가 확대되었지만(이를 반영하여 소득안전망 예산이 13.4% 증액되었다. 특히 국민기초생활보장제도 생계급여는 0.7조원 증액되어 14.2%의 증액률을 보였다), 사실은 이것은 중대하고도 핵심적인 사회복지 문제를 놓치고 있다.

정부의 말대로 각종 복지사업의 기준이 되는 '기준 중위소득'이 내년도 4인 가구 기준으론 2015년 이후 역대 최고치인 6.42% 오른다. 하지만 세수 부족 등을 이유로 실제 중위소득 증가율이 제대로 반영되지 않는 등 빈곤 해결엔 아직 역부족이란 평가가 나온다.

4. 노동개혁

윤석열 정부가 국정과제로 내세운 여러 정책 가운데 가장 논란이 되는 부분은 노동개혁이다. 2024년 8월 현재, 윤석열 정부의 노동정책은 그야말로 반노동적이다. 하지만 처음부터 그랬던 것은 아니었다. 대선 과정에서 윤석열 후보가 보였던 노동에 대한 태도는 비교적 중립적이었다. 노동개혁 공약도 '쉬운 해고'와 같은 고강도 유연화 개혁보다는 임금과 근로시간의 유연화 같은 타협적 개혁안으로 채웠다. 그는 대통령 당선자 신분일 때 한국노총을 방문하여 함께 가자고 손을 잡았다. 취임도 하기 전에 재계와 국민의힘 소속 의원들조차 당혹스러워하던 공공부문 노동 이사제와 공무원과 교원 노조에게 타임 오프(전임자)를 허용하는 법 개정을 관철했다(최영기. 2023).

노동에 대한 윤 대통령의 우호적 태도는 2022년 연말 민주노총이 화물연대 파업 이후 급변했다. 윤석열 정부는 노동자들의 힘이 지나치게 비대해졌다고 보고 있으며, 과거 정부가 고용 및 임금, 근로조건 분야에서 노동자들을 보호하기 위해 시행했던 조치들이 기업경제를 위축시킬 정도로 심각하고, 이중삼중으로 기업들을 옭아매고 있다고 보고 있다. 70~80년대 이후 약자보호와 열악한 노동환경을 개선하기 위하여 국가가 개입해온 결과, 고용에 있어서 유연성이 부족하고 해고 절차도 까다롭고 경직되어 버렸다는 것이다. 그 결과, 기업환경에 대한 불만으로 외국인투자기업의 투자가 감소추세이며, 국내기업도 최근 매년 300억불 이상 해외로 빠져 나가는 추세로 좋은 일자리를 만들 기회를 잃고 있다는 것이다. 그 결과 근로자와 사용자가 마음 놓고 자유롭게 계약을 하는 것이 불가능해졌다는 것이다. 계약을 했다고 해도 민주노총의 힘과 폭력에 의해 무효가 되고 결국, 경제활동의 불확실성이 커지고 일자리도 위축된다는 것이다(최승노, https:// www.shinkim.com/newsletter).

문재인 정부는 노동을 존중하는 사회 실현이라는 기조하에 친노동정책이 계속 이어졌다. 공공부문 비정규직 제로시대 선언과 최저임금의 대폭 인상, 그리고 박근혜표 노동시장개혁을 상징하던 성과연봉제와 저성과자 퇴출을 위한 양대지침-「공정인사지침」과 「취업규칙 해석 및 운영에 관한 지침」-의 폐기, ILO 핵심협약 비준을 목적으로 하는 노조법 개정, 특수형태근로종사자에 대한 고용보험법 적용 확대 등이었다.

이에 대해서 윤석열 정부는 '공정과 상식'을 내세워 문재인 정부의 모든 정책을 전방위적으로 무력화하고 있다. 2022년 7월 윤석열은 대우조선해양 하청노동자들의 파업과 관련하여 "법치주의는 확립돼야 한다", "산업현장의 불법상황은 종식돼야 한다"고 강조했다. 이후 화물연대 파업 등에 대해서도 '법과 원칙'을 내세우며 폭력적으로 대응했다. 열악한 처우조건 개선을 위한 하청노동자 파업에 손해배상을 거론하고 시민의 안전 문제도 달린 화물연대 파업을 굴복시키기 위해 위헌, 위법 소지가 다분한 업무개시명령에 이어 공정위까지 동원하여 노동계의 열망을 억압했다(참여연대, 2023).

2023년 2월 노동개혁의 3대 핵심 과제로 노사 법치 확립, 노동 수요에 따른 유연성 확대, 그리고 노동시장의 공정성 확보 등을 강조했지만, 실상은 친기업·반노동 기조 하에 중대재해처벌법, 안전운임제, 노동시간 단축 등 노동계의 열망이 담기고 우리사회가 오랜 시간에 걸쳐 합의한 제도들을 허무는 데 집중했다 .

먼저 중대재해처벌법을 보면, 윤석열 정부와 경영계는 2021년 1월 제정된 중대재해처벌법이 본격적으로 효력을 발생하기 전에 최고책임자에 대한 형사처벌이 기업 활동을 위축시킨다는 이유로 그 법을 사문화했다. 윤석열 정부는 경영책임자가 지켜야 할 '안전보건 관계 법령'을 10개로 축소하고, 경영책임자 의무를 '안전보건계획 이사회 승인'으로 대체하고, 위험의 외주화를 막을 '하청 재해예방능력 평가'를 축소하는 등의 방향으로 시행령을 개정했다. 화물자동차 안전운임제는 화물차 노동자에게 적정 운임을 보장해 과적이나 과속, 장시간 운행 등 위험 요인을 줄이기 위해 만들어진 제도였다. 안전운임제는 화물노동자의 노동시간과 교통사고 감소 등이 실증적이고 이론적으로 확인된 제도임에도, 윤석열 정부는 화주의 이윤이 감소한다는 이유로 안전운임제 폐지를 시도했고, 그 결과 화물운송시장의 최저임금제로 불리는 '안전운임제'가 2022년 말에 일몰되었다.

윤석열 정부는 2022년 6월 노동시간 유연화를 골자로 한 '노동시장 개혁 추진방향'을 발표했다. 이후 2023년 3월 연장근로시간 관리 단위를 확대해 주당 노동시간을 최대 52시간에서 최대 80.5시간(주 7일 기준, 주 6일 기준 69시간)까지 늘리는 내용을 담은 '근로시간 제도 개편방안'을 내놓아 노동계의 반발을 샀다(참여연대, 2023).

5. 나가면서

윤석열 정부가 출범 후 정치 경제 사회 문화 의료 등 사회 모든 분야가 분영과 갈등으로 혼란스럽다. 특히 사회복지 분야의 약자복지모델의 주된 내용은 국가재정의 건전성을 유지하기 위해 복지 확대를 사회적 약자 중심으로 선별적으로 추진하겠다고 했는데 이는 '재분배의 역설'이라는 중대한 문제점을 내포하고 있다. 사회복지를 조금만 공부한 사람이면 선별주의 복지라는 것이 현실 세계에는 오래 지속할 수 없다는 것을 잘 알텐데 정부가 무리를 하는 것 같다.

윤석열 정부의 사회복지 관련 국정과제를 보면 지속성보다는 단절성이 더 두드러진다. 전임 문재인 정부의 복지모델은 '포용적 사회투자국가 모델'로 소득보장과 사회서비스 부문 모두에서 보편적 확대를 추진하였다면, 윤정부의 복지모델은 복지목표에서 보여주는 것처럼 선별적 선택적 복지모델을 지향하고 있다. 이는

윤석열 정부의 사회복지가 전임 민주당 정부의 진보적 복지정책은 물론이고 역사적으로 민생을 중시하는 민본주의 정책과는 상당한 거리가 있다는 의미이다. 그 중에서도 노동개혁정책은 더 큰 논란을 불러일으키고 있다. 정부가 출범하자마자 사회적 평등과 통합을 위해 관심있는 정치권과 시민사회가 오랜 시간이 걸려 이루어온 사회적 합의를 파기하고 일방적으로 기업과 사회적 강자 편을 들고 있다. 사실 경실련이 지적하듯이, 윤석열 정부는 부자 감세로 빚어지는 막대한 세수 감소로 인해 재정건전성을 악화시키고 있으며, 이런 감세정책은 궁극적으로 '기회균등 민주주의'라는 헌법 가치를 훼손할 뿐 아니라 우리나라의 경제적·사회적 양극화를 더욱 고착화할 우려가 매우 크다(경실련, 2024).

결론적으로, 윤석열 정부의 복지정책이 한국 복지체제에 광범위하게 걸쳐있는 복지 사각지대 문제를 해결하기에 불충분하다는 것을 보여준다. 윤석열 정부의 정책에서 복지 사각지대 해소를 지향하는 정책은 기초보장 개선, 부모수당 도입, 상병수당 도입 추진과 같이 소수의 분야에 국한된다. 나아가, 윤석열 정부의 복지모델은 고령화와 기술발전과 같이 새롭게 등장하는 도전에 대응하는 혁신성

은 거의 보여주지 못하는 듯하다. 국가가 책임을 다하지 못할 때 피해를 입는 사람은 가장 약하고 소외된 사람들이라는 것을 생각할 때, 윤석열 정부의 복지 정책은 아무리 어려워도 민생을 정권의 정통성의 기반으로 삼고 사회통합에 최대의 관심을 기울였던 한국 사회복지 역사의 큰 흐름에서 벗어나고 있다고 보여진다.

참고문헌

구인회·손병동·안상훈(2014). 〈사회복지정책론〉, 나남.

경실련(2024). 보도자료 [논평] 윤석열 정부의 부자감세 끝판왕 2024 세법개정안 우려한다. 경제정책팀.

권순미(2020). '문재인 정부 노동개혁의 이상과 현실: 포용적 안정화에서 연성 이중화로' 〈한국사회정책(Korea Social Policy Review)〉, 제27권, 제1호, 129-152.

김원섭&남윤철(2011). 이명박 정부 사회정책의 발전: 한국 복지국가확대의 끝?. 아세아연구 54(1).

김원섭(2023). '한국 복지체제 발전과 윤석열 정부 복지정책의 방향, 사회보장정책을 중심으로' *Analyses & Alternatives,* 7(1): 147-170.

이채정(2019). '재분배의 역설' 뉴시스.

한국보건사회연구원(2022). 문재인 정부와 복지국가. 한국보건사회연구원 연구보고서, 김기태 외.

신다은(2022). '소주성특위가 평가한 문재인 정부 5년 노동정책 점수는', 한겨레, https://www.hani.co.kr/arti/society/labor/

이성우(2022). "취약계층 지원강화" 尹정부 약자복지 윤곽… 순항하나 복지타임즈 2022.09.19

윤홍식(2022). "약자 복지"는 약자를 위한 복지가 아니다. 한겨레신문.

이상민(2022). 23년 예산안 지출 구조조정의 모든 것: 현황, 의의, 문제점. 나라살림리포트 257호.

이석복(2023). 윤석열 정부의 노동개혁진단과 당면 과제' 바람직한 노동개혁의 길 모색 토론회. 2023.3.9 https://www.shinkim.com/newsletter

이윤경(2021). OECD 주요국의 공공사회복지지출 현황. NABO Focus, 제30호

이창곤(2023). '윤석열 '약자복지' 1년의 실상과 허상, 아침햇발, 한겨레신문, https://www.hani.co.kr/arti/opinion/column

이효상(2020). '매년 21명꼴, '철도노동자' 2546명이 죽었다', 경향신문.

장박원(2024). 시민언론 민들레, https://www.mindlenews.com).

참여연대(2021). [이슈리포트] 문재인 정부 평가보고서__사회보장 강화와 불평등 해소. 참

여연대 사회복지위원회 https://www.peoplepower21.org/welfare/
참여연대. PP20210721_이슈리포트_문재인 정부의 멈춰선 개혁성과와 한계.
참여연대(2023). '[기자회견] 약자도 복지도 없는 윤석열 정부의 무책임한 돌봄 민영화 정책 규탄한다' 참여연대 사회복지위원회.
https://www.peoplepower21.org/welfare/.
최영기(2023). '투 트랙으로 진행되는 노동개혁' 복지타임즈
(http://www.bokjitimes.com).
최승노(2023). '윤석열 정부의 노동개혁진단과 당면 과제' 바람직한 노동개혁의 길 모색 토론회. https://www.shinkim.com/newsletter
참여연대(2024) [논평] 정작 가난한 이들에게 가닿지 못하는 약자복지 사회복지위원회 빈곤정책. https://www.mindlenews.com/.
Mishra, R(1990). *The Welfare State in Capitalist Society*, Toronto. University of Toronto Press.
Skocpol, Theda(1990). 'Sustainable Social Policy: Fighting Poverty Without Poverty Programes', *The American Prospect* 2(Summer).

제 11 장

반복지적 서구사회

1. 중세유럽의 정치와 경제

사회복지라는 측면에서 서양은 동양과 매우 다르다. 1장에서 본바와 같이, 한국 등 동양사회에서는 아시아적 생산양식으로 알려진 바, 벼농사에 필요한 관개수로 건설과 관리에 필요한 대규모 노동인력 동원과 이에 부합하는 집단주의적 중앙집권국가와 유교 사상이 발달하였다. 그 결과, 지배층 사이에서는 친복지적인 정치철학-왕도정치 민본주의 덕치-에 기반한 차원 높은 정치사상과 철학 교육을 받은 관료의 지배가 일찍부터 확립되어 있었다. 진나라가 춘추전국시대라고 불리는 5호16국 시대를 통일한 때가 기원전 221년이다.

물론 유교도 시간이 흐르면서 상당부분 변질되었다. 어떤 사람들은 유교라면 권위주의, 족벌주의, 국수주의를 연상하지만(김경일, 2023) 이것이 유교의 본 모습은 아니다. 임진왜란, 병자호란, 일제강점, 한국전쟁, 군사독재, 외환위기가 어떻게 공자의 잘못이란 말인가. 부패한 권력자들이 자신들 기득권을 공고히 하고 피지배층을 억누르기 위해 유교를 왜곡하는 모습만 본 것이다. 유교 때문에 국난을 당한 것이 아니라 유교가 있었기 때문에 사회안정과 평화를 누릴 수 있었다. 유교의 왕도정치, 민본주의, 인간존중 사상이 친복지적 사회를 견지해 온 것에는 눈감고 부정적 측면만 들여다볼 것이다.

일찍부터 등장한 동아시아의 중앙집권적 국가는 군왕의 신하가 지방에 곳곳까지 파견되어 조세를 징수하고 풍속을 감찰하는 한편 민생을 돌보았다. 즉, 중앙정부가 지방의 수령까지 통제하는 체계적이고 행정적 감시와 견제가 있었는데 지방 수령의 가장 중요한 책임은 굶주리는 백성이 없게 하는 것이었다. 무엇보다 동양사회에서는 모든 백성이－양반과 양민은 물론 소작인, 천민, 노비, 모든 사람들도－국왕의 백성이라는 국가 개념 아래에서 그 누구도 왕의 백성을 함부로 해서는 안 되었다. 신이 아니라 인간이 중심인 세상, 인간중심의 사회철학, 즉 인본주의가 발달하게 된 것이다.

하지만 서양은 다르다. 역사적으로 서구 사회가 얼마나 신중심의 사회, 혹은 비인간적 사회였는가는 그들이 건축한 어마어마한 성당 혹은 교회건물을 보면 금방 알 수 있다. 유럽에서는 교회를 성전이라 부르며, 신이 머무는 집으로 보았으며, 그것은 곧 신앙의 표현이었다. 비록 성당건축에 필요한 대부분의 노동력이 임금으로 지불되었다고는 하지만 그것이 보이지 않는 권력에 의한 조직적이고 권위적 억압이 없었다면 불가능했을 것은 충분히 예상할 수 있다(Gimpel, 1993). 특히, 구원이 삶의 목표가 되고, 그것이 오직 교회를 통해서만 이룰 수 있다고 믿는 사회는 기독교 근본주의 교리가 지배하는 사회이며, 교회가 세속권력과 손잡을 때 모든 사람의 일거수 일투족은 통제의 대상이 된다. '무엇보다도 중세적 시간은 종교적 성직자적 시간이다. 그것이 종교적 시간인 것은 한 해가 제의적인 것으로 이루어졌기 때문이다'(자크 르고프, 2008: 300). 여기서 제의적이란 말은 제사의식의 준말로 지금도 기독교에서 1년 내내 제사의식을 거행하는 것을 보면 알 수 있다. 이런 사회에서 교회건축에 기여하는 것은 구원을 얻기 위해서 당연히 해야 할 일이었지만, 그것이 다는 아니었다. 중세 유럽은 교회와 영주가 개인의 물질적 세속적 욕망은 물론 인간의 기본욕구까지도 철저히 통제하려 한 시대였다. 인간의 기본적 욕구까지도 통제하려는 사회는 복지지향적 사회가 아니다.

이미 중세를 암흑의 시대라고 역사가들이 규정지었지만, 유럽이 르네상스와 근대라고 해서 크게 달라진 것은 아니다. 근대유럽은 잦은 전쟁으로 영토는 황폐화되었고 종교로 인한 거대한 소용돌이가 발생하는 등 민중은 불안정한 삶이 이어졌다. 물론 근대를 거치면서 유럽은 거침없는 발전과 성장을 하며 결국 세계의 패권을 차지하는 강대한 세력이 되었다. 그러나 곧 유럽 대륙 내의 패권

다툼이 치열해지면서 대륙은 본격적인 전쟁의 시기로 접어들게 된다. 종교개혁도 근대 유럽에서는 빼놓을 수 없는 부분이다. 가톨릭은 면벌부를 판매하여 돈으로 신앙심을 가늠하는 과오를 저지르면서 부패했다. 마르틴 루터로부터 시작된 종교개혁 움직임은 유럽 전역으로 퍼져나갔고, 신교와 구교 사이의 피비린내 나는 전쟁과 마녀사냥이 수백년 동안 유럽을 공포로 몰아넣었다(이영림 · 주경철 · 최갑수, 2011).

유럽은 지금까지도 지방분권주의가 발달했고 귀족과 국왕이 존재하고 있는 나라들이 많다. 중세 유럽에서는 교회 성직자와 영주, 기사 등 지배세력은 노예나 농노는 물론 자유민, 평민 등 사회를 철저히 통제하였으며 여기에는 기독교라는 종교가 매우 광범위하게 그리고 효과적으로 사용되었다. 그리고 그 통제의 목적은 기본적으로 피지배세력을 수탈하기 위한 것이었다. 이 과정에서 중세 기독교는 피지배계급의 기본적인 욕구까지도 희생시키던 시기였던 것으로 보인다. 지금도 유럽에 가보면 금방 알 수 있는 것이 음료수는 공짜가 아니며(사실 우리의 기준으로 보면 매우 비싸다), 보통 사람들이 길거리에서 사용할 화장실이 없다는 것이다. 보통 사람들이 자유롭게 마시는 물을 반드시 값을 지불해야 하는 사회, 생리적 욕구를 해결하는 데도 값을 지불해야 되고, 남의 눈치를 봐야 하는 사회가 인간적이고 복지를 추구하는 사회라고 할 수 는 없는 것이다.

현대 복지국가가 탄생하기 이전까지 유럽의 하층민은 상대적으로 비참한 생활을 했다. 특히, 중세 유럽은 만성적 기아에 시달리는 극한 상황의 세계였다. '그것은 생존조차 보장받을 수 없을 정도로 끊임없는 위협을 받았던 한계 상황의 세계였다'(자크 르코프, 2008: 378). 유럽에서 하층민의 생활이 비참한 이유는 사회적 생산력이 부족해서라기보다는 지배계층의 착취와 수탈이 주원인이라고 보인다. 그리고 착취와 수탈의 주요 원인은 반복지적 신본주의 사회와 사회권력구조에 그 원인 있다고 보인다. 무엇보다 통일된 중앙집권적 정치발달이 늦었기 때문에 지방 권력은 아무런 견제없이 하층민을 수탈했던 것으로 보인다. 당시 중세 유럽에서 영주는 통제받지 않는 권력이었다.

지배층의 수탈도 문제지만 그들의 경제관 차체에도 문제가 있었다. 당시의 금욕주의적 근본주의적 경제관은 인간이 삶에 필요한 물질생산에 지극히 소극적이었다. '중세 서양 경제의 목표는 인간의 생존이었으며, 결코 이것을 넘어서지 않았다. 필요한 것 이상으로 얻으려 하는 것은 죄악으로 간주되었다. 그것은 오만죄로 중죄의 한 가지로 간주되었다. 필수품을 생산하는 것 이외의 모든 경제적 수지타산은 혹독한 비난을 받았다(자크 르코프, 2008: 366-8). 경제발전에 대한 무관심 내지는 적대감이 있었는데 생산을 위한 대부도 없었다. 소비를 위한 대부에 이자를 붙이는 것은 기독교도들 사이에서는 금지되었고, 이는 교회가 비난했던 고리대금과 같은 것으로 여겨졌다. 성경의 서-〈출애굽기〉 22장 25절, 〈레위기〉 25장 35-37절, 〈신명기〉 23장 19-20절-는 곡물 대부가 크게 성행했던 아시리아와 바빌로니아의 영향을 막기 위해 유대인들이 이자를 붙여 대부하는 행위를 비난했다. 교회는 소비를 위한 대부건 생산을 위한 대부이건, 모든 형태의 신용거래를 고리대금이라고 금지했다. 이는 한국에서 진대법이나 환곡제도를 정부가 운영하여 백성들의 곡물 생산을 돕고 기아를 해결한 것과 대비되는 부분이다.

2. 유럽 하층민의 삶- 노예와 농노

2.1 유럽의 노예

하층민의 삶이 고달픈 것은 동서양이 따로 없다. 하지만 역사 이후 서구의 하층민이 살아야 했던 세상이 좀더 참혹해 보이는 것이 솔직한 느낌이다. 유럽 사회에서 하층민은 주로 노예계급과 농노계급으로 구성되어 있는데 그들이 과연 얼마나 인간다운 생활을 했었는지, 지배계급과 어떠한 사회적 관계를 유지했는가가 논의의 쟁점이다. 근대 이후 산업혁명으로 과학기술의 발달한 서구가 상대적으로 물질적 풍요를 누렸으나 그것은 극히 귀족과 자본가 등 상류층에 국한된 일이고 대부분의 하층민은 빈곤에 시달렸다.

고대 유럽에서 노예가 된다는 죽은 것으로 간주되었다. 검투사 노예들의 사례에서 보여지 듯, 생사의 권한을 포함하여 그의 모든 것이 주인에게 넘어갔다. 어떤 이유로든 주인에게 저항한 노예는 죽임을 당할 수 있었고, 주인이 원하면 아무 이유 없이 팔려 나갈 수도 있었다(http://www.ku.edu/kansas/medieval/).

고대 로마 시대 노예들의 삶은 잘 알려져 있지만, 사실은 중세 유럽에도 노예들이 있었다. 기독교는 노예제도에 대해 반대하지 않았다. 기독교 교리의 절대적 목적은 사후 구원에 있었으며 기독교인들은 사회적 쟁점들을 현세의 영역으로 격하시키면서 노예제도를 불완전한 속세에서 피할 수 없는 저주의 하나로 받아들였다. 성 아우구스투스 등이 원죄를 강조하면서 노예제도는 인간이 낙원에서 추방된 이후 필연적을 나타난 결과, 즉 원죄에 대한 처벌로 해석됐다. 콘스탄티누스 황제가 기독교를 공인한 뒤 노예는 재산의 일부로 인정됨으로서 노예소유는 확립됐다. 토마스 아퀴나스는 노예제도를 인간의 자연적인 위계질서의 일부로 인정했다. 인간에 대한 사랑을 중심 사상으로 하는 기독교 문명이 지배하는 서양에서 노예가 인간으로 취급받을 때까지는 거의 1800년이 걸렸다(팔레, 2008: 301). 미국 링컨 대통령이 노예해방을 선언한 해가 1863년이었다.

물론 고대 노예와 중세 노예가 다소 다른 점이 있지만, 노예무역이 성행한 것으로 봐서 본질은 변하지 않았다고 볼 수 있다. 중세 초기의 노예 무역은 유럽의 남쪽과 동쪽 지역에 주로 존재했었는데, 비잔티움 제국과 무슬림 세계가 종착지로, 이교도 지역인 중앙 유럽과 동유럽, 캅카스와 타타르는 중요한 노예 공급처였다. 바이킹, 아랍, 알란, 반달, 베르베르인 상인 등은 중세 초기의 노예 무역에 모두 관여하였다. 중세 초기 유럽의 노예 제도는 무척 흔한 일이었다. 노예제도는 경제적 이익을 위한 것이 아니라 이교도와 불신자를 줄이는 차원에서 실시함으로써 종교적, 도덕적 정당성을 인정받을 수 있게 되었다. 노예들을 강제 개종시켜 그들의 영혼을 구원시킬 수 있다고 보았기에 이교도 아프리카 원주민을 노예로 데려오는 것을 인정하는 것이었다. 이러한 교황의 칙령들은 차후에 노예 무역과 유럽의 식민지 활동에 대한 정당성을 부여하였다(Thomas, 2003: 258-262; Internet Archive, https://web.archive.org/web/2, 2024년 10월 검색).

중세 영국에도 노예와 농노가 있었다. 영국 사회 계층의 최상위에는 왕과 귀족이 있었다. 고위 성직자(수도원장과 주교)도 귀족 신분의 남작이었다. 이들 중 약 200명이 영국의 지배 엘리트를 형성했다. 왕, 귀족, 교회가 영국 토지의 약 75%를 소유했다. 인구의 가장 큰 계층은 빌라니였다. 10명 중 약 4명이 토지에 묶인 빌라니였다. 그들은 토지를 소유하지 않았지만 자신의 소유지(모든 영국 토지의 약 45%)를 경작했으며, 토지 소유자의 영지에서 노동 서비스를 제공하는 대가로 점유할 수 있었다. 하위 계층은 보르다르(bordar) 또는 코타르(cottar)로 알려졌다. 이들은 개인 용도로 매우 작은 토지를 차지했는데, 빌라니처럼 소유하지 않았지만 임대료와 또는 노동 서비스를 지불해야 했다. 이들은 인구의 약 3분의 1을 구성했지만, 보르다르는 토지의 약 5%만 차지했다. 사회 계급 맨 아래에는 땅을 전혀 소유하지 않은 노예들이 있었다. 1086년에 영국에서 편찬된 둠스데이 북에서 잉글랜드 인구의 약 10%가 노예였다(https://web.archive.org/web/, http://www.domesdaybook.co.uk/). 12세기에 이 노예들 중 다수가 토지를 받고 보르다르(bordar)가 되었다.

2.2 중세 유럽 하층민의 삶

중세 유럽 노예는 물론 농노 계층의 삶은 매우 비참했다. 두말할 것도 없이 농노를 노예처럼 부리고 있는 영주의 수탈이 주 원인이다. 농노는 영주가 소유하고 있는 토지에 결박되어 있으면서 토지세를 바치고 영주를 위해 노동력을 제공해야 했다. 당연히 그들은 이동의 자유나 거주이전의 자유가 없었다. 또 영주의 입장에선, 영주의 토지 자체가 불입권에 입각한 전면적 자유를 누릴 수 있는 토지였으므로 농노들은 영주에게 경제적, 사회적, 인신적인 모든 지배를 받을 수밖에 없었다. 실제 농노들이 보유지를 가지고 있었다고 해도 그것은 농노의 재산 확장을 위한 토지라기보다는 영주가 필요로 하는 노동력을 제공하기 위한 최소한의 경제적 기반을 위한 땅이었다. 따라서 농노보유지보다 영주직영지에 대한 부역이 더 많았고, 농노보유지는 상속시 어마어마한 상속세를 내게 하여, 재산의 축척을 막았다.

중세 봉건제 하에서 재판은 모두 재판권을 갖고 있는 영주 관할이었으므로 농노들은 자신들의 권리를 인정받을 법적 조치가 없었다. 자크 르코프(2008: 472)는 이 재판권이 영주가 "공권력을 무시하고 차지한 기능들 중에서도 그의 예속인들이 가장 감내하기 힘든 것이었다"고 말하고 있다. 통일된 중앙정부에서 파견한 지방행정관이 있던 고려와 조선에서는 찾아보기 힘든 일이다. 그 결과 농노들은 영주에게 귀속된 존재로 전락했고, 실제 농노들은 노예와 비슷한 대우를 받았다. 다만, 이러한 농노들이 노예들과 다르게 자신들의 권리를 보장받는 것은 장원에서 대대로 내려오는 '관습'이 있었다는 주장도 있으나 보잘것없었다. 영주들은 군사적 수단으로 권력과 부를 확장하기 때문에 다른 영주와의 동맹을 이끄는 데 도움이 되는 군사 장비나 과시적인 소비에 자신들의 경제를 소비했다. 그들은 새로운 생산적 기술을 개발하는 데 투자할 동기가 없었다(Brenner, 1977: 36-37).

그 결과는 하층민에 대한 영주의, 그것이 교회 영주든 세속 영주든 상관없이, 무한한 수탈이었다. 유럽 중세사를 연구한 이기영 교수는 서양 봉건제의 발상지이자 고전적 발달지역인 루아르강과 라인강 사이의 북부 갈리아 지역을 중심으로 한 서유럽에서 영주가 농노의 노동을 어떻게 수탈했는지를 고찰한다. 그는 "장원에서 토지보유 농민이 토지 소유주의 영주를 위해 제공해야 했던 부역노동은 경제외적 강제가 수반된 무보수의 노동이라는 점에서 노예제 사회에서 노예가 그 주인을 위해 수행하지 않으면 안 되었던 노동과 본질적으로 동일한 노동이다"라고 말한다(이기영, 2023:32). 프랑스 봉건제도의 연구의 권위지 자크 르코프 교수도 비슷한 견해를 나타냈다.

> "봉건제도는 본질적으로 교회 영주든 세속 영주든 영주계급이 농민 대중의 모든 잉여생산물을 착취하는 제도다. 이러한 착취는 이 제도의 수혜자들이 생산적 투자는 거의 하지 않으면서 농민들로부터 경제적 진보에 도움이 될 수 있는 수단을 빼앗아가는 조건에서 일어났다...농민대중은 봉건지대라는 착취를 통해 잉여생산물과 때로는 그들의 필수적인 생존수단을 빼앗겼다. 그들은 자신들의 노동산물 중 상당한 몫을 부과조의 현물납이나 화폐납 형태로 영주에게 바쳐야 했을뿐 아니라, 농민들의 생산 능력도 영주들이 요구하는 부역이나 면역조의 납부등으로 저하되었다... 영주들은 양질의 토지와 거름의 대부분을 독점했다"(자크 르코프, 2008:373-376).

영주의 수탈은 단순히 경제적 수탈에 그치지 않고 경제외적 강제가 있었기 때문에 가능했다. 영주가 행사하는 경제외적 강제는 농민에 대한 개별적·인신적 지배의 성격이 강하고 폭압성과 자의성(恣意性)이 강했다고 할 수 있다.

경제외적 강제의 폭압성은 영주가 기사로 된 무장조직을 거느리고 농민을 다스렸다는 데서만 볼 수 있는 것이 아니다. 영주는 자신의 장원 내에서 재판권 징세권 등 막강한 권력을 아무런 견제없이 휘두를 수 있었다. 영주와 농노 사이에 상호 권리와 의무관계에 관한 계약도 없었으며, 영주가 장원의 운영에 관한 어떤 관습이나 법률을 따른다는 기록도 없다. 있는 것은 농노가 의무이행을 소홀히 하거나 지체하는 경우에는 배상금이나 연체료가 부과되고, 농노가 장원과 관련된 명령을 거부하는 경우 폭력을 행사하고 구속되기도 했다는 기록이다(이기영, 2023:27).[1] 농노가 영주를 위해 하는 부역을 불어로 '코르베'라고 하는데, 이는 '고역(苦役)'이란 뜻으로, 유럽 농민에 대한 수탈과 착취의 흔적이다(이기영, 2023:59-60).

9세기 초 한 농촌 영지에 대한 기록이 남아있다. 사를마뉴 왕가의 토지 관리인에게 내린 포고가 남아있는데 이를 보면 농노가 노예나 다름없다는 것이 분명해진다. 그 포고령을 보면 토지 관리인은 텃밭에 어떤 야채를 심을 것인가를 비롯하여 자신의 토지를 어떻게 관리해야 할지를 세세하게 지시했다. 또 파리 근교에 위치한 생제르맹 수도원의 원장 이르미농이 수도원의 토지 소유현황과 그 토지에 살고 있는 사람들의 신상을 파악하기 위하여 기록한 토지대장이 있다. 윌리업 1세도 자신의 영토에 대한 토지대장을 만들어 그것을 '둠스데이 북'이라고 이름 붙인 바 있다. 그 토지 대장에 따르면, 농노가 토지를 보유하는 대가를 지불해야 했던 노동과 소작료가 널빤지 한 장, 달걀 한 개에 이르기까지 상세하게 기록되어 있다(파워, 2007: 19-20). 헨리 2세 시기의 성직자이자 궁정 신하였던 리처드 피츠닐이 1179년은 '어떠한 그럴듯한 핑계로도 그 엄격하고 가혹한 최종 심판을 피할 수 없었기 때문에 또한.... 감면되거나 면책되지도 않았기 때문에 이 책은 〈심판의 책〉이라 불리게 되었다. 그야말로 최후의 심판

1) 장원을 지배하는 중세 영주의 권력은 막강했다. 일단, 〈불입권〉을 갖고 있는 영주는 자신의 땅에서는 왕처럼 행사하며 모든 권리를 스스로 갖고 있는데 그는 〈재판권〉도 갖고 있었다. 유력 영주는 상급재판권을 통해 자신의 영지와 국가 세력 범위 전체에 법적 영향을 끼칠 수 있었고, 하급재판권을 통해 자신의 영지에서 재판권을 행사할 수 있었다. 특히 영주는 농노재판권을 가지고 있었으며, 농노가 도망갈 경우 〈농노추적권〉을 통해 농노를 잡아올 수 있었다. 영주는 〈영지내공권〉을 가지고 있었다. 예로, 국가에서 보통 할 수 있는 〈화폐주조권〉, 〈공공세 징수권〉, 〈광산 개발권〉, 〈해역이용권〉 등의 권한을 가지고 있었다.

과 견줄만하다'('둠스데이' 위키피디아).

농노는 가내 농노와 보유지 농노로 구분되는데 그들은 모두 영주 직영지의 농사에 동원되었다. 이 영주 직영지 농사는 가내 농노만으로는 어림도 없어 농민보유지 보유자의 부역노동이 근간을 이루고 있었다. 물론 여기에는 노예노동과 같은 다른 형태의 노동도 사용되었다(파워, 2007: 20).[2] 그 외에 장원에는 여러 종류의 신분의 사람들이 있었는데,-자유민, 노예, 농노 등-그들은 모두 한가지 공통점 중앙 직영지에서 일해야 하는 의무를 지고 있었다. 파워는 그들 사이의 계급적 차이는 중요한 것이 아니다. 그들 사이에는 실질적인 계급의 차이가 없는데 모두 노예 농민(예농)이라는 하나의 공통점이 있었다. 이중 가장 중요한 존재는 콜로누스라 불리던 사람들인데, 이들은 법적신분상으로는 자유이지만 토지에 얽매인 몸이었다. 그들은 농지를 이탈할 수 없었고 영지가 판매될 경우 함께 팔렸다. 농지를 보유하고 있는 사람들, 농지보유농은 그들이 농노이든 소작인이든, 보통 주 3일에 걸쳐 직영지에서 부역을 해야 했는데, 필요에 따라 매주 관리인이 부과하는 부정량의 노역을 해야 했다. 그러나 부역과 노역으로 끝나는 것이 아니다. 사실상 영주가 자의적으로 얼마든지 더 부려먹을 수 있었다. 보유농들은 모두 손이 많이 가는 잡역을 해야 했는데, 예를 들어, 건물의 수리, 벌목, 과실 수확, 운반, 주조 등 집사가 명령한 일이라면 무엇이든 해야할 의무가 있었다. 보유농은 이처럼 혹사를 당했지만, 부역이 없는 날에는 자신의 얼마 안 되는 보유지를 경작했다. 하지만 이것이 다가 아니다. 농지보유농은 영주에게 특별공납의 의무를 졌다. 모든 보유농은 군역 대납세 의무가 있었다. 샤를마뉴는 그것을 수도원 단위로 징수했다. 그것은 숫소 한 마리와 양 몇 마리, 또는 그에 상응하는 돈으로 지불했다. 모든 자유민은 영주에게 은화 2실링을 납부할 의무가 있었고, 수도원의 숲에서 땔감 나무를 주울 때도, 소, 돼지, 양을 방목할 때도 상당량의 대가를 지불해야 했다. 모든 농민은 물론 대장장이 직인 등도 모두 생산물을 바쳐야 했다. 농노의 여성은 영주를 위해 옷감을 짜고 의복을 만들어야 했다(파워, 2007: 22).

2) 영주나 수도원의 농지는 몇 개의 소영지로 분할되어 있는데 직영지와 보유지로 구분되어 있는데 직영지는 영주가 집사를 고용해서 관리하던 땅이고, 보유지는 여러 소작인이 임대받아 농사짓던 땅이다.

중세 영주-농노 관계에는 몇 가지 특징이 있다. 첫째, 영주가 부과하는 부역은 정기부역을 주로 파종기나 수확기와 같은 농번기에 집중되었는데 이는 농노도 자신의 보유지에서 농사를 짓고 있다는 것을 고려하면, 농노 개인의 삶과 자율성은 완전히 무시되었다는 의미로 해석할 수 있다. 둘째, 영주는 장원의 농노들에게 해 뜨는 아침부터 해 지는 저녁까지 장시간 부역노동을 강제했다는 것이다. 기독교 사회임에도 일요일 없이 1년 365일 내내 중노동을 했다고 보여진다. '셋째, 부역노동이 무보수 노동임에도 영주를 위해 온갖 잡일-예를 들어 돼지키우기, 집수리, 손님접대, 화물수송 등등-을 해야 했다(이기영, 2023: 284). 필수적인 것'은 노동을 정당화하고 어떤 종교적 계율에 대한 면제도 가능케 한다. 보통 금지되어 있는 주일의 노동도 필수적인 것을 위한 것이면 용인되었기 때문이다. 농노는 1년에 최대 299일까지 오롯이 영주만을 위해서 일한 것이다. 그 어디서도 농노가 농사에 대한 재량권이나 자율성을 찾아보기 힘든 것이다(이기영, 2023: 315).

그 결과 농노의 삶은 비참했다. 농노가 비록 고대 로마의 노예에 비해 훨씬 나은 생활을 누렸다고는 하지만 농노들의 생활 조건은 현대인의 상상을 초월할 정도로 원시적이고 비참한 것이었다. 한 학자는 중세 평범한 사람들의 삶을 다음과 같이 기술했다.

> 보통사람들의 삶은 단순히 고된 수준을 넘어서 현대인의 눈에는 충격적으로 보일 정도였다. 여성의 10분의 1은 출산 중에 사망했고, 25-30 퍼센트는 사산아였다. 무사히 태어난 아이조차 5세가 되기 전에 심각한 질병에 시달리다 빈번히 사망했다. 유아 생존율을 추산하기는 어렵지만, 유럽 공동묘지 매장자의 5분의 1이 7세 이하로 추정된다...게다가 보통사람들에 대한 성적 약탈이 만연했다는 것은 분명한 사실이다. 봉건시대에 농민들은 초야권, 즉 장원 영주가 결혼식을 하루 앞둔 농노 신부와 잠자리를 가질 권리를 복종해야 했다...이 관습이 농노를 짓부르는 봉건영주 권력의 상징이었다(펠츠, 2018: 30-31).

14세기에 들어서 유럽은 전 대륙에 걸쳐 심각한 위기에 처했다. 농업 생산성은 기술적 한계에 도달해 성장을 멈췄고, 나쁜 날씨는 1315~1317년의 대기근을 이끌었으며, 1348~1350년의 흑사병으로 인구가 급격히 감소했다. 이러한 요인들은 농업 생산의 감소로 이어졌다. 이에 맞서, 봉건 영주들은 전쟁을 통해 자신들의 영토를 확장함으로써 농업 생산을 확대하려고 했다. 따라서 군사비용의 지불을 위해 농노들에게 더 많은 공물을 요구하게 됐다. 영국에서는 많은 농노들이 반란을 일으켰다. 농민들은 건초를 위해 목초지를 베고 가축을 방목하는 것과 같은 전통적인 권리를 가진 땅에서 추방되기 시작했다. 그때까지 개방된 땅이던 공유지가 폐쇄된 것이다. 19세기까지, 폐쇄되지 않은 공유지는 주로 산악 지역의 거친 목초지와 비교적 작은 저지에 불과했다(자크 르코프, 2008: 373-376).

중세 후기, 상업자본주의가 발전하기 시작했다. 도시가 형성되고 화폐경제가 발달함에 따라 농노의 부역은 화폐로 대납이 가능해졌다. 영주나 왕은 도시세를 걷어갔다. 또 시장에서 거래될 때마다 거래세가 부과되었고, 도시 성문을 드나들 때, 통행세'도 있었다. 평민들은 교회에도 세금을 바쳐야 했다. 모든 신자들은 십일조란 명목으로 수입의 1할을 교회에 바쳐야 했다. 또 교회 땅에 사는 사람들은 '교회세'라는 것도 내야 했다. 평민들은 세속권력인 왕과 영주는 물론, 교회권력에도 충성을 바쳐야 하는 이중 착취를 당했다. 유럽의 거대한 성과 교회 건물이 그냥 지어진 것은 아니었다. 두 권력은 하층민들을 착취하기 위해 기꺼이 협력적 관계를 유지하여 왔다.

왕권이 강화되면서 왕은 더 많은 세금을 걷기 시작했다. 왕은 전쟁과 같은 특별한 상황에서 '특별세'를 부과했는데, 영국의 경우 백년전쟁 때문에 계속된 세금징수로 시민들의 불만이 터져나와 농민 반란이 이어졌다. 이미 널리 알려진 중세의 반란들−치옴피의 난(1378), 자크리의 난(1358), 잉글랜드 농민반란(1381)−말고도 수도 없는 민중저항이 발발했다. 유럽의 전쟁 역사를 연구한 학자는 이탈리아, 프랑스, 플랑드르에서 발발한 총 1112 건의 민중항쟁이 있었다는 것을 밝혀냈다(펠츠, 2018: 40).

중세 도시는 계층화되고 차별화된 사회였다. 13세기 이후 귀족을 포함한 소수의 부유한 상인과 장인이 도시의 정치를 지배하는 과두 정치 체제를 취하고 있었다. 시민권이 있는 사람은 권리와 의무를 갖고 있으나, 주변 농촌이나 외국에서 온 이주민들이 일용 임금 노동자로서 하층민을 형성하고 있었다.[3] 도시

하층민은 중세 후기에 증가했는데 이중에는 시민권을 갖고 있는 사람도 많았다. 당시 파리에는 직업적 걸인이 8,000명이 넘었는데, 샤틀레 재판소에서 절도나 살인, 도박 등의 죄로 심판받았던 대부분이 농촌 출신 직인, 임금노동자, 고용인, 행상인이었다. 그리고 이러한 빈민 및 범죄자와 함께 유대인, 창녀, 한센병자 등이 도시에서 구별된 사회집단에 속했다. 그들은 이미 13세기부터 교화와 도시 당국에 의한 사회적 규제의 대상이 되어, 그들을 일반 도시민과 구별하기 위한 복장과 표식을 해야 했다—붉은 베일이나 노란색 마크, 흰 두건 및 망토 등을 해야만 했다(가와하라 아쓰이&고이치, 2021: 188-189).

2.3 어린이와 여성

중세 유럽에는 어린이가 없었다. 지금과 같은 어린이라는 관념이 희박하여 아이들은 유년기가 끝나자마자 어른의 세계로 들어갔다. 비위생적 환경과 영양부족으로 일찍 죽는 어린이가 살아남는 어린이의 네다섯 배가 넘었다. 겨우 살아남은 아이는 일곱 살이 지나면 바로 농사일을 돕거나 상인 혹은 수공업자 집에 도제로 들어가거나, 운이 좋으면 성직자가 되기 위해 수도원에 맡겨졌다(가와하라 아쓰이&고이치, 2021: 204-205). 중세유럽 시대에는 15세기 이전까지는 유아 양육원이란 것이 전혀 없었다. 어린이에게 동정심이나 사랑을 느낄 겨를이 없었고, 거들떠보지도 않았다. 한 중세유럽 연구자는 이렇게 말하고 있다.

> "중세에는 어린이가 없고 다만 '작은 어른'이 존재했을 뿐이다." 어린이들은 자신을 교육시킬 할아버지를 갖지 못했다. 평균수명이 너무 짧아 어린이들 대다수가 자기 할아버지를 보지도 못했기 때문이다. 유아기에 큰 보살핌을 받지도 못하고 어머니 품을 떠나자마자, 그들은 농촌 노동이나 군사 훈련의 피곤함 속에 던져졌다(자크 르코프, 2008: 471).

이와 같이 중세시대 어린이에 대한 사회적 인식과 대우는 산업혁명 당시까지

3) 중세 도시에서는 상업과 수공업에 종사하던 사람들이 각 직종마다 자율적인 동업자 단체(길드, 데티에, 춘프트 등 나라마다 다르다)를 만들어 왕과 도시 영주에게 인가를 받았다. 길드는 직업적 상호부조와 고유 권리 확보를 목적으로 결성되었는데, 12세기부터 수공업자의 동업조합은 대부분의 도시에서 생겨났다.

그대로 내려온다. 여기서 한 TV 프로그램(벌거벗은 세계사 '세상을 바꾼 산업혁명과 슬럼가의 비극')에서 본 굴뚝 청소하는 어린이와 안데르센의 동화 '성냥팔이 소녀'가 다시 소환된다.

중세 유럽에서 여성의 사회적 지위는 매우 낮았다. 물론 사회적 계급에 따라 상당한 차이가 있지만, 원죄를 여성에게 책임을 돌렸다. 농민 가족은 실재했지만 법적으로 보호받지 못했다. 농민가족은 앙시앵레짐 시기 프랑스에서 '침묵의 공동체'라고 불렸는데 법률이 이런 가족의 존재를 인정하기 꺼렸기 때문으로 보인다. 생존이 항시 불안한 사회에서 남성은 우월적 지위를 차지하고 있었고 여성이 가정에서 가장 열등한 존재였다. 따라서 아기를 낳는 일은 축복이라기보다는 저주받을 일이었고, 원죄에 가장 큰 책임을 여자에게 돌렸다. '악마의 유혹 형태 중에서 여자는 악의 가장 사악한 화신으로 간주됐다. 기독교 또한 여성의 사회적 지위를 향상시키는데 아무런 도움이 못됐다. 오히려 '남편은 아내의 주인이다'라는 바울(에페소인들에게 보낸 편지 5: 23)의 말에 따라서 그것을 믿고 가르쳤다.

물론, 중세가 암흑기라고 해서 완전히 깜깜한 곳은 아니었다. 앉은뱅이를 일어서게 하고, 장님의 눈을 뜨게 했던 예수의 가르침을 완전히 버릴 수는 없었다. 교회가 '시료원'을 운영하여 고아 과부 병자 등 '그리스도의 빈자'라 불리던 사회적 약자를 보호하고 구제했다. 중세 초기 이래 가톨릭 주교와 수도원이 구제활동을 벌여왔는데, 도시가 발전하는 12세기 이후부터는 경제적 빈부 격차가 확대되어 상시적 빈민이 증가했다. 그러자 수도원과 교회에 부속시설이었던 '시료원' 은 귀족이나 시민들로 그 운영주체를 확대하기 시작했다. 플랑드르 도시(핸트와 브레헤) 에서는 12세기 후반부터 부유한 시민의 기부를 받아 성 요한 시료원 등 많은 시료원이 순례자, 빈민, 병자 등을 수용하는 시설로 설립되었다. 유럽 도시 가운데 제일 규모가 컸던 곳이 피렌체이다. 피렌테는 도시 인구 증가와 더불어 13세기 후반부터 시료원 건설의 물결이 높게 일었는데 1427년 카타스토(재산대장) 기록에서는 35곳이나 되었다. 유력 상인이던 포르티나지가가 1288년 설립한 산타 마리아 누오바 시료원은 침상 230개와 의료 스태프 100명을 보유하고 있었다(가와하라 아쓰이&고이치, 2021: 210-2012).

3. 절대군주시대 유럽

봉건시대 장원에서 노역에 시달리던 노예, 농노, 소작농, 빈농 등 하층민들은 절대군주가 등장한 이후에는 어떻게 살았을까. 불행히도, 인클로저운동이 시작된 16세기 들어와 유럽 사회는 더욱 더 황폐화되었다. 농사를 짓는 데는 수십 명의 일꾼이 필요하지만 양을 치는 데는 넓은 목초지에 1~2명의 양치기만 있으면 충분했기 때문이었다. 엔클로저 운동으로 더 이상 농사를 짓지 못하게 된 농민들은 빈민으로 전락하여 부랑민으로 떠돌게 되었고 일부는 런던 등 대도시로 상경하였다.

귀족과 지주 등 부유층과 교회 성직자들을 제외한 평민들의 생활은 매우 비참했다. 수많은 귀족들이 농민들을 착취하기만 했고 사회적으로 유익한 일은 전혀 하지 않았다. 자작농 소작농할 것 없이 농민들은 부자들의 사기와 공갈, 협박 그리고 조직적인 괴롭힘을 참다 못해 농지를 포기한다. 그들은 결국 유랑민이 되어 떠돌아다니게 되고 결국 도둑질에 가담하게 된다. 부랑자와 도둑으로 전락한 농민들이 도시와 농촌할 것 없이 거리에 넘쳐 났으며, 이들은 굶주린 배를 채우기 위해 먹을 것을 훔쳤고, 국가는 이들을 교수형에 처하기 일쑤였다(위평량, 2012: 30). 이에 대응하여 교회, 수도원, 길드 그리고 극히 일부의 귀족들이 조합방식으로 자선을 행하기도 했지만 부랑자들과 도둑들은 더욱 늘어만 갔다.

18세기에 들어와 유럽의 농민은 다시 한번 허리가 부러질 정도의 고통스런 세월을 보내야 했다. 귀족, 영주, 등 대지주들은 국가의 통제력을 이용해 공공의 땅을 자신들의 이익을 위해 독점했다. 이것은 영국 북부에서 발전하고 있는 새로운 산업에 필요한 노동력을 제공하고, 이를 통해 노동계급이 생겨나게 됐다. 예를 들어, "농업에서 1760년~1820년 사이에 마을마다 공유지가 사라지는 대규모 폐쇄의 시기였다"(Thompson, 1991: 217). "엔클로저는 명백한 계급 강탈 사례였다." 인류학자 제이슨 히켈은 이런 과정이 수많은 농민 반란을 일으켰으며, 그중 폭력적인 억압과 처형으로 절정에 달했던 케트의 난과 미들랜드 난

이 포함돼 있다고 지적한다(Hickel, 2018: 78 - 79).

유럽에서 봉건영주들은 불입권을 행사하여 농노에 대한 완전한 절대권력을 행사했고, 절대주의 시대 군주들은 왕권신수설에 의거하여 '왕의 권력이 신으로부터 받은 것'이라고 주장하였다. 그들은 자신의 의무는 신을 찬양하는 것이라며 높고 화려한 어마어마한 성을 쌓고 교회를 건축했다. 그들은 예수 그리스도가 세상을 심판하러 올 것이니 그때를 위해 천국에 재물을 쌓아야 한다는 기독교 성직자들과 손을 잡았다.

봉건영주들은 기본적으로 가난하고 약한 사람들의 삶에 대해 별 관심이 없었으며 그들의 삶을 개선하기 위해서 별다른 노력을 하지 않았다고 볼 수 있다. 이는 조선 말기 실권을 장악했던 대원군이 경복궁을 보수 중건하고 실각했다는 역사적 사실과, 공직자 관리의 으뜸 덕목으로 청빈을 꼽는 조선의 공직자 규범과 극명히 대비되는 측면이다. 공적으로 신을 부정하며, 왕을 비롯한 모든 지배층이 권력과 지식을 이용하여 백성을 착취하지 말라는 유교문화규범이 훨씬 친사회복지적이라고 봐야 타당하다.

사실 서구는 사회주의가 본격적으로 출현하는 19세기까지 성직계급과 귀족, 대지주, 상업자본가가 결탁하여 노동자와 농노를 수탈했다. 그 과정에서 서구는 면죄부를 팔던 성직계급과 귀족에 대항하여 종교혁명이 일어났지만, '부자가 되는 것이 신의 축복이다'라고 믿는 캘빈주의 청교도들 대부분은 농토에서 내쫓긴 노동자들의 건강과 권리를 철저히 외면하고 아동과 부녀자노동을 이용한 임금착취를 통하여 재산을 축적해 나갔다.

이런 과정에서 나온 것이 많은 사회복지 대학 교재에서 근대 사회복지의 시작으로 일컫는 빈민법, 구빈법, 부랑인 걸인 제한법, 건강한 부랑자 걸인처벌법이다. 엄밀히 말하면 이들은 인간을 긍휼이 여기고 도와주려는 마음에서 우러나온 사회복지정책이 아니고 오히려 사회통제를 위한 조치였다(림링거, 2011: 2장, ; 윤홍식, 2018: 49).

빈민법은 1601년 영국(잉글랜드)의 여왕 엘리자베스 1세에 의해 처음 제정되었는데 이는 이미 시행 중이던 빈민구제 정책을 통합하여 구빈세 징수, 빈민의 취업알선, 무능력자의 구빈원 수용 등으로 도시 부랑자를 줄여 사회질서를 도모하려는 데 주 목적이 있었다. 당시 영국은 빈민들이 나태하기 때문에 빈곤을 벗어나지 못하며 이러한 나태는 국가에도 악영향을 끼친다고 보았다. 즉, 영국의 사회복지정책은 빈민의 '나쁜' 습관을 교정함으로써 국부를 증가시키는 데 주 목적이 있었다.

당시 잉글랜드에는 '구걸면허'라는 게 존재했다. 즉, 이 면허를 가진 사람 외에는 함부로 거지처럼 구걸행위를 할 수 없었다. 즉, 일할 수 있는 사람은 모두 일을 하라는 것이었다.

구빈법은 국왕이 영주의 권한이던 구걸면허를 빼앗고 이들 잉여 인력에게 일자리를 알선해 주는 법이었는데 문제는 이 일자리가 강제로 배정된다는 점이 특징이었다. 구빈법은 이미 등장한 부르주아 계급과 귀족의 이익증진을 위한 노동력 통제 수단이었다. 이는 구빈법이 구빈대상을 3가지 유형으로 구분하였다는 것에서 알 수 있는데 첫 번째 유형은 건장한 빈곤인, 두 번째 유형은 무력한 빈곤인, 세 번째 유형은 요보호 아동으로 구분하였다. 실제로 명목상의 부랑인 중에서는 건장한 빈곤인들도 넘쳐났기 때문에 이들 인력을 상공업으로 돌려서 생산성을 향상시켰다.

구빈법은 중세 시대 교회가 고아 과부 병자 등 '그리스도의 빈자'라 불리던 사회적 약자를 보호하고 구제했던 수준에서도 훨씬 후퇴한 것이었다. 어쨌든 중세나 근세나 서구에서 발달한 사회복지정책은 사실 그 출발이 매우 반민중적이었다. 16세기 상공업의 발달로 부랑자 유민이 대거 발생한 시기에 도입된 빈민법은 봉건제의 구획과 사회질서를 유지하는 데 주 목적이 있었고, 억압과 통제를 수반했다. 그리고 봉건제가 붕괴하고 자본주의가 출현한 이후에도 자본주의적 생산양식에 부합하였다(윤홍식, 외 2018:50).

마르크스주의자들이 주장하듯, 서구의 사회복지정책은 자본주의 발달을 유지하고 보조하기 위한 하나의 수단이었다. 서양이 모든 사회적 여력과 창조적 에너지를 거대한 성당과 조각 예술을 통하여 개인적 신앙을 표현하고 신의 찬양에 쏟아 부었다면, 동양은 빈민의 구제를 통한 공동체의 인간화에 집중하였다는 것이다.

특히 서양에 비해서 동양은 구제나 구휼에 관한 사상과 제도가 일찍 발달하여 광범위하게 실행되었다. 동양에서는 천재지변이나 가뭄과 홍수로 인한 기근까지도 국가나 군주의 덕과 관련이 있다고 여겨져 군주는 백성을 긍휼히 여기고 덕을 베풀어야 한다는 정치윤리가 일찍부터 자리잡았다(최익한, 2013: 37).

저간의 사정이 이러한데도, 지금까지 동서양의 학자들은 한국을 비롯한 동아시아 국가들이 매우 낮은 사회복지역사와 문화수준을 갖고 있다고 평가하고 있다. 이는 동아시아의 유교문화를 전혀 이해하지 못한 데서 오는 오류이다. 예를 들어 Jones(1993)는 한국 등 동아시아 국가들은 노인을 공경하고 전통적 가부장주의를 특징으로 하는 유교적 전통에 기반을 두고 있기 때문에 복지확대를 주장하는 사회적 요구가 미약하며 그 결과 국가에 의한 사회복지가 크게 발달할 수 없었다고 주장하는 것이 바로 그 사례이다. 이는 2차 대전 후 산업화와 자본주의 발달이 늦었던 이 지역이 급속한 산업화 과정에서 민중부분으로부터 자본추출과 자본축적이라는 권위주의 정권의 경제개발 전략을 유교문화와 결부시킨 오류가 아닌가 한다.

4. 반복지적 기독교

서구의 정치사상은 기독교에 기반하고 있다. 기독교는 영혼의 구원이라는 내세적 종교관에 기반하고 있는 현실 부정적 종교이며, 이는 기본적으로 현재 세상의 행복과 복지에 큰 의미를 두고 있지 않다. 구원론은 정치적으로는 물질적 욕망과 권력에 대한 욕구를 억제하는 효과가 있는데 기존에 있는 사회 가치를 배분하는 데 있어 기존 권력층에게 유리한 사회질서를 용인하는 보수적이고 현상유지적 이념으로 작용한다.

기독교는 기존 사회적 가치를 배분하는데 있어 강자에게 압도적으로 유리한 지위를 인정하고 재분배를 막고, 오히려 승자독식과 빈익빈 부익부 현상을 부추키는 데 기여하고 만다. 기독교 신약성서의 마태복음 13장 12절과 25장 29절을 보면 이런 글이 나온다. “어떤 주인이 먼 길을 떠나면서 종에게 돈을 맡겨 놓았는데, 돌아온 주인이 그 돈을 불려서 되돌려 받을 것을 기대했는데, 종이 원금 그대로 가져오자, 매우 실망하여 다음과 같이 말한다. 무릇 있는 자는 더욱 받아 풍족하게 되고, 없는 자는 있는 것까지도 빼앗기리라"(Whoever who has will be given more, and he will have an abundance. Whoever does not have, even what he has will be taken from him). 이른바 마태 효과(Matthew effect, 매튜 효과)라는 것이다. 이는 부유한 사람은 점점 더 부유해지고, 가난한 사람은 점점 더 가난해지는 부익부(富益富) 빈익빈(貧益貧) 현상을 뜻하는 경제학적 용어로, 누적이득(accumulated advantage)이라고도 하며 자본의 확대 재생산을 뜻한다.

또, 기독교는 정치적으로 현상유지적 종교이다. 예수가 로마의 권력에 반대하며 이스라엘 민족의 독립을 추구한다고 오해하고 있던 추종자들은 예수가 "가이사의 것은 가이사에게, 하나님의 것은 하나님께 돌려라"(마태복음 22장 21절 12장 17절, 누가복음 20장 25절)라고 말하자 실망하여 그를 떠난다는 성경의 일화는 기독교가 얼마나 정치현실과 기존의 질서를 중시하며 변화와 개혁과는 거리가 먼 보수적 정치이데올로기로 작용할 수 있다는 것을 잘 말해 주고 있다.

물론 기독교 신앙과 이에 기반하고 있는 서구정치철학이 처음부터 현상유지적이고 현세와 완전히 동떨어져 있거나 사회복지에 등한한 것은 아니었다. 예를 들어 저 유명한 성경구절, "부자가 천국에 들어가는 것은 낙타가 바늘구멍을 통과하는 것보다 더 어렵다"는 말은 소수의 손에 부의 집중을 경계하는 의미로 해석돼야 하고, 동양과 마찬가지로 서구의 여러 나라들은 모든 사람이 골고루 잘 사는 사회를 꿈꾸었다.

또 예수는 "너희가 내 형제 중에 가장 작은 이들 가운데 한 사람에게 해준 것이 바로 나에게 해준 것이다(마태 25,40)"라고 말함으로써 가난한 사람에게 자비를 베푸는 것이 구원의 조건임을 분명하게 말하고 있다. 이는 기독교가 부의 재분배를 통해 사랑을 실천하고 평등한 세상을 만드는데 관심이 있는 종교라는 것을 보여주고 있다. 마태복음 20장에도 비슷한 의미의 비유가 있다. 포도원에서 일한 일꾼의 품삯을 온종일 일한 사람이나 늦게 와서 한 시간 일한 사람이나 똑같이 준 주인이 있었다. 불평하는 사람에게 주인은 이렇게 말한다. "당신의 품삯이나 가지고 가시오. 나는 이 맨 나중에 온 사람에게도 당신과 같이 주고 싶습니다." 여기에 나오는 '맨 나중에 온 사람'은 사회에서 소외된 약자로 해석된다.

예수의 말씀뿐만 아니라, 구약성경에는 희년이란 개념이 나온다. 희년은 50년마다 빚이 탕감되고, 팔렸던 자신의 땅과 집과 몸을 회복하게 되는 해를 의미한다. 물론 토지는 그 주인이 마음대로 매매할 수 있는데 최장 50년이 지나면, 즉 희년이 되면 다시 원래의 주인에게 돌려주도록 되어 있다. 성경은 "토지를 영구히 팔지 말 것은 토지는 다 내 것임이니라"(레위기 25장 23절)라고 분명히 말하고 있다. 토지나 돈이 소수의 사람에게 독점되고 다수가 빈곤에 떨어지려는 것을 막으려는 의도로 해석될 수 있다.

희년은 히브리어로 '요벨'인데, '뿔 나팔 소리'란 뜻이다. 나팔을 불어 자유의 기쁨을 선포하는 해라고 해서 이런 이름이 붙여졌다. 50년마다 돌아오는 해방의 해로서, 모든 노예가 자유를 얻고, 모든 소유가 원주인에게로 되돌려지며 모든 땅은 휴경하게 된다(레 25:10). 현대 영어에서 '환희', '축제'를 뜻하는 '주빌리(jubilee)'란 말은 여기서 유래했다. 희년은 쉽게 말해 '리셋(Reset)', 즉 모든 소유의 원상 복귀가 핵심이다. 그러나 이러한 기독교의 희년정신은 시간이 흐름에 따라 잊혀져 가고 말았다. 부와 권력을 향하는 바리새족속의 고위성직자들, 법률가 그리고 대지주와 대상인들이 중심으로 한 당시 지배세력은 결국 예수를 십자가에 못박아 매달았고, 그로부터 2000여 년이 지난 오늘날 대자본 대형교회로 대표되는 또 다른 지배세력은 예수를 팔아넘기고 말았다.

그런데 기독교가 부의 재분배와 사회평등을 소망하고 이를 위하여 사회개혁을 추구하는 종교란 것은 여기까지다. 종교의 울타리를 떠나서 정치의 영역으로 들어서면 기독교는 개혁과 사회평등과는 거리가 멀어진다.

기독교에 바탕을 둔 서구정치사상은 기본적으로 내세적이다. 동양이 현세를 중시했다면 기독교는 사후의 세계를 중시하였고 이는 의도하였건 아니건 간에 현세를 경시하였고 결과적으로 현세의 부조리와 모순을 해결하고 개혁하려는 노력보다는 참고 견디는 방향으로 작용하였다. 오죽하면 마르크스가 '종교는 인민의 아편'이라고 말했을까.[4)]

---

4) 당시 영국의 약국만 가도 아편을 팔았고, '출근하기 전 아기에게 아편을 먹이세요!' 라는 광고가 대놓고 신문에 실리던 시절이었다.

왜 마르크스는 종교가 아편이라고 말했을까? 사람들이 종교를 믿는 이유는 현실이 힘들고 아프기 때문이다. 노동자들에게 종교는 비참하고 힘든 현실을 잊게 만드는 진통제 같은 역할을 했던 것이다. 마르크스가 종교를 아편이라고 한 말은 단지 종교가 '고통에 대한 일시적인 위안을 준다는 것' 뿐 아니라, 그렇게 함으로써 현실의 고통을 감수하게 만들고 현 상태를 극복하려는 의지를 약하게 만든다는 것이다. 즉, 종교는 현실을 바꿔 살기 좋은 상태로 만들려는 노력을 포기하게 만드는 기능을 한 것이다. 기독교의 내세적 신앙관은 소득재분배를 통한 형평성이 강조되는 균등 사회건설을 포기하게 만드는 기능을 함으로써 사회복지 발달이라는 측면에서 상당히 부정적인 영향을 주었다고 판단한 것이다.

교부철학의 아버지 아우구스티누스의 사상은 중세 정치철학의 기초가 되었다. 그는 아담의 자손인 인간이 원죄를 지고 태어났기 때문에 그로 인하여 죄의 상태 속에 살아가는 존재라고 보았다. 인간은 스스로의 능력으로 구제될 수 없고 이 세상의 삶과 도시국가는 그 자체가 목적이 될 수 없다. 구원을 받는 방법은 오직 교회를 통하여 오직 신의 은총에 의지하며 살아가는 길 뿐이다. 이 세상은 육체가 살아가는 나라와 정신이 살아가는 나라, 이렇게 두 가지가 있는데 그것은 자기 자신과 신에 대한 사랑, 즉 두 개의 모순된 사랑에서 연유한다. 전자는 이 세상의 국가에서 보상을 받고 후자는 하늘나라의 구원에서 보상받는다. 그런데 이 세상의 국가는 인간이 바라는 소망을 결코 실현시켜 줄 수가 없다. 이 세상의 가족, 우정 사회, 철학 등 그 어느 것도 이 세상의 문제를 해결시켜줄 수가 없다. 아우구스티누스는 현실 세계에서 진정한 정의는 실현될 수 없으며 오직 하느님의 나라에서 가능하다고 주장한다. 현실세계에서는 아무리 모순된 관습, 법, 경제적 조건, 정치제도가 인간을 억압한다고 해도 이에 복종할 것을 요구하였다(Sabine and Thorson, 1973; Grace, 1980; 김재영 외, 2013).

스콜라철학의 대가 토마스 아퀴나스도 비슷한 주장을 한다. 그는 국가의 가장 중요한 목표는 모든 구성원이 도덕적인 생활을 영위하는 것이다. 즉 도덕적 생활을 가능하게 하는 영적 충만이 세속적인 쾌락과 행복에 우선하므로 교회가 국가보다 우월하다고 주장한다. 그는 아리스토텔레스가 논의한 6가지 정부형태 중 군주국가를 선호하였다. 만일 다수가 통치한다면 그 속에서 의견이 갈라져

분열되기 때문에 사회의 평화와 통합이라는 차원에서 군주 일인이 통치하는 것이 가장 바람직하다고 보았다. 그런데 그 군주는 신의 통제를 받아야 한다. 왜냐하면 인간 이성으로는 지식이나 우주의 원리를 터득할 수 있는 능력이 없기 때문에, 그것은 오직 신을 통해서만 가능한데, 그것을 터득하기 위해서는 교회를 통해서만 가능하기 때문이다(Sabine and Thorson, 1973; Grace, 1980; 김재영 외, 2013).

결과적으로 아우구스티누스는 정치적으로 중립적이거나 아예 무관심했다. 중세의 교회의 관심은 오직 신의 구원이요, 국가 역시 신을 바라보는 통로에 불과했다. 즉 국가는 교회와 협력하여야 하며, 진실한 평화와 행복은 하늘나라에서만 가능하다고 설파한다. 다시 말해 현대 고대부터 존재하였던 우리나라 여러 국가가 추구하는 '인간을 널리 위하고, 자비를 베풀며, 백성을 배불리 먹이는' 민본주의와는 거리가 멀었다. 아우구스티누스는 대다수 사람들이 고통받고 있는 현실을 외면한 것이다.

5. 왕권신수설

우리 나라에 왕도정치론과 성왕정치론이 있었다면 서양에는 왕권신수설이 있다. 왕권신수설(Divine Right of Kings)은 절대주의시대에 왕권의 절대성을 주장한 이론이다. 이에 따르면 국왕의 권력은 신(神)으로부터 받은 것이기 때문에 이 세상의 어떠한 것으로도 그의 권한을 제한하거나 침해할 수 없다고 주장하며 이로써 국왕권력을 신성시하였다.

왕권신수설의 대표적 주창자로는 장 보댕(Jean Bodin), 프랑스의 루이 14세, 잉글랜드의 제임스 1세 등이 있다. 보댕의 설은 프랑스 절대왕정 확립을 위해 기초가 되었고, 기타 유럽 여러 나라들, 특히 튜더 절대 왕정의 옹호론으로서도 큰 역할을 하였다.

영국의 제임스 1세(James)는 왕권신수설의 선두 제창자였다. 제임스 1세는 왕위에 오르기 전 「자유로운 군주국의 진정한 법」(1598)이라는 논문에서 "왕은 지상에서 신의 대리이고 왕권에는 제한이 없으며 의회의 권능은 권고하는 데 있다"고 주장했다. 그 뒤 1609년에는 "왕이 신으로 불리는 것은 타당하다. 왕은 지상에서 신의 권력과도 같은 권력을 행사하기 때문이다. 왕은 모든 신민을 심판하며, 신 이외의 아무것에도 책임을 지지 않는다."라고 주장했다. "군주제는 신이 명령하는 것이며 왕은 신에게만 책임이 있다. 따라서 왕이 사악할지라도 국민이 이것을 비판할 권리는 갖지 못한다. 즉 왕의 법에 따라서 심판을 받게 되어 있는 국민은 왕의 심판관이 될 수 없다."

이러한 그의 정치철학은 당연히 절대주의의 정치이념을 전형적으로 보여주는 것이었다. 그는 의회에 의한 왕정 비판이 왕의 대권을 침해하는 것으로 간주하면서 의회의 권한을 무시하고 독단 전행(專行)의 정치를 하였다(구글, '왕권신수설').

한편, 프랑스의 루이 14세(Louis XⅣ)는 "왕은 신의 지시에 따라서만 움직이는 유일한 입법자이며, 국민의 행정관이다."라고 선언했다. 프랑스 왕권신수설의 주요 이론가인 자크 베니뉴 보쉬에(Jacques Benigne Bossuet, 1627~1704) 주교는 "국왕은 모든 법을 초월하고 신에 대해서만 책임을 지며 지상의 누구에게나 책임을 지지 않는다."라고 주장했다. 그의 이론에 따르면, 왕의 인격과 권위는 신성하며 왕의 권한은 아버지의 권한을 본보기로 한 것이고, 왕의 권력은 신에서 나온 것이므로 절대적이며, 왕은 이성(즉 관습과 전례)의 지배를 받는다는 것이었다. 반면, 보댕은 가부장설로, 그리고 홉스는 사회 계약설로 왕권의 절대성을 옹호했다.

왕권신수설은 대외적으로는 로마 교황 및 신성 로마 제국 황제의 영향으로부터 자유를 추구하는 국왕 의지를 표현한 것이었다면, 대내적으로는 봉건제후로부터의 국왕 권력의 자유의지를 반영한 것이었다. 그러나 더 중요한 것은 왕권신수설은 궁극적으로 시민을 비롯한 일반 대중의 요구나 간섭으로부터의 자유를 의미했고 그들의 삶에 대한 무관심과 외면이라는 결과도 초래하였다(두산백과, '왕권신수설'). 왕의 권력이 신으로부터 왔으니 왕의 가장 중요한 일은 신을 찬양하기 위한 어마어마한 교회를 건축하는 것이고, 따라서 국왕은 그 자신을 위한 높은 성을 쌓는데 아무런 간섭을 받지 않아도 되었다. 결과적으로 이는 국가에 의한 빈민구제와 구휼이 소홀해질 수밖에 없는 결과를 초래했다. 이러한 측면에서 왕권신수설은 왕도정치론과는 매우 대비되는 이념으로 사회 전체의 이익이 아닌, 왕과 일부 사회계층의 이익에 봉사하는 이념으로 결과적으로 유럽 국가의 사회복지확대를 저해했다고 말 할 수 있다.

1649년 국왕 찰스를 단두대로 보낸 잉글랜드는 왕권신수설로부터 해방됐다. 신의 은총이 아닌 의회의 동의와 협력이 필요한 군주정이 들어섰다. 이제 국왕은 더 이상 신의 대리인이 아닌 시민과 계약을 맺고 권력을 위임받은 같은 인간으로 돌아왔다.

6. 중상주의

중상주의는 절대 왕정 시대의 국민 국가의 통일과 이를 위한 식민 제국의 건설을 위한 부국강병 정책이었다. 중상주의자들은 노동, 특히 다수의 근면한 빈민의 노동을 매우 중시하였는데 이는 국가 부의 증대를 위한 수단으로 노동력의 공급이 필요했기 때문이다. 중상주의자들은 국가 또는 국왕이 국민과 노동자들을 가부장적으로 보호해야 할 의무가 있다는 봉건적인 온정주의를 완전히 버리지는 못했다. 그리고 중상주의자들은 빈민들의 나태의 제거와 함께 빈민에 대한 일자리의 제공에도 큰 비중을 두었다. 노동을 할 수 있는 기회를 부여한다는 것은 노동을 통한 국가경제성장에 직결되기 때문에 이는 당연한 논리였다(림링거, 2011:32-37).

빈민들에게 일자리를 준다는 중상주의는 기존의 빈민법적 사고 즉, 교구 내의 빈곤문제를 단지 빈민들을 타 교구로 추방함으로써 해결코자 했던 것보다는 훨씬 인도적이며 진보적 처사였다. 그러나 노동윤리를 강조하는 한편, 저임금 속에 구속시키려는 의도는 철저한 자본주의적 발상이다.

그러면서도 빈민 보호에 대한 국가의 의무 즉, 봉건적인 국가온정주의를 인정한 것을 보면, 중상주의는 봉건사회가 붕괴되면서 자본주의 사회로 이행하는 단계에서 나타난 과도기적 관념임을 알 수 있다. 그 후 자본주의의 발전에 따라 중상주의에 잔존해 있던 노동자와 빈민에 대한 보호주의는 완전히 소멸해 버리고, 그 자리를 자유계약원리에 의한 철저한 착취와 인권유린으로 대신 채우게 되었다(림링거, 2011).

이런 중상주의는 기본적으로 반민주적 반민중적 이념에 기반하고 있었다. 스펭글러는 당시 국가의 기본적 운영원리 혹은 지배계급의 통치이념은 '신민들은 단지 일하기 위하여 생존하며, 그들은 국가를 위해 살아야 한다'였다(Spengler, 1942, 20; 림링거에서 재인용, 2011: 32). "국가를 부유하고 강력하게 만드는 것은 근면하고 훈련받은 많은 걸인들을 노동하게 하는 것이다." 맨더빌 Mandeville(1924)은 "노예들이 허용되는 자유로운 국가에서 가장 확실한 부는 다수의 근면한 빈민들에 있음은 명확하다." 대중의 빈곤은 결코 사회적으로 나쁜 것이 아니며, 빈민들이 일을 하며 빈민답게 처신하는 한 결코 문제가 되지 않았다. 오히려 빈곤은 유용할뿐더러 국가복지에 핵심적인 것이었다. '다수의 대중이 빈곤한 상태에 머물러야 한다'는 것이 국가의 이익이라는 것이다(림링거, 2011: 35에서 재인용).

프랑스 주교 드 리슐리에는 저서 〈정치적 언약〉에서 "사람들을 지나치게 편안하게 살게 하는 것은 그들로 하여금 의무를 다할 수 없게 만든다는 사실에 대해서는 모든 정치적 견해가 일치한다"라고 적고 있다. 프랑스 리용의 실크산업을 연구한 마예트는 "노동자들은 결코 부유해서는 안 되며 그들에게는 의식주 해결에 적당한 정도로만 급여 제공이 이루어져야한다. 지나치게 편안한 환경은 노동자들의 근면성을 저해하며 게으름을 불러일으킬 뿐만 아니라 여러 다양한 해악을 가져온다"(림링거, 2011: 35에서 재인용).

웹 부부(Sidney & Beatrice Webb, 1927)에 의하면, 16세기부터 19세기까지 영국 구빈제도는 매우 억압적이었다. 당시 정부에 의한 구제정책에서 자선은 주요한 목표가 아니었다. 영국 정부의 구제정책은 빈민들의 고통을 감소시킬 목적보다는 법과 질서의 유지에 있었다. 빈민들에 대한 입법은 빈민들에 대한 처벌과 억압을 중심으로 만들어졌고, 최근까지도 그것은 사실이다(Lallemand, 1912, 림링거에서 재인용, 2011: 35). 시간이 흐를수록 빈민과 방랑자에 대한 감금 구타 및 폭력적 대응은 점점 더 심해졌으며 그들에 대한 무차별적 자선은 거지근성의 문제를 더욱 심화시키는 경향이 있다고 비판받았다.

좀 단순화시켜 말하면, 당시 영국의 구빈제도는 노동유인을 통한 경제발전 산업발전을 위한 것이었다. 1601 영국 구빈법(엘리자베스 빈민법, 엘리자베스 43년에 제정)는 그 목적을 "스스로 생계를 유지할 수 없거나, 일상적인 일자리를 가지지 못한 사람이면, 그의 혼인 여부에 관계없이 일을 해야 한다"라고 규정하고 있다. 당시 영국의 지배층은 빈민에 대해서 매우 비우호적이었고 심지어 적대적이기까지 하였다. 저명한 정치철학자요 사회계약론자인 존 로크는 빈민들의 나태나 죄악을 다스리기 위해서는 그들에게 일자리를 제공하는 것에 대해서 반대하였다. 그는 빈민들의 거지근성을 없애기 위해서는 그들의 생활방식을 고쳐야 되는데 이를 위하여 주점을 없앨 것을 주장하였다(Locke, 1697; 림링거, 2011: 43).

프랑스에는 영국의 빈민법과 같은 것은 없었지만 그 구빈정책은 영국과 비슷한 목적을 갖고 있었다. 중앙정부가 깊숙이 개입하고 있었지만 빈민의 구제는 지방정부의 책임이었다. 교회가 중요한 역할을 맡아 했으며, 구빈원을 건립하는 데 귀족들이 주도적 역할을 하였다. 영국에 비해서 훨씬 강력한 정치체제를 갖고 있던 프랑스는 부랑아에 대한 억압이 더욱 심했다. 17-18세기 사이 프랑스 국가주의 발전은 거지 근성에 대해서 가혹하게 대응하였다(림링거, 2011: 45).

프랑스는 빈민을 공공사업에 동원하려고 시도하였다. 1532년 파리의회는 모든 걸인들을 거리청소, 축성작업, 도랑신축 등에 투입하는 법령을 제안하였다. 구걸행위를 금지하는 여러 가지 처벌 규정이 세워지기도 하였다. 17세기에 들어서자 중앙정부는 성직자의 도움을 받아 지방조직을 운영하였다. 여기서 정부는 빈민을 고용하여 생산을 늘린다는 것보다는 그들은 노역원에 수용하려는 의도를 드러내었다(림링거, 2011: 46).

이처럼, 프랑스에서는 빈민을 위험한 대상으로 보았으며 이는 빈민을 노역원에 구금시키려는 운동으로 확대되었다. 빈민들은 '신과 노동의 공포 속에서' 통제되고 교육되어야 한다는 믿음의 결과였다. 루이 14세는 빈민들의 나태함과 구걸행위가 선량한 국민들을 분개시키고 있으며 그들을 노역원에 가두는 것이 하느님의 뜻에 부합되는 것이라고 주장하였다(Cole, 1939: 268 림링거에서 재인용 47). 구금된 빈민들은 노역원에서 한편으로는 노역을 하면서 다른 한편에서는 종교교육, 직업훈련을 받았다. 만일 그들이 노역을 게을리하거나 불량한 태도를 보일 경우 매질을 당하거나 죄수나 노예들이 노젓는 갤리선으로 보내질 수도 있었다.

7. 칼빈의 청교도 윤리

종교개혁 이후에 반사회적 사상은 더 노골화되었다. '부자가 천국에 가는 것이 낙타가 바늘구멍을 통과하는 것보다 어렵다'는 성경 말씀은 점점 퇴색해갔다. 그리하여 부자가 되는 것이 신의 축복의 증거물로 인식했던 청교도적 발상 곧 부자를 축복받은 자, 혹은 구원을 받은 자와 동일시하는 경향이 나타났다.

원래 기독교의 노동윤리는 그렇게 억압적이거나 생산성을 강조하지는 않았다. 일한 만큼 먹고 마시면 되었지만, 설령 일을 하지 못한다고 해도 그리 나무랄 일은 아니었다. 성경구절을 보자.

> 그러므로 내가 너희에게 이르노니 목숨을 위하여 무엇을 먹을까 무엇을 마실까 몸을 위하여 무엇을 입을까 염려하지 말라 목숨이 음식보다 중하지 아니하며 몸이 의복보다 중하지 아니하냐.
>
> 공중의 새를 보라 심지도 않고 거두지도 않고 창고에 모아들이지도 아니하되 너희 하늘 아버지께서 기르시나니 너희는 이것들보다 귀하지 아니하냐.
>
> 너희 중에 누가 염려함으로 그 키를 한 자라도 더할 수 있겠느냐, 또 너희가 어찌 의복을 위하여 염려하느냐 들의 백합화가 어떻게 자라는가 생각하여 보라 수고도 아니하고 길쌈도 아니 하느니라 그러나 내가 너희에게 말하노니 솔로몬의 모든 영광으로도 입은 것이 이 꽃 하나만 같지 못하였느니라.
>
> 그런 즉 너희는 먼저 그의 나라와 그의 의를 구하라 그리하면 이 모든 것을 너희에게 더하시리라 그러므로 내일 일을 위하여 염려하지 말라 내일 일은 내일이 염려할 것이요 한 날의 괴로움은 그 날로 족하니라(마태복음 6:25~34, 개역개정판)

그러나 청교도정신은 기존의 기독교적 사고방식과 노동윤리를 완전히 바꾸어 놓았다. 칼빈은 그의 '예정설'에서 인간이 구원을 받아서 천국에 갈 것인가 말 것인가는 인간의 노력에 의해서 결정되는 것이 아니며 인간은 태어날 때부터 이미 천국으로 갈 것인가 아닌가가 예정되어 있다는 것이다. 그러면서 천국에 들어가려면 평소 사회생활과 신앙생활을 건실하게 하지 않으면 안 된다고 강조했다. 그는 엄격한 도덕률과 근면성을 구원의 조건으로 제시한 것이다(1536, 〈그리스도교의 원칙〉 구글, '청교도').

이러한 청교도윤리는 그때 유럽에서 등장하고 있었던 부르주아 행동철학으로 받아들여지기에 적합하였다. 이 사상은 그 뒤에는, 막스 베버가 설파하였듯이, 프로테스탄트의 윤리로 연결되고 자본주의의 정신으로 발전되었다. 돈을 버는 행위를 천한 것으로 보는 종교의 일반적인 경향과는 달리 칼빈주의는 인간의 경제활동과 그 결과물인 부(富)를 신성한 것이라고 적극적으로 받아들이기 시작했다. 물론 여기에는 쌓아 놓은 부를 사회에 환원하여 많은 사람들을 도와준다는 전제가 있었다. 이러한 칼빈주의의 경제관은 청부(淸富) 사상이라고 볼 수 있다. 경제활동을 천시했던 동시대 성리학의 청빈(淸貧) 사상과 정반대이다. 이 칼빈주의는 개신교의 주류 신학이 되어 전 유럽으로 확산되었고 자본주의 발달의 기초가 되었다. 프랑스의 위그노, 독일과 네덜란드의 개혁교회, 스코틀랜드의 장로교, 그리고 영국 청교도의 신학적 근거가 되었고 미국의 건국정신이 되었다(위키백과, '청교도윤리').

어떻게 서유럽의 프로테스탄트 국가들이 남유럽의 가톨릭 국가들에 비해 빠른 자본주의적 발전과 산업혁명을 이룩하였는가? 수많은 자료를 분석한 결과 막스 베버는 이러한 발전이 개신교인, 그 중에서도 청교도(칼빈주의자)들이 모여 사는 국가에서 주로 발생하였다는 실증적 결과를 도출할 수 있었고, 청교도인들이 가진 '소명의식'이라는 개념에 주목하게 된다. 소명의식이란 간단히 말해 인간은 신이 부여한 사명을 따르고 내세를 위해 현세를 열심히 살아야 한다는 뜻이다. 이러한 소명의식은 자신의 직업에 대한 성실과 열정으로 봉사할 것을 요구했고, 이로부터 산출되는 부는 천박한 것이 아니라 정당한 노고의 결과물이라고 주장하였다. 게다가 개인의 사치나 쾌락 등을 금하는 청교도적 윤리에 의해 축적된 '정당한 부'는 이러한 부의 축적이 근대 자본주의를 형성하는 정신적 토대가 되었다라는 것이 베버의 분석이었다. 아마도 초기 자본주의는 그랬을지도 모른다.

행정학에 목표전치(goal displacement)라는 개념이 있다. 이는 행정의 병리현상 중 하나로 목표를 설정해 놓고 그 달성을 추진하는 과정에서 선택한 수단과 방법이 오히려 목표의 자리를 차지하게 되고 원래 목표는 잊어버리는 현상을 말한다. 행정조직 속에서 뿐만 아니라, 인류 역사에는 이러한 일들이 종종 일어나는데 청교도윤리와 자본주의 사이에도 일어난 것이다. 자본주의적 탐욕은 청교도가 추구했던 근면과 성실이라는 가치는 잊어먹고 그것이 만들어낸 결과만을 찬양함으로써 부당한 재물마저도 신성시하게 되어버린 것이다. 부자가 되는 것이 하느님을 기쁘게 해드릴 수 있는 신성한 가치를 지니려면 풍성한 수확을 거두고 돈을 벌고 특히 쓰는 행위가 정당해야 한다는 조건이 붙었지만 어느덧 그 조건은 잊어버리고 돈을 버는 행위 자체 그리고 부자가 되는 것 자체가 목적이 된 것이다. 부자가 되는 것이 신의 은총이요 구원을 받은 증거라고 믿기 시작한 사람들이 부자가 되려고 노력하는 것은 매우 자연스러운 일이 되었고 때로는 수단과 방법을 가리지 않았다. 그 결과는 인간탐욕의 정당화였으며 인간존엄, 사회평등, 부의 재분배를 기본으로 하는 사회복지정신과는 거리가 멀어지는 일이었다.

8. 자본주의 시장경제이론

시장경제이론을 논하기 전에 먼저 자유주의 사상의 철학적 역사적 출발점이 된 사회계약론을 먼저 보자. 사회계약론이 무엇을 의미하는지 이해하기 위해서는 그 등장 배경을 이해해야 한다. 사회계약론은 홉스·로크·루소 등 이론가에 따라 그 의도가 조금씩 다르지만, 기본적으로 절대군주의 자의적 권력으로부터 시민의 생명권, 자유권, 재산권을 지키기 위해서 등장한 사상인 것이다.

그런데 그 시민이 누군가가 문제다. 그 시민은 결국 재산과 전문지식을 가진 소수의 부르주아 집단이었다. 이런 측면에서 사회계약론은 모든 사람을 위한 보편적 이념이 아니고 일부 특수한 사람을 위한 이론이다.

여러 사회계약론자 가운데 대표적으로 로크의 자유와 재산에 대한 천부인권설을 보면, 비록 그것이 근대 시민사회의 성립과 자유주의의 확장에 큰 공헌을 했음에도 불구하고, 그것이 결국 자유주의 국가가 겪고 있는 극심한 빈부격차 노동착취 그리고 이어지는 사회분열과 갈등, 그리고 국가간 전쟁의 이론적 출발점이 되었음을 알 수 있다.

시장경제이론 혹은 자본주의 경제이론은 기본적으로 그 근본 철학에서 사회복지정신과 양립하기 어렵다. 자유시장경제이론에 기초하고 있는 자본주의 이념은 그 의도나 본질과는 상관없이 반사회복지적 속성을 지니고 있다. 애덤 스미스가 설파한 자본주의는 인간의 선한 마음이 아니고 이기주의적인 악한 마음에 기초하고 있다. 그는 말한다.

> 우리가 저녁 식사를 기대할 수 있는 건 푸줏간 주인, 술도가 주인, 빵집 주인의 자비심 덕분이 아니라, 그들이 자기 이익을 챙기려는 생각 덕분이다. 우리는 그들의 박애심이 아니라 자기애에 호소하며, 우리의 필요가 아니라 그들의 이익만을 그들에게 이야기할 뿐이다(위키백과, '애덤 스미스').

시장경제원리에 바탕을 둔 자본주의는 경제 주체가 이성적 존재라는 가정으로부터 출발한다. 여기서 이성적이라 함은 개개인은 자신의 행복 또는 만족을 극대화 하는 선택을 하는 이기적 주체라는 것이다. 그리고 이기적 행위는 정당할 뿐만 아니라, 좋은 것이고 필요한 것이라고 한다. 그래서 이기적 행위를 장려한다. 애덤 스미스는 개인의 이익을 위해 이기적으로 행동하는 것이 전체 사회를 위하는 결과를 가져온다고 주장하고 있다. 각 개인이 자신의 이익을 목적으로 행동하지만, 결국에는 그 행동들은 '보이지 않는 손'에 의해 다른 사람을 돕게 되고, 전체 사회를 이롭게 한다는 것이다.

다시 말해, 시장경제이론에 따르면, '보이지 않는 손'은 가장 적절한 재화의 양과 종류를 생산할 수 있게 해준다. 이것을 시장 과정의 측면에서 풀이하면, 다수의 수요자와 다수의 생산자가 자기 이익을 극대화시키려 노력한 결과로 가격이 형성되고, 그렇게 형성된 가격이 시장 참여자들을 고루 만족시키는 것은 물론 사회 전체의 이익도 극대화시킨다는 것이다. 스미스는 시장 경제야말로 사는 사람과 파는 사람 모두에게 만족스런 결과를 낳으며, 사회의 자원을 적절하게 배분할 수 있다고 보았다.

그러나 스미스의 이러한 예측은 보기 좋게 빗나갔다. 우리는 이미 시장경제제도가 매우 효율적이고 물질문명의 발전을 가져왔지만 동시에 그것이 커다란 문제점을 갖고 있는 것을 잘 알고 있다. 즉 애덤스가 말한 '보이지 않는 손'이 잘 작동하지 않을 때(1930년 대공황, 1997년 외환위기, 2009년 금융위기에서 보이듯이) 시장은 개인의 행복을 보호해주지 못할뿐더러 결국 붕괴하여 자본과 권력을 독점하고 있는 극소수의 사람들을 제외하고 대부분의 사람을 불행하게 만들 수 있다.

개인 간 자유로운 경쟁원리에 기초한 시장경제는 기본적으로 약육강식, 승자독식의 원리가 작용하는 정글과 같은 곳이다. 강자가 약자를 잡아먹고 지배하는 것이 자연의 법칙으로 자연스럽게 받아들여지는 것이다. 따라서 빈부격차 소득격차는 자연스러운 현상이며 이를 교정하려는 어떠한 국가의 노력도 자연의 원리를 위반하는 것으로 치부되는 것이다. 바로 이 지점에서 자본주의는 소득재분배를 통해서 절대적 내지 상대적 빈곤에 고통받는 인간의 존엄성을 확보하고 보다 평등한 사회를 구현한다는 사회복지정신과 충돌한다.

9. 동서양의 빈민에 대한 태도와 대처방식

사회복지의 측면에서 동서양의 인간관은 대비된다. 유교의 인성론 혹은 성리학의 인간관은 매우 친사회복지적이다. 성리학의 인성론에 따르면 인간은 욕구를 가진 존재라는 것은 인정하고 이를 절제하고 인의예지의 본성으로 나아가야 하는 교화의 대상으로 간주하고 있다. 자연본성에 의한 욕구나 욕망의 충족 행위를 기본적으로 선으로 보았다. 성리학에서 말하는 '기질지성'은 기질과의 상관관계 하에 있는 성을 의미하며 선이 될 수도 있고 악이 될 수도 있는데, 이는 자연본성과 도덕본성과 상호작용하여 욕구 욕망을 충족시키는 행위가 선이 될 수 있다는 것이다(김기현, 2007: 74, 권정호, 2014: 85).

성리학에서 사회를 보는 눈은 매우 긍정적이다. 성리학의 인간욕구는 측은지심, 수오지심, 사양지심, 시비지심을 조절하는 도덕본성으로서 인의예지는 인간의 선한 본성이자, 동시에 사회적 관계 속에서 조절된다. 이러한 욕구들은 세속적 방식으로 추구될 때 효과적으로 실현되기 때문에 '세속을 벗어난 형태의 삶(탈속)이나 세속을 넘어선 삶(내세)에 관해서는 별 관심이 없었다.' 따라서 성리학은 인간의 욕구를 자연스럽고 효과적으로 충족하는 길은 오직 질서있는 사회조직을 통해서만 가능하다고 보았다(최봉영, 1999: 35)

정치란 이러한 사회조직을 질서있게 운영하는 일과 관계가 있다(논어, 위정편, 정자, 정야, 정서야). 사회조직이 질서있게 잘 운영될 때 정치가 잘 되는 것인데 그 기준은 인간본성을 달성할 수 있는 가능성을 얼마나 높이는가에 달려있다. 따라서 성리학은 사회 공동체적 인간을 기반으로 개인보다는 사회관계망 속에서의 인간, 사회적 존재로서 인간관을 설정하고 있다(박종목, 2013). 즉 개인과 사회는 별개의 것이 아니라 서로 유기적으로 연결되어 있으며 자율적으로 독립적 개인에게는 별 의미를 부여하고 있지 않다. 사실 개인의 가치는 오직 사회 속에서 찾을 수 있다는 의미이다. 이는 인간의 가치는 서로 인정을 나누고 마음을 같이하며 타인을 살피고 존중하는데 있으며, 빈민이나 사회적 약자층에 −사궁 혹은 환과고독− 대해서 긍휼히 보살피는 것을 기본정신으로 하고 있다.

그러나 서양은 다르다. 서양에서 인간은 원죄와 함께 창조된 매우 부정적 피조물이다. 서양의 문명을 지배하고 있는 기독교는 모든 인간은 이른바 인간이 먹지 말라는 금단의 열매를 따먹은 아담과 하와의 후손으로 날 때부터 죄 많은 존재이다. 아무도 여기서 벗어날 수는 없다. 그리고 그 죄라는 것이 너무 추상적이고 포괄적이어서 사실상 인간의 모든 생각과 활동은 죄가 된다. 따라서 인간을 죄인으로 다루는 게 자연스럽고 그것은 사회 · 정치 · 문화 · 종교 · 법 모든 인간의 생활 영역에서 인간에 대한 억압과 학대를 합리화내지 정당화하고 있다.

예수는 유대의 높은 관원인 니고데모에게 "네가 죄에서 거듭나지 아니하면 하나님 나라에 들어갈 수 없다"고 선언하였다. 시편 기자는 "내가 주께 범죄하여 주의 목전에 악을 행하였나이다"(시 51:4)라고 고백하였고, 또 누가복음 기자도 "아버지여 내가 하늘과 아버지께 죄를 범하였나이다"(눅 15:18)라고 먼저 하나님 앞에서 범한 종교적인 죄를 고백하였다. 아무리 학식이 풍부하고 재산이 많고 지위가 높다 하여도 자신이 죄인 됨을 깨닫지 못하는 자는 천국의 시민이 될 수 없다고 함으로써 모든 인간이 죄인임을 선언하였다. 모든 인간의 죽음, 고통, 실패, 질병, 가난은 하나님의 계명을 어긴 인간의 죄에 대한 벌이라고 함으로써 그 누구도 죄에서 벗어날 수 없음을 선언한다.

기독교 신학자들은 근대가 시작되고 인간이 자아를 찾아 자율적이고 독립적인 인간으로 성장하는 과정을 불순종 반역 또는 불신앙으로 죄악시하였다. 그것을 스스로 하나님과 같이 되려는 탐욕과 자기를 주인화하고, 절대화하고, 만물의 중심이 되려는 오만에 사로잡혀 하나님께 반역했기 때문에 낙원에서 추방된 죄인이라고 보았다. 인간의 혈관 속에는 선악과를 맛보라는 뱀의 유혹에 넘어가 타락하였고, 질투의 노예가 되어 동생 아벨을 살해한 가인의 이기심과 악의의 검은 피가 흐르고 있다는 것이다.

이러한 상황에서 인간을 위한 정치는 처음부터 부정되었다. 모든 것이 신의 희생과 영광을 위한 것이었다. 따라서 서양의 복지는 처음부터 빈민이나 사회적 소외층이 불쌍해서 주는 것이 아니고 그들이 불온한 생각을 하지 못하도록 통제하고 권력을 장악하고 있던 지배자의 입장에서 위협적인 존재였던 빈민문제에 대처하기 위하여 시작되었다. 서양의 지배층들이 절대적으로 신봉하는 '일하지 않는 자 먹지도 말라'(데살로니카 후서 3장 10절)는 구절은 역사적으로 그들의 빈민과 일할 수 없는 사람들에 대한 태도를 잘 보여주고 있다.

1349년 영국에서는 노동자조례가 만들어졌는데 이는 노동자를 보호하기 위한 것이 결코 아니었다. 1348년 흑사병으로 영국의 인구는 급감하였는데, 런던의 경우 400만 인구가 200만 내지 250만 정도로 줄어들었다. 그 결과 지주의 토지를 경작하던 농노의 숫자가 급감하고 그에 따라 임금이 상승하였는데 이는 노동자의 임금이 너무 높다는 귀족들로 구성된 지주들의 불만을 무마하기 위한 조치였다(Day, 2000: 96, 박광준, 2003: 41에서 재인용).

노동자조례의 내용을 보면, 관습으로 정해진 임금 이상을 지급하는 고용주에게는 지급한 금액의 두 배의 벌금을 부과한다는 내용이 포함되어 있다. 즉 이 조례의 목적은 노동 가능한 빈민의 구걸을 처벌하고 그들에 대한 시혜를 금지하며, 노동을 강제하는 것이었다. 이 법을 강화하기 위하여 1361년 제정된 법은 일자리에서 이탈한 노동자에게는 불신의 표식으로 F(falsity)의 낙인을 얼굴에 찍었다. 또한 그런 노동자를 고용하고 인도를 거부한 고용주도 처벌하였다

(Day, 2000: 96, 박광준, 2003: 41에서 재인용).

이러한 조치에도 불구하고 부랑은 근절되지 않았고 그에 따라 더욱 강화된 부랑금지 조치가 취해졌다. 1531년 노동능력이 있는 사람이 걸식을 했을 경우 부랑자가로 규정되어 채찍형 후에 이전 거주지로 강제 송환되었다. 마르크스는 이것을 '피비린내 나는 입법'이라고 말하고 있는데 1547년 통과된 법은 더욱 가혹하여 3일 이상의 실업자를 모두 부랑자로 간주하여 V자의 낙인을 찍고 그들을 고발한 자의 노예로서 2년 동안 일하게 하고, 만일 그가 도망할 경우 초범의 경우는 종신 노예로 삼고 재범의 경우는 사형에 처하였다(Day, 2000: 96, 박광준, 2003: 41에서 재인용).

노동자조례가 '일할 수 있는 사람들'에 대한 사회적 대처방식이었다면, '일 할 수 없는 사람들'에 대한 사회적 대처 방식으로는 마녀사냥이라는 게 있다. 마녀사냥은 인간차별과 인간학대를 통한 사회문제의 해결 혹은 사회적 대처 방식으로서, 당시 유럽 사회는 재난이나 빈곤과 같은 사회모순의 책임을 가난한 미망인이나 독거노인, 정신장애인, 빈곤층 등 사회적 약자들에게 뒤집어 씌웠다. 유럽의 지배세력과 기득권층은 이들 사회적 약자들을 마녀로 둔갑시킴으로써 사회에게 그들의 존재를 배제하고 체제를 공고히 하는 역할을 한 것이다. 15-17세기에 독일을 비롯한 유럽의 여러 나라에서 많게는 900만 명에 이르는 사회적 약자들이 마녀로 고발당하고 화형에 처해졌다(박광준, 2003).

또한, 서양 중세에 있었다고 전해지는 '초야권'은 서구사회가 얼마나 불평등하고 비정한지 잘 말해 주는 좋은 사례다. 모차르트의 오페라 피가로의 결혼에서는 이 초야권이 스토리 전반에 걸친 갈등을 야기하는 주요 소재가 된다. 피가로의 주인인 알마비바 백작이 피가로의 예비 신부인 수잔나를 탐내 어떻게 해 보고 싶어서 초야권을 발동시키려고 한다. 영화 '브레이브 하트'에서도 영주가 자신에게 속해있는 농노의 결혼을 맞아서 초야권을 행사를 놓고 스토리가 시작된다. 모짜르트의 오페라나 영화가 비록 역사적 사실이 아닐지라도 서구사회가 신분과 계급에 따라 성적까지도 착취되고 유린됐던 사회라는 반증이다.

만일 비슷한 일이 우리나라에서 있었다고 가정해 보자. 만일, 노비를 혼인시키는 주인이 그 노비신부를 첫날밤 빼앗아 간다면 그 주인은 평생 노비신랑이

언제 들이닥치는 상상을 하면서 살아가야 할 것이다. 물론 그의 손에는 십중팔구 낫이 들려 있을 것이다. 이는 상상할 수 없는 일로 일종의 금기와 같은 것이다. 필자가 과문한지는 모르지만 동양사회나 우리 나라에서는 '초야권'이란 개념 자체가 없다. 이는 동양사회에서는 적어도 성적 욕구만은 인간의 가장 원초적 본능이고 그것은 사회적 신분이나 계급에 따라 차별없이 존중되고 충족되어야 한다는 묵시적 사회적 합의가 있었다고 볼 수 있다. 이는 마치 물이 모든 인간에게 값없이 제공되어야 한다는 묵시적 합의와 같은 것이라 볼 수 있다.

10. 나가면서

역사상 인류사회에는 개인적 집단적 계급적 민족적 이익추구를 위하여 타인의 자유를 억압하고 착취하며, 그것을 방어하기 위한 계급투쟁만 있었던 것은 아니다. 인류사회는 재난을 당한 빈민을 구제하고 사회적 약자계층을 지원하는 등 분배제도와 재분배제도를 통해 사회평등을 제고하고 그 사회를 유지 지속하기 위한 다양한 노력을 해왔다.

우리의 관심은 이러한 노력을 동서양 중 어느 쪽이 더 했을까 하는 것이다. 그 노력의 정도와 수준에서 동서양은 분명 차이를 보인다는 것이다. 앞서 살펴본 대로 중세 서구사회는 내세적 기독교를 중심으로 신의 영광을 앞세운 영주, 왕, 귀족 등이 결탁하여 노예와 농노 등 민중을 억압하고 착취하는 봉건적 사회였다. 서구사회는 종교개혁 이후 전개된 중상주의 절대주의 자본주의 발달 등 역사적 발전 과정에서도 인권보호, 사회적 평등과 통합과는 반대의 길로 이어졌다. 그 결과는 노동자조례와 마녀사냥에서 보이는 극심한 노동착취 인권유린 사회갈등 계급투쟁 그리고 빈번한 전쟁이었다. 이 과정에서 기독교 성직자들은, 예수의 가르침을 배반하고, 지배자가 피지배자들을 착취하고 억압하는 것을 보다 용이하게 하는 심리적 기제역할을 한 것이다. 이와 관련하여 십자군 전쟁, 종교개혁 전쟁들은, 그것이 이교도와 전쟁이나 아니면 신구교 사이의 전쟁이든, 더 큰 영토와 그에 부속된 농노와 노예를 획득하기 위한 수단이었다. 그런데 이런 전쟁들이 상대적으로 서양에서 더 빈번하고, 대규모로 발생하는 경우가 많았다는 사실이 그들의 반민중적이고 반복지적 사회 속성을 시사한다고 본다.

결론적으로, 유교라는 현세중심적 한국사회가 인본주의 민본주의가 발달하여 기독교라는 내세적 서양사회보다는 분명 친사회복지적이라는 것이 필자의 견해이다. 한국사회는 분명 모든 인간이 최소한의 인간으로서 존엄성을 지키며 살아갈 수 있는 분배제도와 재분배제도를 활발하게 운영했고, 사회적 평등을 향상시키기 위해 노력했으며 평민과 하층민의 지위도 상대적으로 더 높았던 것으로 보인다.

참고문헌

가와바라 아쓰시 & 고이치, 호리코시(2021). 〈중세유럽의 생활〉, 남지연 역, AK Trivia Book.

권정호(2014). '조선조 위민정치와 복지사상의 탐색', 〈한국동양정치사상사연구〉, 13집, 2호, 81-120.

김경일(2023). 〈공자가 죽어야 나라가 산다〉, 바다출판사.

김기현(2007). '성리학의 인간관과 생활예절', 〈유교사상연구〉, 제29집, 65-97.

김재영 · 김창희 · 손병선 · 신기현(2010). 〈새로운 정치학의 이해〉, 삼우사 .

김순양(2015). '동아시아의 발전국가와 사회정책', 〈행정논총〉, 제53권 2호, 27-68.

김용섭(1970). 〈조선 후기 농업사 연구-농촌경제, 사회변동〉, 일조각.

_____(1971) "조선 후기의 수도작 기술-이앙법 보급에 관하여", 〈조선 후기 농업사 연구 Ⅱ-농업변동, 농학사조〉, 일조각.

김인걸(2013). 〈정조와 정조시대〉, 서울대 출판문화원.

김종성(2013). 〈조선의 노비들〉, 역사의 아침.

김태성(2017). 〈한국 복지체제의 특성〉, 청목출판사.

나병균(1998). "향약과 사회보장", 〈한국사회복지사론〉, 하상락 편, 박영사.

박광준(2013). 〈사회복지의 사상과 역사〉, 양서원.

박종목(2013). 유가(儒家)의 정치사상(政治思想)과 사회복지(社會福祉) -(원시(原始))유가(儒家)의 복지사상과 정다산(丁茶山)의 실질적 복지관-, 〈법철학연구〉, 제16권, 제2호.

문용식(2000). 〈조선후기 진정과 환곡운영〉, 경인문화사.

박이택(2010). '17, 18세기 환곡에 대한 제도론적 접근: 재량적 규제체계의 역할을 중심으로', 이헌창 편, 〈조선후기재정과 시장: 경제체제론의 접근〉, 175-207. 서울대학교출판문화원.

라이언 타이어니 · 시드니 페인터(2015). - 서양 중세사: 유럽의 형성과 발전, 이연규 역,

집문당.
림링거 · 가스통(2011). 〈사회복지의 사상과 역사〉, 한국사회복지학연구회 역, *Welfare Policy and Industrialization in Europe, America and Russia*, Gaston V. Rimlinger. John Wiley and Sons, 1971.
서기택(1998). "고려시대의 구휼제도", 〈한국사회복지사론〉, 하상락 편, 박영사.
송찬섭(2002). 〈조선후기 환곡제 개혁연구〉, 서울대학교 출판부.
우리역사넷, (http://contents.history.go.kr/).
유병용 · 신광영 · 김현철(2002). 〈유교와 복지〉, 백산서당.
원재영(2014). '조선후기 황정연구', 연세대학교 사학과 박사학위논문.
위평량(2013). 〈젊은 지성을 위한 유토피아〉. 토머스 모어 원저, 두리미디어.
윤홍식(2016). "전자본주의 분배체계의 해체: 환곡을 중심으로 1910년 강제병탄까지", 〈한국사회복지학〉, 68(2): 79-105.
윤홍식 · 남찬섭 · 김교성 · 주은선(2021). 〈사회복지정책론〉, 사회평론아카데미.
이경식(1998). 〈조선전기 토지제도 연구〉, 일조각.
_____(1976). '16세기 지주층의 동향', 〈역사교육〉 19.
이기영 (2023). 영주는 농노의 노동을 어떻게 수탈했는가? 서유럽 고전적 농노노동 착취제도. 사회평론아카데미.
이영림 · 주경철 · 최갑수(2011). 〈근대 유럽의 형성 16 18세기〉, 까치.
신동준(2007). '선의 왕과 신하 부국강병을 논하다', 이성계와의 만남, 살림.
자크 르코프(2008). 〈서양 중세 문명〉, 유희수 역, 문학과 지성사.
전형택(1989). 〈조선 후기 노비신분 연구〉, 일조각.
정영훈 외(1999). 〈홍익인간 이념연구〉, 한국정신문화연구원.
최봉영(1999). '성리학적 인간관과 인본주의.', 〈사회사상과 문화〉, 2권, 31-77.
최원규(1998). '조선후기의 아동복지', 〈한국사회복지사론〉, 하상락 편, 박영사.
최익한(2013[1947]). 〈조선사회정책사〉, 송찬섭 엮음, 서해문집.
하상락(1998). '한국 사회복지사의 흐름'. 〈한국사회복지사론〉, 하상락 편,. 박영사.
한영우(2000). 〈다시 찾는 우리역사〉, 경세원.
파워 · 아일린(2010). 〈중세의 사람들〉, 김우영 역, 이산.
팔레 · 제임스(1996). 〈유교적 경세론과 조선의 제도들: 유형원과 조선 후기, 1.2〉, 산처럼.
펠츠 · 윌리엄(2018). 〈중세의 붕괴부터 현대까지, 유럽 민중사〉, 서해문집.
홍경준(2002). '복지국가 유형에 관한 질적 비교분석: 개입주의, 자유주의, 그리고 유교주의', 김연명 편, 〈한국 복지국가 성격 논쟁 1〉, 인간과 복지.
홍이섭(1959). 〈정약용의 정치경제사상연구〉, 한국연구원.
한국민족문화대백과사전, https://encykorea.aks.ac.kr/.

Brenner, Robert(1977). 'The Origins of Capitalist Development: a Critique of Neo-Smithian Marxism', *New Left Review*, 104.

Cole, C.W.(1939). *Colbert and a Century of French Mercantilism,* Columbia University Press.

Crowell, William Gordon(1979). *Government Land Policies and Systems in Early Imperial China,* Ph. D dissertation. University of Washington.

Day, P.(2000). *A new History of Social Welfare,* Allyn & Bacon.

Falola Warnock & Toyin Amanda(2007). *Encyclopedia of the Middle Passage,* Greenwood Publishing.

Gimpel, Jean(1993). *The Cathedral Builders,* Pimlico, London.

Grace, Damien(1980). 'Augustine and Hobbes,' *City of God,* II 21, p. 75.

Ross Fitzgerald. eds., *Comparing Political Thinkers,* Pergamon Press, Ltd.

Hickel, Jason(2018). *The Divide: A Brief Guide to Global Inequality and its Solutions,* Windmill Books.

Jones, C.(1993). 'The Pacific Challenge: Confucian Welfare States.' in *New Perspectives on the Wefare State in Europe,* Londond: Routledge.

Locke, John(1697). A Report of the Board of Trade to the Lords Justices Respecting the Relief and Employment of the Poor.

Mandeville, Bernard(1924). 'An Essay on Charity and Charity-Schools,' in *F.B. Kaye eds The Fable of the Bees,* Oxford: Clarendon Press.

Paul, Allard(1912). 'Slavery and Christianity', *Catholic Encyclopedia,* XIV. New York: Robert Appleton Company.

Spengler Joseph J.(1942). *French Predecessor of Malthus,* Duke University Press.

Sabine George H. and Thomas L. Thorson(1973). A History of Political Theory, III. Dryden Press.

Thomas, Hugh(2003). *Rivers of Gold: The Rise of the Spanish Empire,* London: Weidenfeld & Nicolson.

Thompson, E. P.(1991). *The Making of the English Working Class,* Penguin.

제 12 장

맺으면서

한국의 복지정책은 지난 30년간 급속히 발전해 왔다. 1990년부터 2019년까지 한국의 공공복지 지출은 4.1배 성장하였다. 반면, 같은 기간 OECD 국가들의 공공복지지출 증가율의 평균은 1.21%에 불과하였다. 대한민국의 의료제도는 세계가 부러워하고 있으며 영유아보육제도 또한 세계 최고 수준으로 평가받고 있다.

한국의 사회보험은 1988년 민주화 이후 공무원, 군인, 교사와 같은 특수 직능분야 종사자들의 보장을 넘어서서 일반 국민을 위한 제도까지 확대되었다. 현재, 산재보험, 건강보험, 국민연금 그리고 고용보험의 주요 4대 보험에 이어 장기요양보험 제도까지 모든 사회보험이 제도화되었다. 공공부조도 우리 나라는 2000년 국민기초생활보장제도를 도입하여 제도를 현대화했다. 대한민국은 급속히 사회복지국가로 변모하고 있다.

대한민국이 사회복지국로 급속히 변모하고 있는 것은 결코 우연이 아니며 그것은 대한민국이라는 나라의 역사와 문화에 인간존엄과 사회평등이라는 사회복지 전통이 있기 때문이다. 앞서서 보았듯이, 고조선, 고구려 백제 신라, 고려, 그리고 조선 등 한반도에 세워졌던 국가들은 본디 친사회복지 국가였으며, 대한민국 역시 그 역사와 문화에서 벗어날 수 없다. 이 모든 나라들은 국가의 건국이념, 지배적 정치사상, 국정운영의 기본철학, 그리고 국가가 실제로 실행해온 국가행정과 정책 등 여러 가지 측면에서 친사회복지국가라고 볼 수 있으며 이것은 동시대 사회복지학의 원조로 알려져 있는 서구 유럽과 비교할 때도 훨씬 더 그렇다. 고조선의 홍익인간의 이념이나 불교에 기반하고 있던 고려의 자비사상, 왕도정치와 민본주의를 중시하는 조선의 유교사상 등은 당시의 국가가 매우 강력하게 사회구성원 모두가 골고루 잘 사는 평등한 공동체를 건설하려는 의지를 갖고 있었다는 증거이며, 이는 당시 국가가 현대적 의미의 복지국가는 아닐지 몰라도 친사회복지 국가라고 불러도 큰 문제가 없다는 것을 말하고 있다. 이들 나라들의 거의 모든 왕들과 지도자들은, 비록 몇몇 예외가 있고 각 시대마다 그 모습은 조금씩 달랐지만, 그들은 오직 한 가지 목표, 즉 모든 백성이 배불리 먹고 본질적으로 모두가 평등한 사회를 만들기 위해서 다스린다는 한 가지 목표를 갖고 있었다.

우리 나라가 친사회복지적 국가였다는 것은 국가의 건국이념이나 국정운영의 기본철학에만 반영되어 있는 것은 아니다. 실제로 역대 왕조가 실행했던 중앙과 지방의 행정과 제도는 온 국민이 골고루 잘사는 사회를 건설하는데 맞추어져 있었다. 이는 한국의 군왕들이 적어도 이념상으로 민본사상 위민사상을 중심으로 하는 정치사상 내지는 정치이념에 지배받았으며, 그 결과 한국의 군왕들은 인간평등과 사회통합에 큰 관심과 열정을 가지고 있었다고 봐야 한다. 그리고 한반도에 사는 대부분의 사람들은 아무리 천하더라도 최소한 인간으로서 대우받기를 원했으며 어느 정도 실현되었다고 볼 수 있다는 것이다. 그리고 그것만이 한반도에 나타났던 국가 정당성의 원천이었다. 일찍이 고조선부터 국가행정의 목표는 환과고독 등 궁핍한 처지에 있는 백성을 구제하는 데 있었으며, 삼국시대, 고려, 조선을 거치는 동안 이러한 행정목표는 변한 적이 없다.

대한민국 정부수립 후 들어선 모든 민주공화국들은 크고 작은 문제점에도 모두 사회복지 국가를 지향했다. 다만 일제강점기, 미군정, 그리고 권위주의적 독재정부들은 경제성장이나 물질의 생산에는 일정 부분 효과를 거두었을지는 몰라도 정권의 속성상 소득재분배를 통한 사회평등과 통합이라는 사회복지 정신이 애초부터 들어설 자리는 없었다. 군사독재정부들은 오히려 경제성장을 위하여 부와 권력을 소수의 손에 집중하여 인간존엄과 사회평등이라는 우리의 문화유산과 역사전통을 훼손하고 말았다.

문제는 오늘 우리가 살고 있는 이 땅이다. 윤석열 정부가 들어서고 나서 많은 양식있는 지식인들은 걱정과 우려로 하루도 편할 날이 없다. 정치・경제・사회·문화 모든 사회분야에서 갈등과 분열이 끊이지 않는다. 이는 마치 1980-90년대 말 미국 사회를 보는 것 같다. 일부에서는 레이건, 부시 대통령을 미국을 다시 위대하게 만든 영웅으로 치켜세우지만, 많은 비평가는 레이건, 부시 정부 집권 기간 동안 미국은 경제적 쇠퇴의 길로 접어들었다고 보고 있다(대표적으로 알프레드 멕코이, 미국 위스콘신대 교수). 미국 경제의 쇠퇴는 주로 신자유주의적 경제정책에 기인한다. 부자감세, 규제 완화, 복지 예산 삭감, 공기업 민영화 등 레이건 부시 정부의 신자유주의 정책은 철저하게 부유층과 대기업을 대변했고, 이는 저축대부조합 구제금융 사태, 엔론 사태, 서브프라임 담보 대출 등 경제위기로 이어져 많은 국민은 열심히 살아갈 의욕을 잃고 심리적으로 급속히 몰락했다. 중산층과 저소득층을 비롯한 사회적 약자 집단의 고통과 희생이 뒤따랐다.[1)]

여기서 레이건, 부시 행정부를 언급하는 이유는 이들이 이명박 윤석열 정부의 경제정책과 세계관이 매우 유사하다는 것이다. 이들은 공통적으로 신자유주의적 정책을 신봉하면서 대내적으로는 부자감세와 규제완화의 절대강령을 철저히 실천하면서 모든 관심을 자유라는 이념 실천에 두고 있다. 대외적으로는 미국이 이라크, 아프가니스탄을 침공하면서 소련과 중국 등과 갈등한다면, 우리 나라는 우크라이나 전쟁과 대만문제에 개입하려 하면서 러시아, 중국과 갈등한다.

아래는 뉴욕주지사 마리오 쿠오모의 1984년 민주당 전당대회 기조연설에서 레이건 정부를 비판한 말인데 윤석열 정부에도 해당하는 말이다.

> 열흘 전, 레이건 대통령은 이 나라의 어떤 사람들은 ...자신과 가족, 미래에 대해 과도할 정도로 걱정한다고 말했습니다. 대통령은 그 두려움을 진정으로 이해하지 못하는 걸까요. 레이건 대통령은 "이 나라는 언덕 위의 빛나는 도시이다"라고 말했습니다. 대통령님의 말씀은 맞습니다. 우리나라는 여러 면에서 언덕 위의 빛나는 도시라고 할 만합니다.

1) 2008년 미국의 국가정보위원회가 처음으로 미국의 국력이 쇠퇴 중이라는 것을 인정했다. 이 위원회에서 정기적으로 발행하는 미래 예측 보고서인 〈2025년 글로벌 트렌드〉에서 이들은 "거칠게 말해 지금 세계에서는 서에서 동으로 부와 경제 권력이 이동하고 있다". 곽재훈 기자(번역), "2025년, 미 제국은 몰락한다", 〈프레시안〉 '미 역사학자가 본 미국 몰락의 4가지 시나리오' 2010.12.26.

그러나 엄연한 사실은 모든 사람이 이 빛나는 도시의 화려함과 영광을 공유하고 있는 건 아니라는 점입니다. 빛나는 도시는 아마도 백악관 베란다에서 보이는, 모두가 잘 지내고 있는 것처럼 보이는 모습이 전부일 것입니다. 하지만 또 다른 도시가 있습니다. 빛나는 도시에는 이면이 있습니다. 일부 사람들은 주택담보대출을 갚을 수 없고, 대부분의 젊은이들은 더욱이 그러합니다. 학생들은 필요한 교육을 받을 여유가 없고 중산층 부모들은 자녀의 꿈이 무너지는 것을 지켜만 보아야 합니다. 도시의 "이 지역"에는 그 어느 때보다도 가난한 사람이 많고, 곤경에 처한 가족이 많으며, 도움이 필요하지만 찾을 수 없는 사람들이 더 늘어가고 있습니다. 더 나쁜 건 그 도시에는 지하실이 있고, 그곳에는 추위에 떨고 있는 노인들이 있다는 것입니다. 그리고 반짝이는 빛이 보이지 않는 어두운 도시의 거리, 배수구에서 잠을 자는 노숙자들도 있다는 점입니다.

대통령님, 당신의 빛나는 도시에서 당신이 보지 못하는 얼굴들, 방문하지 않는 장소에는 절망이 있습니다. 사실 이것이야말로 미국이 오늘날 처한 상태입니다. 대통령은 이 나라가 단순히 "언덕 위의 빛나는 도시"라기보다는 "두 도시 이야기"에 가깝다는 것을 알아야 합니다(뉴욕주지사 마리오 쿠오모의 1984년 민주당 전당대회 기조연설 中, 나무위키, https://namu.wiki/w/, 필자가 편집했음).

이 연구에서는 사회복지를 단순한 사회적 문제해결을 위한 정책을 넘어서 사회평등과 통합을 위한 사회적 노력을 의미하는 사회정책의 의미로 사용했다.
사회정책으로서 사회복지는 복지 실천이나 사회보장을 위한 복지제도 분석만으로 설명하고 이해할 수는 없다. 이런 맥락에서 사회복지는 역사 정치 사회 문화 같은 다른 분야와의 관련 속에서 변화 발전해 왔다. 칼 폴라니가 말했듯이, 거시적으로 보면, 한 사회의 사회복지 발전은 자본주의 체제 발전의 하나의 산물이다. 하지만, 한 걸음 더 나아가 사회복지의 발전은 자본주의 체제 분석을 넘어서 역사발전의 총체적 맥락에서 역사적 분석 시각에서 이루어져야 한다. 불과 300여년 남짓한 자본주의라는 개념의 틀 안에서 적어도 수천 년이 넘는 인류사회의 사회복지 발전을 설명한다는 것은 큰 오류이기 때문이다.

사회복지의 발전은 복지정책을 둘러싼 사회의 정치 경제적 물질적 토대와 사회적 관계를 반영한다. 구체적으로, 한 사회의 사회복지정책은 특정 시점에서 생산력, 생산관계, 사회관계, 계급관계 그리고 정치권력과 노동자의 관계, 일반

대중 사이의 권력관계를 반영한다. 즉, 한 사회에서 과학 기술의 발전으로 생산력이 증가하면 그에 따르는 생산관계 사회관계가 변화하고, 이는 다시 그 사회의 정치권력과 노동자의 관계에 반영된다는 것이다. 기본적으로 사회복지정책은 다른 모든 사회현상과 마찬가지로, 물질적 토대 위에 반영하는 상부구조의 한 모습일 뿐이다. 이런 측면에서 냉전의 굴레를 벗어나 노동자 권리가 존중되며 노동조합활동의 자유가 보장받고 본격적 민주사회로 접어드는 이 나라, 그러나 보수세력과 자본주의 세력이 전개하는 시장경제원리와 자유경쟁원리의 파상공세도 더욱 거세지는 대한민국의 사회복지가 앞으로 어떻게 전개될지 많은 식자층들이 걱정과 우려를 하고 있다.

한국의 사회복지 수준은 여전히 낮다. 2019년 공공복지지출은 GDP 대비 12.2%로 OECD 국가들의 평균에 비해 60% 정도 수준에 불과하다. 그런데 사회적 양극화와 고용안정문제, 노동문제, 임금격차 등등 해결해야 할 문제들이 산적해있다. 특히, 윤석열 정부 들어 대한민국에서 더 이상 '한강의 기적'이 지속될 수 없을 것 같다는 불길한 기시감(旣視感)이 든다. 국민의 대다수가 사회적 불평등으로 신음하는 나라, 사회통합에 실패한 나라에서 국민이 열심히 일하면서 살아갈 의욕을 상실하는 것은 당연한 일이며, 그런 나라에서 더 이상의 기적은 없다.

그러면 끝으로, 이제 어떻게 할까? 필자는 그 해법으로 정치와 교육 분야의 혁신에서 찾는다. 정치 분야의 혁신은 대다수 국민의 의사가 온전히 정치체계로 반영될 수 있는 민주주의의 완성시키는 데 그 초점을 맞추고 있다. 앞서 본 바와 같이 자본주의의 수많은 문제점은 더 이상 방치할 수 없는 지경에 이르렀고 이는 형식적 절차적 민주주의의 만으로는 해결할 수 없는 지경에 이르렀다. 현재의 정치체제는 동서분열은 물론 사회경제적 약자나 노동계층의 목소리를 대변하는데 실패하고 있으며 그로 인하여 사회갈등으로 정치불안정은 끝이 없다. 이를 위하여 국회의원 선거에서 연동형 비례대표제, 중대선거구제와 대선에서는 결선투표제의 도입이 시급하다. 앞에서 논의한 대로 독일식 연동형 비례대표제와 지역구 중대선거구제를 통하여 노동자와 사회적 약자 등 다양한 계층과 집단, 특히 사회적 약자계층 소외계층의 목소리를 듣고 반영해야 한다.

교육 분야는 언제나 그랬던 것처럼 우리에게 미래에 대한 희망과 비전을 제시해 주고 사회혁신과 문화창조의 태반이다. 우리나라가 '한강의 기적'을 이룬 데는 무엇보다 예로부터 학문을 숭상하는 문화적 역사적 전통이 있었기 때문이다. 일제강점기 때에는 민족의 지도자들이 교육사업을 통하여 독립정신과 민족정신을 고취했다면, 인간의 이기적 욕구가 공동체 질서를 와해시키고 생명도덕이 땅에 떨어져 가는 이 시대에는 교육혁신을 통한 사회혁신이 필요하다. 복지사회는 단순히 물질의 생산과 분배와 재분배만으로 건설될 수 있는 것은 아니다. 물질만능주의가 가져온 인간상실과 정신적 위기 상황에서, 정신문화 도덕문화의 혁신없이 진정한 복지국가로 진입한다는 것은 모래 위에 성을 쌓은 것과 마찬가지일 것이다. 인의예지, 민본주의와 대동사회를 꿈꾸었던 유교의 가르침을 회복시켜 다시 탄탄한 상부구조를 형성해야 한다. 필자는 초중고에서 유교의 보편적 교육과 사회 일각에서 문제를 제기하고 있는 기독교 불교계의 개혁이 필요하다고 본다. 물론 이러한 교육혁신 사회혁신은 궁극적으로 사회평등 사회통합 향상을 통한 복지사회 건설의 기반이 될 것이다.

그런데 이런 이론적 추상적 기준과 조건을 놓고 한 사회가 얼마나 친사회복지 국가였는지를 평가하고 판단하는 것은 쉬운 일이 아니다. 평가할 자료가 충분하지 않을뿐더러 주어진 시간과 능력의 제약 때문이다. 이 연구에서는 그 제약 안에서 일반적이고 총체적 사회복지 시각에서 한 사회를 평가했는데, 특히 근대 이전 국가들에 대한 평가가 그렇다 보다 체계적이고 과학적인 평가는 후배 학자들의 몫으로 남겨둔다.

[저자 프로필]

국립안동대학교 행정학과 교수. 미국 테네시주립대학교 정치학박사를 받고 중앙대 등에서 강사를 역임하였다. 유교의 본고장 안동에 산다는 것에 큰 긍지와 자부심을 느끼며, 나라가 부흥하기 위해서는 유교의 근본으로 돌아가야 한다고 주장하는 자칭 선비다. 주요 논문으로 "사회복지개혁과 대통령: 정책혁신가로서 대통령 김대중," "공공정책으로서 햇볕정책에 대한 평가," "한국 지배층의 이데올로기적 헤게모니: 그 구조와 작용원리" 등이 있다.

친사회복지국가 한국

2025년 1월 25일 초판인쇄
2025년 1월 30일 초판발행

저 자 이 성 로
발행인 유 성 열
발행처 청목출판사
서울특별시 영등포구 신길로 40길 20
전화 (02) 849-6157(代) · 2820 / 833-6091
FAX (02) 849-0817
등록 제318-1994-000090호

파본은 바꾸어 드립니다. 값 28,000원

http : //www.chongmok.co.kr

ISBN 978-89-5565-822-4(93330)